KB271763

강원도 동해안
방언의 사회언어학적 연구

강원도 동해안
방언의 사회언어학적 연구

전 혜 숙

한국학술정보㈜

처음 방언 답사를 나갔던 때의 기억이 새롭다.

시원한 바람과 따뜻한 볕이 함께 어우러진, 하늘 높고 공기 맑은 날이었다. 시골 마당에서 할머니와 할아버지를 모시고 재밌는 말씀을 들으면서 호젓하고 즐거운 한나절을 보내고 나니, 돌아올 때 할머니께서 마늘을 한 보따리 싸 주셨다.

그 마늘에 온 마음을 다 빼앗겼다. 그리고 생각했다. 이것이 공부라면 꽤 할 만한 것이라고. 그렇게 시작된 방언과의 인연은 저자를 박사학위까지 받도록 이끌었다.

이 책은 저자의 박사학위논문을 정리한 것이다. 처음 생각으로는 좀 더 보태고 기워 더욱 알찬 내용으로 꾸며 보리라 했었는데 생각대로 되지 않았다.

방언은, 여타의 다른 학문도 마찬가지겠지만, 고된 노력을 요구하는 학문이다. 안에서가 아니라 밖에서, 또 반드시 누군가의 도움이 있어야만 이루어낼 수 있는 것이 방언 연구이다. 특히 사회방언은 더욱 그러하다. 참고할 만한 개설서가 넉넉하지 못함은 물론이고 다양한 방법론에 따른 연구 결과 역시 풍부하지 못한 형편이다.

이 책은 사회방언학에 관한 간단한 이론을 참고할 수 있고 나아가 사회방언학 분야의 논문을 쓰고자 하는 학생들에게 연구 방법을 결정하는 데 도움을 줄 수 있을 것이라 생각한다. 특히 부록으로 제

시된 질문지와 질문문, 그리고 조사 협조자에게 보낸 글 등은 사회
방언학이란 학문으로 들어가는 길을 조금은 편안하게 해 주리라 기
대한다.

　오늘 이 책이 세상에 나올 수 있기까지는 너무도 많은 분들의 도
움을 받았다. 지도 교수이신 남성우 선생님, 기꺼이 심사를 맡아주셨
던 이익섭 선생님, 박기덕 선생님, 박성종 선생님, 허용 선생님 …….
특히 이익섭 선생님께서는 학문적으로 부족함이 많은 저자가 사회방
언이 무엇인지를 깊이 인지할 수 있도록 해주셨고, 겁 없이 용기를
내어 방언을 공부할 수 있도록 큰 힘이 되어 주셨다. 박성종 선생님
은 방언 답사는 물론 학업 전반에 대한 아낌없는 지도와 편달로, 이
길이 지치지 않도록 늘 사표(師表)요 반려(伴侶)로 든든한 지원자가
되어 주셨다. 이 책 전체가 제보자들의 도움으로 이루어졌음은 너무
도 당연하다. 그 분들에게도 감사의 뜻을 표한다. 한국학술정보(주)
의 여러 분에게도 감사를 드린다. 특히 이 책이 출간되게끔 자리를
마련해 주신 신재훈 과장님, 여러 차례의 교정을 기꺼이 받아주신
권성용 님께 감사의 인사를 드린다.

　내 가족들에 대한 고마움은 마음으로 대신한다.

　푸르고 맑은 저 세상에서 이 자식의 행복을 소원하고 계실 부모
님께 이 책을 바친다.

2008년 5월 26일

꽃나무 풍성한 교정을 바라보며
하노이국립외대 외국인 숙소에서
저자 전혜숙

제1장 서 론

1. 연구 목적

  본 연구는 江原道 東海岸[1] 方言에 대한 社會言語學的인 考察을 目的으로 한다. 이는 社會的인 要因[2]이 다름에 따라 나타날 수 있는 언어현상에 대하여, 강원도 동해안 지역에 居住하는 주민들을 대상으로 그 변화 樣相과 程度, 原因 등을 살펴보는 것이다.

  方言에 관한 연구는 19세기 후반부터 새로운 言語 理論의 발전에

---

1) 영동 지역을 말한다. 지리적으로 강원도를 東西로 나누었을 때 대관령을 기준으로 하여 그 동쪽을 嶺東이라 하고, 서쪽을 嶺西라 한다. 달리 말하자면 태백산맥을 경계로 하여 그 동쪽을 嶺東이라 하는 것이다. 따라서 본 연구에서 다루고자 하는 江原道 東海岸 方言은 결국 嶺東方言인 셈이다. 하지만 嶺東方言이라 할 때는, 地理的으로는 嶺西에 속하지만 言語的으로 영동에 더 가까운 平昌, 旌善, 寧越의 方言이 포함된다. 여기서는 地理的으로 영동에 속한 지역만이 연구대상이 되었으므로 '江原道 東海岸 方言'이라 칭한다.
본 연구의 처음 시작은 嶺東方言이 대상이었다. 하지만 踏査에 따른 여러 가지 문제(특히 시간 부족)가 발생하여 西南 方言에 속한 지역이 踏査 도중 포기되고 말았다. 이러한 사정으로 인하여 연구 대상 지역이 축소됨은 물론 그에 따른 많은 문제점이 동시에 나타났다. 결국 연구의 방향을 바꾸는 것으로 결론을 지었지만, 그 기간까지 투자되었던 시간과 노력에 대한 아쉬움은 지금까지도 남아 있다. 이 같은 현상이 초래된 것은 본 연구자의 철저하지 못한 계획성 때문이었는데, 특히 겨울 답사는 기후 사정에 따라 많은 날이 유동적일 수 있음을 미리 생각해 두지 못했기 때문이다.
2) 社會階層, 年齡, 性別, 宗敎, 宗族 등을 말한다.

맞추어 여러 각도에서 다양하게 이루어져 왔다. 그러나 대부분 言語地理學(linguistic geography)이나 方言地理學(dialect geography)의 理論으로 연구되어 왔다. 잠시 構造方言學이나 生成方言學의 理論이 새롭게 등장하기도 하였지만, 그것은 엄격한 체계와 규칙성을 따르지 못하는 方言의 多岐한 特徵에 밀려, 다만 理論의 補完 정도에 그치고 말았다. 여기에 새롭게 등장한 것이 社會方言學(sociolinguistics)이다. 이것은 都市方言學이라고도 일컫는다.

社會方言學은 社會的인 要因에 따른 언어변화에 대한 硏究이다. 하지만 이에 대한 연구는 그리 다양하게 이루어지지 못했다. 그것은 社會方言學이 方言學者들의 관심을 불러일으킨 역사가 짧기도 하겠지만 言語地理學(이후 地理方言學이라 부르기로 한다.)이 지역 간의 言語分化의 本質的인 差異를 鮮明하게 잘 드러내 주는 데 비해 社會方言은 그 언어변화가 어느 社會에서나 또는 특정 階層에서 그리 쉽게 발견되는 것이 아니기 때문이다.

言語는 時代와 地域, 社會的인 要件을 구분하지 않고 끊임없이 변해가고 있다. 하나의 言語共同體로 인식된 지역 안에서 社會的인 要因들에 의한 言語分化 현상은 적잖이 발견되고, 이는 語彙 면에서 주로 잘 나타나고 있으나, 音韻이나 文法 면에서도 역시 빠른 속도로 발생하고 있음을 쉽게 알 수 있다. 이러한 언어변화는 言語 외적인 여러 要因들의 움직임의 방향과 정도, 言語 내적인 要因들과의 관계에 따라 영향을 받게 된다. 따라서 본 연구는 어느 한 지역3)의 言語가 社會的인 여러 要因들, 즉 年齡, 性, 職業 등에 따라 각각 어떻게 변화되어 나타나는지 살펴보기로 한다.

---

3) 江原道 東海岸 地域으로 高城, 襄陽, 江陵, 三陟을 대상으로 삼는다. 여기서 東海市는 제외된다. 이는 이 지역의 언어가 대체로 남북으로 나뉘는 형태를 보이고 있으며, 북쪽에 해당하는 묵호는 강릉에, 남쪽에 해당하는 북평은 삼척에 근접한 언어적 특성을 가지기 때문이다.

본 연구에서 논의하고자 하는 내용을 좀더 구체적으로 설명을 하면 다음과 같다.

우선 觀察 對象은 위에서 언급한 대로 年齡, 性, 職業으로 구분한다. 年齡에 대하여는 각 연령층에 따라 言語가 점진적으로 변화되어 나타날 수 있다는 데 착안을 하고, 世代別로 老年層(조부모 세대)과 壯年層(부모 세대), 그리고 靑少年層(자식 세대)으로 나누어 對比한다. 즉 부모 세대에서는 흔히 쓰이던 말들이 자식 세대에서는 전혀 쓰이지 않는다든가, 쓰인다고 해도 형태가 조금 다르거나 또는 표준말을 사용하는 것 또는 반대로 자식 세대에서는 흔히 쓰이는 말들이 부모 세대에서는 쓰이지 않는 것 등을 살펴보는 것이다.4) 이것은 현재 國語에서 진행되고 있는 言語變化가 세대, 즉 연령이 다름에 따라 어떠한 현상으로 나타나는지, 또한 이러한 언어변화가 어느 세대에서 이루어지고 있는지를 살피게 되는 것이다.

언어분화의 한 변수로 年齡과 함께 性이 지적될 수 있다. 性은 女性과 男性으로 구분된다. 性別에 따라 언어가 달라지는 원인은 여러 가지가 있을 수 있다. 우선은 자신보다 나이가 많은 여자를 男性은 누나라 하고 女性은 언니라고 하는 것처럼 처음부터 하나의 규칙으로 정해진 경우가 있고, 여자이기 때문에 혹은 남자이기 때문에 사용해서는 안 된다는 禁忌 현상으로 생기는 경우가 있다. 또한 언어의 改新이 이루어질 때 新語에 대해 어느 쪽이 더 호의적인 태도를 가지는가에 따라서도 언어 차이는 나타난다. 이처럼 하나의 言語共同體에 속해 있어도 性別에 따라 말이 다르게 쓰이는 일은 상당

---

4) 江原道 東海岸 地域의 경우 사람이나 동물의 간을 장년층 이상에서는 '을:'이라고 하는데 반해, 靑少年層에서는 전혀 사용하지 않는 말이다. 또한 전국적인 추세이긴 하지만 '당연하다, 물론이다'는 말을 靑少年層에서 '당근이다'라고 하거나 '말밥이다'라고 하는데 장년층 이상에서는 그 말뜻조차 이해하지 못한다.

히 일반적인 현상에 속하지만 이에 따른 연구는 이루어진 바가 드물다. 여기서는 이러한 언어변화에 따른 현상과 그것들의 원인과 진행 상태를 살펴보도록 한다. 논의의 중심은 사회활동을 주로 하는 男性과 家事를 주로 하는 女性5)의 언어생활에 두고, 그들 사이에 일어나는 언어변화를 확인하는 데 주력한다. 연령이나 性別에 따른 언어변화는 당연히 職業과도 무관할 수 없다. 어떤 職業에 종사하느냐에 따라 방언형을 사용하여도 무관한 職業이 있는 반면에 절대적으로 방언형을 피해야 하는 職業이 있을 수 있다.6) 이러한 점을 고려하여 職業의 기준을 公務員(회사원 포함)과 商業(자영업 및 서비스업 포함), 農業과 漁業으로 구분하여 살펴보도록 한다.7)

이상에서 언급했듯이 연령의 차이에 따라 언어분화가 존재하고, 같

---

5) 현대사회에서 女性의 사회적인 진출이 빈번해짐에 따라 家事만을 담당하는 女性의 言語分化를 기대한다는 것이 쉬운 일은 아니다. 본 연구에서는 女性의 경우 일단은 두 집단(專業주부와 職業을 가진 女性)으로 구분하여 조사하는 것으로 하였으나 결과 분석은 하나의 群으로 정리하였다.

6) 시청과 같은 관공서에 근무할 경우 표준어의 사용을 강요받기도 한다. 하지만 商業(자영업, 서비스업 포함)에 종사하는 경우에는 반드시 표준어를 써야 한다는 言語的인 규제는 받지 않는다. 이러한 경우는 학력이 높고 낮음이 문제가 되는 것이 아니라 共同體 속에 포함될 수 있는 언어 규칙의 수행 정도가 문제인 것이다. 물론 이 경우 학력수준이 높고 낮음에 따라서 언어분화가 일어난다는 사실을 유념하여야 함은 기본이다.

7) 農業의 경우는 都市 활동이 많지 않음에 따라 언어변화의 노출이 비교적 적어, 한 言語共同體가 가지고 있는 言語的인 특성을 잘 유지하고 있을 것이라는 기대를 가지게 한다. 반면 漁業의 경우는 거친 파도와 메아리조차도 없는 드넓은 바다에서 일하고, 또한 각처의 사람들이 한 배에 함께 타고 일하는 경우가 많아 언어변화에 노출되기는 그만큼 쉽다. 公的인 業務를 수행하기 위하여 표준어를 사용해야 함이 正道인 公務員이나 會社員의 경우 또한 地域 言語共同體의 言語的인 特性보다는 標準語的인 言語 特性이 강할 것이라는 생각이 든다. 商業의 경우 利益의 창출을 위한 다양한 활동에 따라 言語의 사용도 다르게 나타날 것이다. 비록 이들 집단이 하나의 言語共同體로 묶여 있지만 각기 조금씩 다른 言語를 사용하고 있을 것이라는 기대를 가지기에 충분하다.

은 연령층에 속한다 해도 性이 다름에 따라 또한 얼마간의 언어분화가 나타날 수 있으며, 이러한 현상은 職業과도 무관하지 않음을 알 수 있다. 따라서 본 연구에서는 조사대상에 대하여 音韻이나 文法, 語彙, 言語態度와 같은 분야로 나누어 그 변수의 작용을 살펴보기로 한다. 위의 모든 내용들은 공시적으로 관찰 가능한 언어 현상을 대상으로 하여 社會言語學的인 방법론에 따라 觀察, 分析하기로 한다.[8]

본 연구가 방언이 가지는 언어적인 특성이 어느 특정한 지역이나 집단에 한정되지 않고, 그 집단 속에서도 여러 가지 사회적인 要因들에 따라 言語的 다양성이 이루어질 수 있다는 사실을 알도록 하고, 또한 여러 가지 音韻 현상들을 살펴 실제 언어 사용과 다르게 이루어지고 있는 현상이 어떠한 것이 있는지, 그러한 현상이 言語變數와는 어떠한 관계에 있는지를 살펴보는 기회를 마련하는 章이 될 수 있었으면 한다.

---

8) 言語的인 變數들과 社會的인 變數들과의 關係의 相關性을 논의하기 위하여, 하나의 言語共同體 속에서 하나의 理論으로, 그것에 標本된 對象만으로 理論을 定立시켜 論議하기에는, 여러 가지 고려해 두어야 하는 문제가 남게 된다. 이는 하나의 동일한 職業群에 속한 話者이라도 學歷이 高學歷者일 경우와 低學歷者일 경우 이 둘의 發話가 조금은 다를 것이라는 예측은 당연하고, 동일한 話者가 發話 狀況에 따라 각기 다른 語形을 선택하여 사용할 수 있다는 것 또한 쉽게 예측할 수 있는 일이기 때문이다.

2. 연구사

社會言語學(sociolinguistics)은 그 사회 속에서 실제적으로 언어를 사용하는 다양한 계층의 話者들을 관찰의 대상으로 삼는다. 이것은 사회와의 관계 속에서의 언어 연구(Hudson 1980:1) 또는 실제 話者들이 사용할 때의 사회적 문맥 및 상황적 문맥 속에서의 언어에 대한 연구(Milroy and Milroy 1990:485)[9]라고 개념을 정의한 것과 같이 언어의 모습을 사회 문화적인 맥락 속에서 사회적인 要因과 관련시켜 관찰하는 여러 가지 언어 연구 방법론 중의 하나다. 언어를 사회와 관련시켜 인식하려는 노력은 이른 시기부터[10] 시작되었지만 이러한 사실에 바탕을 둔 社會言語學이 본격적인 학문으로 연구되기 시작한 것은 1960년대에 와서이다. 그 대표적인 社會言語學者[11]로는

---

9) 이익섭(1994:14)에서 재인용.

10) Giambatisa Vico(1668−1744)는 '言語가 사회 모습을 만든다'는 원리를 폈고, A. Meillet(1866−1936)는 言語를 '사회 행위(un fait social)'라고 부르고, 言語의 변종은 사회 변화의 한 결과일 뿐이라고 하였다. 방언의 분화에 사회적인 要因이 작용한다는 사실이 지적되기도 하였는데 이는 독일의 Karl Moriz Rapp가 1841년에 쓴 論文에서도 나타나고 있다.(이익섭(1984:19−20))

11) 社會方言學에 관한 자세한 내용들은 이익섭(1994)을 참조할 수 있다. 本 研究史는 이익섭(1984) 중 제5장 방언학을 참조하였음.

미국의 William Labov을 들 수 있다. Labov는 母音 뒤의(Postvocalic) [r]音의 실현 여부가 사회적인 계층을 드러내 주는 척도의 구실을 한다는 사실을 확인하기 위하여 뉴욕의 백화점 점원을 대상으로 하여 조사하였다. 사회적인 신분의 계층을 구분하기 위한 방법으로 상류, 중류, 하류를 대표하는 고급, 중급, 하급의 세 백화점을 선택하였으며, 점원은 그곳에 드나드는 고객의 수준을 반영해 준다는 가설을 전제로 조사하였다. 실제로 그는 단일 職業群에서 社會階層 현상을 발견하게 되고 이것이 言語의 變異현상을 일으킬 수 있다는 결과를 확인하는 데 성공하게 된다. 여기서 Labov는 제보자 選定의 無作爲추출과 統計的(計量的) 언어분석 방법론을 시도하였고 면접 상황에서 사용할 수 있는 여러 가지 말투(style)를 창안해 냄으로써 style에 따라서도 언어의 변화가 이루어진다는 사실을 확인하였다. 이러한 방법론은 社會言語學 연구의 새로운 길의 嚆矢가 된다.[12]

Labov의 방법론을 따른 연구로는 미국의 Roger Shuy와 Walter A. Wolfram이 있다.

Shuy는 디트로이트라는 대도시를 조사지점으로 하여 'I don't make no money no more' 같은 多重否定法의 출현 빈도에 대한 조사를 社會階層別로 분류 조사하여 계층별 다중부정 출현 빈도 상태를 밝혔다. 또한 나이와 性別과 같은 要因이 言語행위와 상관관계를 가지는지 여부도 관찰하였다. 결국 Shuy는 社會階層에 따라 言語행위가 다르게 나타난다는 사실을 재확인시켜 주는 데 성공했다고 할 수 있다. 다만 여기서 그가 사용한 방법론 중 대부분이 Labov를 따른 것이지만 제보자 選定에 있어서는 전통방언학에서 이용되는 방법론

---

12) Labov는 이 외에도 'bad', 'bag', 'ask' 등의 모음과 'dog', 'coffee', 'caght' 등의 모음 'thin', 'three' 등의 th音, 'they', 'there' 등의 th音 등에 대해서 모음 [r]의 조사 때보다 더욱 세밀한 방법으로 조사하여 社會現象과 言語와의 相關關係를 밝히는 데 성공하였다.

을 다소 절충하였다는 점이 다르다고 할 수 있다.

Walter A. Wolfram은 Shuy가 디트로이트 언어 조사 때 면접한 제보자 중에서 黑人들만 48명을 따로 뽑아 처음으로 黑人英語를 다루었다. 그는 흑인 제보자를 四段階의 社會階層으로 분류하여 音韻과 文法에 관한 사항을 관찰하였다. 그 결과 社會階層이 낮을수록 비표준어를 많이 쓰고 남자가 여자보다, 어린 사람들이 나이든 사람보다 더 많이 비표준어를 쓴다는 것을 확인했다. 이 조사 분석에서 얻은 결론은 사회계층, 나이와 성 등의 사회적인 변수와 언어 사이에 부정할 수 없는 뚜렷한 상관관계가 있다는 사실을 확인시키기에 충분하였고, 또한 흑인영어에 대한 연구가 처음으로 규모 큰 업적으로 나타났다는 점에서 이 연구가 가지는 의의가 크다고 하겠다.

다음으로 미국 이외의 나라에서 이루어진 사회방언 연구를 살펴보기로 한다. 가장 드러나는 업적을 가진 것으로는 영국의 Peter Trudgill(1974)을 들 수 있다.

Trudgill은 영국의 Norwich의 5개 지역을 선택하여 총 60명의 제보자를 대상으로 하여 조사하였다. Trudgill은 Labov와 같이 音韻 변수를 정하고 그것이 사회계급에 따라 어떤 변화를 일으키는가를 조사 분석하였다. 音韻 변수로는 (t, ng, h)와 같은 자음 변수와 (a, ā, a:, e, er, ɛr, yu) 등과 같은 모음 변수들을 택하였다. 그리고 사회계급은 中中流層(middle middle class, MMC)과 中下流層(lower middle class, LMC), 上勤勞層(upper working class, UWC)과 中勤勞層(middle working class, MWC), 下勤勞層(lower working class, LWC)으로 나누어 조사하였다. 여기서 Trudgill는 전체적으로 Labov의 방법론을 따랐으며, 영국에서도 사회계급과 말투에 따라 음운 변수들이 실현 차이를 보인다는 성공적인 결과를 이끌어 내게 된다. 다만 비표준어의 사용에 있어 Trudgill은 미국에서는 男性이 女性보다 더 높은 빈도를 보인 반면 영국에서는 일반적인 경향을 가지는 것을 지적하였다.

이 외에도 인도에서의 사회방언 연구의 업적을 들 수 있다. 이는 Gumperz의 연구가 그것인데, 그는 여기서 지금까지의 統計的(計量的)인 방법론이 아닌 전통방언학에서 이루어낸 방법론을 적용하였다는 데 관심을 가지게 한다. 그는 晉韻現象에 초점을 맞추어 社會階層에 따라 드러나는 차이를 확인하는 데 성공하였다.

다음으로 국어에서의 社會言語學的인 관점에서의 논의를 살펴보기로 한다. 국어에서의 社會言語學的인 方法論에 따른 연구는 그리 다양하지 못한 실정이다. 우선 社會言語學的인 方法論을 도입한 것은 아니지만 특수한 집단에 대한 言語를 社會的인 脈絡과 연계시켜 살펴본 것으로 최기호·김미형(1998)을 볼 수 있다. 여기서는 광고언어와 유행어, 은어, 비속어, 노랫말, 북한언어 등에 대하여 사회 속에서 나타나는 현상들을 다만 재미있게 열거하는 방식을 취하여 社會的인 現象에 따라 言語들이 다르게 쓰이고 있음을 나타내 주었다.

이와는 다르게 구체적인 言語學的 方法論에 따른 연구로 황적륜(1975, 1976), 박영순(1976), 김정대(1984), 왕한석(1984, 1986), 김주관(1989), 이정복(1992, 1998, 2001), 박희만(1993), 황보나영(1993), 김명운(1996), 박용한(1997), 조순일(1999) 등을 들 수 있다. 이는 사회적인 要因, 즉 年齡이나 地位, 對象, 親近感, 人間關係 등의 비중 여하에 따라 敬語法이나 呼稱 등의 사용이 어떻게 변화되어 나타나고 있는지를 나타내 주는 것으로 대부분이 敬語法에 관한 논의에 한정된다. 특히 이정복(2001)은 軍隊라는 言語共同體 속에서 각 하위 集團 構成員들 사이에 나타날 수 있는 敬語法 사용 방식을 설명한 것으로, 硏究方法에서 내용분석 및 整理까지 매우 상세하게 정리되어 있다. 여기서는 敬語法 使用方式의 差異點과 事例를 분석하고 內集團 및 外集團 構成員 사이에 사용할 수 있는 경어법 형식에 대해서도 자세하게 밝혔다. 이 가운데 사관학교 출신과 일반대학 출신의 하위 집단 내부의 敬語法 사용에 대한 分析 結果는 매우 흥미롭다. 즉 사관학교 출신들은 '계급'과 그것의 세부 요소로 인식되는 '졸업 기수'를 絶對的인 敬語法 使用 要因으로 적용한 반면, 일반대학 출신들은 나이나 학번 등의 일반 社會的 秩序가 敬語法 使用에 중요한 要因으로 적용되고 있다는 것이다. 이와 같은 내용을 분석하기 위하여 社會言語學의 研究方法論인 統計的 方法과 事例分析 方法을 이용하였음이 설명되어 있다. 이는 국내에서 진행되고 있는 社會言語學의 한 面을 보여준 좋은 보기라 할 수 있다.

音韻現象과 音韻體系에 관한 연구의 업적으로 이미재(1988)와 박경래(1984, 1989, 1993)가 있다. 이미재(1988)는 경기도 화성 방언을 중심으로 국어 音韻의 몇 현상에 대하여 世代와 性別, 그리고 社會階層別로 각각 나누어 그 言語的인 변화 양상을 살폈다. 여기서는 제보자의 언어 意識이 언어 선택에 영향을 주며 자신이 속한 공동체에 대한 유대감을 표시하기 위하여 언어를 선택하여 사용하고 있음을 설명하였다. 박경래(1993)에서는 충주방언의 音韻에 대하여 나이와 性別, 學歷, 말투 등으로 나누어 그 相關關係를 살폈다. 여기서는 충주 방언의 言語變化 분기점이 60세를 전후하고 있음과, 音韻體係에 관련된 母音들은 性別이나 學歷과 뚜렷한 相關性을 찾기 어렵지만, 音韻 現象에 관련된 것들은 이들과 밀접한 관련이 있음을 설명하였다. 이것은 결국 언어분화는 言語內的인 要因에 의해서도 가능하지만 言語外的인, 즉 社會的인 要因에 의해서도 일어날 수 있다는 사실을 보여준 것이라 할 수 있다. 이러한 내용들을 정리 분석하기 위하여 社會言語學의 理論과 方法論을 바탕으로 한 것은 물론이다. 게다가 그 분석 과정이 매우 체계적으로 잘 정립되어 있어 方言의 社會言語學的 研究에 좋은 보기가 된다고 할 수 있다.

마지막으로 社會言語學의 이론을 소개한 업적으로 이익섭(1984, 1994), 박영순(1984), 김방한(1986) 등을 들 수 있다. 여기서 이익섭(1994)은 社會言語學의 불모지라고 할 수 있는 우리 학계에 社會言語學의 基礎的인 理論을 綜合的으로 紹介하는 국내 최초의 入門書 역할을 담당한다는 점에서 많은 주목을 끈다. 또한 이익섭(1976)은 個別方言 안에서도 職業差(農業과 漁業)에 따라 言語分化가 일어난다는 사실을 드러내 준 것으로 이 역시 社會言語學的 研究의 한 귀감이 되고 있다.

이상에서 살펴보았듯이 社會的인 要因에 따른 언어변화 현상에 대한 연구의 업적은 그리 많지 않음을 알 수 있다. 이는 社會方言에 대한 연구의 역사가 짧은 것이 한 이유가 될 수 있겠고, 또한 이러한 方法論을 도입하여 이루어진 실적들이 그리 다양하지 못하여 학문으로서의 인식이 널리 확산되어 있지 못한 것도 한 이유라 할 수 있겠다.

제2장 사회언어학적 이론과 배경[1]

1. 사회언어학의 성립과 영역

언어가 사회와 밀접한 관련을 가지고 있으며, 사회의 여러 變數들에 따라 변화가 일어날 수 있다는 인식은 오래 전부터 있어 왔다.[2] 또한 이러한 인식들이 바탕이 되어 하나의 학문으로 성립되기도 한다. 社會言語學은 이러한 인식이 바탕이 되어 탄생된 新生 학문이다. 본 章에서는 社會言語學이 하나의 학문으로 성립되기까지의 그 理論的 背景과 발전 과정에 대하여 살펴보기로 한다.

일찍이 독일에서 Giambatisa Vico(1668–1744)는 「언어가 사회 모습을 만든다」는 원리를 폈었고, 이어 프랑스의 E. Durkhein(1838–1917)도 「언어가 다른 사회규범 체계가 미치는 것과 마찬가지의 영향력을

---

1) 본고의 제2장에 관한 내용은 대부분 이익섭(1984)과 이익섭(1994)의 내용들을 요약하여 정리하였음을 밝힌다. 따라서 내용별 별도의 재인용 표시는 하지 않는 것으로 한다. 내용을 요약 발췌하는 과정에서 본 연구자의 認識 정도에 따라 기존의 내용들이 혹 變形된 경우가 있다면 책임은 전적으로 본 연구자의 몫임을 인정한다.

2) Humbolt의 1820–1822의 글 「新大陸의 言語考」("Essai sur les langues du nouvau continent")에서 언어구조와 사회구조의 긴밀한 관계에 대한 思考가 나타나고 Meillet가 1906년에 행한 講義 「일반言語學 연구의 실제」("L'état actuel des études de linguistique générale")에서도 언어와 사회 간의 밀접한 관계에 대한 思考가 나타난다.(이익섭(1984:167)에서 재인용.)

개인에게도 미친다」는 논리를 펴냄으로써 언어변화는 사회 변화의 한 결과임을 설명하였다. 미국에서는 D. Whitney(1827-1894)가 언어의 규칙을 만드는 세 가지 要因으로, 個人的인 要因, 社會的인 要因, 經濟的인 要因을 강조하는 한편, 말은 개인의 소유가 아니라 사회의 소유라는 언어의 사회적 기능을 강조하면서 社會言語學의 기틀을 튼튼하게 다졌다. 이처럼 이른 시기부터 언어와 사회와의 관계에 대한 이론들이 있어 왔지만 막상 언어를 사회 현상과 관련시켜 연구한 구체적인 업적은 1960년대 중반부터 나타나기 시작하였다. 이는 미국에서부터 시작되어 본격적으로 자리를 잡고 활기를 띠기 시작했으며, 1963년에 사회과학연구협회(SSRC) 산하에 社會言語學委員會 (SSRC Committee on Sociolinguistics)를 창립한 것이 그 출발 신호였다. 곧이어 1964년 5월에 UCLA에서 'Conference on Sociolingui-stics', 즉 社會言語學이란 이름을 내건 최초의 세미나가 개최되었고 이때부터 社會言語學이란 학문이 활기를 띠면서 힘찬 前進을 시도하게 되었다.

이처럼 뒤늦게 하나의 학문으로 자리를 가진 社會言語學의 영역은 관심 대상이 어느 것인가에 따라 그 범위가 매우 광범위하게 나타나고 있으며, 실제적으로 그 경계를 두는 문제에 대하여 많은 異見들이 나타난다. 이러한 문제들에 대한 學者들의 연구를 살펴보기로 한다. 우선적으로 살펴볼 수 있는 것이 Bright(1964b)이다. 그는 社會言語學의 영역을 話者의 사회적 조건을 다루는 영역과 聽者의 사회적 조건을 다루는 영역, 배경(setting)을 분석하는 영역, 共時的·通時的 연구의 영역, 民間言語學(folk-linguistics)의 영역, 분화의 범위를 다루는 영역, 응용의 영역 등으로 그 범위를 나누어 정리하였다. 비록 여기서 그가 社會言語學의 영역에 관하여 체계적으로 설명하거나 관심의 폭을 넓히기에는 역부족이었다고 하지만 社會言語學

이 구체적으로 무엇을 다루는 분야인가를 안내해 준 것은 큰 업적이라 할 수 있다. Bright가 여기서 주장하고자 한 것은 사회언어학의 영역이 결국 '언어분화(linguistic diversity)에 대한 연구'라는 것이다.

다음으로는 Lavendera(1988)를 들 수 있다. 여기서 그는 연구의 주제와 목표, 방법론에 따라 그 영역을 먼저 분류한 다음 다시 각 주제별로 몇 개의 하위 영역으로 구분하여 정리하였다. Lavendera는 특히 연구 목표에 따른 분류에서 Hymes(1974)의 분류 방법을 그대로 인정하기도 한다. 이것은 Lavendera가 이 학문의 하위 영역의 범주를 그만큼 다각적인 분야로 받아들이고자 시도한 것이라 볼 수 있다. 따라서 Lavendera의 사회언어학의 하위분류 방법은 가장 다각적으로 그 영역을 구축한 경우라 할 수 있다. 이에 반해 Milroy and Milroy(1990)의 경우는 사회언어학의 영역을 言語共同體 안에서의 언어분화에 대해 관심을 보이는 영역(social dialectology)과 마주하고 상대하는 장면에서의 화자의 언어 선택을 다루는 영역(speaker-strategy)으로 크게 두 분야로 나누어 정의하였다. 이것은 社會言語學의 영역을 가장 좁게 설정한 예가 된다고 할 수 있다. Milroy는 여기서 언어 정책이나 언어의 생성과 사멸, 언어 교육 등의 문제는 전혀 포함시키지 않고 있으며 단지 사회방언학과 의사소통의 민족지학(民族誌學)만을 社會言語學의 영역으로 정의하였다.

Fasold(1984, 1990)는 社會言語學의 영역을 대규모의 사회 정치적인 문제들을 다루는 분야와 소규모의 언어 사용 문제를 다루는 분야로 양대 분류하였다. 하지만 이는 바로 앞에서 언급한 Milroy and Milroy(1990)의 두 가지로 양분한 하위 범주와는 그 각도가 전혀 다른 현상임을 알 수 있다. Fasold는 여기서 社會言語學의 범주를 言語社會學이나 民族誌學 더하여 生成文法 이론의 확대 선상에 있는 담화 분석, 화용론까지조차도 모두 이 경계선상에 놓고 있다. 이는 社

會言語學의 하위 범주가 얼마만큼 최대한 넓은 의미로 쓰일 수 있
는지를 나타내 주는가를 보여준 것이라 할 수 있다.

위에서 살펴본 바와 같이 社會言語學의 하위 영역에 대한 견해는
매우 다양한 형태로 분류됨을 알 수 있다. 여기서 우리는 Labov와
Hymes의 理論을 더 살펴보기로 한다. 우선 Labov(1972: 183−184)는
社會言語學의 하위 영역을 言語學을 그 출발점으로 하여 구분하였
으며 대체적으로 3대 영역으로 설정하였다고 볼 수 있다. 그는 대규
모의 사회적 요인을 다루는 분야로 '言語社會學'을 한 영역으로 두었
으며, 언어에 대한 기능적인 연구를 지향하는 영역을 또 다른 한 영
역으로 두었다. 여기서는 특정 문화 안에서의 언어 사용의 유형, 話
者가 말을 선택하는 적절한 규칙, 話者와 聽者 및 주체, 채널, 배경
(setting) 간의 관계가 주된 관찰 대상이 된다. 나머지 영역은 '言語
學(linguistics)'이다. 여기서는 言語를 言語共同體(speech community)의
사회적 문맥에서, 話者들이 주고받는 일상생활의 모습을 관찰한다는
것이 특징이 된다. 보통은 Labov의 言語學을 가장 전형적인 社會言
語學으로 인식하고 있다.

한편 Hymes(1974: 195−206)는 社會言語學의 범주를 세 영역으로
나누었다. 우선은 言語的이면서 社會的으로도 지향하는 영역과, 社會
的으로 실증적인 言語學의 영역, 그리고 社會的으로 구축된 言語學
의 영역으로 각각 분류하였다. 여기서 Hymes의 이 세 영역의 분류
는 그가 이 영역들을 서로 대등한 상태로 보려는 것이 아니라 '사회
적으로 구축된 언어학'만을 社會言語學이 추구할 영역이라는 점을 강
조하기 위한 것임을 알 수 있다. 이것은 비록 제한된 의미를 가지긴
하지만 社會言語學이 무엇을 하는 학문인지를 이해하는 데 좋은 참
고가 되는 것이다.

이처럼 社會言語學의 영역은 학자마다 그 분류체계와 인식이 각

기 다르게 나타난다. 하지만 결국에는 言語學을 출발점으로 하는 '社會方言學'과 人類學을 그 출발점으로 하는 '民族誌學', 그리고 社會學을 발판으로 삼고 있는 '言語社會學'이 그 하위 영역을 담당하고 있다는 사실을 설명하고 있음을 알 수 있다.

2. 사회언어학적 변인

   언어 특징을 구분짓는 경계가 地域的인 거리에 따른 경우일 때와
는 다르게 그것이 사회의 여러 현상에 따른 경우일 때 우리는 이것
을 社會方言이라고 말한다. 이것은 하나의 言語共同體 속에서 일어
날 수 있는 다양한 언어변화들이 社會的인 여러 要因들과의 상관관
계 속에서 일어나고 있는 현상임을 잘 알게 하는 것이기도 하다. 따
라서 이러한 言語分化를 가능하게 하는 社會的인 要因(變數)으로는
社會階級과 年齡, 그리고 性別과 宗敎, 人種 등이 있음을 알 수 있
다. 이들 중에서 가장 많은 관심을 가지게 하는 것은 무엇보다도 社
會階級에 의한 언어변화일 것이다.[3] 이는 인도의 카스트 방언을 대
표로 꼽을 수 있다.

   인도의 카스트 제도는 그 구분이 워낙 엄격하여 카스트 사이의
이동이 거의 허락되지 않음은 물론이고 그들 구성원 안에서의 言語
생활도 다른 카스트와 혼용하여 사용하는 경우를 자연스럽게 인정하
지 않고 있다. 실제로 그들 카스트 간의 方言 차이는 地域方言의

---

3) 社會階層과 社會階級의 관계에 대하여는 각기 다른 의견이 있을 수 있
   겠으나 사회계급에 비해 社會階層이라는 개념이 좀더 포괄적이라 할 수
   있겠다. 예: 양반계급과 서민계급, 양반층과 서민층.

차이보다 더욱 큰 차이를 가지고 있다. 이러한 階級方言에 관한 언어 차이는 다른 社會的인 要因에 따른 언어 변수보다 더 크게 두드러져 나타나는 현상은 아니다. 하지만 영국에서도 上流階級과 非上流階級 사이에 언어 차이가 나타나고 있음이 확인되었고, 우리나라 양반제도의 한 결과물로 안동 지방의 兩班과 常民 후손들의 친족언어에서도 몇 가지 차이가 있는 것이 확인됨으로써 이것이 言語變數의 충분한 조건이 될 수 있음을 알 수 있다.

다음으로 관심을 가지게 하는 것이 年齡에 따른 언어변화이다. 이것은 老年層과 壯年層, 靑少年層 사이에서 발생하는 言語的인 차이를 살피는 것으로써 言語變化의 진행상태를 확인할 수 있는 좋은 조건이 되기도 한다. 또한 性別도 社會的인 언어변수로 충분한 자격을 부여받고 있는데, 이것은 男女의 사회적 役割이 언어에 변수로 작용되어 한 性에만 한정되어 쓰이는 語彙가 있는 반면 性別에 따라 각기 선택하여 사용하는 다른 언어가 있기도 하다.

이 외에도 言語를 변화시키는 사회적인 要因으로 宗敎를 들 수 있다. 이는 印度에서의 힌두교와 회교 간의 言語 差가 그것이다. 하지만 종교가 다름에 따라 나타나는 言語 差는 다른 사회적인 要因에서 볼 수 있는 다양한 형태의 변화를 기대할 수는 없다. 다만 그와 관련된 몇 語彙의 差異가 있는 정도다.

社會的인 배경이 동일한 한 공동체 속에서도 人種이 다름에 따라서 언어분화가 일어날 수 있는데 이는 미국에서의 白人과 黑人 間의 言語 差가 대표된다. 또한 캐나다에서도 영어를 사용하는 국민과 불어를 사용하는 국민 각각의 言語 差를 볼 수 있고, 아프리카 Ghana의 Accra지방의 경우 郊外에 무려 80여의 인종이 각기 다른 말을 사용하는 것과 같은 대단한 言語 差異도 볼 수 있다. 이 외에도 유고슬라비아의 Sarajevo에서는 세 종족이 같은 言語를 사용하는

데 이들 간에는 오랫동안 지속되어 오는 言語 差異가 있어 그 말만 들고도 어느 종족에 속하는지를 구별해 낼 수 있다고 한다.

이처럼 여러 가지 社會的인 要因(變數)들이 言語變化에 관여하고 있음을 살펴볼 수 있다.

3. 사회언어학적 변인에 따른 가설과 실제

1) 세대차와 언어변화

　사람들은 나이에 따라 거기에 어울리는 적절한 행동을 하게 되고 언어의 사용도 또한 그러하다. 요즘 들어 흔히 유행하는 말로 '물론이다'에 준한 말이 '당근이다'라는 말로 대신하여 자주 쓰인다. 이 말의 경우 10대의 靑少年層이 사용하는 경우에는 자연스럽지만 50대의 壯年層이 사용한다면 아주 부자연스러운 말이 되고 만다. 또한 남편을 부르는 부인의 말로 20대 30대의 경우에는 '자기야'가 쉽게 통용되지만 50대 60대의 경우는 전혀 그렇지 못하다. 그 반대로 '여보'나 '당신'의 경우 50대 60대에서는 아주 자연스러운 呼稱이 되고 20대 30대에서는 다소 부자연스러운 호칭으로 인식되고 있다. 이처럼 世代나 年齡層에 따라 언어가 각기 다르게 나타날 수 있고 또한 나이에 맞추어 적절한 언어 형식을 골라 써야 함을 생각해 보면 年齡이라는 變數에 따라 언어변화가 일어날 수 있음을 기대하기란 그리 어려운 것이 아니다.

　이러한 世代間 언어분화 현상은 우리들의 주거 생활이 바뀜에 따라서도 일어날 수 있다. 할아버지 세대(老年層)에서는 대부분이 기와지붕이나 초가지붕 형태의 가옥에서 살았다. 그것은 요즘 젊은 세대(靑少年層)의 흔한 아파트 주거 문화와는 많이 다른 형태임이 분명하다. 따라서 老年層에서는 ‘부엌’, ‘변소’라고 하는 말을 靑少年層에서는 ‘주방’, ‘화장실’이라고 할 것이고, ‘베란다’, ‘응접실’ ‘싱크대’와 같은 말들은 老年層에서는 쉽게 이해할 수 없는 말들이 되기도 한다. 또한 老年層에서는 ‘캠코더’나 ‘컴퓨터’와 같은 새로운 사물의 이름들에 대하여 젊은 세대만큼 밝지 못한 것도 사실이다. 이에 반해 ‘뒤꼍’, ‘뜰방’ 같은 語彙들은 靑少年層에서 쉽게 이해하기 어려운 말들이 되는 것이다. 言語의 世代差는 일차적으로 이러한 사물의 변화에서 비롯되는 현상이라고 할 수 있다. 물론 이러한 단순한 원인에서만 비롯되는 것은 아니다.[4]

　어떤 이유에서건 한 世代가 바뀌면 언어도 어느 정도 변화를 가지게 마련이다. 젊은 세대일수록 改新形(innovative form)을 많이 쓰고, 이러한 개신형이 자리를 잡으면 또한 전 세대와 언어 차가 생기고, 그렇게 되면 언어변화는 더욱 크게 만들어지게 되는 것이다. 결국 年齡(世代) 間의 言語 差는 언어변화의 進行相이라고 봄이 좋을 듯싶다. 이러한 모든 사실로 보아 年齡(世代差)은 언어를 변화시킬 수 있는 社會的인 要因의 하나로 간주될 수 있는 충분한 조건이 된

---

4) 요즘 쉽게 들을 수 있는 경음화 현상의 경우 靑少年層에서 ‘학꽈’, ‘꼽추’, ‘싸나이’라고 발음하는 데 반해 老年層의 경우는 ‘학과’, ‘곱추’, ‘사나이’라고 발음한다. 이러한 言語 差 현상은 지금의 老年層이 청소년이었을 때 배운 言語 습관을 계속 유지하고 있기 때문이다. 이것은 지금의 靑少年層이 老年層이 되었을 미래의 老年層의 발음은 쉽게 경음화 현상을 나타내게 될 것이라는 기대를 가지게 된다. 부모 세대에서 ‘밥상’을 자식 세대에서 ‘식탁’이라고 하는 것도 같은 맥락으로 볼 수 있다.

다. 이러한 여러 연령층의 언어현상을 관찰하는 것은 다음과 같은 방법론으로 가능해진다.

우선 두 시대를 비교, 검토하는 방법이다. 이는 어떤 특정 지역의 언어를 조사 연구하고서, 10년이나 20년 혹 30년이 지난 다음에 동일한 地域, 동일한 제보자를 찾아 동일한 질문 내용으로 다시 한번 더 확인해 보는 방법이다.5) 이러한 방법을 實際 時間(real time)에 의한 연구 방법이라고 하는데, 이것은 언어의 변화를 확실하게 관찰할 수 있는 가장 좋은 방법론이 될 수 있다. 하지만 이 방법은 현재 진행 중인 언어변화를 발견하기 위하여 너무 오랜 기간을 소비한다는 단점이 있다.

이와 달리 어느 한 시기에 두 다른 연령 집단의 언어를 비교함으로써 그 변화를 확인하고자 하는 방법으로 現場時間 方法(apparent-time method)이 있다. 이는 한 시기의 두 다른 세대가 실제 시간을 반영해 준다는 개념으로 하나의 고정된 표본집단에 다른 비교 집단6)을 설정하여 두 집단을 비교 검토하는 방법론이다.7) 여기서도 방법론의 단점은 있다. 흔히 연령 단계의 언어 유형을 변화로 오인하는 것이 그것이다.8)

현장시간 방법에 의한 연구에서도 실제 시간을 통한 관찰 자료를 원용하는 수가 있다. Labov의 Martha's Vineyard 섬의 연구가 그것

---

5) 동일한 地域, 동일한 話者라 하더라도 20~30년의 시간이 지나면, 여러 變數들에 의해 언어변화가 생겨날 수 있기 때문이다.
6) 표본집단으로 壯年層(50代)을 고정시키고, 비교 가능한 다른 집단으로 靑少年層(20代)을 정한다.
7) 현재 시점에서 20대 話者의 言語가 현대국어를 대표한다고 한다면 50대의 話者의 言語는 30년 전의 20대 話者들의 언어 현상을 반영해 준다고 볼 수 있다.
8) 각각의 연령층에서 쓰이는 말: '누나' → '누님', '아빠' → '아버지' '엄마' → '어머니' 등.

이다. 여기에서 Labov는 30년 전에 실시된 방언 조사 자료를 참조하
여 진행 중인 언어변화를 확인하는 데 성공하였다. 그 내용을 좀더
구체적으로 살펴보면 다음과 같다. Labov(1963)가 Martha's Vineyard
섬에서 주목한 언어 변수는 二重母音 [ay]와 [aw]의 中舌化 현상이
었다. 여기서 그는 이 섬의 토박이 69명을 대상으로 두 언어 변수의
中舌化된 二重母音의 실현율을 몇 개의 年齡群으로 나누어 관찰하
였는데, 젊은층으로 갈수록 方言形의 세력이 확장되고 있다는 사실
을 확인하였다. 즉 젊은층으로 갈수록 非標準語 쪽으로의 변화가 일
어나는 특수한 양상을 보인다는 것이었다. 여기서 Labov는 이러한
특수성이 이 섬의 社會的 背景에 의한 것임을 설명하였다. 또한 職
業別로도 中舌化率이 다르게 나타남을 확인하였다.[9] 또한 섬에 대
한 자신들의 感情에 따라서도 다르게 나타나고 있음도 동시에 확인
시켜 주었다. 물론 여기서 다소 中舌化에 소극적인 태도를 보인 층
도 있었다. 14~30세의 연령층이 그것인데 Labov는 이들 연령층이 中
舌化에 다소 소극적인 점은 아직 이 섬에 남기를 확정하지 않은 단
계이기 때문이라고 설명하였다.[10]

---

9) [ay]의 경우에는 어민이 농민 및 기타 職業에 비해 100 : 32 : 41로 가장
   높고, [aw] 경우에도 79 : 22 : 57로 역시 가장 높은 것으로 나타났다. 이
   것은 외지인에 대한 저항이 Chilmark의 어민들에 의해 주도된 것과 일
   치한다.
10) 15세의 학생 4명을 뽑아 조사한 결과 외지로 나가겠다는 학생의 [ay],
   [aw]의 中舌化率은 각각 00-40과 00-00인 데 비해 졸업 후 대학에
   갔다가 이 섬에 돌아와 영주하기를 희망하는 학생의 中舌化率은 90-
   100과 113-119를 나타냄을 확인하였다.

2) 사회계층과 언어변화

언어분화에 영향을 미치는 社會現象은 여러 가지가 있다. 그중에서도 社會階層(social stratification)11)은 社會言語學者들에게 가장 많은 관심거리를 제공하였다.

사람들은 그들이 속해 있는 사회에서 자연히 어떤 지위를 부여받게 된다. 태어날 때부터 조상들에게 물려받은 身分的인 地位나 社會的인 活動의 결과로 얻게 되는 位階가 그것이다. 이러한 社會階層의 樣相은 어느 사회에서나 반드시 생기는 것도 아니고 그 구분 역시 쉽지가 않다. 물론 인도의 카스트와 같이 그 구분이 엄격하면서 각 등급에 이름까지 붙어 있는 경우는 제외된다고 할 수 있다. 그러므로 대부분의 경우는 職業을 기준으로 나누고 있다. 고급 전문직, 대기업의 대표직, 半전문직, 기술직 및 노동직 등이 그것이다. 학력을 기준으로 나누는 경우도 있다. 대학원 출신, 대학 출신, 고등학교 출신, 중학교 출신, 無學 등 이 외에도 수입의 정도와 거주지 및 주택의 양식에 따라 나누기도 한다.

이상의 모든 것을 綜合的으로 기준 삼는 경우도 있고, 그 각각을 비중을 달리하여 기준으로 하는 경우도 있다. 하지만 보통은 4~5개 정도로 분류하여 어느 한 가지 기준에 의존하기보다는 몇 가지 기준을 종합적으로 적용하는 것이 더 일반적이고 타당성을 가지는 것으로 판단한다.

言語가 社會階層에 따라 모습을 달리한다고 하는 것은 인도의 카스트처럼 계층에 따라 완전히 다른 語形을 사용하는 경우를 말할 수도 있겠지만, 서구 사회를 비롯한 일반 사회에서의 경우처럼 어떤

---

11) 본 논의에서는 社會階層에 社會階級(social class)을 포함시키기로 한다.

言語 語形이 어느 社會階層의 특유한 어형인 것이 아니라 어느 계층에서 어떤 어형을 통계적으로 더 높은 비율로 쓰고 있는지를 말하는 경우라 할 수 있다. 社會階層이 言語分化에 變數로 작용한다는 사실은 여러 연구에서 밝혀졌다. 여기서는 Labov의 연구 결과를 살펴봄으로써 言語가 社會階層에 따른 社會的 變異를 가져온다는 사실을 확인해 보도록 한다.

階層에 관한 언어변화를 확인하기 위한 방법으로는 計量分析(qua-ntitative analysis)과 언어변수를 살필 수 있다. 計量分析은 어떤 언어 현상이 어떤 계층의 언어라고 결정짓는 것이 아니라 이 語形이 上流階層에서는 몇 %를 차지하고 下流階層에서는 몇 %를 차지하는지 정도를 비율로 나타냄으로써 어느 쪽에서 더 높은 비율로 사용하는지 그 정도를 밝혀내는 것이다. 計量分析과 아울러 言語變數(linguistic variable)도 연구에 주요한 특징의 하나가 될 수 있다.

이러한 언어변수들이 社會階層에 따라 어떤 변이 양상을 보이는지 구체적으로 살펴본 것으로는 역시 Labov(1966, 1972)의 연구가 대표적이라 할 수 있다. Labov는 社會階層과 상관관계를 가지는 言語變數의 하나로 [ŋ][12])과 [r][13])의 標準發音을 조사 비교하였는데, 그 결과 上位階層으로 갈수록 標準形의 實現率이 높고, 下位 階級으로 갈수록 非標準形의 실현율이 높게 나타난다는 사실을 밝혔다. 이와 같은 언어변수가 社會階層에 따라 그 분포를 달리하는 현상은 여러 곳에서 광범위하게 발견된다. 하지만 이처럼 社會的으로 징후적인

---

12) 미국의 뉴욕과 영국의 Norwich 및 West Yorkshire, 오스트레일리아의 Brisbane을 대상으로 하여 표준형 발음 [ŋ]과 비표준형 [n]의 발화 정도를 조사하였다.
13) 모음 뒤의 [r]의 경우 영국에서는 [ø]이 표준형으로 실현되지만 스코틀랜드나 아일랜드 및 미국의 뉴욕이나 보스턴에서는 [r]이 표준형으로 실현된다.

언어변수가 社會階級과 상관성을 드러내 주는 방식은 늘 같은 것은 아니다. 이러한 것은 그들의 社會階層化의 방식이 어떠한지, 계층 간의 言語 差가 어느 만큼의 폭으로 드러나는지에 따라 달라진다. 물론 한 언어변수 안에서도 그 환경이나 결합 방식의 다름에 따라서도 언어 차이의 폭은 나타나고 있다.

　언어가 社會階層과 상관관계를 보이고 있음은 언어변수의 질에 따라서도 나타날 수 있다. 이것은 發話에 사용된 言語變數가 話者의 사회적 지위를 판단하는 일에 기여하는지 못하는지에 따라 구분되는데, 이것에 대해 Labov는 社會指示素(social indicator)[14]와 社會標識(social marker),[15] 社會通念形(social stereotype)[16] 등 세 가지로 나누어 살펴보았다.

　이상에서 살펴본 바와 같이 언어는 社會階層과 확고한 상관관계를 맺고 있으며 언어분화에 기여하는 변수로 社會階層이 주요한 자리를 차지하고 있음을 알 수 있다.

---

14) 언어변수이기는 하지만 그 변이에 대하여 언중이 의식하지 못하는 것. 국어의 '어'가 장음으로 발음될 때와 단음으로 발음될 때 그 각각의 의미가 다름에도 불구하고 話者들은 이 두 발음을 구별하여 사용하지 못한다.
15) 딱히 무엇이라 꼬집어 낼 수는 없지만 언어변수임을 言衆이 알아차리는 것. fishing, working을 발음할 때 표준발음 [ŋ]과 비표준발음 [n]과 같은 언어변수를 말한다.
16) 통념적으로 쉽게 인식될 수 있는 것. 충청도 방언의 특징으로 '……유', 경상도 방언의 특징으로 '머라카노'와 같은 언어변수를 말한다.

3) 성별과 언어변화

　性別에 따라 言語 差가 있을 수 있을 가능성은 여러 곳에서 찾아
볼 수 있다. 가장 쉽게 접할 수 있는 것이 家族 名稱의 체계에서 살
필 수 있다. 동일한 인물을 두고 話者가 남자인지 여자인지에 따라
서 '언니'가 될 수 있고, '누나'가 될 수 있는 것이 그것이다. 물론
'형'과 '오빠'의 경우도 마찬가지다. 이런 예는 Bolivia에 거주하는
아메리칸 인디언 Chiquito族에서도 발견되는데, 여기서는 우리의 국
어보다 더욱 심각하게 나타난다. 여기서는 우리의 '형, 오빠'에 대응
하는 분화도 있지만 아버지 어머니를 가리키는 단어조차도 話者의
性別에 따라 다르게 나타난다. 더욱 간명한 예로 일본에서의 일반
명사가 분화되어 나타나는 현상을 살펴볼 수 있다. 예를 들면 '물'을
가리키는 단어를 男性형으로는 /mizu/라 하고 女性형으로는 /ohiya/
라고 하는 것이다. 이러한 분화는 대명사에서도 잘 드러난다. 가령 타
이어에서의 平交 間의 점잖은 말에서 자신을 가리키는 1인칭 대명
사가 話者가 남자냐 여자냐에 따라 /phom/과 /dichan/으로 갈려지는
것이 그것이다. 性別에 따른 言語 차이는 語彙에 국한하지 않고 音
韻 對應에까지 있을 수 있다는 결과가 보고되었는데, 그 하나가 미
국 동북부의 인디언어인 Gros Ventre에서의 현상이다. 이 言語에서는
男性語의 齒閉鎖音이 女性語에서는 규칙적으로 軟口蓋閉鎖音으로
대응한다는 것이다.[17]

　또한 性別에 따른 言語 差는 聽者의 性別에 따라 다르게 표현되
는 경우도 있다. 聽者의 性이 영향력을 행사하는 예는 인도에서 사

---

17) 빵을 가리키는 단어가 男性형은 /djatsa/인데 女性형은 /Kjatsa/로 분리되
　　어 나타난다.

용되는 kûrux어라는 Dravidia語에서 발견된다. 이 언어에서는 여자가 여자에게 말할 때에만 특이하게 쓰이는 言語 형태가 있고,[18] 남자가 여자에게 말할 때 형태가 각각 다르게 나타나는 경우가 있다.[19] 이 것은 性別에 의한 言語 差가 복잡 다양한 형태로 실현되고 있다는 것을 알 수 있다. 표준어를 女性이 더 선호하느냐 男性이 선호하느 냐에 따라서도 言語 差가 일어날 수 있다.

Wolfram(1969)은 디트로이트의 흑인을 대상으로 'I don't want none' 과 같은 多重否定文의 사용 빈도를 계층별로 조사하였는데, 여기서 어느 계층에서나 여자들이 훨씬 적게 쓰고 있음을 확인하였다. 多重 否定文을 쓰는 빈도가 적다는 것은 標準語形을 그만큼 더 많이 사 용한다는 것을 뜻하는 것이다.

保守的인 성향도 言語 차이를 일으킬 수 있는 要因이 되고 있다. Louisiana에 거주하는 아메리카土人의 言語인 Koasati語에서는 남녀 간의 言語 差가 일어나고 있는데, 그 변수 중에 여자들의 어형이 古 形인 데서 말미암은 것이 많다고 한다. Darkhat 모고語에서 발견되 는 남녀 言語에서도 保守性이 남녀 간의 언어분화를 일으키고 있다 는 사실을 알려주고 있다.

남자와 여자 사이에 말이 달라지는 이유로 禁忌(taboo)도 해당된

---

18) 주어가 1인칭(단수, 복수) 및 복수 명사일 경우에 해당한다.

여→남	여→여	
bardan	baren	내가 간다
bardam	barem	우리가 간다
barckan	barcan	내가 갔다
barckam	barcam	우리가 갔다
xaddar	xadday	아이들

19) 주어가 2인칭 단수 일 경우에 한한다.

여→남	여→여	남→여	
barday	bardin	bardi	네가 간다
barckay	barckin	barcki	네가 갔다

다. 西印度諸國의 아메리카土人인 카리브인들은 남자가 전쟁에 나갔을 때 남자 어른만 쓸 수 있는 단어가 별도로 정해져 있다고 한다. 이런 禁忌는 단어에 국한하지 않고 音韻에도 해당되는데, 남아프리카 Zulu族에서 여자들은 /z/ 音素가 들어 있는 단어를 쓸 수 없음이 그것이다.[20]

性別에 따른 言語 差는 여러 각도에서 찾아볼 수 있지만 대체로 남자와 여자의 社會에서의 役割이 다름에 따라 일어나고 볼 수 있다. 男女가 각기 자신들의 위치에서 해야 할 일이 다름에 따라 그들에게 주어진 언어 요구도 각기 다를 수 있겠다는 생각이다. 이것은 결국 사회적 역할이 男女의 그것으로 엄격하게 구분되면 될수록 性別에 의한 言語 差는 더욱 그 폭을 넓히겠다는 예측을 하게 된다. 결국 性別이 언어 차이를 일으키는 주요한 변수로 작용하고 있다는 사실을 확인한다.

4) 언어태도

우리는 다른 사람과 대화를 하면서 상대방의 말씨나 語調, 그 외의 속성들에 대하여 어떠한 느낌들을 가지게 된다. 이러한 느낌은 곧 상대방의 성격이나 직업, 지위, 출신 등에 관한 정보까지도 파악할 수 있게 하는데, 이처럼 발화된 언어에 대하여 보이는 반응의 심리적인 상태(느낌)와 그에 따른 反應 사이의 관계를 언어태도(language

---

20) '물'을 뜻하는 'amanzi'라는 단어를 'amandabi'로 바꾸어 부르는 것이 그 한 예가 될 수 있다.

attitude)라 한다.

우리가 사람들의 언어태도를 알 수 있다면 이들 언어태도와 관련된 행동도 예측이 가능할 수 있다. 이러한 언어태도는 언어의 많은 현상에 영향을 주게 되고, 또한 그것에 따라 언어가 존속 발전될 수도 있고 쇠퇴하고 소멸할 수도 있다. 그러므로 언어태도는 여러 현상을 파악하기 위한 기초로서 중요한 자리를 가지고 있음을 알 수 있다.

이러한 언어태도에 대한 조사 방법은 직접방법(direct method)과 간접방법(indirect method)이 있다. 직접방법은 직접적으로 상대에게 인터뷰를 하여 口頭 응답을 얻어내는 것을 말한다. 이것은 설문지를 통하여 글로써 답을 쓰도록 하는 방법도 포함된다. 간접방법은 응답자의 관심을 다른 곳으로 돌리게 하여 조사자의 의도를 파악하지 못한 채 자신의 태도를 밝히도록 조사자가 질문을 우회적으로 하는 방법이다. 그 대표적인 것이 Fasold(1984)에 소개된 Cooper and Fishman (1974)의 조사방법이다. 이 방법은 이스라엘의 히브리어가 과학 관계의 논의에 효율적인 언어임에 반해 아랍어는 전통적인 회교관계의 이야기에 효율적인 언어라는 사실을 확인하기 위한 것이다. 여기서는 이야기의 주제에 대하여 과학적인 근거를 제시하는 내용과 회교의 교리에 근거하여 설법한 내용을 각각 히브리어와 아랍어로 녹음하여 응답자들에게 들려주고 그 태도를 살폈다. 여기서 그는 응답자들이 이야기의 내용에 관심을 두게 하여 실제로 조사자가 의도하는 바를 전혀 눈치 채지 못하도록 질문 방법을 유도하였다. 그 결과 과학적인 주장을 나타내는 경우에는 히브리어가, 설법에는 아랍어의 사용이 효율적임이 훌륭하게 증명되었다.

이 외에도 끼어맞추기 방법을 볼 수 있다. 이는 먼저 조사하고자 하는 언어들을 모두 능통하게 구사할 줄 아는 이중언어자들로 하여금 똑같은 내용의 이야기를 각각 다른 언어로 구사하게 하여 적당한

거리를 두어 배열함으로써 듣는 사람으로 하여금 다른 사람의 목소리인 것처럼 속도록 하는 방법이다. 한 사람이 여러 사람인 것처럼 하여 내용을 들려주고 그 하나하나에 대해 성격이나 지위 등등을 평가하도록 하는 것인데, 여기에는 몇 가지의 문제점이 대두된다. 가장 큰 문제는 같은 내용을 계속 반복해서 들어야 하는 응답자의 태도이다. 또한 평가방법의 통계처리에 대한 객관성도 문제가 된다. 이것에 대한 개선안의 하나로 Bourhis and Giles(1976)에서 고안되어 쓰인 것이 있다. 이 연구는 웨일스에서 웨일스 및 영어에 대한 언어태도를 조사한 것이다. 여기서는 영어와 웨일스어 및 웨일스어가 섞인 영어로 영화를 보러 온 관객들에게 영화 프로 선정에 참고할 설문지를 작성해 줄 것을 부탁하였는데, 어떤 말로 협조를 구하였을 때 호응도가 높은가를 측정한 것이다. 여기서는 다 같은 웨일스인이면서도 그들이 웨일스어를 쓰고 있는가 아닌가에 따라 웨일스어 및 영어에 대한 언어태도가 다르다는 것을 확인할 수 있었다. 이 조사 또한 끼어맞추기 방법과 같이 응답자들이 그들이 언어태도에 대한 조사를 받고 있다는 것을 눈치 채지 못한 상태로 실시된 것이다. 이것은 끼어맞추기 방법보다 좀더 개선된 방법이라고는 하지만 이 방법 또한 응답자의 집단에 대한 문제가 대두된다. 이 경우에는 어떠한 집단이든 동일한 반응을 보이리라는 전제가 성립되어야 한다.

언어태도가 일치하는 사람들의 집단을 한 言語共同體라 한다. 한 言語共同體에 속한 사람들은 그들 집단의 사회 구조나 유대감, 사회적인 역할에 대하여 서로 공통점을 가지게 되고 그들이 한 집단의 성원임을 잘 드러내 주는 징표로서 언어를 도구로 삼는다. 이러한 언어태도에 대한 연구 성과로 Trudgill and Tzavaras(1977)를 볼 수 있다. 이 연구는 그리스에 사는 알바니아족의 알바니아어, 즉 고국의 말(言)에 대한 태도를 조사한 것인데, 결과는 노년층의 반응과 젊은층의 반응이 크게 다르게 나타나고 있는 사실을 밝혀내었다. 이것은 언어가 한 사회의 구조를 밝혀 주는 도구로 작용할 수 있음을 보여 준 좋은 예라 할 수 있다. 사회 구조를 이해하기 위한 또 하나의 예로 El-Dash and Tucker(1975)의 兩 層 언어사회에서의 언어태도에 관한 연구를 들 수 있다. 이 연구는 이집트에서 고전 아랍어와 일상 아랍어, 이집트영어에 대하여 지능, 지도력, 신앙심, 호감도, 사용의 적절성으로 나누어 각각 조사한 것으로, 이 세 종류의 언어에 대한 태도가 각기 다르게 형성되어 나타나고 있음을 보여주었다.

이러한 언어태도는 교육에도 매우 유용하게 활용되고 있다. 이에 대한 대표적인 연구로는 Frederick Williams를 들 수 있다. Williams 의 연구는 동갑나기 어린이들을 인종과 사회계층에 따라 구분하고 그 각각에 대한 교사들의 언어태도, 즉 인종에 대한 교사들의 통념 (stereotype)과 구체적인 언어 자료를 제시한 경우의 교사들의 언어태도로 나누어 조사하였다. 이 경우 백인 어린이와 흑인 어린이 그리고 멕시코계 어린이에 대한 평가가 각기 다르게 나타났는데, 실제적인 언어 자료도 평가 기준이 되고 있지만 많은 부분은 통념의 영향을 받고 있음을 알 수 있었다. 이 연구의 결과는 교사들의 언어태도가 학생들의 교육에 어떤 영향을 미칠 수 있는가에 대한 것을 고려하게 한다.

제3장   조사지역 배경 및 조사방법

1. 조사지역의 사회적 배경

1) 역사적 배경[1]

한반도의 동부와 북부는 북방 예맥계의 선민이 이주하였고, 남부와 서부는 남방 漢族系의 先民이 이주하여 부족사회를 형성하였다. 예맥족은 통천, 고성, 양양, 강릉, 삼척의 동해안선을 따라 부족국가를 이루고 살았으며 그중 북한강 유역을 중심으로 한 춘천지방의 부족국가를 貊이라 하고, 江陵을 중심으로 한 부족국가를 濊라 하였다. 지금의 강원도를 예맥의 옛 땅이라 부르고 있는 것은 그 연유에서이다.

영동지방은 동해안 해안선을 따라 발달하였다. 영동지방이 현재의 행정구역과 비슷한 공동체제를 이룬 것은 통일신라시대에 와서이다. 통일신라시대에 지방 행정구역을 9주 5소경으로 나누었을 때 9주 가운데 溟州(지금의 강릉)가 지금의 영동지방이 된다. 당시의 溟州는 북쪽으로 通川, 남쪽으로 盈德, 서쪽으로는 太白山脈, 동쪽으로는 東海에 접해 있었다. 溟州는 통일신라의 동북방 지역으로 매우 중요시

---

1) 『강원도사』(1995), 『내고향 강원도』(1990)에서 발췌하여 정리하였음.

되었으며 오늘날 道知事에 해당되는 總管[2]이 파견되었다.

후삼국시대에는 궁예가 세운 후고구려의 영토에 속하였다가 고려가 삼국을 통일하고 성종 14년(AD 995)에 전국을 10도로 나누었을 때 朔方道에 속하게 되었다. 朔方道는 7州 62縣을 두었는데, 7州 중 溟州가 지금의 영동지방이 된다. 成宗 때의 地方行政區域은 그 후 몇 차례의 變更을 거쳐서 顯宗代(1009~1031)에 完備를 보게 되었으니 그것이 이른바 高麗의 五道兩界 제도가 된다. 이것은 일반행정구역으로서 5道를 區分하였고, 외적을 방어하기 위한 특수 지역으로서 국경지대에 兩界를 두었는데 영동 지역은 그 東界에 속한다. 明宗 8년(1178)에 태백산맥 동쪽은 沿海溟州道로 되었고 元宗 4년(1263)에는 명주도가 江陵道가 되었으며, 恭愍王 5년(1356)에는 江陵道가 江陵朔方道가 되었고 恭愍王 15년(1366)에는 江陵道로 復稱되었다.

우왕 14년에 영동 영서를 합쳐 交州江陵道라 했는데 조선조 태조 4년(1395)에 江原道로 개정하였다. 이 강원도의 명칭은 1895년 朝鮮 8道制를 폐지하고 23府制를 실시하여 江陵府로 될 때까지 여러 차례의 변경과 復稱이 되풀이되었다. 당시 江陵府는 江陵郡·蔚珍郡·平海郡·三陟郡·高城郡·杆城郡·通川郡·歙谷郡·襄陽郡의 9개 郡을 관할하였다. 이 제도는 1896년 종래의 8도제에 바탕을 둔 것으로 13道制로 개편되었다. 당시 춘천부와 江陵府 지방을 합쳐 강원도로 칭하였다.

현재의 영동지방은 高城과 束草, 襄陽과 江陵, 東海와 三陟이다. 고성의 경우는 江陵府에 소속되었던 高城郡과 杆城郡이 1914년에 통합되어 杆城郡이 되었으나 1919년 5월 15일에 杆城郡이 高城郡으로 개칭된 것이고, 속초의 경우는 江陵府 襄陽郡에 소속되었던 道川面이 1937년에 속초면으로 개칭되었다가 1942년 읍으로 승격되어 양양군 속초읍으로 소속된 후 1963년 속초시로 승격되었다. 또한 지

---

2) 文聖王 1년(839)에는 都督이라고 하였음.

금의 江陵은 원래 江陵郡에 소속되었던 北一面과 北二面, 南一面이 江陵面으로 개칭되었던 것인데 1931년에 江陵邑으로 승격되고 이어 1955년 江陵邑이 江陵市로 승격되었다. 이로 인하여 江陵郡은 명주군으로 개칭·분리되었다. 당시 江陵郡에 소속되었던 묵호읍은 명주군 소속이었다. 그 후 1980년 4월 1일 명주군, 묵호읍 일원과 三陟郡 북평읍 일원을 통합하여 동해시를 설치하였다. 三陟의 경우는 1895년 8도제가 폐지되면서 江陵府 三陟郡에 소속되었다가 1896년에 다시 13도제가 실시됨에 따라 江原道 三陟郡이 되었다. 1938년 三陟面이 邑으로 승격되었고 이어 1986년 1월 1일에 三陟邑이 三陟市로 승격되면서 三陟郡에서 분리되었다. 1995년 1월 1일부로 '경기도 남양주시 등 33개 도농복합형태의 市 설치 등에 관한 법률 제4774호'에 의거 江陵市와 명주군이 통합되었고, 三陟市와 三陟郡도 통합되어 오늘에 이른다.

2) 지리·경제·교육적 배경[3]

嶺東 地域은 江原道의 동쪽, 즉 太白山脈의 대관령을 중심으로 해서 그 동쪽의 땅을 가리킨다. 金剛山에서부터 시작된 太白山脈이 북에서 남으로 東海에 치우쳐 있으므로 嶺東의 斜面은 急斜面을 이루고 해안선이 비교적 단조롭고 좁은 사빈이 해안을 따라 발달되어 있다. 긴 하천이 없으며 짧은 하천이 급류를 이루어서 평야가 별로 없는 곳이다. 嶺東 地域의 河川은 高城의 南江, 束草의 所野川, 襄

---

3) 강원통계연보(2001)를 참고하였음.

陽의 南大川, 연곡의 蓮谷川, 옥계의 珠樹川, 북평의 箭川, 三陟의 五十川, 근덕의 麻邑川 및 원덕의 柯谷川 등이 구만입에 해당되는 하구 부근에 약간의 충적평야를 이루고 있을 뿐이다. 襄陽의 남대천은 연어의 부화방류로, 三陟의 오십천은 은어 양식으로 유명하다.

지리적으로 동쪽으로는 동해 바다에 임하고 서쪽으로 정선군·평창군·홍천군·인제군에 접하고 있으며, 남쪽으로는 경상북도 울진군에, 북쪽으로는 함경도에 接하여 있다.

嶺東地方은 많은 부분이 산지이고 雪岳·太白 등 1,500m가 넘는 명산들을 비롯하여 푸른 동해, 산간을 흐르는 맑고 깨끗한 하천 등을 바탕으로 多種의 動·植物들이 분포하고 있다. 또한 雪嶽山, 五臺山 등 국립공원을 비롯하여 江陵市 주문진 장덕리에 있는 은행나무와 양양의 왜가리, 삼척 하장면의 긴잎느티나무 등 많은 천연기념물이 있다. 특히 江陵市 연곡면에 있는 소금강은 江原道가 지정한 國家指定文化財 名勝 第1號로 지정되어 있으며, 이 외에도 여러 곳이 名勝地·自然保護 地域으로 指定·保護되고 있다. 또한 太白山脈과 바다를 접하고 있는 지형적인 특성으로 인하여 地形性 豪雨·大雪·濃霧 현상과 지방강풍4) 등과 같은 氣候의 특성이 나타난다. 특히 여름철 장마는 물론 북동기류에 의한 겨울철 폭설이 있고 가을철에는 국지적인 호우 현상이 나타난다.

嶺東地方의 주요 도로 交通으로는 嶺東高速道路와 東海高速道路가 있으며 鐵道는 제천에서 갈라진 太白線이 嶺東線과 연결되어 江陵에 이르고 있다. 해상교통은 束草·注文津·東海·三陟 臨院港 등을 통하여 이루어지고 있으며, 항공로는 2002년 4월에 개통된 국제

---

4) 봄철 영동지방에 나타나는 건조한 바람을 국지강풍(local strong wind, do
   -wnslope wind)이라고 하는데, 일명 양간지풍(襄杆之風)이라고도 한다.(『
   강원 기상 특성집』, 강릉지방기상대.)

공항이 襄陽에 자리 잡게 됨으로 해서 세계적인 교통의 중심지가
되고 있다.

嶺東 地域의 行政區域은 5市와 2郡 6邑 21面 374里로 편성되어
있으며, 총면적은 1,341,841㎢이고 인구수는 631,539명이다. 이는 강
원도 전체 인구의 41%에 해당된다.

영동지방의 총면적 중 9%를 차지하는 것이 농경지이다. 農業에
종사하는 가구수는 11,726이고 인구수는 64,554명이며 경지면적은
24,753ha이다. 그중 논이 12,595ha이고 밭이 12,158ha로 논농사가 조
금 우세한 편이다. 주생산물로는 쌀, 보리, 두류, 서류(감자 등), 옥수
수 등이다

嶺東地方은 市·郡別 자연부락 마을 단위로 漁村이 형성되어 있
다. 여기에 종사하는 가구수는 2,498이고, 인구는 15,989명이다. 동해
안은 寒流와 暖流가 교차하고 있어 좋은 어장을 이루고 있고 어족
이 매우 풍부하다. 이곳의 水産物로는 꽁치, 멸치, 쥐치, 오징어 등
난류성 어종과 명태, 청어, 양미리 등 한류성 어종을 비롯하여 전복,
성게, 멍게, 해삼, 미역, 다시마 등 정착성 수산 동식물이 널리 분포
되어 있다.

工業의 경우 東海·三陟 지역에 시멘트, 슬레이트, 카바이트, 석
회질소와 같은 중화학공업이 발달되어 있고, 江陵에 공업단지가 조
성되어 있어 각 지역의 입지에 맞는 공업을 유치하고 있다.

敎育文化的인 背景을 보면 유치원 159, 초등학교 154, 중학교 51,
고등학교 39, 전문대학 4, 대학교 5개교가 있다. 이에 준한 인구수는
145,331명, 교직원 6,703명으로 각각 전체 인구수의 23%와 1.2%를
차지한다.

이상으로 본 연구의 조사대상 지역인 嶺東地方에 대하여 歷史的
인 背景과 地理·經濟·敎育的인 배경을 두루 살펴보았다.

2. 조사방법

方言에 관한 연구가 현지 조사를 통하지 않고서는 불가능한 것이고 보면 우선적으로 문제가 되는 것이 자료를 調査하는 方法이다. 方言 調査方法은 조사자가 직접 현지에 나가서 자료를 모으는 直接方法(direct method)과 우편으로 자료를 모으는 間接方法(indirect method)이 있는데, 본 연구에서는 이 두 방법을 모두 동원하였다.[5]

본 연구를 위한 자료 조사가 실행된 것은 2001년 10월부터였다.[6] 같은 시기에 音韻項目과 文法項目을 제외한 語彙와 言語態度에 대하여 협조자를 통한 間接調査方法도 실행되었다.

---

[5] 직접 면접 時에는 제보자의 응답 내용을 기록할 수 있는 녹음기가 부가적으로 사용된다. 이는 응답자의 응답 내용을 다시 반복하여 확인해야 할 경우와 질문지 이외의 내용(일상적인 말씨)에서 자료를 얻고자 할 때 매우 요긴하게 쓰인다. 녹음기를 사용할 때는 가능하면 제보자의 의식이 녹음기에 미치지 않도록 해야 한다. 녹음기를 의식한 제보자는 자신의 자연스러운 말씨를 보여주기보다는 자기의 주장이나 의견을 내세운 매우 격식적인 말씨를 보여주려고 노력하기 때문이다.

[6] 본 연구를 위한 기초 자료(音韻形態, 文法, 語彙 등) 수집은 1994년부터 散發的으로 계속 이루어져 왔다. 다만 이러한 자료들은 논문을 쓰기 위한 내용 정리에 참고되었을 뿐 직접적인 數値를 算定하는 통계처리로는 이용되지 않았다.

본격적인 조사는 2002년 1월 4일부터[7] 2002년 1월 21일까지 이루어졌으며, 주로 직접 면접을 통한 현지조사였다. 대상은 束草와 高城을 포함한 襄陽과 江陵, 三陟으로 구분하여, 世代와 性別, 職業 등으로 나누어 조사하였으며 많은 부분 知人들의 협력을 얻어 이루어졌다. 1차 조사 도중 질문방법과 대화방법 등은 수시로 수정 보완되었으며 질문 내용도 다소 수정되었다.

1차 조사 때는 주로 도시 속에서 생활하는 사람들을 제보자로 하는 까닭에 老年層을 많이 면접하지 못했다. 그것은 워낙 짧은 기간 동안 여러 지역을 다녀야 하는 촉급함도 있었지만, 무엇보다도 社會的인 言語 變數에 도심 속의 老年層의 역할이 그리 크게 작용한다고 생각하지 않았기 때문이다. 이러한 느긋한 태도가 작용한 데는 老年層의 언어가 본 硏究 地域의 言語를 대표한다고 인정하고, 그다음의 변화 과정을 살펴보는 것을 목적으로 하였기 때문인지도 모른다.

2차 조사는 3월 4일부터 3월 15일까지 이루어졌는데 추운 날씨 때문에 답사를 세밀하게 하지 못했던 관계로 1차 조사 때의 지역을 다시 再調査하는 것으로 하였다. 이때는 주로 충분한 자료를 얻어내지 못한 대상을 찾는 데 주력하였다. 특히 襄陽郡 현북면과 현남면 三陟 정라진과 미로면, 신기면, 江陵 구정면과 주문진읍 지역에 대

---

7) 조사자의 치밀하지 못한 계획성으로 인해 이 조사 때는 많은 어려움을 겪었다. 조사자가 석사 논문으로 이와 같은 논제를 다루었던 까닭으로 아주 편한 마음으로 타 지역으로의 현장 조사를 용감하게 나섰다. 事前에 친구들을 통해 지역의 한두 사람을 소개받은 것이 고작이면서 연고지에서 대우받던 것만을 생각하고, 며칠 묵을 준비까지 하고 떠났으니, 마땅한 제보자를 구하지 못하여 길에서 시간을 무작정 보낸 것은 당연한 고생이라고 생각한다.
거기에다 날씨마저 한껏 추워서 길에서 보낸 오랜 시간들은 조사자가 지금까지 즐겁게 생각했던 모든 답사에 대한 기억들을 깡그리 잊게 만들기에 충분했다. 방언조사 時 일기예보를 참조하는 것도 하나의 방법론이 되겠다.

하여는 다른 지역에 비해 더욱 많은 시간을 투자하였는데, 이것은 農村과 漁村의 差異點을 좀더 세밀하게 확인해 보고자 하는 의도에서였다. 이때는 주로 노인정과 어촌계를 방문하였으며 대부분의 제보자는 老年層으로 하였다.

3차 조사가 시행된 시기는 늦은 4월이었다. 원래는 1차와 2차 조사만 계획하였으나 질문지의 통계처리 과정에서 제보자의 분포가 퍽 만족스럽지 못하여 부분적으로 부족한 부분만 답사를 시행하였다. 이때는 주로 각 지점별 40대와 50대, 즉 壯年層에 대한 조사가 집중적으로 시행되었다.

조사 내용 중 직접 면접을 위한 조사는 소개를 받는 것을 우선으로 하였다. 그 경우 제보자의 數에 제한을 두었는데, 한 면접 장소에 반드시 한 사람만을 조사한다는 것이었다. 語彙나 기타 질문들은 제보자가 여럿이 있으면 그 각각의 제보자에게서 얻을 수 있는 정보가 있어 유익한 점도 있겠지만 音韻의 변화를 조사하는 경우에는 제보자가 여럿이면 조사에 어려움이 따른다. 한 예로 單母音 '외'와 '위'가 어떻게 발음되고 있는지를 살피는 과정에서 청각적인 변별도 중요하지만 제보자의 입 모양(圓脣性)을 보는 것도 중요한 발음 변별 방법이 되기 때문이다. 이 경우 제보자가 한 사람 이상이면 두 사람을 번갈아 보면서 확인해야 하는 어려움이 있어, 제보자를 구하기 어려운 실정이었지만 한 장소에 두 사람을 同席시키는 일은 절대적으로 피했다.

간접 조사용 설문지는 2가지 방법으로 시행되었다. 우선 본 조사자가 1차와 2차 현지 조사 때 직접 협조자를 방문하여 부탁하는 방법이 그 하나였고, 현지에서 협조자가 되어 줄 사람을 선정하여 전화로 도움을 약속받은 뒤 우편발송을 하는 방법이 그다음이었다. 전자의 경우는 면접에 응해 준 대상자들을 통한 경우도 있고, 친구에게 부탁한 경우도 있다. 특히 靑少年層에 대하여는 대부분 현지 고등학교를 방문하여 국어선생님께 부탁을 하거나 교감선생님께 부탁을 하여 직접 면접과 간접 설문지를 동시에 조사하였다. 후자의 경우 각 방언별로 문화원과 학교, 읍(면)사무소를 선정하여 설문지를 발송하였다. 이때 설문지 작성 방법과 대상 등 설문지 작성에 필요한 내용들을 자세하게 메모하여 우편요금과 함께 발송하였다.8) 확인조사는 2002년 4월 8일부터 27일까지 이루어졌는데(3차 조사 기간에 속함) 여기서는 기대치와 다르게 나타나는 언어현상들만을 별도의 질문지로 구성하여 조사하였다. 이는 논문을 작성하는 중에도 간간이 이루어졌다.

본 연구를 위한 조사대상자의 數는 모두 338명이었다. 이것은 직접 면접을 위한 제보자 93명과 간접 조사를 위하여 선정된 245명을 합한 數이며, 이 외에도 수시로 제보자로 적격이다 싶으면 질문지 없이 이것저것을 질문하여 유익한 답을 얻어내곤 하였다. 사실 간접 설문지의 경우 모두 550매를 배포하였으나 회송된 설문지의 내용에 따라 분류한 결과, 실제로 논문에 이용될 수 있는 설문지는 245매뿐이었다.9) 이처럼 실제 논문에 이용된 설문지가 적은 이유는 설문지의 내용이 불성실하게 작성된 것도 있었지만, 대부분은 제보자로서 적격자가 아닌 사람이 설문지를 작성하였기 때문이다. 그중 가장 많

---

8) 각 地域別로 문화원 6곳, 고등학교 8개교, 읍(면)사무소 7곳을 선정하였는데 문화원 1곳과 면사무소 1곳에서 거절을 하여 모두 19곳에 우편 발송을 하였다. 문화원의 경우에는 사무국장에게 장년층 남녀를 대상으로 조사해 줄 것을 부탁하였으며, 학교의 경우 국어선생님께 5명의 학생에게 조부모와 부모, 본인을 구분하여 조사해 줄 것을 부탁했다. 읍(면) 사무소는 총무담당에게 각 마을 이장과 부인을 대상으로 조사해 줄 것을 부탁하였다. 설문지 매수는 문화원 5곳에 14매씩, 고등학교 8개교에 25매씩, 읍(면)사무소 6곳에 20매씩(2개 面은 15매)을 각각 발송하였다.
9) 질문지 發送과 回送에 관한 자세한 내용은 본 연구 3.2.2 質問紙 참조.

은 경우가 설문지의 겉표지에 기록된 부모의 고향이 조사 지점과 다른 경우이었다. 또한 부모의 고향을 아예 적지 않은 경우도 제보자에서 제외시켰다. 특히 老年層의 간접 설문지는 대부분 이용하지 않았다. 70대 이상의 老年層일 경우 한글을 안다고 하여도 그 많은 설문지의 내용을 모두 이해하고 작성하기란 결코 쉽지 않을 터인데, 완벽하게 작성된 것은 그 누군가가 대신 작성한 것이라 판단하였기 때문이다. 기대 이상으로 老年層의 설문지가 많이 회수되었는데, 그 내용을 꼼꼼히 살펴보면 그 지점에서 그 세대에서 사용함직한 내용들이 아닌 것이 대부분이었다. 사실 靑少年이라든가 壯年層의 경우는 질문에 대한 응답이 상상을 초월할 만큼 다양하게 나타나는 것이 사실이다. 하지만 老年層의 경우는 해당 지점의 언어태도를 그대로 간직하고 있는 것이 대부분이고, TV나 기타 매스컴의 영향으로 인하여 언어태도가 변화되었다고 해도 靑少年層과는 동일할 수 없다. 그럼에도 불구하고 많은 老年層의 설문지가 靑少年의 그것과 매우 비슷하게 기록된 것은 문제가 있다고 판단되어, 老年層의 필체임이 확인된 한두 개만 제외하고 모두 사용하지 않는 것으로 했다. 기타 여러 가지 이유로 인하여 老年層의 설문지는 많은 시간을 투자하도록 하였는데, 가능한 본 연구자가 직접 면접을 한 경우의 것만 사용하는 것으로 하였다. 간접 조사용 설문지에 관한 信賴性에 대하여는 논문을 정리하면서도 많은 생각을 남겨 두게 했다. 무엇보다도 가장 심란하게 마음을 어지럽힌 것이 낮은 應答率이었다. 가장 좋은 方言 자료를 얻기 위해서는 제보자와의 일상적인 생활에서 자연스럽게 발화되는 말(발음)을 채록해야 한다. 이것은 조사자가 직접 발로 뛰면서 얻어내어야 하는 것인데, 간접 조사용 설문지의 경우는 그러한 자연성이 배제된 상황에서, 본인들이 스스로 인정한 말(발음)을 자신의 것으로 기록하여 전달해 주는 형식이고 보니, 자신들의 발음과 표준어와의 차이를 극복하지 못한 채 전달되는 듯하다. 이러한 현상은 실제로 직접 면담자와의 대화에서 쉽게 발견된다. 따라서 '語彙'와 같은 조사가 아니고 '音韻'이나 '文法' 현상에 관한 조사는 가능하면 직접 조사를 하여 正確하고 信賴性 있는 자료를 얻는 것이 좋을 듯싶다. 이 점에 관한, 본 연구의 전체적인 내용(音韻 제외)에 고르게 적용된 낮은 實現率에 대한 再考를 甘受하기로 한다.

1) 조사지역

方言 研究의 成功的인 성과를 위하여 調査對象 地域을 선정하는 문제는 소홀히 될 수 없고 또한 어떤 지역을 조사지로 선정하였다 하더라도 그 지역에서 몇 곳을 조사지점으로 할 것인가는 충분히 고려되어야 한다. 일반적으로 傳統方言學에서 조사지역을 선정할 때에는 地理的, 歷史的, 社會的 背景을 고려함이 우선이다. 또한 外部의 새 물결을 쉽게 수용하지 않는 土俗性이 강한 곳이면 좋을 것이고, 전래적인 순수한 方言을 잘 간직하고 있는 곳이면 더욱 좋을 것이다. 하지만 본 연구와 같이 社會的인 要因을 고려한 연구일 경우에는 언어의 변화상을 관찰하기 편리한 도시를 지점으로 정하는 것도 한 방법이 된다.

본 연구를 위한 적절한 조사지점을 選定하기 위하여 다음과 같은 방법이 고려되었다. 먼저 전통적인 方言學에서와 같은 방법으로 각 지역별 농촌을 우선적으로 하였다. 그다음으로 어촌과 도심을 조사하였다.

좀더 구체적으로 설명을 하자면 江陵을 조사지역으로 하였을 경우, 江陵에서 가장 전형적인 농촌이라고 할 수 있는 사천면에서 農業을 주업으로 하는 '상노동리'를 우선적으로 조사한 뒤, 그 주변의 어촌 지역인 '진리'를 조사하는 것이다. 다음으로 시내에서 가장 큰 아파트단지가 들어선 포남동과 속칭 대학가로 불리는 상가 지역 성내동을 각각 조사하는 것이다. 물론 각 지점별 제보자는 世代와 性別을 구별하여 면접하는 것을 조건으로 하였다. 간접 설문지도 이와 같이 지점을 분류하여 배포하였으나 좀더 확대하는 것으로 하였다.

본 연구를 위하여 선정된 조사지점은 <표 1>과 같다.

〈표 1〉 조 사 지 역

지 역 \ 행정구역	동	읍	면
고성군		간성읍(하리), 거진읍(6리)	현내면, 죽왕면
양양군		양양읍(연창리)	현북면, 현남면, 손양면
강릉시	포남동, 성내동	주문진읍 (3, 4, 5, 6리)	왕산면, 구정면, 옥계면, 사천면
삼척시	교동, 정라진동	원덕읍(호산리)	가곡면, 하장면, 미로면, 신기면

이들 지역을 조사지점으로 선정한 가장 큰 이유로는 이 지역들의 언어가 본 연구자와 많이 익숙해 있다는 점이다. 실제로 본 연구자의 석사 논문이 '강릉 지역 언어변화'를 다룬 것이고 보면, 이 지역과 주변 지역들의 언어를 확인한다는 것은 그리 큰 어려움이라 생각되지 않았다. 실제로 면접의 경우 대부분 소개로 이루어졌고, 간접 설문지도 知人들을 협조자로 더욱 많은 설문지를 배포할 수 있었던 것이 이 때문이기도 했다. 또 다른 것을 이유로 든다면, 강원도 방

언은 표준어와 별다른 차이가 없을 거라는 인식으로 오랫동안 方言 學者들의 관심 속에서 밀려나 있었지만, 이익섭(1981)에서 강원도 특히 嶺東方言이, 이 方言만이 가지는 독특한 언어 현상들이 다수 있어 매우 흥미로운 地域임을 밝혀냄으로써 이 지역이 方言 연구지로 관심을 두기에 충분한 조건이 될 수 있다고 판단하였기 때문이다. 더하여 아버지의 고향이 襄陽이고, 어머니의 고향이 江陵인 까닭으로 이 方言은 본 연구자에게 매우 친숙한 곳으로도 충분히 연구해 둘 가치가 있는 것으로 판단되었다.

2) 질문지

方言 研究의 目的을 달성하기 위해서 우선적으로 결정되어야 하는 것이 조사할 내용이 '무엇'인가 하는 것인데, 이 조사할 '무엇'을 정리하여 놓은 것을 질문지라 한다. 질문지는 연구의 목적과 조사에 소요되는 시간과 경비를 적절히 감안하여 작성하여야 한다.

본 연구를 위한 자료조사 질문지는 크게 두 가지 형태로 작성되었다.[10] 하나는 직접 면접을 위한 音韻과 音韻 規則에 관한 質問紙였고, 다른 하나는 文法과 語彙, 對象 地域의 言語意識(態度) 조사를 위한 간접 조사용 설문지였다. 질문지의 조사항목 선정은 본 연구가 강원도 동해안 지역의 社會的인 言語變化 현상을 살펴보는 데 목표

---

10) 질문지는 본 연구자가 석사 논문 때 사용하였던 질문지 형태와 체계를 그대로 유지하는 것으로 하였다. 하지만 내용은 거의 대부분, 새로운 항목으로 바꾸어 작성하였다.

를 둔 것이므로 言語分化의 樣相을 잘 나타내 줄 것으로 기대되는 항목들을 선택하였다. 그러나 딱히 변화가 기대되는 언어 변수만 선택한 것은 아니다. 한 예로 '硬音化 現象'을 확인하기 위한 항목을 선택할 때는 기존의 확연하게 변화를 겪은 것보다는 혹시 경음으로 발음되지 않을까 확인해 보고 싶은 항목들도 다수 넣었다. 이것은 모든 질문지 내용에 고루 적용되었는데, 이는 새로운 言語變化를 찾아보고 싶은 욕심에서였다.

질문지의 내용은 다음과 같다. 우선 직접 면접을 위한 질문지는 주로 音韻에 관한 것인데, 언어 분화상을 기대할 수 있는 變數들로 선정하였다. 母音을 확인하기 위하여 單母音 'ㅚ', 'ㅟ'와 'ㅔ', 'ㅐ' 그리고 二重母音 'ㅢ'(ji), 'ㅚ'(jø), 'ㅟ'로 항목을 설정하였고, 이들 각각에 대하여 語頭와 非語頭로 각기 구별하여 조사하였다. 또한 非語頭 二音節 및 그 이하에서 실현되는 경우도 조사 항목으로 선정하였다. 특히 單母音 'ㅚ'와 二重母音 'ㅔ, ㅐ'가 語頭에 실현될 경우 그 각각의 音價를 살펴보도록 하였고, 같은 경우로 單母音 'ㅣ'와 'ㅟ'의 변별, 'ㅡ'와 'ㅓ'의 변별, 또한 二重母音 'ㅢ'와 'ㅕ'의 변별도 함께 확인하였다.

다음으로 音韻 規則을 조사하기로 하였다. 원칙적으로 음운 규칙은 간접 조사용 설문지에 전적으로 의존하기로 하였는데, 1차 조사 때 생각을 바꾸어 직접면접과 간접조사를 병행하기로 하였다.[11] 이

----

11) 이것은 시간이 허락되는 경우에만 실행되었는데, 실제적으로 제보자들의 언어 습관은 설문지에 자신의 발음을 밝혀 적을 때와 실제 발음과는 많은 차이가 있다.
   어느 한 제보자에게 직접 면접을 끝내고 시간이 허락되어 간접 설문지를 주면서 그냥 편하게 평소 본인이 발음하는 곳에 O표를 하도록 하였다. 이 제보자와 이런저런 얘기를 하면서 이 제보자의 발음에서 분명 口蓋音化 현상과 鼻音 현상을 발견하였는데, 막상 설문지에는 본 연구자의 발음을 표준발음이라고 그 해당란에 O표를 하는 것이었다.(제보자 50대 회사원 : 江陵) 일상적인 말투와 격식적인 말투의 차이는 그 폭이 충분히 넓을 수 있다는 것을 다

면접용 질문지는 Labov(1972)가 개척한 方法論을 따랐다. 그는 여기
서 면접에 의한 조사의 상황을 여러 문맥(context)으로 나누었고, 그
속에서 다시 세분된 말투(style)의 영역을 구축하였던 것이다. 여기서
그는 그 각각의 말투(style)에 따라 언어 變異가 일어나고 있음을 확
인시켰다. 즉 면접 상황에서 조사자가 제보자에게 어떠한 질문을 하
였을 경우 제보자가 본인이 알고 있는 내용을 자연스럽게 응답하는
경우의 말투를 긴장한 말(careful speech)이라 하고 다시 이 상황을
제보자가 좀더 주의를 기울이고 응답할 수 있도록 하여 또 다른 말
투(style)를 조성한 것이다. 좀더 주의를 기울인 말투는 보통 단어읽
기, 문장읽기, 구절읽기 등이 해당된다. 본 연구는 이 방법 모두를
이용하였다. 하지만 단어읽기와 문장읽기, 구절읽기가 모든 제보자에
게 고루 실시된 것은 아니다. 老年層의 경우는 우선적으로 제외되었
고, 壯年層의 경우 육안으로 보아 고등교육을 받지 않았다 싶으면
아예 내놓지 않았다. 그것은 많은 시간을 할애하여 조사에 도움을
주고 있는데 괜히 제보자의 기분을 어색하게 만드는 일은 만들지 않
는 것이 좋겠다는 배려에서였다. 실제로 본 질문지의 양이 많아서
아주 친한 관계가 아닌 경우에는 조사 중에 미안한 마음이 많이 들
었다. 결론적으로 본 질문지의 면접에서 실시된 말투는 격식적인 말
투(careful speech)가 된다.[12]

  간접질문지는 硬音化 現象과 音韻規則, 文法과 語彙, 言語態度 등

  시 확인하는 계기가 되었지만, 본 연구자의 마음은 어둡기 그지없다. 과연
  간접 설문지에 어느 정도 신뢰성을 부여해야 하는가.(語彙는 제외)
12) 격식적인 말투에 의존한 것이 본 研究의 결과에 적잖은 영향을 끼친 것
  은 사실이다. 사실 日常的인 말투의 경우는 보통 자신들의 지방말을 자연
  스럽게 사용하고 있으나 격식적인 ― 엇인가에 응답해야 한다는 환경 ―
  말투의 경우는 자신들의 일상적으로 자연스럽게 쓰는 말씨와는 다른
  말씨를 사용하게 되는 경우가 많다. 간접 설문지를 자료로 선택할 경우
  에는 이러한 점을 미리 감안해 두어야 한다.

으로 구성되었다. 경음화 현상과 音韻規則 그리고 文法 항목에 대하여는 주어진 단어들에 대하여 본인들이 실제로 사용하고 있는 발음에 0표를 하도록 하였다. 語彙도 마찬가지였다. 여기서 語彙 선정에는 무엇을 항목으로 정해야 할 것인가를 두고 많은 시간을 고심하였다. 결국 영동 지역에서 고르게 쓰이고 있는 語彙13)를 선정하여 아는지 여부를 확인하는 것으로 하였다. 언어태도를 묻는 질문은 영동 지역의 주민들의 사투리의 사용 정도와 認識을 알아보기 위한 내용들로 구성되었다.

이처럼 직접 면접과 간접 설문지에 선정된 調査 項目數는 모음에 관한 것 56개, 硬音化 35개, 鼻母音化 13개, 口蓋音化 7개, 움라우트 15개, 敬語法 27개, 格助詞 11개, 語彙 40개 言語態度 5개로 모두 212개였다. 여기서 별도의 유형으로 작성된 조사항목과 보충자료로 활용된 項目들의 數는 포함하지 않았다.14)

본 연구를 위해 작성된 질문지의 배포와 회수에 관한 정도는 다음과 같다.15)

전체적인 설문지 회수율은 74%였으나 실제로 본 연구에 이용된 것은 45% 뿐이다.16) 地域別로는 高城 66% : 45%, 襄陽 77% : 42%이고, 江陵 75% : 47%, 三陟 80% : 46%로 回收率이 가장 높은 지역은 三陟이다.

---

13) 이익섭(1981)에서 선정하였음.

14) 질문지에 관한 자세한 내용은 이익섭(1984)을 참조할 수 있다.(어떠한 목적을 위한 연구이든지 그 분야에 관한 새로운 이론이 부각되지 않는 한 외국서적을 굳이 고집할 필요가 없을 듯싶다. 그 이론을 한국어로 상세하게 잘 설명해 놓은 국내 서적이 있을 경우에는 그것을 참고로 하는 것도 좋은 방법이라고 생각한다.)

15) 서남 지역은 직접 조사가 이루어지지 못한 까닭으로 인하여 간접 설문지가 다량 회수되었으나 본 연구의 자료로 이용하지 않았다. 다만 그 내용을 참고하는 것에 그쳤다. 따라서 설문지 매수 수치 계산에 이 지역은 제외되었다.

16) 논문에 이용된 설문지의 비율이 낮은 것에 대하여는 3.2 조사방법을 참조.

<표 2> 설문지 발송과 회송 정도

지역 / 질문지	고성 발송	고성 회송	고성 실제적으로 논문에 이용된 설문지	양양 발송	양양 회송	양양 실제적으로 논문에 이용된 설문지	강릉 발송	강릉 회송	강릉 실제적으로 논문에 이용된 설문지	삼척 발송	삼척 회송	삼척 실제적으로 논문에 이용된 설문지	*서남방언권 발송	*서남방언권 회송	참고
간접설문지	145	95	64	138	106	58	132	98	61	135	107	62	218	162	95
직접질문지	현장답사		11	현장답사		22	현장답사		33	현장답사		27	현장답사		못했음

언어변수	구분	고성 간접설문지	고성 직접질문지	양양 간접설문지	양양 직접질문지	강릉 간접설문지	강릉 직접질문지	삼척 간접설문지	삼척 직접질문지	서남방언권 간접설문지(참고)
		64	11	58	22	61	33	62	27	95
연령	청소년	16	3	18	3	19	8	22	6	42
연령	장년	46	3	32	17	36	12	34	11	52
연령	노년	2	5	8	2	6	13	6	10	1
직업	공무원	17	3	15	5	22	6	24	6	24
직업	상업	13	3	17	8	18	4	16	2	32
직업	농업	25	2	11	0	17	7	19	6	25
직업	어업	0	2	0	9	0	14	0	12	0
직업	기타	9	1	15	0	4	2	3	1	14
성별	남성	42	6	36	12	35	20	41	19	63
성별	여성	22	5	22	10	26	13	21	8	32

3) 제보자

方言調査에서 한 方言의 자료를 제공해 주는 사람을 提報者라고 한다. 이 제보자를 어떤 사람으로 選定하느냐에 따라 方言研究의 성패가 달라질 수 있을 정도로 연구의 방향에 맞추어 적절한 제보자를 選定하는 것은 연구의 정확성을 높이는 데 매우 중요한 역할을 한다.

보통 方言學에서 제보자의 선정에는 몇 가지 기본적인 조건이 고려된다. 먼저 나이가 60歲 이상일 것과 토박이어야 한다는 것이다. 여기서 토박이라는 개념은 보통은 祖父母부터 그 地點에서 태어나서 자란 정도, 즉 3대 이상을 그 지역에서 살고 있는 사람을 말한다. 배우자의 고향도 한 조건이 된다. 이 경우 배우자의 고향이 동일 방언에 속한 정도가 아니면 제보자로 쓰지 않는다. 제보자의 性別이 크게 문제되지는 않지만 身體的인 條件, 즉 듣고 보고 말하는 것에 특별한 장애가 없어야 한다. 물론 職業도 중요한 제보자의 조건에 드는데, 가능하면 農村에서 농사짓는 것을 우선으로 한다.

본 연구에서는 특히, 제보자 선정에 세심한 주의를 기울였다. 제보자 선정에 고려된 조건들을 살펴보면 다음과 같다.

본 연구가 江原道 東海岸 地域의 方言을 연구하는 것이므로 제보자의 출생지는 당연히 강원도 동해안 지역으로 한정되었다. 또한 그 속에서 다시 지역을 제한하였다. 이것은 강원도 동해안 지역 언어가 본 연구의 목적이라고 해서 지점을 구분하지 않고 전체를 하나의 출생지로 정하지 않았다는 것이다. 예를 들자면 高城郡을 조사할 경우는 반드시 高城郡 내 출생자가 제보자로 선정되었고, 江陵市를 조사할 경우 또한 반드시 江陵에서 출생한 사람만이 제보자로 선정되었던 것이다. 이 규칙은 이 외의 모든 지역에 대하여도 반드시 지켜졌다. 또한 傳統方言學에서 제보자의 조건으로 해당 지역에서 3대 이상을 계속하여 살고 있는 사람을 선정할 것을 요구한 것에 맞추어 祖父母부터 靑少年層까지 계속해서 그 지점에서 생활하고 있는 것을 기본으로 했다. 또한 아무리 좋은 제보자이라고 해도 배우자의 출생지가 다른 방언권일 경우에는 제보자로 쓰지 않았다. 靑少年의 경우 어머니가 타 방언권인 경우에도 이 규칙을 적용하였다. 또한 江

陵을 조사하면서 고향이 襄陽이고 어렸을 적부터 江陵에서 계속 생활해 온 경우도 제보자로 선정하지 않았다. 다만 壯年層의 경우 대학이나 軍 입대 관계로 외지에서 잠시 생활했던 사람은 예외로 했다. 이것은 본 연구자의 석사 논문 작성 때의 제보자 조건보다 더욱 까다롭게 정한 것인데, 이것을 固守하는 데 적잖은 어려움이 따랐다. 한 지점에서 출생한 사람끼리 결혼을 하고 그곳에서 3대 이상을 살고 있는 제보자를 찾기란 농촌인 경우를 제외하고는 쉬운 일이 아니었다. 특히 어려웠던 지역이 束草였다.[17] 이곳은 해방 이후 많은 실향민들이 거주하고 있으며 관광 산업이 발달하여 타 지역 사람들이 많이 이주해 살고 있기 때문이다.

직접 면접의 경우 토박이라고 소개를 받고 방문하였다가 토박이가 아니어서 되돌아오는 경우도 종종 있었다. 또한 토박이냐고 몇 번이나 확인하고 오랜 시간 면접을 끝낸 뒤 祖父母의 고향을 물었을 때 해당 지역이 아닌 경우가 있어 황당함과 허탈함을 느꼈던 적이 한두 번이 아니었다. 이것은 제보자의 조건을 너무 까다롭게 정한 것이 아닌가를 수차 의심하게 만들었고[18] 답사가 힘들 때마다 후회하게 만들었다.

제보자의 世代區分은 老年層(할아버지 세대): 60세 이상, 壯年層(아버지 세대): 30대~50대, 靑少年層(아들 세대): 10~20대로 구분되었다. 다만 본 연구자가 쉽게 제보자를 선정할 수 있는 襄陽과 江陵에서는 이 구분을 더욱 세분화하여 10대, 20대, 30대, 40대, 50대

---

17) 이 地域은 적절한 제보자를 찾는 것에 실패하여 전체적인 논의에서 제외되었다. 사실 본 연구를 위하여 가장 많은 시간과 노력을 투자한 곳이 이 地域이 아닌가 싶다. 하지만 토박이를 찾는 데도 많은 무리가 따랐고, 특히 배포한 설문지가 대부분 회송되지 않았던 까닭으로 부득이 이 地域을 논의의 대상에서 제외시켰다.

18) 보통 사람들의 토박이에 대한 개념은 '본인이 그곳에서 출생'한 상태를 말하는 것 같다.

60대, 70대 이상으로 나누어 年齡別로 충분한 인원을 조사하였지만 그 이 외의 지역에는 이것이 수월치 못하여 다만 世代를 구분하는 것으로 만족하였다.

각 世代別로 제보자의 職業은 公務員(회사원 포함)과 商業(자영업, 서비스업 포함), 農業과 漁業으로 구분했다. 여기서 學歷은 고려하지 않았다. 일반적으로 고학력일 경우 전문직이나 公務員이 많을 것이고, 학력이 낮을수록 그들 직종과는 다른 職業에 종사하게 된다는 것은 널리 알려진 사실이다. 그러므로 學歷이 職業을 나타내 주고, 그것은 언어를 분화시키는 하나의 社會的인 要因이 될 수 있음은 사실이다. 하지만 본 연구에서는 學歷이 높고 낮음보다는 소속된 共同體 속에서의 언어습관(언어현상)을 살피는 것을 우선으로 했다. 특히 본 연구자가 관심을 둔 것은 표준어를 사용해야 하는 환경에 속한 公務員과 언어적 제약을 전혀 받지 않고 있는, 어쩌면 實質的인 이익 관계에 따라 때로는 사투리를 좀더 써야 하는 환경에 속해 있는 商業 종사자와의 언어 對比였다. 이 두 집단의 학력 정도는 매우 다양하다. 물론 職種에 따라 다소의 차이가 있겠지만 대체로 중졸에서 대졸까지 고루 포함되어 있다고 볼 수 있다. 따라서 본 연구자는 商業에 종사하는 사람일 경우 가능하면 대졸자를 면접하도록 하였고, 公務員의 경우에는 고졸 이하의 학력을 가진 제보자를 면접하는 것을 우선하였다. 이것은 학력에 관계없이 주어진 환경, 즉 職業(共同體)에 따라서도 충분히 언어가 분화되어 나타날 수 있으리라는 기대감 때문이었다.

세대에 따라 제보자의 性도 구분되었다. 10대의 경우 한 지역에서 남자 5명을 면접하면 동일 지역에서 여자 5명을 면접하는 식으로 하였으며, 간접 조사용 질문지를 배포할 때에도 한 지역에서 男性과 女性이 반반으로 조사될 수 있도록 하였다. 사실 1차 면접 조사 때는 이 규칙을 제대로 지키기 위해 많은 노력을 했으나 2차 조사 때에는 딱히 1:1로 대응시키지 않았다. 조사자, 본인이 여자라는 것 때문에 40대 50대의 男性을 면접하는 일이 퍽 자연스럽지 못하였고, 지역별로 정해진 수를 맞춘다는 것이 또한 쉽지 않았기 때문이다. 10대와 20대, 60대 이상의 경우에는 직접 면접이 매우 쉬웠다. 특히 여자라는 것 때문에 더욱 그렇기도 했다.

가능한 한 年齡과 職業과 性別, 그리고 생활 거주지를 고루 감안하여 제보자를 선정하도록 노력을 기울였다. 실제로 性과 職業을 고려하여 世代別로 제보자를 찾아 직접 면접을 한다는 것이 쉽지가 않았다. 어렵게 제보자를 소개받아 방문하였지만 딱히 적절한 경우가 아니었거나 또는 여러 가지 사정으로 인해 대충 끝내야 할 경우, 별 성의 없이 답변해 주어 조사 시간 내내 마음이 불안한 일 등이 어려움으로 다가오기도 했다. 하지만 그러한 상황이 전개되었을 경우 금방 일어나 되돌아오는 일은 하지 않았다. 귀찮아하더라도 가능하면 질문과 관계없는 이런저런 얘기를 해서 제보자의 마음을 편하게 해 준 뒤 돌아오는 것을 원칙으로 했다. 여기서 주로 사용한 방법이 부모님의 고향과 職業을 내세워서 제보자와의 연관성을 일깨워 주려 한 것이다. 부모님 고향이 襄陽과 江陵이고 특히 아버지께서 束草와 襄陽에서 직장을 다니셨기 때문에 연결 연결하면 무언가 한 가지는 맥이 닿았다. 가족 중심의 제도에서 아직 벗어나지 못한 작은 도시인의 情緒로 이 방법은 참으로 적절했다.

면접 조사의 경우 제보자의 身體的인 條件을 고려함은 물론이다. 본 연구에서 音韻의 경우 특히 발음이 중요한 變數로 작용을 하기 때문에 제보자의 身體的인 條件, 특히 말하는 것에 관한 한 특별한 장애가 없어야 함을 우선으로 했다. 아무런 장애가 없다 하더라도 지나치게 말을 더디게 하는 경우와 지나치게 빠르게 하는 경우도 면접에서 제외하였다.

본 연구에 참여한 제보자 數는 총 338명이었다. 이 중 직접 면접에 참여한 제보자는 93명이었으며, 간접 조사에 해당되는 설문지에 따른 제보자는 245명이었다. 실제로 설문지는 우선 年齡과 職業, 그리고 性別을 고려하여 모두 550매를 배포하였으나 부적당하다고 판단된 설문지가 305매나 나오게 되어 비교적 각 언어 변수별 균등한 분포는 불가피하게 되었다. 年齡別로는 노년층 52명, 장년층 191명, 청소년층 95명이었다. 職業別로는 公務員 98, 商業 81, 農業 87, 漁業 37명, 無職을 포함한 기타가 35명이었다. 또한 性別로는 男子 211명, 女子 127명이 각각 제보자로 선정되었다.

4) 조사자

方言硏究를 위한 자료 수집과 조사지점, 제보자 선정, 현지조사와 轉寫의 일들을 실질적으로 遂行하는 사람을 조사원이라고 한다. 좁은 지역의 방언조사는 조사원이 1명인 것이 일반적이나 전국 규모의 방언조사처럼 대단위 조사일 경우에는 1명 이상일 경우도 있다. 하지만 보통은 자료의 均質性을 위하여 1명 이상의 조사원을 선호하지 않는다.

조사자의 자격에도 여러 가지가 있다. 그중에서 참을성과 끈기, 건강한 체력은 중요한 조건이 된다. 며칠씩 낯선 곳에서 잘 알지 못하는 사람들을 계속 새롭게 만나야 하는 일은 끈기와 체력이 따라주지 않으면 결코 쉽게 수행할 수 없는 일이기 때문이다.

본 연구자의 경우는 특히 자동차를 오래 타지 못하는 탓에 제보자를 만나고 또 다른 제보자를 만나기 위해 이동해야 하는 일은 쉬운 일이 아니었다. 이 경우 버스를 타기보다는 가능한 걷는 것으로 하였는데 10~20분이면 충분히 이동할 시간을 보통 1시간 이상을 걸어서 이동하고 보니 시간도 많이 소비되었지만 스스로 지쳐서 힘들 때가 많았다. 이럴 때는 곧잘 찻집에 앉아서 한참을 쉬고 다음 지점으로 이동하곤 하였는데, 제보자를 만나 보낸 시간보다 찻집에 앉아 쉬었던 시간이 더 많지 않았나 싶다. 하지만 때론 그것이 득이 되기도 하였다. 쉬는 짬짬이 바로 전에 조사했던 제보자에 대한 질문지를 확인하고 녹음기를 들으면서 재검토를 하는 시간이 되었기 때문이다. 더한다면 여행의 기쁨도 함께 누린 결과가 되었다.

본 연구를 위한 현지 조사자는 본인이었다. 본 硏究의 目的이 社會的인 要因에 따른 언어변화를 확인하는 것인 만큼 조사의 수행은 당연히 본인의 몫일 수밖에 없었다. 그러나 간접 조사용 설문지는 본인이 직접 수행한 경우도 있었지만 대부분은 현지의 協助者를 통하여 이루어졌다. 협조자는 두 방법에 의해서 이루어졌다. 하나는 각 地域에 평소 잘 알고 지내던 知人들에게 부탁한 경우이고, 다른 하나는 각 지점별로 그 지점을 대표할 수 있는 관공서와 학교, 단체에 전화를 걸어 협조자를 찾아 부탁한 경우이다. 본 연구자가 직접 설문지를 받는 경우에는 문제가 되지 않았지만, 협조자를 통한 경우에는 작성 방법에 대한 설명이 필요했다. 전자의 경우에는 본인이 조사하고자 하는 것이 무엇인지를 구두로 설명한 뒤 그들 각자가 토박이를 선정하여 설문지를 직접 받아 주는 것으로 하였고, 우편으로 설문지를 발송해야 할 경우에는 그 작성 방법에 대하여 간략한 설명을 메모하여 함께 동봉하는 것으로 했다. 이 경우 반드시 토박이에게만 설문지를 받아 줄 것을 간곡히 부탁하였다.

　　간접 조사용 설문지, 특히 우편으로 배포하는 데는 적잖은 노력이 수반되었다. 우선은 각 조사 지점별로 부탁한 협조자의 응답 여부에 따라 조사 방법을 각기 다르게 설명해야 했기 때문이다. 일례로 한 面에 협조를 부탁하였을 때 이장과의 만남이 쉽지 않은 경우에는 面 직원이나 그 가족을 대상으로 해 줄 것과, 이장과의 만남이 쉬운 경우에는 이장과 그 부인을 대상으로 해 줄 것 또는 이장만을 대상으로 해 줄 것 등에 따라 각기 다른 편지를 작성하여 보내야 했기 때문이다. 이때 面사무소의 경우에는 총무담당에게 부탁을 하였고, 고등학교는 국어선생님께, 문화원은 사무국장에게 각각 부탁하였다.[19)]

---

19) 간섭 조사용 설문지 작성에 도움을 준 기관과 사람들은 아래와 같다.
　　고성군: 죽왕면사무소, 고성문화원, 간성고등학교, 거진고등학교
　　양양군: 손양면사무소, 양양문화원, 양양고등학교
　　강릉시: 왕산면사무소, 강릉고등학교, 강릉여자고등학교
　　삼척시: 가곡면사무소, 하장면사무소, 삼척고등학교, 삼척여자고등학교,
　　　　　　원덕고등학교
　　정선군: 정선문화원
　　평창군: 진부면사무소, 봉평면사무소, 평창군청, 평창고등학교
　　영월군: 북면사무소, 하동면사무소, 수주면사무소. 영월고등학교
　　개　인: 이우연(三陟 신기리 이장님), 윤동환, 전규상, 최의송

　　이 외에 각 지점별 知人들을 통하여 적게는 2~3매, 많게는 5~10매씩 부탁했다.
　　이분들의 도움으로 각 지역별 언어 상태가 조사될 수 있었으며, 이러한 도움이 없었다면 오늘의 이 논문은 완성될 수 없었다. 이 자리를 빌려 감사의 인사를 드린다.

제4장 세대차에 따른 언어변화

1. 음 운

1) 자 음

  이 方言의 자음체계는 표준어에 비해 아무런 차이를 보이지 않음을 확인할 수 있다. 즉 子音들에 대한 音韻資質들의 相互關係가 現代國語의 자음체계와 다름이 없으며, 이러한 현상은 全國的인 것으로 볼 수 있다. 다만 地域에 따라 子音의 數와 音價가 조금 다르게 나타날 뿐이다. 가령 평안방언에서는 口蓋音의 목록과 음상이 조금 다르다든가, 경상방언에서 치조음 'ㅅ'과 'ㅆ'의 구분이 微微하다든가 하는 것이 그것이다. 하지만 보편적으로 국어의 자음체계는 19체계를 이루고 있으며, 따라서 이 方言의 자음체계 또한 현대국어와 다름이 없음을 아래에서 확인하기로 한다.

국어의 자음체계

p	t		č		k		?
pʰ	tʰ		čʰ		kʰ		
p'	t'		č'		k'		
	s						h
	s'						
m	n				ŋ		
	r(l)						

다만 우리는 여기서 이 方言의 자음체계를 따로 추가 설명을 해야 함을 느끼게 하는 것이 있다. 그것은 이 方言의 音素 'ㆆ'에 관한 것인데, 이것은 聲門閉鎖音(glottal stop)인 [ʔ]의 音價를 가지는 것으로써 이익섭(1981 : 90)에 자세히 설명되어 있다. 즉 'ㆆ'은 聲門閉鎖音인 [ʔ]의 音價를 가지고 있으며 다음과 같이

A: (못에 옷을)   ′걸어라 건 : 다 걸 : 재 걸 : 드라 거 : 니 거 : 우
B: (걸음을 빨리)   ′걸어라 걸 : 는다 걸 : 째 걸뜨라 ′걸으니 ′걸우

의 대립에서 B의 어간 '걸-′[kəl-] 다음에 어간 말음 'ㆆ′[ʔ]가 설정되어 '걸-′[kəlʔ-]과 같이 됨을 설명하였다. 즉 '걸음을 걷다'에서 '걷다'의 경우는 '걿-'과 같이 설정되어야 한다는 것이다. 이런 경우 'ㆆ'을 하나의 音素로 인정을 하지 않는다면 A의 '걸-′[kəl-]과 B의 '걸-′[kəl-]의 差異를 확인할 수 없음을 알게 된다는 것이다. 이것은 이 지방에 'ㄷ변칙활용'을 하는 用言이 없음을 확인케 하는 좋은 결과이기도 하다. 이 'ㆆ'음에 대한 音素設定 문제에 대하여는

최명옥(1980 : 190~2)에서 경상북도 영덕군의 'ㄷ불규칙' 용언들에
대하여 하나의 음소로 처리함을 설명하였다. 또한 박성종(1998 : 77)
에서도 '묻-'(問)이 '물 : 는다, 물 : 째 물 : 뜨라 물 : 네야 '물어라, '물
으니 '물우' 등과 같이 활용되는 예를 들어 'ㅎ'의 음소 설정에 대한
타당성을 인정하였다. 다만 기저음운을 굳이 음소 목록으로 설정할
필요가 있는지에 대한 문제를 지적하였는데, 이것에 대한 문제는 음
소목록을 간단히 할 수 있는 차원에서 숙고되어야 할 듯싶다. 따라
서 본 논의에서는 이 音素의 音素的 價値를 인정하는 것으로 하되,
좀더 다양한 방법으로 논의를 규명할 수 있는 기회를 숙제로 남겨
두기로 한다.

(1) 경음화 현상

현대 국어에서 硬音化는 어제 오늘의 일이 아니며 또한 어느 한
世代나 地域에 국한되어 나타나는 일시적인 현상이 아니다. 이는 많
은 發話者에게 나타날 수 있는 언어 현상이라 할 수 있으며, 특히 젊
은 세대에서 더욱더 뚜렷하게 증대되어 나타난다. 이러한 현상이 일
어나는 이유로는 여러 가지가 있겠으나 일반적으로 話者의 心理的인
發話 의도에 따른 영향으로 보는 것이 가장 유력하다. 이러한 현상이
계속적으로 확산, 진행될 것이라는 짐작은 어렵지 않다. 이는 老年層
에서부터 젊은층으로 올수록 그 경향이 더욱 뚜렷하게 나타나고 있는
데다가 國語史的인 觀點에서 살폈을 경우에도 시대를 내려올수록 그
출현 빈도가 점점 잦아진 것으로 나타나기 때문이다. 이러한 硬音化
는 語頭音에서는 물론이고 形態素 境界에서 音韻論的 環境의 제약으
로 인해 나타나는 現象까지 여러 환경에서 다양하게 나타나고 있다.

본 章에서는 이러한 硬音化 現象에 대하여 世代가 다름에 따라 어떠한 양상으로 실현되고 있는지 그 사용 현상을 살펴보기로 한다. 논의의 주제는 語頭 平音이 硬音으로 실현되는 것에 한정하기로 한다.[1] 본 연구를 위하여 우선은 젊은층에서 흔히 硬音으로 발음하고 있는 단어들을 조사하였다. 그다음 조사된 項目들을 질문지에 수록하여 平音과 硬音으로 나누어 놓고 제보자로 하여금 자신이 평소 발음하는 것에 0표를 하도록 했다. 이 과정에서 반드시 주지시킨 사항은 표준말을 조사하려는 것이 아니라, 본인들이 평소에 사용하고 있는 자연스런 발음을 알아보고자 한다는 것이었다. 또한 시간이 허락되는 대로 면담자에 한하여 "담배를 피우십니까? 담배를 피우면 몸에 나쁘다고 합니다. 담배를 많이 피우는 사람을 무엇이라고 합니까?"는 식으로 물어 조사에 응한 단어들의 硬音에 대한 발음을 자연스럽게 확인하기도 하였다.

조사된 단어는 모두 35개였는데, 이들 단어는 모두 無聲音 계열의 예사소리가 된소리로 발음되고 있는 것이다. 이는 子音 순서에 따라 語頭音별로 閉鎖音 /ㄱ/ 8개, /ㄷ/ 5개, /ㅂ/ 5개, 그리고 摩擦音 /ㅅ/ 7개, 破擦音 /ㅈ/ 10개로 각각 구분되었다.

조사대상으로 선정된 단어는 다음과 같다.

---

1) 語頭 硬音化의 경우는 음운론적 제약을 받지 않고 나타나는 것이 보통이다. 따라서 음운 규칙의 一般性을 찾기보다는 사회 심리적인 현상에서 그 보편적인 원인을 찾아볼 수 있다. 語頭 이외 硬音化를 지배하는 音韻規則은 곡용과 활용에서 쉽게 찾을 수 있다. 곡용의 경우 'ㄹ'과 '비음'을 제외한 모든 명사의 語幹末 자음 뒤에서 語尾初 平子音이 硬音化되고, 활용에서는 'ㄹ'과 'ㅎ'를 제외한 모든 동사의 語幹末 자음 뒤에서 語尾初의 平子音이 硬音化된다. 이 두 경우 모두 語幹末 자음이 未破化를 거친 다음에 일어난다.

ㄱ경음화: 곰보, 골초, 건더기, 꼽추, 곱슬머리, 과대표, 곱빼기, 걸
      쭉하다.

ㄷ경음화: 도랑물, 다발총, 다듬다, 당긴다, 닦는다.

ㅂ경음화: 부스러기, 번데기, 본때, 볶아라, 부수어라.

ㅅ경음화: 사나이, 사랑, 사납다, 소나기, 시어머니, 세다, 살벌하다.

ㅈ경음화: 자장면, 작대기, 장아찌, 족제비, 족집게, 졸병, 장돌, 절
      뚝절뚝거린다, 자른다, 조른다.

  조사된 단어들에 대한 硬音化 실현 정도를 세대별로 살펴보면 다
음과 같다.2)

〈표 4-1〉 세대별 경음화 실현 양상(%)3)

세대구분	경음화분류	평균 실현율	지역				
			고성	양양	강릉	삼척	*서남지역
노년층	ㄱ 경음화	57	55	50	50	52	67	50
	ㄷ 경음화		62	53	52	63	78	61
	ㅂ 경음화		55	48	50	53	68	57
	ㅅ 경음화		45	35	40	48	55	37
	ㅈ 경음화		67	50	50	68	97	70
장년층	ㄱ 경음화	71	80	75	74	82	88	76
	ㄷ 경음화		69	67	63	68	78	72
	ㅂ 경음화		71	64	70	73	76	71
	ㅅ 경음화		49	43	44	52	54	39
	ㅈ 경음화		85	87	80	82	90	82
청소년층	ㄱ 경음화	80	87	80	88	87	92	80
	ㄷ 경음화		70	66	71	61	80	78
	ㅂ 경음화		80	72	80	80	86	79
	ㅅ 경음화		68	65	63	65	76	58
	ㅈ 경음화		92	89	89	93	96	85

---

2) *서남 지역은 정선, 평창, 영월 지역을 말한다. 여기서 이들 지역은 다만
  참고로 제시할 뿐 본 논의의 결과를 산출하는 데는 포함시키지 않는다.
  이 조건은 본 연구의 모든 언어 현상에 고루 적용된다.

여기서 우리는 현대사회에서의 硬音化 現象은 地域은 물론이고, 모든 世代에 걸쳐 두루 이루어지고 있는 매우 일반화되어 있는 현상임을 알 수 있다. 특히 본 응답의 결과가 직접 제보자를 만나서 그들의 실제적인 발음을 확인한 경우보다 간접 설문지를 통하여 제보자 스스로 자신들의 發音을 판단하여 준 것이 대부분이고 보면, 이것이 뚜렷한 현상임은 더욱 자명해진다. 이런 경우 많은 응답자들은 보통 자신들의 發音을 標準語的인 발음이라고 응답하기가 쉽기 때문이다. 이러한 硬音化 現象이 가장 높게 실현된 지역은 三陟이다. 이곳 方言 話者들은 대부분 자신들의 言語가 '투박하고 강하다'는 것을 스스로 인정하고 있다. 하지만 유독 三陟에 그러한 현상이 크게 나타난 것은 地理的인 현상에 기인한 듯하다. 三陟은 地理的으로 해안선을 접하고 있어 어촌이 많고 그로 인해 바다를 상대로 한 업종이 다른 지역에 비해 많은 편에 속한다. 따라서 해변 사람들이 가지는 공통된 언어 특징인 거칠고 큰 음성이 자연 도심과 농촌에도 얼마간의 영향을 주게 되고, 그것이 그들 나름의 言語 習慣으로 정착된 결과라 할 수 있다. 이것은 이 지역 사람들의 삶에 대한 積極性이 言語에 반영되어 나타난 것이라고도 볼 수 있다. 子音 種類別로 硬音化가 실현되어 나타나는 현상을 살펴보면 /ㅈ/계 단어들이 특히 두드러진 현상을 보인다. 그중에서도 '자장면'(⇒ 짜장면)과 '족집게'(⇒ 쪽집개), '족제비'(⇒ 쪽제비)와 같은 단어는 全 世代에 걸쳐 100%에 가까운 높은 硬音化를 나타낸다. 대체적으로 아직은 조금 덜 진행된 硬音化 양상을 보인 것은 /ㅅ/계 단어이다. 특히 '사나이'(⇒ 싸나이), '사랑'(⇒ 싸랑) 같은 경우는 이제 막 硬音化로 진입하고 있음을 보여준다. 이 /ㅅ/계 단어 중에서 '시어머니'(⇒ 씨어머니 / 씨에미)의 경우도 매우

---

3) 소수점 이하는 切上하는 것을 규칙으로 한다. 이것은 본 연구의 모든 언어 현상의 실현율을 나타내는 데 고루 적용된다.

낮은 硬音 現象을 나타냈다. 이 단어에 대하여는 예전의 우리 사회에서 며느리와 시어머니의 관계가 크게 원만하지 못함을 생각하여, 다소의 硬音化 現象을 기대하고 조사한 것이었는데, 기대가 충족되지 못했다.[4] 이 /ㅅ/계 단어들은 대체로 강한 硬音의 세력을 형성하지 못하고 있으며 이는 靑少年의 경우도 예외는 아니다.

이러한 硬音化 現象은 젊은층으로 올수록 그 현상이 더욱 뚜렷하게 나타난다. 그러나 몇 개의 단어에 대하여 그와는 반대되는 현상을 살필 수가 있다. 그것은 /ㄷ/계 단어에서 주로 나타났는데 '다듬다'의 경우가 특히 그랬다. '다듬다'의 경우 '파를 다듬는다'는 말을 할 때 어떻게 발음하는지를 물어본 것이었는데, 靑少年層에서는 42%의 硬音化 現象을 보인 반면 老年層에서는 77%를 나타냈다. 이러한 현상이 나타난 것에 대한 이유는 우리의 일상생활에서 찾을 수 있는데, 그것은 '파를 다듬는 행위'가 주는 반사 작용이 靑少年層에 크게 익숙되어 있지 않기 때문이다. 이것은 실제의 생활면에서 '파'를 다듬는 역할이 주로 壯年層 이상의 世代에 주어지고, 다듬어진 파를 접하는 역할이 靑少年層에게 주어지는 것으로 해서, '다듬다'는 단어의 標準發音에 靑少年이 더 쉽게 이끌려 만들어진 결과가 아닌가 싶다. 그만큼 언어는 생활 속에서 그 변화를 더 크게 수용하기 때문이다.[5] 이상과 같은 여러 가지 硬音化 조사 결과를 토대로

---

4) 이미재(1988)에서는 '의미적인 관점에서 격렬한 동작이나 감정을 표현하기 위해 형태마저 격해져 경음화가 일어나는 경우'가 있음을 설명하면서, 이러한 표현 수단에 의해 생성된 경음의 하나가 시어머니(씨어머니/씨에미)라고 했다. 이러한 관점으로 보았을 때 본 논의에서 살펴본 '시어머니'의 경음화 현상과는 상당한 거리가 있다고 할 수 있다. 이러한 결과가 도출된 것에 대하여는 간단히 현대사회 가족정서 변화의 하나로 생각해 두기로 한다. 이제 시어머니와 며느리의 관계는 더 이상 예전과 같이 않으며 따라서 '시-'자가 붙은 가족 호칭에 대하여 부드러움을 표현하지 않을 아무런 이유가 존재하지 않기 때문이다.
5) 이 경우 파를 '따듬다'의 발음이 촌스럽다거나 하여 '다듬다'와 같은 표

하여 위 35개의 단어들에 대한 경음화 현상을 世代別로 구분하여, 그 실현 양상을 도표로 정리하면 다음과 같다.

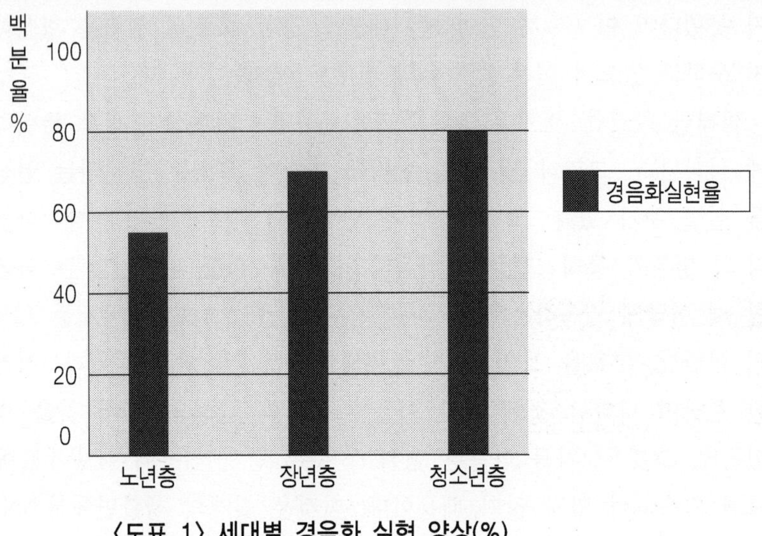

〈도표 1〉 세대별 경음화 실현 양상(%)

위에서 우리는 老年層 57%, 壯年層 71%, 靑少年層 80%로써 世代間 얼마씩의 차이를 두고 실현되고 있으나, 壯年層과 靑少年層의 간격이 그리 크지 못함을 알 수 있다. 이것은 世代間의 言語分化 現象이 크게 다르지 않음을 보여주는 것으로, 이 외의 모든 언어 현상에도 적용되고 있을 普遍的인 現象임을 예측하게 한다.

여기서 우리는 잠시 老年層의 硬音化 실현 양상을 다시금 살펴볼

준어를 더 사용한 것이라고 생각할 수도 있겠다. 하지만 靑少年의 경우 대부분 학생이거나 적어도 고졸 이상의 학력을 가진 경우이고 보면, 경음을 실현시키고 있는 모든 단어들에 대하여 표준어가 아님은 익히 알고 있는 터이다. 따라서 유독 이 단어에 대하여만 굳이 표준어를 고집하여 '다듬다'와 같이 쓴다고 할 수는 없을 듯싶다. 하지만 결과는 표준어형이 절대적이다. 이에 대하여는 딱히 다른 이유를 찾기가 어렵다.

필요를 느낀다.6) 사실 硬音化 실현 양상에 대하여 壯年層과 靑少年層에서 다소 높게 실현되는 현상은 자연스러운 것으로 인정되고 있다. 하지만 老年層의 경우 아직은 이와는 다른 형편이고 보면, 위 표에 나타난 것과 같은 결과는 다소 의외라 할 수 있다. 하지만 현대사회의 언어생활을 돌이켜 본다면 크게 놀라운 일만은 아니다. 우리의 일상이 급변하는 세상일들과 맞물려 매우 빠른 속도로 변해가고 있으며, 이것은 곧 言語(말씨)에도 相關되고 있음은 누구나 아는 사실이기 때문이다. 이것이 老年層이라 해서 예외가 될 수 없음은 당연하다. 따라서 老年層의 言語가 다른 世代에서 硬音化에 전적으로 同化되어 있는 단어를 여전히 非硬音으로 發音할 것이라는 기대는 잘못된 것이라 할 수 있다. 실제적으로 老年層에서는 발음하기를 꺼리는 卑俗化된 硬音의 발음도 매우 자연스럽게 발음하고 있으며, 어떠한 경우는 靑少年보다 더 높은 硬音化 양상을 보이기도 한다. 이것은 우리 사회에서 전통적으로 받아들여지고 있는, 나이가 들수록 행동과 말씨가 점잖아야 한다는 통념을 아주 깊이 돌이켜 보게 하며 또한 현대국어가 처한 언어현실을 새로운 시각으로 볼 수 있는 기회를 제공하였다고 할 수 있다.

이러한 硬音化 現象에 대한 이유를 言語學的으로 충분히 설명할 수 있는 規則的인 特徵을 찾기는 어려울 것 같다. 다만 의사소통의 正確性과 의미 강조를 위하여 또는 젊은층으로 내려오면서 표현 의도의 正確性 내지는 감정 표현의 激烈性 등과 같은 話者 개인의 心

---

6) 老年層의 硬音化 實現率에 대하여는 많은 생각을 가지게 한다. 이는 전혜숙(1995)에서 이 같은 현상을 조사하였을 때 老年層의 硬音化 實現比率이 33.8%를 나타냈기 때문이다. 더욱이 硬音化를 더 잘 실현할 수 있는 말씨, 즉 일상적인 말씨도 함께 조사되었음을 생각한다면, 言語變化에 다소 수동적일 수 있다고 생각하기 쉬운 이 世代에서 지금의 변화는 매우 놀랍다 할 수 있다.

理的인 觀點으로 설명될 수밖에 없을 것 같다. 이러한 현상은 비단 이 方言만의 현상이 아닌 현대사회 구조 및 제반 현실이 반영된 全國的인 現象이라고 본다.

(2) 비모음화 현상

鼻母音化란 어떠한 母音이 그 前後에 연결되는 鼻子音의 영향을 입어 그 일부 또는 전부가 鼻音的인 音色을 띠게 되는 현상을 말한다.[7] 이러한 鼻母音化는 여러 方言에서 일어나고 있는 現象이며 이 方言도 예외는 아니다.

본 절에서는 이러한 현상이 世代가 다름에 따라 어떠한 양상으로 전개되고 있는지 살펴보기로 한다. 논의 전개 방법은 鼻母音化 현상을 鼻子音 'ㅇ'과 'ㄴ'의 弱化 현상으로 나누어 설명하기로 한다.

---

7) 이러한 鼻母音化는 語源的으로 세 다른 系列에서 오는 듯하다. '장(市場)에 갔다. '성어(兄의) 집'처럼 어간의 'ㅇ'의 弱化에서 온 경우가 하나 있고, 그와는 달리 '생우, 명우'처럼 이른바 hiatus回避 현상으로 挿入된 'ㅇ'이 弱化된 경우가 하나 있다. 나머지 하나는 '삼추~이~(三寸이)', '어머~이~(어머니)'처럼 'ㄴ'이 弱化되어 鼻母音化가 일어난다.(李翊燮 1981 : 90−91)

〈표 4-2〉 세대별 비모음화 실현 정도(%)

세대 구분	음운현상		조사항목	평균 실현율	지역별				
					고성	양양	강릉	삼척	*서남 지역
노년층	'ㅇ'의 약화 [ŋ]	곡용	장+에(市場) [č̃ã˸]	35	35	0	23	47	67	0
		형태소 내부	고뱅이[kobɛ̃ĩ̃]	81	90	60	100	100	100	75
			생우[sɛ̃ũ̃]		81	78	80	80	85	75
			멍게(행우) [mə̃ũ̃ / hɛ̃ũ̃]		71	52	73	80	78	72
			모겡이 [mogẽĩ̃]		72	52	70	85	80	70
			호멩이 [homẽĩ̃]		74	40	80	86	90	78
			마뎅이 [madẽĩ̃]		95	80	100	100	100	100
	'ㄴ'의 약화 [n]	곡용	삼촌+이 [smčʰ̃ũ̃ĩ]	11	13	0	10	8	34	25
			손(手)+으로 [sõĩ̃ro]		9	0	0	0	34	25
			돈+이[tõĩ̃]		9	0	0	0	34	25
		형태소 내부	어머니[ʌmə̃ĩ̃]	57	69	0	100	90	84	75
			할머니 [halmə̃ĩ̃]		55	0	100	85	35	25
			주머니 [čumə̃ĩ̃]		47	0	50	64	74	75
장년층	'ㅇ'의 약화 [ŋ]	곡용	장+에(市場) [č̃ã˸]	17	17	0	15	17	33	8
		형태소 내부	고뱅이[kobɛ̃ĩ̃]	35	32	30	20	30	45	37
			생우[sɛ̃ũ̃]		55	50	61	57	50	43
			멍게(행우) [mə̃ũ̃ / hɛ̃ũ̃]		19	5	15	21	33	31
			모겡이 [mogẽĩ̃]		25	15	19	25	38	28
			호멩이 [homẽĩ̃]		35	30	19	42	49	46
			마뎅이 [madẽĩ̃]		42	45	38	49	35	17

세대 구분	음운현상		조사항목	평균 실현율	지역별				
					고성	양양	강릉	삼척	*서남 지역
장년층	'ㄴ' 의 약화 [n]	곡용	삼촌+이 [smčʰ~u~i]	11	15	5	5	17	33	6
			손(手)+으로 [so~i~ro]		6	0	0	5	17	2
			돈+이[to~i~]		12	0	15	0	31	2
		형태소 내부	어머니[ʌmə~i~]	46	50	20	34	69	76	51
			할머니 [halmə~i~]		49	20	38	69	68	44
			주머니 [čumə~i~]		39	15	34	46	61	42
청소년층	'ㅇ' 의 약화 [ŋ]	곡용	장+에(市場) [č~a~:]	2	2	0	0	0	7	0
		형태소 내부	고뱅이[kobɛ~i~]	23	39	8	24	59	65	29
			생우[sɛ~u~]		47	38	54	53	42	42
			멍게(행우) [mə~u~ / hɛ~u~]		8	0	0	13	19	15
			모겡이[moge~i~]		10	7	0	13	44	58
			호멩이[home~i~]		11	7	0	8	27	38
			마뎅이[made~i~]		19	17	24	15	20	19
	'ㄴ' 의 약화 [n]	곡용	삼촌+이 [smčʰ~u~i]	5	5	0	0	7	13	15
			손(手)+으로 [so~i~ro]		0	0	0	0	0	0
			돈+이[to~i~]		10	0	0	0	38	0
		형태소 내부	어머니[ʌmə~i~]	18	22	0	25	35	27	34
			할머니[halmə~i~]		16	0	0	37	27	29
			주머니[čumə~i~]		14	0	0	27	27	0

鼻母音化 現象을 살펴보기 위하여 鼻子音 'ㅇ'[ŋ]이 弱化되는 현

상과 'ㄴ'[n]이 弱化되어 나타나는 현상으로 각각 나누어 살폈다. 이것은 다시 명사에 조사가 결합될 때 일어나는 曲用 現象과 形態素 內部에서 일어나는 현상으로 나뉜다.[8] 전자는 三陟에서 활발하게 쓰이고 있으며 후자는 江陵을 주변하여 두루 쓰인다. 이러한 鼻母音化 現象은 世代가 다름에 따라 아주 현저한 차이를 두고 실현된다. 우선 老年層의 경우 鼻子音 'ㅇ'의 약화 현상은 '장'(市場)을 제외한 모든 단어에 두루 높게 나타나고 있으며 그 실현율은 58%에 달한다. '장'은 '(시)장에 가자'는 말을 어떻게 發音하고 있는지를 조사한 것인데 많은 제보자들이 잘 쓰지 않는 단어로 남겨 두었다. 이러한 현상이 나타난 이유는 '장'(市場)이라는 공간에서 해결할 수 있는 일들이 '슈퍼마켓'이라는 공간에서 모두 해결됨에 따라 '장'[čaŋ]이라는 단어의 쓰임의 폭이 축소되었기 때문이다. 실제로 직접 면접의 경우 "반찬거리 사러 어디로 가세요?"라고 물으면 "슈퍼"라고 아주 간단하게 대답한다. "장에 안 가세요?"라고 하면 "머 하러 거까지 가. 슈퍼에 다 있는데"라고 한다. 이 단어에 일어나는 鼻母音化는 音聲的으로도 매우 매력적으로 들리는데 이제 이런 맛은 새로운 문화의 뒤쪽으로 점점 사라져 가고 있어 아쉬움이 앞선다.

명사에 조사가 결합될 때 일어나는 鼻母音化 現象 중 'ㄴ'의 약화 현상은 三陟을 제외한 모든 지역에서 거의 쓰이지 않은 것으로 나타난다. 특히 高城의 경우 더욱 그러하다. 따라서 이것의 鼻母音

---

8) 'ㅇ'이 약화되어 鼻母音化를 일으킬 때 명사에 조사가 결합되어 나타나는 현상, 즉 曲用의 경우에는 충분한 자료가 제시되지 못했다. 이는 이 현상을 일으키는 단어가 形態素內部에서 일어나는 것만큼 다양하지 못한 것이 한 이유가 될 수 있다. 하지만 여기서는 단지 한두 개의 단어만으로 모든 현상을 살피고자 했던 본 연구자의 안일한 태도가 한몫을 했다. 이 현상을 살피기 위해서는 '서~어~(兄의) 집', '마다~(마당)에', '동사~(동생)으 것', '이 복자~(가운데)으로' 등 여러 단어가 있을 수 있다. 이 단어들에 대한 충분한 조사는 다음 기회로 미룬다.

化 실현율은 매우 낮은 11%를 나타낸다. 하지만 形態素內部에서 일어나는 'ㄴ'의 약화 현상은 高城을 제외하고는 대체적으로 활발하게 쓰이고 있어 57%로의 다소 높은 실현율을 나타낸다. 이 같은 내용을 종합해 볼 때 이 方言 老年層 話者의 鼻母音化 現象은 대체적으로 높게 실현되고 있음으로 나타난다. 다만 地域을 통합하여 정리한 것으로 인하여 전체적으로 낮게 나타난 실현율에 대하여는 <표 4-2>를 참조하는 것으로 대신한다.

이 현상이 壯年層에 이르러서는 그 쓰임이 정도가 다소 감소되어 나타난다. 이러한 현상은 모든 항목에 두루 그러하다. 다만 '삼촌+이' /samčʰon+i/ → [samčʰ~u~i], '돈+이'/ton+i/ → [to~i~]와 같이 명사에 조사가 결합될 때 'ㄴ'이 弱化되면서 일어나는 鼻音化 現象이, 老年層에 비해 오히려 지역별로 그 쓰임이 다양하게 나타나는데, 이것은 이 世代에서 이 형태의 발음을 더 많이 쓰고 있어서 그런 것이 아니라 제보자에 선정된 話者들의 言語的인 習慣에 기인한 것이라 할 수 있다. 사실 직접 면접을 한 경우 '삼촌이'를 [samčʰ~u~i]라고 하거나 '돈+이'를 [to~i~]라고 발음하는 경우는 매우 드물었다. 결과적으로 壯年層의 鼻母音化 現象은 老年層보다 그 실현 정도가 다소 낮아졌으며, 細部的으로 구분하면 'ㅇ'의 약화 현상은 26%로 나타났고, 명사에 조사가 결합될 때 일어나는 'ㄴ'의 약화 현상은 11%, 形態素內部일 경우는 46%로 각각 나타났다.

이것은 靑少年層에 와서 그 쓰임이 대폭 줄어들어 이러한 현상이 존재하는지조차를 의심케 한다. 그것은 'ㅇ' 약화 현상이 13%를 나타내고, 명사에 조사가 결합될 때 'ㄴ'이 약화되어 나타나는 현상이 5%, 形態素內部에서 'ㄴ'이 약화되어 나타나는 현상이 18%로 각각 나타났기 때문이다. 따라서 이 方言의 鼻母音化 現象은 世代에 따라 아주 확실하게 구분되어 나타난다. 이 현상은 주로 母音 'ㅣ'[i]나

‘ㅏ’[a], ‘ㅜ’[u] 앞에서 鼻子音 ‘ㅇ’[ŋ]이 약화되거나, 모음 ‘ㅣ’[i] 앞에서 鼻子音 ‘ㄴ’[n]이 약화되어 鼻母音化를 일으킨다는 결론을 얻게 된다.[9)]

2) 모 음

국어의 모음체계는 地域에 따라 또는 世代에 따라 그 數와 音價가 다양한 차이를 보이고 있다. 일례로 경상도방언의 경우 ‘ㅡ’[ɨ]와 ‘ㅓ’[ə]는 非辨別的이며, 중부방언과 전라방언에서는 전설원순의 고모음 ‘ㅟ’[y]와 반고모음 ‘ㅚ’[ø]가 비교적 발음되고 있는 데 반해 표준어 話者들은 이들을 二重母音 ‘ㅟ’[wi]나 ‘ㅞ’[we]로 발음하는 것 등이 그것이다. 따라서 이러한 현상은 方言에 따라 모음 체계에 적잖은 차이를 가지고 온다고 할 수 있다.

이 方言圈의 母音體系는 四系列 三段(4＋4＋2)의 10모음 체계로서 현대국어 표준어 화자들의 그것과는 다소의 차이를 가진다. 특히 모음 ‘ㅟ’[y]와 ‘ㅚ’[ø]가 單母音으로 발음되고 있으며, ‘ㅔ’[e]와 ‘ㅐ’[ɛ]가 구별되어 발음되고, ‘ㅡ’[ɨ]와 ‘ㅓ’[ə] 또한 對立 관계를 이루어, 그 각각이 별개의 音素로 자리하고 있다. 이러한 發音 現象은 이 方言의 모음 체계가 현대국어의 단모음체계로는 最大의 數를 가진 것임을 확인토록 한다. 여기서 현대국어의 單母音은 최대 10모음 체계를 이루고 있으며 이 方言은 이들 母音 모두가 실현된다.

---

9) 鼻母音化에 대하여는 『국어국문학』8, (1979)에 실린 李炳銑의 ‘鼻母音化 現象 攷’를 참조.

위에서 설명하지 않은 母音으로 半母音과 二重母音이 있다. 半母音(semivowel)은 母音과 조음위치가 비슷하지만 혀가 母音의 위치에서 다른 위치로 움직이는 과정에서 발음되는 특징을 가진다. 이러한 특징으로 인하여 滑音 또는 過渡音(glide)이라 부르며, 그 音價는 보통 [j, w]로 표기한다. 여기서 [j]는 전설적이고 [w]는 후설적이며 원순적이다. 현대국어의 二重母音은 j계 上向 二重母音 [ja, jə, jo, ju, jɛ, je]와 j계 下向 二重母音 [ij], 그리고 w계 二重母音 [wa, wə, wɛ, we]가 있어 모두 11개의 二重母音이 존재한다. 하지만 이 方言에서는 [j]계 上向二重母音 [ji, jø]가 더 존재하여 모두 13개의 二重母音이 실현되고 있다. 이것은 현대국어의 二重母音으로는 가장 많은 수이다. 따라서 이 方言의 母音은 單母音 10개와 二重母音 13개를 포함하여 전부 23개의 母音이 설정되어 있음을 확인한다.

본 절에서는 위와 같은 母音들이 사회적 변수인 世代에 따라 어떠한 차이를 가지는지에 대하여 살펴보기로 한다. 論議의 방향은 이 방언의 言語的 特性을 지녔다고 인정되는 모음들을 선별하여 이들의 변화상, 즉 음성실현 정도를 살펴보고, 그 변화의 실상이 어떠한지에 관심을 두고 논의를 전개하기로 한다.

(1) 단모음 'ㅚ'와 'ㅟ'

본 장에서는 일부 지역에서 지적되고 있는 모음체계의 변화 중 單母音 'ㅚ'와 'ㅟ'에 대하여 살펴보기로 한다. 單母音 'ㅚ와 ㅟ'는 15세기 중세 국어에서는 각각 하강 이중모음 [oj]와 [uj]였다. 이것이 근대국어 단계를 거쳐 현대국어로 넘어오면서 單母音 [ø], [y]로 변화되어 오늘에 이른다. 본 장에서는 音韻史的으로 비슷한 시기(19세기 말경)에 비슷한 변천 과정을 거쳐 현대국어의 單母音으로 완전히 자리를 굳혀버린 'ㅚ'[ø]와 'ㅟ'[y]가 과연 이 方言에도 그러한지, 그러하다면 그것이 모든 年齡에 고루 그러한지, 아니면 중앙방언과 기타 방언에서 지적되고 있듯이, 새로운 변화의 양상을 보여 二重母音 [wɛ(we)]나 [wi] 혹은 또 다른 單母音 [E(e / ɛ), i]로 再音韻化되어 있는지에 대하여 살펴보고자 한다.

본 논의에서는 이들 母音의 변화의 양상에 대하여 言語變數의 要因으로 작용하는 世代差에 焦點을 두기로 한다. 이것을 확인하기 위하여 單母音 'ㅚ'와 'ㅟ'를 조사함은 물론이고 더하여 'ㅚ'와 'ㅔ', 'ㅐ'의 辨別과 'ㅣ'와 'ㅟ'의 辨別도 함께 조사하기로 한다. 이것은 單母音 'ㅚ'[ø]가 二重母音으로 실현되었을 경우 대개는 'ㅐ'[wɛ]이거나 'ㅔ'[we]로 나타나고 있으며 'ㅟ'는 [wi] 또는 변이된 또 다른 單母音 [E(e / ɛ)]나 [i]로 나타나고 있는 것에 기인한 것이다. 따라서 이들 母音의 辨別的 資質을 조사해 봄은 모음 'ㅚ'와 'ㅟ'의 音價를 더욱 확실하게 정의할 수 있는 토대가 되는 것이다. 이들 母音의 最小對立은 語頭에서의 대립을 위주로 설명하기로 한다.

조사 방법은 語頭와 非語頭에서 실현되는 경우로 구분하였다. 또한 非語頭에서 실현될 경우 다시 첫 음절과 둘째 음절로 구분하여 조사하였다. 우선 母音 'ㅚ'의 單母音 실현 정도를 알아보기 위하여, 語頭에 실행된 경우 조사된 項目은 '외갓집'[øgačip], '외삼촌'[øsamčʰun], '외상값'[øsaŋkap̚], '외나무다리'[ønamudari], 그리고 동사형 '외치다'[øčʰida], '외우다'[øuda] 등이다. 또한 유사한 二重母音으로는 '웨'[we](웬일이니? / 꿰다)와 '왜'[wɛ](횃불 / 왜놈)가 조사되었다.

非語頭에서 실행된 경우에는 '되(升)'[tø]와 '쇠(金)'[sø]가 조사되었는데, 조사항목으로는 '한되반'[hantøban], '석쇠'[səksø], '참외밭'[čamøbat̚]이 선정되었다.

　이상과 같은 자료를 참고로 조사된 결과를 표로 정리하면 다음과
같다.

<표 4-3> 세대별 모음 'ㅚ'의 실현 양상[10]

모음 'ㅚ'구분		세대구분	노년층	장년층	청소년층
어　두		외갓집	∅ — (we—e)	∅ — (wε—we—wE—ɥE—E)	wE— (ɥE—E— ∅)
		외삼춘 (촌)	∅ — (we—e)	∅ — (wε—we—wE—ɥE—E)	wE— (ɥE—E— ∅)
		외상값	∅ — (we—ɥe—e)	∅ — (wε—we—wE—ɥE—E)	wE— (ɥE—E)
		외나무 다리	∅ — (we—ɥe—e)	∅ — (wε—we—wE—ɥE—E)	wE— (ɥE—E)
		외치다	∅ — (we—e)	∅ — (wε—we—wE—ɥE—E)	wE— (ɥE—E)
		외우다	∅ — (we—e)	∅ — wε—we—wE—ɥE—E)	wE— (ɥE—E)
비어두	첫 음절	되(升)	∅ (ɥe—ɥE—ε(E)	wε (∅ —ɥE—wE—ε(E)	E (ɥE—E—ε)
		쇠(金)	∅ (we—ɥe—ɥE—e)	wε (∅ —ɥE—wE—E)	E(ε) (ɥE—E—ε)
	둘째 음절	한되반	—we ɥe—ε(E)—ɥE	—wE (ɥE—wE—E)	—E (ɥE)
		석쇠	—we ɥe—ε(E)—ɥE	—wE (ɥE—wE—E)	—E (wE)
		참외밭	—we (∅ —ɥe—ɥE—e)	—wε (∅ —we—wE—ɥE—E)	—wE (ɥE—E—ε)

---

10) 칸 속 발음은 單母音 'ㅚ'의 실현 양상이 여러 갈래로 나눠짐을 나타내
　　보인 것이다. 윗부분은 주로 높게 실현되고 있는 발음을 나타낸 것이고
　　아랫부분은 소수의 또는 다른 二重母音이나 單母音으로 재음운화되어
　　실현되고 있는 현상을 보인 것이다. 본 논의를 위한 모든 母音은 이 같
　　은 방법으로 정리되었다.

이 方言에서 老年層의 경우 單母音 '괴'는 대체적으로 원순 계열의 單母音 '괴'[ø]로서 제 音價를 가지고 있음을 알 수 있다. 이는 우선 語頭에서 실현되는 경우 대부분 母音 '괴'를 單母音 '괴'[ø]로 發話하고 있으며, 단지 소수의 話者들이 二重母音 [we]나 변이된 單母音 [e]를 실현한다. 이것은 동사의 경우도 마찬가지다. 하지만 非語頭에서 실현된 경우에는 二重母音 [we]로 실현되는 현상이 더 많으며 약한 원순성 [uE]와 함께 변이된 單母音 [E]가 더 자연스럽게 실현되고 있다.

非語頭 첫 음절에 실행되었을 경우에는 두 가지 형태로 구분되어 나타나는 것을 알 수 있다. 우선 '되'의 경우는 대부분 [ø]의 발음을 나타내고 있지만 비교적 원순성이 약하고 대신 다른 형태의 단모음 [ɛ] 쪽 발음을 더 많이 나타낸다. '쇠'[sø]의 경우는 이와 다르다. '쇠'의 경우는 '되'보다 원순성이 강한 [ø] 발음을 더욱 많이 실현하고 單母音으로 발음할 경우도 좀더 'ㅔ'[e] 쪽에 가까운 형태를 나타낸다. 이러한 차이가 나타나는 것에 대한 이유를 굳이 설명한다면 생활의 다변화에서 오는 언어현상이라 할 수 있겠다. 우선 '되'의 경우 예전에는 쌀을 세는 단위로 '되'를 썼으나 지금은 보통 'kg'로 바꾸어 사용한다. 이는 '되'의 쓰임을 축소시킴과 동시에 발음에도 영향을 주어 여러 형태의 변이된 발음을 나타나게 하는 것이다. 이는 언어의 도태과정에서 나타날 수 있는 변화현상이라 할 수 있다. 물론 '되'를 '대'로 잘못 인식한 탓에 의한 변화도 배제할 순 없다. 이와는 달리 '쇠'(金)의 경우는 '소'(牛)를 '쇠'로 발음하거나, 열쇠(key)를 '쇠때'라고 하는 등 일상생활에서 그 단어의 쓰임이 더욱 활성화되어 있음에 따라 그 音價의 실현 정도도 높게 나타나는 것이 아닐까 한다. 자음이 선행된 환경에 대하여는 '되'나 '쇠'를 제외한 다른 語彙로써 그 발음의 정도를 살펴보는 것이 좋을 듯싶다. 후일 과제로 남겨 두기로

한다. 여기서 非語頭 둘째 음절에서 실현된 '긔'의 경우는 대부분 [we]의 발음을 나타냈으며 소수의 話者들이 [ø]를 나타내기도 했다.

二重母音 '내'[wɛ]와 '게'[we]가 語頭에 실현되었을 경우 單母音 '긔'[ø]와의 辨別을 확인해 보면 '긔'의 경우는 96%의 높은 비율로 單母音 본래의 음가 [ø]가 실현되고 있었으며, '게'[we] 또한 73%의 높은 비율로 [we]를 나타냈다. 다만 '내'[wɛ]의 경우 56%의 다소 낮은 실현율을 나타내면서 '내'[wɛ] → '게'[we]로의 변화를 보여주었다. 이는 이 方言 老年層 話者들이 w계 二重母音 '내'와 '게'의 발음을 크게 구분하지 않고 사용하고 있음을 알게 하는 것이다. 동시에 [wɛ]와 [we]의 통합현상 [wE]도 예견케 한다. 여기서 [E]는 [e]에 치우친 발음일 것이라 생각해 볼 수 있다. 결국 老年層의 二重母音 '내'[wɛ]와 '게'[we]의 발음은 대체적으로 [we] 쪽으로 조금 기운 듯한 현상을 나타내고 있으며, 單母音 '긔'와는 구별되어 發音되는 것으로 정의할 수 있다.

다음으로 壯年層의 경우를 살펴보기로 한다. 壯年層의 경우는 老年層에 비해 조금 더 복잡한 양상을 띠고 있다. 즉 語頭에서 실현될 경우와 非語頭에서 실현되었을 경우 그 발음이 각기 다르게 나타나고 있는데, 우선 語頭에서 실현되었을 경우 대부분의 話者들은 單母音 '긔'에 대하여 [ø]의 발음을 하고 있으나 [wɛ]의 발음도 무시할 수 없을 정도로 빈번하게 사용하고 있다. 또한 비원순성의 발음이 특히 많다고 할 수 있다. 非語頭 둘째 음절에서 실현될 경우는 비교적 [wɛ]의 발음이 우세하게 나타나는 것으로 볼 수 있는데, 이는 非語頭 첫 음절에서 실현된 경우와 유사하다고 볼 수 있다. 非語頭 첫째 음절에서 실현될 경우 대부분 [wɛ]형이 우세하게 나타나며, 특히 '되'의 경우는 老年層과 마찬가지로 변이된 單母音이 나타나되, 老年層 [e]에 비해 [ɛ]형으로 실현되고 있음이 다르다고 하겠다. 非語

頭에서 실현되면서 둘째 음절인 경우에는 단연 [wɛ]형이 우세하며, 특히 [ɛ/E]형이 우세하게 나타난다. 또한 語頭에 실현되고 있는 單母音 'ㅚ'[ø]와 二重母音 'ㅙ'[wɛ], 'ㅞ'[we]의 辨別을 살폈을 경우 대부분 二重母音 [we/wɛ(wE)]로 통합하여 실현하고 있다. 이것은 壯年層의 單母音 'ㅚ'[ø]와 二重母音 'ㅙ'[wɛ], 'ㅞ'[we]가 크게 구별 없이 발음되고 있으며, 통합된 단일형 二重母音 [wE]로 실현될 가능성이 점점 커가고 있음을 예견토록 한다. 또한 여기서는 老年層과 달리 통합형 [E]는 [ɛ] 쪽에 더 가까운 발음이 될 것이라고 본다. 결국 壯年層의 單母音 'ㅚ'는 二重母音으로 빠르게 변해가고 있으며 그 音價는 [wɛ] 쪽으로 조금 기운 듯하다고 볼 수 있다. 老年層과 마찬가지로 이 母音이 새로운 單母音으로 再音韻化되어 나타나는 현상은 아직은 드물다고 할 수 있다.

이러한 모든 현상들이 靑少年層에 와서는 매우 단순한 형태로 나타난다. 單母音 'ㅚ'의 경우 語頭에서 실현되든 非語頭에서 실현되든 상관없이 모두 二重母音 [wE]로 실현하고 있으며, 특히 非語頭 둘째 음절인 경우 이중성을 완전 배제한 單母音 [E(ɛ)]형이 나타남이 큰 차이라 할 수 있다. 다만 '외갓집'[økačip]에 관련된 사항을 질문하였을 경우에만 소수의 인원이 單母音 [ø]를 실현하였다.

이렇듯 같은 單母音 'ㅚ'의 경우라도 世代에 따라, 또한 音聲 環境에 따라 그 音聲 實現이 각기 다르게 나타나고 있으며, 語頭일 경우에 單母音 [ø]의 형태가 더 실현되고 있다는 사실을 알 수 있다. 특히 二重母音 'ㅞ'와 'ㅙ'의 경우는 두 音이 하나의 二重母音으로 통합되어 실현되되 老年層의 경우는 [we]형이 우세하고, 壯年層과 靑少年層은 [wɛ(wE)]형이 우세하게 실현되는 것으로 나타난다.

<표 4-4> 세대별 단모음 'ㅚ'의 실현 정도(%)

비 율 \ 세대구분		노년층	장년층	청소년층
어 두		94	31	3
비어두	첫 음절	86	25	0
	둘째 음절	69	20	0
평균 실현율		83	26	1

결론적으로 單母音 'ㅚ'의 경우 老年層이 83%의 실현율을 보이고 있으며 壯年層이 26%,[11] 靑少年層이 1%로써 世代間에 따라 많은 차이를 두고 실현되고 있음을 알 수 있다. 특히 老年層을 제외한 世代에는 대체적으로 二重母音 [wɛ(wE)]로 대체되어 실현되고 있다는 사실과 더불어 변이된 單母音 [ɛ(E)]로도 다수 실현되고 있음을 알 수 있다. 이러한 현상은 單母音 'ㅚ'가 그 辨別的인 기능을 제대로 수행하지 못하고 있음을 알 수 있게 하고 또한 이것은 현대국어의 모음체계에 대한 변화를 암시하고 있다고도 볼 수 있다. 이러한 변화는 壯年層에서 심하게 이루어지고 있음도 아울러 확인한다.

다음으로 單母音 'ㅟ'에 대하여 살펴보기로 한다. 이것 또한 單母音 'ㅚ'와 같은 방법으로 시행되었다. 따라서 語頭에서 실현될 경우 조사된 항목은 '위'[y], '윗몸'[yt-mom], '위장병'[yčaŋbjəŋ], '위하여' [yhajə]이며, 非語頭의 경우에는 '귀'(耳)[ky], '쥐'(鼠)[čy], 뛴다[t'yn-da]가 조사되었다. 또한 非語頭 둘째 음절 이하인 경우는 '트위스트'[tʰiysitʰi], '까마귀'[k'amaky] 등이다. 이상과 같은 자료를 참고로 조사된 결과를 표로 정리하면 다음과 같다.

---

11) 장년층 제보자의 年齡은 50~30代로 설정하였다. 하지만 제보자의 조건과 여러 가지 환경적인 이유로 실제로 면접된 장년층 제보자의 年齡은 30~40代에 치우치게 되었다. 이것은 노년층과 큰 차이를 일으키는 變數로 작용되었다.

〈표 4-5〉 세대별 단모음 'ᅱ'의 실현 양상

모음 'ᅱ' 구분		세대구분	노년층	장년층	청소년층
어 두		위	y– (wi)	y– (wi–ɥi)	wi– (ɥi)
		윗 몸	y– (wi–ɥi)	wi– (y–ɥi–i)	wi– (ɥi)
		위장병	y– (wi)	y– (wi–ɥi)	wi– (ɥi)
		위하여	y– (wi)	y– (wi–ɥi)	wi– (ɥi)
비어두	첫 음절	귀(耳)	y– (wi)	wi– (y–ɥi–i)	wi– (ɥi–i–y)
		쥐(鼠)	y– (wi)	wi– (y–ɥi–i)	wi– (ɥi–i–y)
		뛴다 (심장이 팔딱팔딱)	y– (wi–ɥi)	wi– (ɥi–i)	ɥi– (i)
	둘째 음절	트위스트	–y (wi–ɥi–i)	–wi (ɥi–i)	–ɥi
		까마귀	–y (wi–ɥi–i)	–wi (ɥi–i)	–wi (ɥi–i)

　여기서 우선, 노년층의 경우 모음 'ᅱ'는 원순계열의 단모음 'ᅱ'[y]로 제 音價를 간직하는 것으로 나타나고 있으며 특히 어두에 실현될 경우 매우 정확한 [y] 발음을 나타낸다. 이 경우 二重母音 [wi]의 발음은 전혀 나타나지 않는다. 이러한 현상은 동사의 경우도 마찬가지다. 하지만 語頭에 실현되고 받침이 있을 경우에는 다소 원순성이 약한 [ɥi] 발음이 나타나기도 한다. 이 모음이 非語頭에 실현될 경우에는 [wi]와 [i]형이 나타나기도 하지만 그 세력은 매우 약하다.

　이 모음은 語頭에 자음을 선행시켰을 경우에도 대부분 전설 원순성 모음 [y]를 발음한다. 다만 [wi]형이 가끔 나타나기도 한다. 이 單母音 '귀'[y]의 老年層 발음은 아주 완벽하다고 할 수 있다. 하지만 非語頭 둘째 음절 이하인 경우는 조금 다양한 형태의 발음이 나타나기도 한다. 이때는 [wi]와 [ɰi], [i]형이 모두 실현되는데, 특히 '까마귀'[k'amaky]의 경우가 그러하다. 이 경우 [k'ama-ki]라고 [i] 발음을 하고서, 금시 본인이 다시 자신의 발음을 고쳐서 [k'ama-kwi], [k'ama-kɰi]라고 연이어 발음을 하곤 한다. 이것은 老年層에서 자신들의 발음이 스스로 잘못되었다는 것을 느끼고 있다는 것인데, 이러한 현상은 靑少年層에서 전혀 잘못된 발음인지 모르고 사용하는 것과는 대조적이라 할 수 있다.

이 모음이 壯年層에 실현되었을 경우를 살펴보기로 한다. 이 世代는 老年層에 비해 조금 복잡한 양상을 띠고 나타난다. 이는 전체적으로는 音聲 環境에 관계없이 二重母音 [wi]를 발음하고 있으나, 다만 語頭에 실현되었을 경우에 二重母音 [wi]보다 單母音 [y]의 실현이 조금 더 우세하게 나타난다. 이 母音이 非語頭에 실현될 경우에는 [i] 발음이 높게 실현되고 있으며, 二重母音으로 실현되는 경우에는 원순성이 매우 약한 [ɰi]형이 나타난다. 이러한 현상은 대체적으로 이 世代에서 單母音 '귀'[y]의 발음이 변화를 보이고 있다는 사실을 보여주는 것이라 할 수 있다.

이 현상은 靑少年層에 와서 더욱 확실해진다. 이 世代에서는 조금의 동요도 없이 單母音 '귀'[y]형을 발음하지 못하고 있다. 이것은 語頭에 실현되든 非語頭에 실현되든 또는 非語頭 둘째 음절이든 그 이하이든 어떠한 자질이 先行된다 해도 모두 二重母音 [wi]를 나타낸다. 다만 '귀'와 '쥐'와 같은 단어에서 單母音 [y]형이 小數 나타남이 특징이라 할 수 있다. 이 [y]의 발음은 祖父母와 함께 생활하는 청소년에게서 나타난 것인데, 이는 老年層의 發音에 동화된 것으로 설명할 수 있다.[12] 결국 청소년층의 單母音 'ᅱ'[y]는 二重母音 [wi]로 실현되고 있으며, 원순성이 약한 [ɰi]의 발음도 다소 높게 실현된다. 더불어 단모음 [i]로의 변화도 감지하게 한다.

　이상과 같은 결과를 정리하면 다음과 같다.

〈표 4-6〉 세대별 단모음 'ᅱ'의 실현 정도(%)

비　율 　　　세대구분		노년층	장년층	청소년층
어　두		96	32	10
비어두	첫 음절	96	58	10
	둘째 음절	70	64	0
평균 실현율		88	52	7

　위 표에서 우리는 單母音 'ᅱ'[y]의 실현 정도가 老年層 88%, 壯年層 52%, 靑少年層 7%로 세대간 확실하게 구분되어 나타나고 있음을 살필 수 있다. 이는 또한 老年層과 靑少年層의 차이가 매우 크다는 사실과 더불어 老年層을 제외한 세대에서는 二重母音 [wi]로의 변화된 발음을 실현하고 있음도 알 수 있다. 더하여 원순성이 약한 [ɰi]와 변이된 單母音 [i]로의 실현도 나타나고 있음을 알 수 있다. 이것은 語頭에서 실현될 경우 非語頭에서 실현될 경우보다 좀 더 원순성을 나타내고, 非語頭에서는 語頭에서 실현될 경우보다 더욱 변이된 單母音 'ᅵ'[i]로의 현상이 나타남을 아울러 확인케 한다.

---

12) 실제로 襄陽高等學校 학생을 면접하였을 때 집안 대대로 양양군 손양면에서 농사를 짓고 산다는 한 학생이 이 모음을 매우 원순성을 띤 單母音 [y]로 발음하였다. 다른 發音에 대하여도 매우 좋은 자료를 제공받은 경우가 되는데, 특히 二重母音 'ᅴ:'를 본인이 실제 쓰지는 않지만 어른들이 쓰고 있음을 알고 있었다. 그 학생은 祖父母, 父母 世代와 함께 살고 있다고 했다.

　　이러한 單母音의 二重母音化와 또 다른 單母音으로의 再音韻化
現象은 현대국어의 모음체계를 再考해야 하는 문제를 남긴다. 지금
까지 살펴본 單母音 'ㅚ'와 'ㅟ'의 내용을 요약하여 도표로 보이면
다음과 같다.

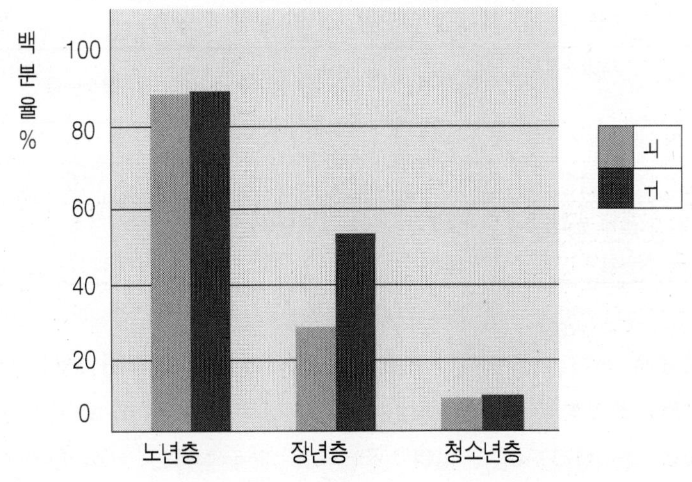

〈도표 2〉 세대별 단모음 'ㅚ'와 'ㅟ'의 실현 양상(%)

　　결론적으로 이 方言에서 單母音으로 실현되고 있는 前舌圓脣母音
'ㅚ'와 'ㅟ'는 老年層 86%, 壯年層 39%, 靑少年層 4%로 世代間 확
실하게 구분되어 나타나고 있으며, 老年層에서는 單母音이 대체적으
로 유지되고 있는 반면, 壯年層을 거쳐 靑少年層에 이르러서는 二重
母音으로 실현되거나 새로운 單母音으로 再音韻化되어 가고 있음을
알 수 있다. 특히 語頭에서 실현되었을 경우에는 非語頭에서 실현되
었을 경우보다 좀더 기존의 單母音을 유지하고 있으며, 非語頭의 경
우는 二重母音이나 변이된 單母音으로 실현되는 현상이 더욱 큰, 아
주 혼란한 변화를 나타내고 있음을 확인한다. 이러한 변화는 'ㅟ'에 비

해 'ㅚ'가 더욱 심하고 그 속도는 매우 빠르게 진행되고 있다.[13)]

   (2) 단모음 'ㅔ'와 'ㅐ'

   이 모음은 15세기 국어 모음체계에서 單母音이 아니라 二重母音이었다는 사실이 이기문(1977) 외에 여러 학자들에 의해 주장되었다. 이러한 二重母音 'ㅔ'와 'ㅐ'가 어느 시대에 單母音으로 결정되었는가에 대한 아주 정확한 시기는 단언하기 어려우나 대체적으로 18세기 후반의 경우로 볼 수 있다. 이는 18세기에 일어난 모음 'ㆍ'의 消失에 의한 현상으로 'ㆍ'를 가지고 있었던 語彙들과 文法형태소들이 이 시기에 대부분 변화를 입으면서 이 모음들 역시 예외가 될 수 없었기 때문이라 할 수 있다. 다시 설명한다면 모음 'ㅐ'는 중세국어 시기에는 二重母音 'ㅐ'[aj]이었으나, 'ㆍ'의 消失로 인해 'ㆍ>ㅏ'로 변화되었고, 이로 말미암아 語頭음절의 二重母音 'ㆎ'가 'ㅐ'로 변화되었으며, 그 얼마 뒤 모음 'ㅐ'는 單母音화를 일으켜 音價 [ɛ]를 가지게 되었다고 보는 것이 일반적이다. 'ㅔ' 또한 중세국어 시기에 二重母音 [əj]이었으나 위와 같은 현상으로 인하여 적어도 18세기 말에는 單母音化되면서 그 音價가 [e]를 가지게 되었다고 본다. 이는 18세기 문헌인 『해동가요』나 『방언유석』 등에서 'ㅞ'가

---

13) 이 母音 변화의 분기점은 대체로 壯年層 50대로 볼 수 있다. 이 母音의 경우 전혜숙(1995)에서는 변화의 분기점을 壯年層 40대로 보았다. 불과 몇 년 사이에 이처럼 많은 차이를 보인 것은 話者들의 언어변화가 매우 빠르게 진행된 결과라고 할 수 있겠다. 하지만 여기서는 단순히 극심한 변화의 기류 때문만은 아닌 듯싶다. 이는 이들 母音이 특히 잘 발음되고 있는 江陵 地域만이 대상이었을 때와 본 연구와 같이 江陵과 그 인접 地域이 함께 대상이 되었을 때, 地域의 差異가 變化의 폭을 넓히는 것에 한몫을 한 것이 아닌가 싶다.

‘쎄’로 나타나는 것으로도 충분히 알 수 있다.

이렇듯 현대국어에서 완전한 單母音으로 자리를 굳힌 모음 ‘ㅔ’[e]와 ‘ㅐ’[ɛ]가 일찍부터 서울말을 중심으로 이 두 母音의 구별이 흐려지고 있다는 사실이 지적되어 왔다.[14) 본 논의에서는 이러한 여러 관찰들에 의하여 單母音 ‘ㅔ’와 ‘ㅐ’의 변화가 이 方言에 어떠한 양상으로 나타나고 있는지 그 현상을 世代別로 구분하여 살펴보기로 한다.

<표 4-7> 세대별 單母音 ‘ㅔ’의 실현 양상

모음 ‘ㅔ’ 구분		세대구분	노년층	장년층	청소년층
어두		에누리(깎다)	e− (E)	ɛ− (e−E)	ɛ− (e−E)
비어두	첫음절	떼(群)	e− (ɛ−E)	ɛ− (E)	ɛ− (E)
		게(바닷게)	e− (ɛ−E)	ɛ− (E)	ɛ− (E)
		세다(힘이)	e− (ɛ−E)	ɛ− (e−E)	ɛ− (e−E)
	둘째음절	누에고치	−e (ɛ−E)	ɛ− (e−E)	−ɛ (E)
		동네처녀	−e (ɛ−E)	−ɛ (E)	−ɛ (E)

14) 單母音 ‘ㅔ’[e]는 前舌, 平脣, 半閉母音이며 ‘ㅐ’[ɛ]는 前舌, 平脣, 半開母音이다. 따라서 이 두 모음의 발음은 開口度와 혀의 높이에 따라 구별되고 있다. 엄격하게 구분하면 모음 ‘ㅔ’를 발음할 때는 아래턱을 ‘ㅐ’보다 조금 더 올리고 아랫니와 윗니가 살짝 보이도록 발음하고 ‘ㅐ’의 경우는 ‘ㅔ’에 비해 아래턱을 더 내리고 아랫니와 윗니가 ‘ㅔ’보다 더 많이 보이도록 발음하는 것으로 되어 있다. 본 논의에서는 가급적 이 규칙에 접근하여 두 음을 변별하도록 하여 가능한 ‘ㅔ’[e]와 ‘ㅐ’[ɛ]의 통합형인 [E]를 취하지 않도록 한다. 하지만 이 두 음의 발음이 음성적으로나 開口度, 턱의 움직임 등에 따라 흰색과 검정색을 구별하듯 쉽게 구별되는 것이 아니고 보면 부득이 이 두 모음의 통합형을 무시할 수가 없음도 인정한다.

單母音 ‘ㅔ’의 발음을 확인하기 위하여, 語頭와 非語頭 그리고 非語頭 둘째 음절 이하인 경우로 각각 나누어 조사하였다. 결과는 세대에 따라 다소의 차이를 가지고 실현되는 것으로 나타난다. 우선 老年層부터 살펴보기로 한다. 이 경우는 先行音의 資質에 動搖없이 모두 단모음 ‘ㅔ’[e]를 실현하고 있다. 다만 非語頭와 非語頭 둘째 음절 이하에서 [ɛ]형과 [E]형이 나타나기도 하지만 그 정도는 매우 약하다.[15] 이러한 현상이 壯年層에 와서는 語頭에 실현될 경우 ‘ㅔ’[e]와 ‘ㅐ’[ɛ]가 비슷한 비율로 나타나고, 非語頭에서는 ‘ㅐ’[ɛ]로 변하여 실현되는 비율이 더 높은 것으로 나타난다. 이것은 둘째 음절 이하에서도 마찬가지다.[16] 또한 이 두 음이 통합된 현상으로 보이는 [E]가 [e]

---

15) 본 논의에서 單母音 ‘ㅔ’[e]와 ‘ㅐ’[ɛ]가 통합되어 나타나는 音價에 대하여는 [E]를 사용한다. [E]의 경우 입 모양과 소리로써 그 구별이 명확치 않을 경우에만 쓰는 것으로 한다. 사실 단모음 ‘ㅔ’와 ‘ㅐ’의 음성적인 音價를 視覺과 聽覺만을 동원하여 정확하게 구별해 내기는 참으로 어려운 일에 속한다. 따라서 조사자에게는 이 두 음을 정확하게 구분할 수 있는 청각적인 훈련이 필요하고, 또한 開口度 등을 살펴 이 두 음을 판별해 낼 수 있는 음성학적인 知識이 충분해야 한다. 이 두 가지 학습이 충분히 되었다고 하여도 音을 분석하기 위한 기기를 사용하거나 특별한 방법론을 도입하기 전에는 소리(音)에 관한 분석상의 문제점은 여전히 남는다.

16) 이 논문을 준비하면서 본 연구자는 TV를 보거나 혹은 대화를 할 때 마주한 사람들의 입 모양을 보는 것이 습관처럼 되어버렸다. 이런 습관 덕분에 재미있는 일들을 곧잘 발견한다. 그중 하나가 2002년 1월 13일 MBC TV 강릉방송국에서 방송된 생방송 집중토론 “강릉의 ‘계’를 말한다”는 프로였다. 그곳에 출연한 출연자들의 입 모양을 열심히 보면서 단모음 ‘ㅔ’[e]와 ‘ㅐ’[ɛ]의 실현상을 살펴보다가 아주 재미있는 결과를 하나 얻었다. 그날 프로그램 진행자는 장년층(40代 중반 혹은 50代 초반 정도)이었고 출연자는 노년층(60代 후반 혹 70代 초반)과 청장년층(30代 후반 혹은 40代 초반)이었다. 물론 이 외에도 다른 출연자가 더 있었지만 본 연구자가 특히 관심을 가지고 소리와 입(開口度) 모양을 관찰한 것은 이 세 사람이었다. 이는 노년층과 청장년층 출연자가 이 方言圈에 속함을 알고 있었기 때문이다. 그날 노년층에 해당하는 출연자는 모음 ‘ㅔ’에 대하여 매우 정확한 단모음 ‘ㅔ’[e]를 발음하고 있었

와 비슷한 비율로 실현되기도 한다. 이와 같이 단모음 'ㅔ'[e]의 실현은 壯年層에 와서 매우 혼동스럽게 나타난다. 이것은 이 世代가 이 母音 변화의 主役이 되고 있음이다. 이러한 현상이 靑少年層에 와서는 매우 단순한 형태로 나타난다. 이는 음성 환경에 상관없이 어떠한 환경이 주어지더라도 모두 단모음 'ㅐ'[ɛ]로 통일시켜 실현한다는 것이다. 간혹 [E]가 나타나기도 하지만 이 세대의 발음을 엄격하게 정의한다면, 단모음 '애'[ɛ]인 것으로 결론짓는 것이 더 자연스럽다.

<표 4-8> 세대별 단모음 'ㅔ'의 실현 정도(%)

비 율 / 세대구분		노년층	장년층	청소년층
어 두		80	29	6
비어두	첫 음절	46	20	0
	둘째 음절	39	20	0
평균 실현율		55	23	2

위 표의 결과처럼 이 方言의 單母音 'ㅔ'의 실현율은 老年層 55%, 壯年層 23% 靑少年層 2%로 아주 확연하게 구분되어 실현되고 있으며, 語頭에서 실현된 경우가 非語頭에서 실현되는 경우보다 훨씬 더 높은 비율로 실현되고 있음을 알 수 있다. 특히 靑少年層의 單母音 'ㅔ'[e]의 실현율은 아예 이 발음을 무시할 정도에 도달되었다고 볼 수 있다.

다음으로 單母音 'ㅐ'에 관하여 살펴보기로 한다. 이것 또한 'ㅔ'

다. 여기에 반해 장년층에 해당하는 사회자는 [E(ɛ)]형을 구사했으며 청장년층에 해당하는 출연자는 너무도 확실하게 단모음 'ㅐ'[ɛ]를 발음하였다. 여기에 출현한 사람이 대부분이 강릉 사람이고 보면, 토박이의 조건을 따지지 않는다면 적어도 강릉에 거주하는 사람들의 단모음 'ㅔ'[e]와 'ㅐ'[ɛ]의 발음은 세대간 뚜렷한 차이를 가지고 실현되고 있음을 알 수 있다.

와 마찬가지의 방법으로 조사 분석하기로 한다. 우선 世代別 單母音 'ㅐ'의 실현 현상을 살펴보기로 한다.

〈표 4-9〉 세대별 단모음 'ㅐ'의 실현 양상

모음 'ㅐ' 구분		세대구분	노년층	장년층	청소년층
어 두		애벌레	ε− (e)	ε−	ε− (E)
어 두		애쓴다	ε−	ε− (E)	ε− (E)
비어두	첫음절	때(時)	ε	ε	ε (E)
비어두	첫음절	개(犬)	ε	ε	ε (E)
비어두	첫음절	새다(물이)	ε−	ε− (E)	ε− (E)
비어두	첫음절	(작은 고추가)맵다	ε−	ε−	ε− (E)
비어두	둘째음절	과거, 현재, 미래	−ε (E / e)	ε (E / e)	ε (E / e)

單母音 'ㅐ'의 경우도 'ㅔ'와 마찬가지로 語頭인 경우와 非語頭, 그리고 非語頭 둘째 음절 이하로 각각 나누어 살폈다. 이 경우 老年層에서는 音聲 環境에 상관없이 모두 [ε]를 나타냈으며, 壯年層 역시 모든 부분에 [ε]를 나타냈다. 다만 語頭에서 실현되는 동사의 경우 [E]가 실행된다. 이것은 非語頭에서 실행되었을 때도 그러하였다. 하지만 子音이 선행되면서 받침이 있는 '맵다'[mεp−da]의 경우는 半低 開母音 [ε]를 나타냈다. 이 母音에 대한 靑少年의 發音은 매우 단순한 결과를 보여준다. 이는 어떠한 자질이 동반되어도 조금의 動搖도 없이 모든 항목을 고르게 [ε] 하나로 통일시켜 發音한다. 물론

話者 個人的인 언어 특성으로 인하여 입을 조금 더 벌리고 적게 벌리는 차이가 있기도 하지만 결국은 한 音을 소리낸다고 할 수 있다. 다만 [ɛ]에 비해 [E]의 실현이 壯年層보다 많이 나타나는 것이 정도의 차이라 할 수 있는데, 이것은 靑少年層이 대부분 학생이었던 까닭에 단모음 'ㅔ'와 'ㅐ'가 다르다는 인식이 敎育을 받은 결과로 내재되어 있어, 발음을 주저하게 만들었기 때문이다. 실제적으로 본 연구자가 靑少年層과 면담을 할 때 "영덕하면 유명한 게 뭐지?"라고 질문하면 아주 자신 있게 "그거요? '게'(개)요" 하면서 입을 크게 벌려 응답을 했다가 곧이어 "멍멍멍 짓는 것이 뭐지?"라고 물으면 한 번쯤 조사자의 얼굴을 보고 난 뒤 조금은 작은 목소리로 그리고 주저하면서 " '개'(게)요"라고 했다. 이것은 학생들이 순간적으로 'ㅔ'와 'ㅐ'에 대하여 혼동을 일으켰고, 이것에 대한 發音을 물어본다는 것을 알고는 자신들의 발음에 신경을 써서 응답했기 때문이다. 이러한 현상은 非語頭의 둘째 음절 이하에서 받침 없이 母音으로 끝나는 '현재'의 경우 [E(e)]로 발음된 것에서도 같은 이유를 찾을 수 있다. 특히 이 단어는 老年層과 壯年層에서도 그러한 결과가 나타나는데. 이것에 대하여는 딱히 어떠한 이유를 설명하기보다는 단지 話者 個人的인 言語 特性이거나 단어에 대한 母音의 辨別性 때문에 일어난 현상쯤으로 정리해 두기로 한다.

이상과 같은 내용을 정리하여 이 方言의 單母音 'ㅔ'와 'ㅐ'를 도표화하면 다음과 같다.

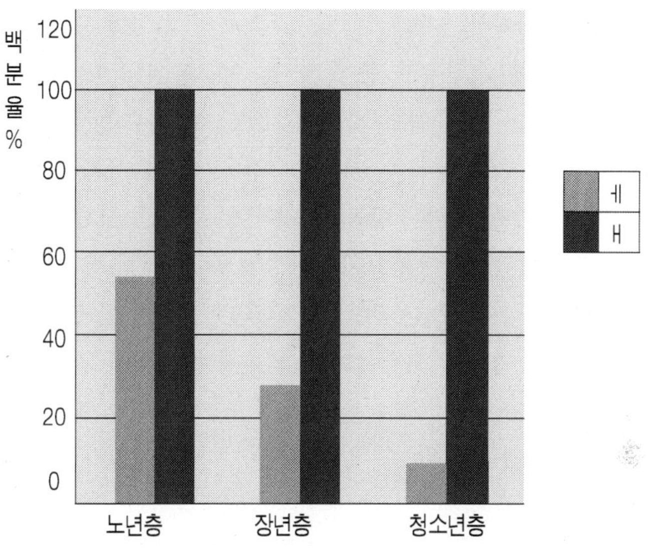

〈도표 3〉 세대별 단모음 'ㅔ'와 'ㅐ'의 실현 양상(%)

　單母音 'ㅔ'와 'ㅐ'의 경우 老年層에서는 대체적으로 이 두 母音이 각각의 音素로 辨別的 資質을 가지고 있는 상태이나, 壯年層에서 약간의 변화를 가지는 것으로 나타난다. 이것은 이 두 母音이 대체적으로 [ε]로 실현되고 있으나, 語頭 'ㅔ'의 경우에는 [e]의 발음이 나타나기도 한다. 이것은 이 세대에서 두 音의 辨別的 資質이 상실되고 있음을 단적으로 보여주는 것이라 할 수 있다. 이러한 현상이 靑少年層에 와서는 두 음의 辨別的 資質이 완전히 喪失되어 하나의 單母音 [ε] 쪽으로 기울어진다. 이것에 대하여 'ㅔ'[e]와 'ㅐ'[ε]가 통합되어 [E]로 실현된다고도 할 수도 있겠고, 아예 [e]가 소멸되어 [ε]만 실현된다고 볼 수도 있다. 어느 쪽이 더 정확한 것인지는 音聲學的으로 충분한 조사가 이루어져야겠다는 생각이다.

　위에 언급된 내용들은 단순히 話者들의 발화 현상을 音聲的으로 구분하여 그 변화의 상태를 정리한 것이다. 하지만 실제적으로 일부

壯年層과 靑少年層에서는 單母音 '㆝'와 '㆝'의 쓰임에 대하여도 제대로 구분하지 못하는 경우가 종종 있다. 이것은 본 연구의 설문지 중 敬語法을 질문한 것 중에서 하게체 語尾 '주게(주개)'와 '앉세(앉새)'를 묻는 항목에 잘 나타나 있다. 이 경우 대부분 많은 응답자들이 '주게(개)'와 '앉세(새)'의 항목에 대하여 뚜렷한 구별을 가지지 못하였다. 응답자의 많은 부분 별도의 응답으로 '-개'를 써 주었는데 이 문제에 봉착하여서는 우리 국어 교육의 문제점을 심각하게 돌이켜 보도록 한다. 이렇듯 현대국어의 모음체계 내에서 자리잡고 있는 單母音 '㆝'와 '㆝'는 音聲上으로나 철자법상으로나 매우 혼란스러운 변화 상태에 있음을 알 수 있다.[17]

---

17) 이 母音의 통합 분기점을 年齡대로 나눈다면 壯年層 50대로 볼 수 있겠다. 물론 老年層 60대에서의 動搖 現象을 무시할 순 없지만 그 深化 정도는 微微하다 하겠다. 이 母音의 통합현상에 대하여는 이현복(1971)과 이미재(1988), 박경래(1993), 전혜숙(1995)에서도 다루었다. 이현복(1971)은 이 모음의 통합에 대하여 30대를 기준하여 설명하였고(현재를 기준하면 60대), 이미재(1988)는 청소년 세대에서 나타나는 초기 단계의 언어변화인 것으로 설명하였다.(현재를 기준하면 30대와 20대) 또한 박경래(1993)는 壯年層 50대를(현재를 기준하면 60대), 전혜숙(1995)은 壯年層 40대를(현재를 기준하면 40대 후반) 각각 기준하였다. 이 같은 자료를 참고해 보았을 때 본 논의에서 관찰한 壯年層 50대에서의 통합 기준은 전혜숙(1995)과 가장 접근해 있다고 할 수 있다. 다만 조금 더 높아진 年齡이 차이일 수 있으나, 전혜숙(1995)은 江陵만이 對象 地域이었던 반면 여기서는 그 隣接 地域까지 포함되었기 때문이라 할 수 있다. 이는 또한 이현복(1971)과 박경래(1993)와도 근접되어 있다고 할 수 있다. 그것은 이 方言이 다른 地域 方言에 비해 언어변화가 다소 더디게 진행되고, 母音에 있어 더욱 그러하여 이 母音의 統合 年齡層이 낮아짐은 당연한 현상일 수 있기 때문이다.

(3) 단모음 '―'와 'ㅓ'

본 절에서는 單母音 '―'[ɨ]와 'ㅓ'[ə]의 辨別에 대하여 살펴보기로
한다. 모음 '―'는 後舌平脣 高母音이며 'ㅓ'는 後舌 平脣 半開 中
母音으로 분류된다. 따라서 이 둘은 청각적인 소릿값이 완전히 다르
며 서로 다른 별개의 음소로서, 최소대립어에 의해 그 音價가 각각
구별되고 있다. 하지만 일부 方言, 특히 경상 방언에서 이 두 모음
이 서로 변별되지 못하고 쓰이고 있어 母音體系의 변화를 가지기도
한다. 본 논의에서는 이러한 모음 '―'와 'ㅓ'의 통합현상이 이 方言
에도 나타나고 있는지, 있다면 世代가 다름에 따라 어떠한 양상으로
실현되는지를 살펴보기로 한다. 이것은 이 方言 특히 三陟의 경우
경상도와 인접해 있는 地理的인 현상을 감안한 것이기도 하다.

<표 4-10> 세대별 모음 '―'와 'ㅓ'의 실현 양상

모음 '―'와 'ㅓ'의 구분			세대구분	노년층	장년층	청소년층
모음 '―' [ɨ]	어 두		으악새	ɨ― (u)	ɨ―	ɨ―
			음 치	ɨ―	ɨ―	ɨ―
	비어두	첫 음절	글(文)	ɨ	ɨ	ɨ
			틀(機)	ɨ	ɨ	ɨ
		둘째 음절	한글	ɨ―	ɨ―	ɨ―
			베틀(機)	ɨ―	ɨ―	ɨ―
			비틀다	―ɨ	―ɨ	―ɨ

112 강원도 동해안 방언의 사회언어학적 연구

<table>
<tr><td colspan="3" rowspan="2">모음 '—'와 'ㅓ'의 구분</td><td>세대구분</td><td>노년층</td><td>장년층</td><td>청소년층</td></tr>
<tr><td rowspan="8">모음
'ㅓ'
[ə]</td></tr>
<tr><td colspan="2" rowspan="3">어 두</td><td>어른(老)</td><td>ə−(ɨ)</td><td>ə−</td><td>ə−</td></tr>
<tr><td>어름(冷)</td><td>ə−</td><td>ə−</td><td>ə−</td></tr>
<tr><td>얼다(물이)</td><td>ə−</td><td>ə−</td><td>ə−</td></tr>
<tr><td rowspan="5">비어두</td><td rowspan="3">첫 음절</td><td>걸(윷놀이)</td><td>ə−</td><td>ə−</td><td>ə−</td></tr>
<tr><td>털(毛)</td><td>ə−</td><td>ə−</td><td>ə−</td></tr>
<tr><td>털다(먼지를)</td><td>ə−(ɨ)</td><td>ə−</td><td>ə−</td></tr>
<tr><td rowspan="2">둘째 음절 ·
이하</td><td>토끼털</td><td>−ə</td><td>−ə</td><td>−ə</td></tr>
<tr><td>광어회</td><td>−ə</td><td>−ə</td><td>−ə</td></tr>
</table>

여기서 살필 수 있는 것은 이 方言의 母音 '—'와 'ㅓ'는 그 각각이 최소대립어로서 辨別力을 가지고 쓰인다는 사실이다. 이것은 모든 世代에 같은 결과를 나타내 준다. 이것은 또한 音聲 環境에 관계없이 실행되고 있음도 함께 살펴볼 수 있다. 다만 老年層의 경우에 語頭에서 다소 다른 音이 나타나기도 한다. 그것은 母音 '—'[ɨ]를 'ㅜ'[u]로 발음하는 것과 'ㅓ'[ə]를 '—'[ɨ]로 발음하는 것이 그것이다. '—'[ɨ] → 'ㅜ'[u] 현상은 '江陵'과 '三陟'에 한하여 그러하며 전체 비율의 8%를 차지한다. 이것은 語頭인 모든 단어에 그런 것이 아니고 '으악새'[ɨ−aksɛ] → '우악새'[u−aksɛ]의 경우에만 그러하다. 또한 모음 'ㅓ'[ə]의 경우에도 모든 단어에 적용되는 현상이 아니라 '어른'에 한해서만 '어른'[ə−rin]을 → '으른'[ɨ−rin], '으런'[ɨ−rən]으로 발음된다. 이 두 母音의 非辨別 現象은 老年層의 70代 이후에서 흔히 일어나고 있으며, 같은 老年層이라도 60代의 경우는 대체로 '으악새'[iaksɛ], '어른'[ərin]으로 발음한다. 老年層 話者들의 모음 'ㅓ'[ə] → '—'[ɨ] 현상은 長母音 'ㅓ'[ə]의 혀의 높이가 單母音 'ㅓ'[ʌ]보다 높아 '—'[ɨ]에 가깝게 발음되는 현상이 실현되고 있는 것으로 설명할 수 있다.

　　現代 國語의 標準發音에서 긴 ‘ㅓ’[ə]와 짧은 ‘ㅓ’[ʌ]는 구별되어 발음하도록 되어 있다. 이 경우 긴 ‘ㅓ’[ə]의 발음은 가운데 혓소리에 가까운 母音이고 짧은 ‘ㅓ’[ʌ]는 뒤 혀의 위치가 더 낮은 소리이다. 즉 긴 ‘ㅓ’[ə]는 중설 모음으로 發音된다고 볼 수 있고, 짧은 ‘ㅓ’는 후설 모음으로 발음되도록 되어 있다고 볼 수 있다. 하지만 이 두 모음은 거의 구별 없이 발음되고 있으며 대체로 짧은 후설 모음 [ʌ]에 가깝게 소리를 내고 있다.[18] 이러한 현상이 이 方言 老年層에서는 오히려 긴 ‘ㅓ’[ə] 쪽으로 발음되고 있으며 이는 혀의 높이에 동화되어 ‘ㅡ’[ɨ]로 발음되고 있다고 볼 수 있다. 이러한 모든 점을 감안하였을 때 이 方言의 單母音 ‘ㅡ’와 ‘ㅓ’의 관계는 辨別的인 音素로서 서로 最小 對立語를 가진다고 볼 수 있다. 이러한 현상은 世代別로 별다른 차이를 두지 않는다.

〈표 4-11〉 세대별 단모음 ‘ㅡ’와 ‘ㅓ’의 실현 정도(%)

비　율	세대구분	노년층	장년층	청소년층
모음 ‘ㅡ’	어　두	95	100	100
[ɨ]	비어두	100	100	100
모음 ‘ㅓ’	어　두	92	100	100
[ə]	비어두	99	100	100

　　위 표의 결과로 알 수 있는 것은 이 方言의 單母音 ‘ㅡ’와 ‘ㅓ’의 실현 현상은 全 世代에 고르게 그 각각이 구별되어 쓰인다는 것이다. 모음 ‘ㅡ’의 경우 老年層 98%, 壯年層 100%, 靑少年層 100%의 실현율을 나타냈으며, ‘ㅓ’의 경우 또한 老年層 96%, 壯年層 100%, 靑少年層 100%의 실현율을 나타냈다. 결론적으로 이 方言의 單母

---

18) 본 논의에서 모음 ‘ㅓ’의 音價는 편의상 [ə]로 정리하기로 한다.

音 '一'[ɨ]와 'ㅓ'[ə]는 그 각각이 辨別的인 資質을 가지고 音韻的으로 對立의 관계에 있다. 다만 老年層에서 語頭에서 실현될 경우 이러한 변화현상이 나타나고 있으나 이는 몇 단어에 限定되어 나타나는 것으로 辨別的인 資質 문제와는 관계가 없는 것으로 나타난다. 여기서 母音 'ㅓ'[ə]의 경우 非語頭에서 '(먼지를) 털다'[tʰəl-da]를 '(몬지)를 틀다'[tʰɨl-da]로 대답한 경우가 있었는데 이 경우는 話者 個人的인 언어 습관에 의한 것으로 간주하기로 한다.

   (4) 이중모음 'ᆜ'와 'ㅕ'

   본 절에서는 二重母音 'ᆜ'[jɨ]와 'ㅕ'[jə]의 辨別에 대하여 살펴보기로 한다. 二重母音 'ᆜ'는 [j]가 '一'에 결합된 소리이다. 이것은 꽤 여러 方言에서 확인되고 있으며, 이 方言에서 특히 많은 語彙에서 그 발음을 확인할 수 있다. 이 母音은 분포상의 제약으로 인하여 語頭에 子音을 선행시키지 못하고 있으며 반드시 長音을 동반한다는 특징을 가진다. 二重母音 'ㅕ'[jə]의 경우는 [j]에 'ㅓ'가 결합되어 나는 소리이다. 따라서 'ᆜ'와 'ㅕ'는 각각 별개의 音價를 가지고 실현되고 있으나, 二重母音 'ᆜ'가 항상 長音을 동반하고 실현된다는 특성으로 말미암아 'ㅕ'의 變異音으로 보는 견해가 없지 않다.[19] 여기서는 이 두 음의 音價에 대하여 世代別로 나누어 그 실현 양상을 살펴보도록 하되, 주로 二重母音 'ᆜ'의 실현상에 관심을 두기로 한다.

---

19) 모음 'ㅓ'의 음성 실현은 보통 단모음 [ʌ]과 장모음 [ə]로 구분된다. 하지만 장모음 'ㅓ'의 경우는 가운데 혓소리에 가까운 重舌母音으로 혀의 높이가 다소 높아 고모음 '一'[ɨ]에 가깝게 소리가 난다. 이러한 단모음에 반모음 [j]가 결합되어 실현되는 이중모음 'ᆜ'와 'ㅕ'는 음성적으로 中和되어 나타날 수 있는 환경이 자연스럽게 설정될 수 있다.

<표 4-12> 세대별 이중모음 '='와 'ㅕ'의 실현 양상

모음분류	세대구분	노년층	장년층	청소년층
이중모음 '='[jɨ]	을:(쓸개)	jɨ: (jə:)	jə: (jɨ:)	X
	으:드름 (여드름)	jə:− (jɨ:−ɨ:)	jə:−	jə:−
	옹:감 (영감)	jə:− (jɨ:)	jə:− (jɨ:)	jə:−
이중모음 'ㅕ'[jə]	연:꽃	jə:−	jə:−	jə:−
	연:(鳶)	jə:	jə:	jə:
	열:(十)	jə:	jə:	jə:

여기서 우리는 이 方言의 母音 '='[jɨ:]와 'ㅕ'[jə:]가 世代別로 각
각 다른 현상으로 실현되고 있음을 알 수 있다. 우선 老年層의 경우
二重母音 '='와 'ㅕ'는 각각 별개의 음소로 변별되어 나타난다. 비
록 '으:드름'[jɨ:dirim] → '여:드름'[jə:dirim](→ '으:드래미'[ɨ:diremi])이나
'옹:감'[jɨ:ŋgam] → '영:감'[jə:ŋgam]에서 [jɨ:]가 [jə:]로 음성 실현되는
현상이 없지 않지만 이것은 '연:꽃'[jə:nk'ot]이나 '연'[jə:n]과 같은 단
어에서 [jə:]가 [jɨ:]로 실현되지 않는 사실로 미루어 볼 때 이 두 音
은 별개의 音素的 자격을 가지고 있다고 할 수 있다. 壯年層의 경우
j계 上向 二重母音인 [jɨ:]에서 '을:(쓸개)'[jɨ:l]과 '옹:감'(영감)[jɨ:ŋgam]에
서 실현된 '='[jɨ:]을 제외하고는 모두 [jə:]의 발음을 나타냈다. 그렇
다고 이 두 音이 자유롭게 변이를 일으켜 中和的으로 쓰인다고 할
수는 없다. 그것에 대한 이유는 老年層의 그것과 마찬가지다. 따라
서 이 世代 역시 二重母音 '='와 'ㅕ'는 각각이 별개의 音素的 資
格을 가진 것으로 정의하기로 한다. 이러한 현상이 靑少年層에 와서
는 二重母音 '='[jɨ:]의 쓰임 자체를 전혀 모르겠다는 응답이 전부이
다. 여기서 우리는 이 두 二重母音의 音價에 대한 것을 고려하지

않을 수 없다. 어쩌면 이러한 현상에 대하여 이 方言의 二重母音 '一'[jɨː]와 'ㅕ'[jəː]가 통합되었다거나 혹은 '一'[jɨː]가 'ㅕ'[jəː]의 變異音이라고 하는 것에 동의할 수도 있다. 하지만 위에서 언급되었듯이 이 方言의 老年層 話者들은 이 두 音을 확실하게 구분하여 발음하고 있으며 또한 表記가 다름도 잘 알고 있다. 이러한 현상은 일부 壯年層에서도 마찬가지다. 더하여 二重母音 'ㅕ'[jəː]가 결코 '一'[jɨː]로 발음되지 않음도 큰 이유가 될 수 있음을 지적한다. 다만 이러한 변화가 일어날 수밖에 없는 현상에 대한 이유를 굳이 가진다면 '一'[jɨː]가 쓰이는 환경이 점차적으로 축소되고 있으며, 音聲的으로 가장 가까운 곳에서 실현되고 있는 이웃 音인 'ㅕ'[jəː]로 代置되어 쓰이고 있기 때문이라 할 수 있다. 따라서 이 方言의 二重母音 '一'[jɨː]와 'ㅕ'[jəː]의 音價에 대하여는 그 각각이 별개의 音素로 辨別되고 있으며 世代間에 따라 많은 차이를 두고 실현되고 있다고 할 수 있다.

〈표 4-13〉 세대별 단모음 '一'와 'ㅕ'의 실현 정도(%)

비 율＼세대구분	노년층	장년층	청소년층
이중모음 '一'[jɨ]	81	29	0
이중모음 'ㅕ'[jə]	100	100	100

　여기서 우리는 이 方言의 二重母音 '一'[jɨː]와 'ㅕ'[jəː]의 실현 현상이 世代에 따라 각기 다른 현상을 나타내고 있으며, 그 각각이 辨別的인 資質을 가지고 音韻的으로 對立의 관계에 있음을 알 수 있다. 이 두 母音의 실현율을 보면 우선 老年層의 경우 81%와 100%를 나타내고 있으며, 壯年層의 경우는 각각 29%와 100%를 나타내고 있다. 여기서 우리는 '一'[jɨː]의 실현율이 壯年層에 와서 급격하게 낮아지고 있음을 알 수 있으며 이러한 현상은 靑少年層에 이르러

0%의 실현율을 당연한 결과로 받아들이도록 한다. 이것은 二重母音 '〓'[ji:]의 급격한 消滅 현상이 머지않아 완전 도태로 이어져 이 方言의 母音體系에 변화를 줄 것임을 暗示한다고 할 수 있다.

(5) 이중모음 'ㅚ'

母音 'ㅚ'[jø]는 그 쓰임이 쉽게 발견되지 않는 것으로, 이 方言 특히 江陵을 중심으로 하여 드물게 쓰이고 있는 母音이다. 이 母音은 출타하여 집에 없는 사람을 위해서 따로 남겨 두는 그 사람 몫의 음식을 뜻하는 단 한 단어에만 나타나는 아주 드문 것이라고 할 수 있다.

본 절에서는 전 절에서 두루 살펴본 母音들처럼 世代差에 따른 변화현상을 찾는다기보다는 이 二重母音이 과연 현재까지 존재하고 있는지, 그 존재 여부에 더 큰 관심을 두기로 한다. 하지만 世代間 변화 양상에도 결코 관심을 소홀히 하지 않는다.

<표 4-14> 세대별 이중모음 'ㅚ'의 실현 양상

이중모음 \ 세대구분	노년층	장년층	청소년층
이중모음 'ㅚ'	j ø (je−jo)	j ø −je	x

여기서 우리는 二重母音 'ㅚ'[jø]의 쓰임이 世代別로 각각 다른 현상으로 실현되고 있음을 알 수 있다. 우선 老年層의 경우 'ㅚ'[jø]의 쓰임이 여전히 우세하게 나타나고 있으며 'ㅖ'[je]와 'ㅛ'[jo]의 발음도 나타난다. 이 단어의 지역별 쓰임도 함께 살펴보면, 우선 江陵의 경

우는 '괴'[jø]가 절대적으로 우세하게 나타나고 '궤'[je]도 다소 나타난
다. 襄陽의 경우 시내에서는 '괴'[jø]나 '궤'[je]를 모른다는 응답이 전
부였으나 襄陽 인구 동산에서는 '예숙' 또는 '예식'이라고 하는 [je]의
응답이 나타난다. 이 '예숙'과 '예식'은 江陵市 구정 면에서도 나온
것인데 이때는 '외'[jø]와 '예숙'[je-suk], '예식'[je-sik]을 모두 쓴다
고 응답했다. 三陟의 경우는 '예숙'[je-suk]과 '요숙'[jo-suk]이라고
응답함으로 해서'괴'[jø]의 발음이 地域別로 실현 양상에 다소의 차이
를 가지고 있음을 알 수 있다. 동해시 천곡동에 거주하는 70代 老年
層에서도 '괴'[jø] 발음을 들을 수 있었다.[20] 이러한 현상은 壯年層에
까지 이어진다. 물론 老年層에 비하여 그리 높은 실현은 아니지만 地
域別로 老年層과 같은 현상을 나타냈다. 다만 [jo]가 나타나지 않음
이 그 차이라 할 수 있다. 하지만 이 二重母音 '괴'[jø]는 靑少年層에
이르러서는 지역의 구분 없이 전체적으로 '모른다'는 응답이 전부이
다. 따라서 이 方言의 二重母音 '괴'[jø]는 머지않아 消滅되어 母音體
系에서 완전히 자취를 감출 위기에 처했다고 볼 수 있다.

〈표 4-15〉 이중모음 '괴'의 세대별 실현 정도(%)

비 율 \ 세대구분	노년층	장년층	청소년층
이중모음 '괴'	33	9	0

위에서 보듯이 이 方言의 二重母音 '괴'[jø]의 실현 현상은 老年層
33%, 壯年層 9%, 靑少年層 0%로 세대에 따라 각기 다르게 나타나고
있으며, 그 실현율이 매우 낮은 것으로 나타난다. 이처럼 이 方言만이
가지는 특이한 二重母音 '괴'[jø]라는 존재는 점차적으로 사라져 가고

---

20) 이분 고향은 동해시 북평이다.

있음을 알 수 있는데, 이러한 현상이 나타난 것에 대한 이유를 굳이 따진다면, 현대사회의 食生活 습관이 변화한 때문이라고 볼 수 있다. 과거에는 사람이 바깥에 나갔다가 식사 때가 되면 딱히 식사를 할 만한 여건이 그리 충분하지 못하였기 때문에, 항상 나간 사람 몫을 챙겨 두어야만 했다. 하지만 이제는 外食 문화가 자연스러운 현상이고 보면, 굳이 식사시간 때에 맞추어 별도의 음식을 챙겨 둘 필요가 없어진 것이다. 또한 보온밥통이나 전자렌지와 같은 제품들이 많아서 굳이 밥을 따뜻한 아랫목이나 부뚜막에 챙겨 두지 않아도 되고, 각종 인스턴트 제품들이 수시로 밥을 대신할 수 있게 되었다. 따라서 밥 때가 되었을 때 굳이 나간 사람 몫을 챙겨 둘 필요가 없게 됨은 그 단어를 사용해야 하는 환경도 함께 사라지게 한다고 볼 수 있다.[21]

(6) 이중모음 'ㅢ'

본 절에서는 j계 下向二重母音 'ㅢ'[ij]에 대하여 살펴보기로 한다. 이 母音은 현대국어를 發話하는 많은 方言에서 실현되지 않고 있으며, 대체적으로 'ㅡ'[i]나 'ㅣ'[i] 어느 하나로 代替되어 쓰인다. 실제적으로 標準發音에서도 子音을 音節初에 가지고 있으면 'ㅣ'[i]로 발음하도록 규정하고 있는데, 결국 이것은 語頭에서만 비교적 분명하게 발음되고 있다. 이러한 현상은 이 方言도 예외가 아니다. 이러한 二重母音 'ㅢ'[ij]에 대하여 世代가 다름에 따라 어떠한 차이를 가지고 실현되는지 살펴보기로 한다. 이는 語頭와 非語頭 그리고 非語頭 둘째 음절 이하에 실현되었을 경우로 각각 구분하여 살펴보기로 한다.

---

21) 이 母音의 消失은 老年層 70대부터 시작하여 壯年層 40대에 이미 완성된 것으로 나타난다.

〈표 4-16〉 세대별 이중모음 'ㅢ'의 실현 양상

이중모음 'ㅢ'의 구분		세대구분	노년층	장년층	청소년층
이중모음 'ㅢ'	어 두		의 사	ɨ- (ɨj-ɨːi)	ɨj- (ɨːi-ɨ)	ɨj-
			의 견	ɨj- (ɨ-ɨj)	ɨj- (ɨːi)	ɨj-
	비어두	첫 음절	늴니리	i-	i-	i-
			희소식	i- (iː-ɨj)	i-	i-
		둘째 음절 이하	한의사	-i (ɨj-ɨːi)	-ɨj (ɨːi)	-ɨːi
			합의이혼	-i (ɨj)	-ɨj (i)	-ɨːi (i)

이 方言의 j계 下向二重母音 'ㅢ[ɨj]'의 실현은 世代가 다름에 따라 많은 차이를 가진다. 우선 老年層을 살펴보면 語頭에서 실현될 경우 주어진 語彙에 따라 다소의 차이를 가지는데 '의사'의 경우는 大體的으로 'ㅡ'[ɨ]로 실현되고 있으며 '의견'의 경우는 'ㅢ'[ɨj]로 나타난다. 子音이 선행되었을 경우에는 예외 없이 'ㅣ'[i]가 발음되고 있으나 매우 작은 부분 이중모음 [ɨj]가 실현되기도 한다. 이것을 천천히 발음하면 [ɨːi]와 같은 음성으로 들리기 쉽다. 또한 語頭에 子音이 선행되었을 경우 'ㅣ'[i]에 長音을 동반하여 발음하는 경우가 있으며, 非語頭 둘째 음절 이하인 경우는 'ㅡ'[ɨ]에 長音이 동반되면서 약하게 'ㅣ'[i]가 뒤따르는 현상이 나타난다. 이것은 이 發音을 二重母音으로 소리내기 위한 노력의 결과에 기인한 것으로, 半母音 [j]의 音價를 제대로 실행하지 못하여 나타나는 것으로 볼 수 있다.

이러한 현상이 壯年層에 와서는 다소 다른 모습을 보여준다. 우선 語頭에서 실현될 경우에는 대체로 'ㅢ'[ɨj]가 실현된다 할 수 있으나

[ɨːi]도 곧잘 나타난다. 이러한 현상은 非語頭 둘째 음절 이하에서도 마찬가지다. 다만 非語頭 둘째 음절 이하에서는 [i]가 나타난다는 것이 다르다. 이 母音에 子音이 선행되면 예외 없이 'ㅣ'[i]가 실현된다. 이러한 현상이 靑少年層에 이르러서는 壯年層과 크게 다름이 없이 실현된다. 다만 非語頭 둘째 음절 이하에서 앞선 세대들보다 좀더 빈번하게 [ɨːi]를 실현한다는 것이 약간의 차이라 할 수 있다. 이 [ɨːi]는 二重母音 [ɨj]를 실행하는 데 있어 半母音 [j]의 音價를 매우 약화시키고 대신 單母音 [ɨ]와 [i]를 연속적으로 이어서 發音함으로써 [j]의 音價를 바르게 실행하려는 노력에서 나타나는 發音 現象이라 할 수 있다.

　이 調査를 하면서 새삼스러웠던 사실은 二重母音 'ㅢ'[ɨj]를 발음할 때 한 사람이 조사된 단어에 따라 각기 다 다르게 발음하는 경우가 있다는 것이었다. 예를 들어, '의사'의 경우는 'ㅡ'[ɨ]을 발음하고, '의견'의 경우에는 'ㅢ'[ɨj]로 발음한 반면, 子音이 선행되면 영락없이 'ㅣ'[i]을 발음한다. 또한 '한의사'를 발음할 때는 '한이원'[han–i–wən] 또는 '한으ː이사'[han–ɨː–i–sa], '한이사' [han–i–sa]로 발음하고 '합의이혼'의 경우는 '합이이혼'[hap–i–i–hon] 또는 '합의이혼'[hap–ɨj–i–hon], '합으ː이 이혼'[hap–ɨː–i–i–hon]으로 아주 혼란스러운 발음을 하였는데 매우 재미있는 현상이라고 생각한다. 이러한 현상이 일어나는 이유로는 國語의 標準 發音에 대한 교육이 제대로 실행되지 못하여 생겨진 것이라 할 수 있다. 즉 言語의 敎育에서 입으로 소리내어 귀로 듣는 敎育을 대체로 무시한 채로 눈으로 보는 글자를 중심으로 言語 敎育을 실행하고 있기 때문이다. 이것은 누차 강조되는 것이지만 입시위주의 공부에 따라 가장 基礎的이고 基本的인 국어교육에 힘쓸 여유와 환경이 주어지지 않은 까닭에서 생긴 현상이다.

〈표 4-17〉 세대별 이중모음 'ㅢ'의 실현 정도(%)

비 율 　　　세대구분	노년층	장년층	청소년층
이중모음 'ㅢ'	42	58	85

二重母音 'ㅢ'의 實現 比率에 대하여는 語頭에서 실현되는 경우에 한하여 정리하기로 한다. 결론적으로 이 方言의 二重母音 'ㅢ'의 實現은 語頭에서 대체로 제 音價대로 실현되고 있으며, 그 실현율은 老年層 42%, 壯年層 58%, 靑少年層 85%로 각각 나타난다. 老年層의 다소 낮은 실현율은 조사된 語彙 '의사'에 한하여 'ㅡ'로 실현된 현상이 지배적인 영향을 미쳤기 때문이다.

지금까지 살펴본 母音에 대한 世代別 조사 내용을 요약하여, 이 方言의 母音體系를 再構成하여 보면 다음과 같다.

우선 老年層의 경우 單母音 'ㅚ'[ø]와 'ㅟ'[y]가 單母音으로서의 제 音價를 발휘하고 있으며 'ㅔ'[e]와 'ㅐ'[ɛ] 역시 각각 독립된 별개의 音素로 구별되고 있다. 또한 單母音 'ㅡ'[ɨ]와 'ㅓ'[ə]가 별개의 音素로 구별되고 있고, 二重母音 'ㅢ'[jɨ:]도 여전히 이 方言 老年層의 發音으로 존재하고 있다. 二重母音 'ㅚ'[jø]와 'ㅢ'[ɨj]도 일부 변이된 발음을 보이긴 하나 그 각각이 하나의 音素로 충분히 자리하고 있음을 알 수 있다. 따라서 이 方言의 老年層 話者의 母音體系는 單母音 10개와 二重母音 13개를 모두 가짐으로 現代國語에서 가장 많은 수의 母音을 가진 方言 話者로서의 자리를 단단히 굳히고 있음을 재삼 확인한다.

하지만 이러한 현상은 壯年層에 이르러 대체로 그 각각의 音聲 실현율이 낮아지고 있으며, 새로운 音으로 급하게 변해가는 過渡期 현상을 나타낸다. 그렇다고 딱히 이 世代에서 기존의 母音體系에 변화를 가져왔다고는 결론지을 수 없다. 이러한 현상이 결정적으로 작용된 것은 靑少年層에 이르러서다. 이 세대에 와서는 單母音 'ㅚ'[ø]와 'ㅟ'[y]가 二重母音으로 실현되고 있으며, 또한 'ㅔ'[e]와 'ㅐ'[ɛ]역시 각각 별개의 음소로서 자격을 상실하여 하나의 통합된 음소 'ㅐ'[E(ɛ)]로 실현된다. 單母音 'ㅔ'[e]와 'ㅐ'[ɛ]의 통합은 이것이 후행된 二重母音 'ㅔ'[we]와 'ㅙ'[wɛ]의 통합도 함께 예견토록 한다. 이 世代에는 二重母音은 'ㅢ'[ji:]과 'ㅚ'[jø]도 消失되어 그 音價의 자격이 상실된 것으로 나타난다. 따라서 이 方言의 靑少年層의 母音體系는 單母音 7체계, 二重母音 10체계를 각각 나타내고 있다. 이것은 靑少年層의 母音體系가 이 方言에서 지키고 있던 그것과 많은 차이를 두고 있으며, 한 方言 속에서도 두 개의 母音體系가 동시에 존재할 수 있음을 보여준 좋은 보기라 할 수 있다.

3) 음운 규칙

(1) 구개음화 현상

口蓋音化란 口蓋音이 아닌 자음들이 'ㅣ' 혹은 滑音 'j'의 영향으로 구개음으로 변화하는 현상을 말한다. 이것은 주로 通時的인 변화에 속하는 것으로서 地域이 다름에 따라 그 현상이 각기 다르게 나타나기도 한다. 'ㄷ' 口蓋音化는 서북방언과 육진방언을 제외한 전 지역에서 일어나는 변화이며 'ㄱ' 口蓋音化는 주로 동남방언과 서남방언에서 일어나는 변화이나 이 方言에서도 매우 두드러진 현상을 보인다. 따라서 본 章에서는 'ㄱ' 口蓋音化에 한정하여 그러한 현상이 世代差에 따라 어떠한 양상으로 존재하고 있는지를 살펴보기로 한다.22) 이 조사를 위하여 우선적으로 先行된 일은 이 方言에서 'ㄱ' 口蓋音化 현상을 나타내고 있는 단어를 선정하여 설문지에 옮기는 일이었다. 그다음 제보자로 하여금 자신들이 실제적으로 사용(발음)하고 있는 항목에 O표를 하도록 하여, 전체적인 口蓋音 실현 정도를 정리하였다. 여기에 이용된 항목은 겨울→저울(čəul), 경황→정황(čəŋhwaŋ), 길다→질다(či:lda), 기름→지름(čirim), 겨드랑이→저드랑이(čədiraŋi), 견디다→전디다(čəndida), 키→치(čʰi)로서 일상에서 쉽게 접할 수 있는 단어 7개로 국한하였다. 조사 결과는 다음과 같다.

〈표 4-18〉 세대별 구개음화 실현 정도(%)

세대구분	평균 실현율	지 역				
		고 성	양 양	강 릉	삼 척	*서남지역
노년층	64	30	80	69	75	75
장년층	46	39	45	43	54	43
청소년층	4	0	0	7	8	27

위에서 우리는 이 方言의 'ㄱ' 口蓋音化 현상이 老年層 64%, 壯年層 46%, 青少年層 4%로 世代에 따라 그 실현 정도에 많은 차이가 있음을 알 수 있다. 또한 그 실현 비율이 크게 높지 않음도 함께 살필 수 있다. 사실 口蓋音化는 이 方言에서 쉽게 접할 수 있는 언어 현상 중의 하나다. 이것이 青少年層은 물론 老年層에서조차 이처럼 낮은 실현율로 나타나는 것은 다소 의아스러운 일이라 할 수

22) 이 方言에서는 'ㅎ' 口蓋音化도 존재하고 있다. 이는 본 연구자가 설문지를 작성할 당시 누락시킨 탓으로 조사되지 못했다. 본 연구가 世代差에 따른 변화에 쟁점을 둔 만큼 'ㄱ' 구개음의 변화에 국한하고자 한다.

있다. 이에 대한 원인을 찾아본다면 한두 가지를 생각해 볼 수 있다. 우선 이 조사를 위하여 주로 의존한 것은 간접 설문지였다. 또한 직접 면접을 하는 경우에도 자연스럽게 發話되는 日常的인 言語를 採錄한 것이 아니라 '묻고↔답하는' 식의 매우 格式的인 言語 使用을 조사하였다. 따라서 이 경우는 생활 속에서 자연스럽게 쓰고 있는 실제적인 言語가 調査된 것이 아니라 知識化되어 있는 언어가 대신된 것이라 할 수 있다.

실제로 口蓋音化를 확인하기 위하여 본 연구자가 직접 방문을 하여 老年層을 대하였을 때 非口蓋音의 發音을 나타내다가도 반복하여 질문하거나 "혹시 이렇게 발음하시지 않습니까?" 식으로 실제의 口蓋音을 발음해 주면 "그렇게 발음한다"고 하는 경우가 대부분이었다. 예를 들면 "하얀 눈이 내리는 계절은 어느 계절입니까?" 또는 직접 겨드랑이를 지적하면서 "여기를 무엇이라고 합니까?"라고 질문을 하였을 경우 대부분이 "겨울", "겨드랑이"라고 대답을 하였다가 혹시 "저울", "저드랑이"라고 하지는 않습니까라고 물으면 그렇다고 대답하였다. 이와 같이 日常에서 흔히 쓰는 말씨도 무엇에 대한 응답을 해야 하는 상황이 설정되면 평소의 말씨와는 다른―잘 쓰지 않지만 알고 있는―표준어를 말하는 경우가 많다. 그것은 질문에 대한 정답을 말하고자 하는 話者들의 心理的 態度가 言語에 작용된 때문이라고 할 수 있다. 또 다른 이유를 하나 더 생각해 본다면, 老年層 話者들의 言語가 실제적으로 標準語化되어 있다고 보는 것이다. 이는 老年層의 경우 각종 매스컴이나 문화생활에 따른 영향을 직접적으로 받을 수 있는 기회가 크기 때문이다. 다시 말하면 文化·藝術·政治·經濟 무엇 하나 빠트리는 것 없이 모두 포괄하여 나타내주고 있는 TV와 老年層 世代가 가장 가까울 수 있다는 것이다. 사실 특별히 職業이 없는 이들 世代는 하루의 대부분을 TV와 보내기도 한다. 이 경우 자연스럽게 TV 언어에 익숙해지고, 어떠한 言語現象보다도 口蓋音化가 영향을 크게 받으리라는 생각은 당연하다.

여기서 조사된 語彙는 모두 한결같이 口蓋音으로만 實現되는 것은 아니다. 정해진 몇 단어에 대하여는 口蓋音의 실현이 이루어지고, 몇 단어는 거의 口蓋音이 실현되지 않고 있다. 예를 들자면 '겨울'의 경우는 '저울'[čəul]이라고 발음하는 경우가 거의 없었지만 '경황[čəŋhwaŋ-]이 없다'나 '기름'[čirim]과 같은 語彙는 아주 높은 비율의 口蓋音化를 나타냈다. 이것은 일상에서 그 단어의 쓰임이 많고 적음에 따라 다르게 나타난다.

이러한 현상이 壯年層에 이르러는 좀더 낮은 46%의 실현율을 보인다. 이 世代에서는 '겨울'[čəul]을 비롯하여 '길다'[či:lda], '겨드랑이'[čədiraŋi], '견디다'[čəndida]와 같은 단어에서 매우 낮은 口蓋音 實現率을 보였으며, 특히 '키'[čʰi]의 경우는 그 뜻을 '전혀 모르겠다'고 응답한 것이 대부분이었다. 이러한 현상은 靑少年層에 이르러 나타나는 매우 낮은 실현율을 당연한 현상으로 인정할 수 있도록 한다. 靑少年層의 口蓋音 實現率은 4%에 국한된다. 이 세대는 '경향이 없다'[čəŋhwaŋ-]만 구개음을 실현하고 있는 것으로 나타난다. 여기서 왜 靑少年層에서 다른 단어는 모두 표준발음을 하는데 '경향이 없다'만 非標準發音인 口蓋音으로 실현하는 걸까? 이유는 간단하다. '복잡하여 정신없다'는 상황에서 쓸 수 있는 이 말이 일상생활에서 그렇게 많이 쓰이지 않음으로 語彙 同化를 심하게 입지 않았기 때문이다. 특히 TV나 각종 매체에 이 단어의 쓰임이 그리 활발치 못하고 '경황이 없다'는 말보다 '정신이 없다'는 말로 쓰이는 경우가 더 많기 때문이다. 따라서 이 경우에는 老年層에서 쓰는 말을 그대로 踏襲하여 쓰고 있기 때문으로 볼 수 있다. 단어를 쓰지 않음에 의해 도태되어 消滅되는 경우도 있지만 이처럼 그 형태를 지키고 있는 경우가 있음도 알 수 있다.

여기서 우리는, 하나의 言語共同體 속에서도 世代에 따라 그 언어 실현 양상이 확연한 차이를 가지고 나타나고 있으며, 또한 빠른 속도로 변화의 길로 접어들고 있다는 사실도 확인해 볼 수 있다. 특히 口蓋音化의 경우 이 現象의 變化가 老年層에서 이루어지고 있음이 놀랍다 할 수 있다. 이러한 언어변화의 이유로는 敎育과 각종 매스컴의 영향을 들 수 있다.

(2) 움라우트

움라우트(umlaut) 현상의 생성원인으로는 近代國語로 들어서면서 二重母音들의 單母音化 현상이 일어나 'ㅔ, ㅐ, ㅚ'와 같은 母音들이 前舌單母音으로 확립된 후에, 'ㅣ'에 의하여 調和的 逆行同化가 가능하게 된 것으로 보는 경향이 있다. 이러한 현상이 이루어진 시기는 대략 18세기로 추정하고 있으며, 현재에도 그러한 현상은 持續的으로 진행되고 있다. 따라서 국어의 움라우트 문제는 지금까지도 그 발생 원인이나 規則性에 대하여 이들이 通時性을 나타내는지, 共時性을 나타내는지에 관한 다양한 논의들이 계속적으로 이루어지고 있는 실정이다. 움라우트 현상의 발생은 대략 다음과 같은 제약조건을 가진다. 語彙形態素 內部에서 일어나는 경우와 語彙形態素와 文法形態素의 결합에서 일어나는 것 등이다. 보통은 形態素內部에서 일어나는 현상을 通時的인 視覺으로 관찰하고, 語彙形態素와 文法形態素의 결합에서 일어나는 현상을 共時的인 視覺으로 관찰한다. 물론 形態素內部의 환경에서 관찰되는 움라우트에 대하여 共時的인 視覺을 배제할 수 없음은 당연하다. 이러한 조건은 地域方言에 따라서도 다소의 차이를 가진다. 실제적으로 하나의 地域方言에 共時的이고 通時的인 움라우트 현상이 동시에 존재하기란 그리 쉬운 것은 아니다. 하지만 이 方言에서는 두 가지 현상이 동시에 공존되는 것으로 나타나고 그 실현 또한 매우 생산적으로 이루어지고 있다. 여기서는 이러한 문제들에 관하여는 論外로 한다. 다만, 하나의 言語 共同體 속에서 社會的인 言語 變數로 작용하는 世代에 따라 일어날 수 있는 언어변화, 그 실현 양상에 대하여 살펴보는 것을 論點으로 한다. 언어변화라는 것이 어느 한 시기에 一律的으로 일어나는 동시 현상이 아니고, 어느 정도의 時差를 두고 서서히 진행되는 것이고 보면, 世代가 다름에 따라 언어 차이가 있을 수 있다는 것은 쉽게 예견된다. 따라서 이것이 언어변화의 실체를 파악하는 하나의 變數로 작용됨은 자연스러운 일이라 할 수 있다. 본 논의를 위하여 선택된 단어는 다음과 같다. 이는 形態素內部에서 일어나는 현상과 形態素境界에서 일어나는 曲用 및 活用 현상으로 나눠진다.

a. 곡용: 신랑＋이[silrɛ~i], 할멈＋이[halmemi], 영감＋이[jəŋkɛmi(ɨjŋkɛmi)] 법(法)＋이[pebi], 사람＋이[sarɛmi], 하나＋이어요[hanɛgirɛjo]

b. 활용: 먹＋이다[megida], 잡＋히다[čɛpʰida], 속＋이다[søgida], 죽＋이다[čygida]

c. 형태소내부(단어): 학교[hɛk'jo], 뚱뚱이[t'uŋt'y~i], 다듬이돌[tadimidol], 토끼[tʰøk'i], 고기[køgi]

이를 표로 보이면 다음과 같다.

〈표 4-19〉 세대별 움라우트 실현 정도(%)

세대구분	형태구분	평균 실현율	지역				
			고성	양양	강릉	삼척	*서남지역
노년층	곡용	53	42	0	17	62	86	57
	활용		51	20	30	67	86	89
	형태소내부		65	20	80	70	87	60
장년층	곡용	42	36	10	15	40	77	43
	활용		45	35	40	55	50	43
	형태소내부		45	38	47	48	46	40
청소년층	곡용	8	6	0	0	8	15	5
	활용		12	3	13	7	24	0
	형태소내부		5	3	4	4	8	7

이 方言에서 움라우트는 地域에 따라 多少의 차이를 가지고 실현된다. 즉 실현될 수 있는 環境的인 制約條件은 동일하지만, 그 制約條件 속에서 실현되는 양상은 각기 다르다는 것이다. 특히 '三陟'의 경우가 그러하다. 이 地域은 다른 지역에서는 드물게 나타나는 현상으로 '사람+이' → '사램이'[saɾɛmi], '신랑+이' → '신랭이'[silɾɛ~i], '법+이다' → '벱이다'[pebida]와 같이 體言에 主格助詞 '-이'가 연결될 때나, 繫辭 '-이-'가 연결될 때조차 이 현상이 아주 자연스럽게 실현되고 있다. 이러한 현상은 매우 生産的이라 할 수 있는데 이것은 이 方言에서 움라우트 현상이 가장 활발하게 실현되는 地域으로 대표될 수 있다고 해도 무리는 아닐 듯싶다. 이러한 움라우트는 活用과 形態素內部에서 더욱 활발하게 실현된다. 특히 活用의 경우 '먹+이+다'[megida]와 '죽+이+다'[čygida]의 경우가 그러하고 形態素內部에서는 '학교' → '핵교'[hɛk'jo]와 '고기' → '괴기'[køgi]가 그러하다. 이상과 같은 내용을 바탕으로 이 方言 話者들의 움라우트 실현 양상을 世代別로 구분하여 살펴보면 다음과 같다.

우선 老年層에 해당하는 話者들의 움라우트 현상을 살펴보면, 曲
用에서 42%, 活用에서 51%, 形態素內部에서 65%의 실현 현상을
보임으로 하여, 形態素內部에서 가장 높게 움라우트가 실현되고 있
음을 보여준다. 특히 老年層의 경우는 이 현상이 매우 생산적인 것
으로 나타나는데, 위에 언급된 단어뿐만 아니라 움라우트 규칙이 적
용 가능한 단어들을 제시하고 그것이 발화될 수 있는 환경을 조성하
면, 거의 대부분 움라우트를 자연스럽게 실현시킨다. 특히 活用의
경우 매우 그러한데 被動形을 發話할 때는 거의 어김이 없다.

하지만 위 표에서 알 수 있듯이 老年層의 모든 話者들이 주어진
단어에 대하여 한결같이 움라우트형만 실현하는 것은 아니다. 그것
은 老年層의 움라우트 실현율이 전체적으로 53%에 그치고 있음에서
잘 알 수 있는 사실이다. 일부 話者들은 움라우트형과 비움라우트형
을 선택적으로 사용하고 있으며 어느 것이 자신의 정확한 발음인지
를 모르는 경우가 있다. 이것에 대하여 두 가지 상황을 생각해 볼
수 있다. 하나는 이 調査 결과가 자연스러운 일상생활 속에서 얻어
진 日常的인 말씨가 아니고, 무엇을 묻고 답해야 한다는 心理的인
負擔을 가진 格式的인 말씨에서 얻어진 것으로, 話者들이 實際的으
로 자신들이 쓰고 있는 말씨보다는, 다른 형태를 자신의 말씨라고
錯覺했다고 보는 것이다. 다른 하나는 실제로 標準語에 同化되어
비움라우트형을 발음하고 있다는 것이다. 이러한 현상으로 老年層
話者의 발음에 변화가 생겼다고 단정을 짓는 일은 성급한 듯하다.
비록 질문지의 어느 한 형태에 대하여 움라우트형과 비움라우트형
두 가지 중에 어느 하나를 선택하여 발음한다 하더라도, 실제 언어
사용에서 움라우트형을 간직하고 있으면, 그 화자는 움라우트를 發
話하는 話者로 인정할 수 있는 것이다. 따라서 이 方言 老年層 話
者들의 움라우트 실현 정도는 활발하게 잘 진행되고 있는 것으로

정의해 두기로 한다.

老年層보다 활발하지 못하지만 壯年層 역시 움라우트가 진행되는 것으로 인정한다. 壯年層의 경우 曲用 36%, 活用 45%, 形態素內部 45%로 老年層과는 다르게 活用에서 조금 더 움라우트를 실현하고 있는 것으로 나타난다. 이것은 젊은 世代들이 강조형의 발음을 좋아하는 까닭으로 動詞 (기분)'죽이다'를 '쥑이다'[čygida]와 같이 발음하는 경향이 많음으로 나타난 현상이다. 실제적으로 壯年層 話者들의 언어 사용은 靑少年層과 크게 다름이 없다. 다만 50세 이후의 경우가 조금 다를 수 있지만 이 연령층 역시 老年層보다는 靑少年層에 조금 더 가깝다고 할 수 있다. 壯年層의 움라우트 실현율을 통합 처리하면 42%의 실현을 보인다. 이것은 老年層보다는 다소 낮지만 全體的인 항목에서 두루 움라우트형을 실행하고 있음을 드러낸다.

靑少年層에서의 움라우트 실현 현상은 매우 낮은 것으로 나타난다. 이것은 曲用 6%, 活用 12%, 形態素內部 5%로, 이 方言에서 매우 생산적으로 실현되고 있는 '학교' → '핵교'[hɛk'jo]의 실현조차 기대하기 어려운 실정이다. 다만 움라우트로 실현되고 있는 정도는 '법이' → '뱁이'[pebi]와 '고기' → '괴기'[køgi], '죽인다' → '쥑인다'[čygida] 뿐인데 이는 움라우트의 규칙에 따른 發話 현상이 아니라 靑少年層에서 흔히 쓰는 감정을 대변하는 방식의 하나로 해석해야 될 듯싶다.23) 따라서 위 표에 나타난 靑少年層의 움라우트 실현율은 이보다 더욱 낮을 것이라 판단한다. 이 같은 靑少年層의 낮은 움라우트 실현 현상에 대한 이유로는 교육의 결과로 돌릴 수밖에 없다. 특히 움라우트로 된 어형의 사용이 方言形이라는, 촌스러운 卑語 정도로 인

---

23) 청소년들은 자신들의 기분이 아주 좋거나 나쁠 때 흔히 '쥑인다'라는 말을 자주 사용한다. 또한 '오늘 기분 쥑인다. 괴기 먹으러 가자' 등과 같이 자신들의 감정을 좀더 강하게 표현하기 위하여 혹은 상대방에게 자신의 행동을 언어로 보여주고 싶을 때 이 같은 언어를 곧잘 사용한다.

정받고 있는 것도 변화를 촉진시키는 역할을 크게 담당한다. 이러한 사회적인 外的 요인은 곧바로 표준어의 사용으로 이어진다.

여기서 우리는 움라우트가 활발하게 진행되는 地域으로는 江陵과 三陟을 들 수 있고 高城과 襄陽은 그에 이르지 못함을 알 수 있다. 특히 高城의 경우는 老年層의 경우라도 대부분 標準語形을 선택하여 사용하고 있고, 이는 格式的인 말투와 日常的인 말투에서 모두 그러하다. 이것은 이들 지역의 老年層 話者들의 학력이 특별히 높다거나 標準語形을 더 배워서 그러한 것이 아니라 관광객이 많이 찾는 지역적인 현상으로 인하여 외지인들의 언어에 빠르게 동화되었기 때문이다.24) 비단 이 현상뿐만 아니라 모든 면에서 이들 지역은 표준어에 매우 가까운 모습을 보인다.

위에서 살펴본 바와 같이 이 方言의 움라우트 실현 양상은 老年層과 壯年層 그리고 靑少年層으로 확실하게 구분되어 나타나고 있으며, 이는 地域的으로도 많은 차이를 가지고 실현되고 있다.

이 方言의 움라우트 실현에 대한 결과에 이르러, 하나의 문제가 발생한다. 이것은 高城에서 나타난 것으로 形態素境界, 특히 曲用에서 움라우트 현상이 실현되는 것으로 나타났기 때문이다. 이 지역은 이 현상이 실현되지 않는 것으로 인정된다. 하지만 본 논의를 위한 설문지의 응답에서 적잖은 부분 이를 발화한다고 응답했다. 이것은

---

24) 이들 地域이 일차적으로 관광객을 수용하지는 않는다. 이는 束草를 사이에 두고 이들 地域이 連繫的인 生活을 이루고 있기 때문이다. 束草의 言語는 정체성을 파악하기가 매우 어렵다. 이것은 이 지역이 수복 지역에서 올 수 있는 다양한 형태의 언어가 고루 존재하기 때문이기도 하고 관광지로서 이름이 높아 외지인들의 드나듦이 토박이들의 언어 영역을 축소시키고 있기 때문이기도 하다. 이들에게 토박이 言語를 찾기란 참으로 어렵다. 束草의 영향은 襄陽과 高城에 絶對的이다. 여기서 襄陽 토박이 話者들은 束草와 言語가 다르다는 것을 누누이 강조한다. 반면 束草 話者들은 襄陽의 言語와 별반 다름이 없다고 말한다.

'법(法)이 무섭다'와 '사람이 한 사람도 없어요'라는 항목을 어떻게 발음하는지를 질문한 것으로 '법-' → '벱-'[pep-i], '사람-' → '사램-'[saɾɛm-i]라고 응답함으로써 이 地域에서의 움라우트 현상에 대한 規則을 再檢討하게 만든다. 이러한 결과가 도출됨에 따라 이 方言의 움라우트 현상에 대한 기존의 규칙을 지역적으로 확산시켜야 하는 것인지, 아니면 단지 發話者의 오류에 따른 것으로 정리해 두어야 하는지(어쩌면 간접 설문지가 가지는 최대의 문제점이 발생한 것인지), 이것에 대한 해답은 본 연구자가 직접 현장에 나가서 면접을 실시한 후에 다시 생각해 볼 문제로 후일을 약정하기로 한다.

2. 문법형태

1) 격조사[25]

體言에 결합되어 주로 文法的인 관계를 나타내 주고 있는 조사를
格助詞라 한다. 이 方言에는 표준어와 다른 특징을 가지고 있는 格
助詞가 여럿 있다. 여기서는 그것들 중 몇 가지를 간추려 살펴보기
로 한다. 내용은 硏究 對象 地域에서 共通的으로 쓰이고 있는 語形
에 대하여 이들 각각이 世代에 따라 어떠한 양상으로 나타나고 있
는지 살펴보고 그 변화의 기점을 확인해 보는 것으로 한다.

---

25) 여기서는 표준어와 동일한 語形의 助詞를 쓰는 地域은 제외하기로 한
   다. 이는 본 硏究가 표준어와 다른 特性을 가진 語形들에 대한 變化
   樣相을 살펴보는 것이 目的이기 때문이다. 따라서 對格助詞와 屬格助
   詞의 경우 高城 地域이 論外가 된다. 또한 이 方言을 대표하는 語形이
   라고 해도 地域의 共通性이 배제된 것은 論外로 한다.

(1) 주격조사

　主格助詞의 경우 표준어에서는 '-이'와 '-가'가 쓰인다. 이 方言에서도 예외가 아니다. 다만 江陵 地域에서는 '-가' 대신 '-거'가 쓰이는 것이 특징이라 할 수 있다. 襄陽과 三陟, 高城에서도 '-거'의 쓰임은 나타난다. 하지만 이들 地域은 그 쓰임의 정도가 매우 약하여 '-거'보다는 '-가'를 쓴다고 보는 것이 더 자연스럽다. 이 외에 母音으로 끝나는 명사 다음에 主格助詞로 '-이'가 添尾되는 경우가 있으며, 子音으로 끝나는 명사에 助詞 '-이'가 결합되고 다시 '-가'가 결합되는 主格助詞 重複 現象도 나타난다. 이는 특히 三陟에서 그러하다.[26]

　본 절에서는 이 方言의 특징으로 실현되고 있는 主格助詞 '-거'와 '-이', 그리고 主格助詞 重複 現象으로 나타나고 있는 '-이가'에 대하여 살펴보기로 한다. 논의의 초점은 世代別 차이가 된다.

〈표 4-20〉 세대별 주격조사 실현 정도(%)[27]

세대구분	내용		평균 실현율		지역				
					고성	양양	강릉	삼척	*서남 지역
노년층	모음 뒤	개거	18	21	0	0	59	25	0
		모이		6	–	0	16	0	25
		코이		27	–	0	45	34	0
	자음 뒤	등이가	77	77	–	–	–	77	50

---

26) 평창과 정선의 일부 지역에서도 일어나고 있는 현상이다.
27) 표 안의 '-'는 助詞 '-이'가 이 地域에서 실현되고 있지 않음을 표시한 것이다. 따라서 실현율을 산출하는 것에는 제외된다.

세대구분	내용		평균 실현율	지역				
				고성	양양	강릉	삼척	*서남 지역
장년층	모음 뒤	개거	11	8	0	5	13	14	2
		모이		12	−	15	15	5	9
		코이		13	−	15	17	5	4
	자음 뒤	등이가	84	84	*21	−	−	84	31
청소년층	모음 뒤	개거	0	0	0	0	0	0	0
		모이		0	−	0	0	0	0
		코이		0	−	0	0	0	0
	자음 뒤	등이가	0	0	−	−	−	0	0

이 方言 主格助詞의 쓰임이 地域的으로 많은 차이를 가지고 실현되고 있음은 위에서 언급한 대로다. 이러한 현상에 대한 결과는 위 표에 그대로 나타난다. 즉 母音 뒤에 添尾되는 助詞 '−거'의 경우 주로 江陵에서 쓰이는 것으로 나타나고 있으며, 그 주변 地域인 三陟에서도 다소 쓰이는 것으로 나타난다. 助詞 '−이'의 경우 또한 마찬가지다. 이 두 助詞의 경우 襄陽과 高城에서는 거의 쓰이지 않는 것으로 나타나고 있으며 이것은 특히 高城이 더욱 그러하다.[28] 子音 뒤에 添尾되는 助詞 '−이가'의 경우는 주로 三陟 地域을 중심으로 쓰이는 것으로 나타나고 이 外의 地域에서는 그 쓰임이 전혀 보이지 않는다.

이러한 현상을 토대로 두고 世代別로 그 쓰임의 정도를 살펴보면 우선 老年層의 경우 母音 뒤에 오는 助詞 '−거'와 '−이'의 실현율은 18%를 나타내고 있으며 子音 뒤에 오는 '−이가'의 경우는 77%

---

28) 壯年層에서 子音 뒤에 실현되는 主格助詞 重複現象인 '−이가'가 나타나고 있다. 이것은 설문지를 작성하던 話者의 個人的인 發話 습성이거나 錯誤일 것으로 본다. 이 지역에서는 이 語形이 존재하지 않는다.

의 실현율을 나타내고 있다. 이와 같이 두 助詞의 실현 양상이 크게 다르게 나타나고 있음은 이들 助詞가 쓰이고 있는 地域性이 절대적인 영향을 주었기 때문이다. 여기서 우리는 老年層에 나타나고 있는 助詞 '−거'와 '−이'의 쓰임이 낮게 실현된 것에 대하여 생각해 보기로 한다. 그것은 襄陽과 高城에서 그 쓰임이 원활하게 이루어지지 않았음에 우선적인 원인을 둘 수 있다. 이는 어떤 言語現象이 어느 地域에선 絶對的인 數値를 허용하고 어느 지역에선 부분적인 數値만을 허용한다면 이 두 현상의 평균율은 대상의 기준에 따라 다소 높아질 수도 있고 낮아질 수도 있기 때문이다. 따라서 여기서는 낮아진 경우에 속한다고 볼 수 있다. 즉 主格助詞 '−이／가'의 경우 이 方言에서 두루 쓰이고 있는 言語現象이긴 하지만 集中 地域(江陵)과 散發 地域(襄陽, 三陟, 高城)이 함께 포함되어 있는 까닭으로 전체적인 비율 산정에 散發 地域의 영향이 크게 작용되었기 때문이다. 또 다른 이유를 생각해 본다면 설문지 작성에 따른 話者들의 言語認識의 錯誤이다. 이것은 實際的인 자신들의 發音과 標準 發音을 구별하지 못한 것에서 온 결과이거나 혹은 표준 발음을 자신의 것으로 하고 싶은 心理的인 현상이 言語의 쓰임에 그대로 작용된 것에서 온 결과라 할 수 있다. 여기서는 그 쓰임의 絶對性을 찾는 것이 目的이 아니라 普遍的인 흐름을 살피는 것이므로, 이러한 현상이 모든 世代에 고루 적용된 것이라면 크게 문제삼지 않아도 좋을 듯싶다. 따라서 地域性을 두루 감안하여 이 方言 老年層 話者들의 主格助詞 '−이'와 '−거' 그리고 '−이가'의 실현 비율을 총체적으로 정리하면 48%의 실현율을 나타내고 있다고 할 수 있다. 壯年層 또한 老年層과 같은 기준으로 정리할 수 있다. 따라서 母音 뒤에 오는 主格助詞 '−이'와 '−거'의 실현율은 11%를 나타내 보이고 있으며 子音 뒤에 오는 主格助詞 '−이가'의 경우는 老年層보다 조금 높은

84%를 나타내 보인다. 이 世代 역시 全體的인 실현 양상은 크게 높지 않은 것으로 나타난다. 이것에 대한 이유로는 위에 언급된 老年層의 경우와 같은 것으로 이해하기로 한다. 이 두 世代의 낮은 실현율은 靑少年層에 絶對値로 작용한다. 즉 이들 世代에서는 主格助詞 '－이'와 '－거', '－이가'의 쓰임이 전혀 실현되지 않는 것으로 나타난다.

하지만 우리는 이와 같은 0%의 실현율이 크게 놀랄 일이 아님을 알 수 있다. 이 助詞의 경우 이 앞선 世代들 역시 매우 낮은 비율을 나타냈고, 특히 이 世代는 학교 교육에 크게 밀착되어 있어 교육에 의한 標準發音을 100% 받아들인 것으로 볼 수 있기 때문이다. 教育을 수행하고 있는 환경에서 助詞의 쓰임이 어떤 언어 현상보다 우선적으로 표준어에 同化됨은 당연하기 때문이다. 이러한 현상은 매우 빠른 속도로 진행되고 있다.

(2) 대격조사

이 方言에 널리 쓰이고 있는 것은 '－으/르'이다. 이것은 표준어의 '－을/를'에 비해 音節末의 'ㄹ'을 탈락시킨 형태이다. 이러한 현상은 江陵과 三陟에 더욱 그러하며 襄陽의 일부 地域에서도 나타나고 있다.[29]

---

29) 平昌, 旌善 地域에도 나타난다.

<표 4-21> 세대별 대격조사 실현 정도(%)

세대구분	내용		평균 실현율	지역			
				양양	강릉	삼척	*서남지역
노년층	모음 뒤	배르	45	50	0	72	77	0
		할머이르		37	0	57	54	25
	자음 뒤	밭으		45	0	80	54	25
		돈으		45	0	80	54	0
장년층	모음 뒤	배르	33	24	5	31	36	18
		할머이르		49	10	70	67	30
	자음 뒤	밭으		28	5	35	43	12
		돈으		31	5	40	48	16
청소년층	모음 뒤	배르	9	6	0	17	0	0
		할머이르		19	0	27	29	
	자음 뒤	밭으		0	0	0	0	0
		돈으		9	0	27	0	0

　이 助詞의 쓰임은 주로 江陵과 三陟에 集中的으로 나타난다. 이러한 地域的인 차이는 다른 助詞의 경우도 마찬가지다. 여기서는 이 세 지역을 하나의 共同體로 두고 그 쓰임의 정도를 살펴보기로 한다. 우선 老年層의 경우 母音 뒤에서 실현되는 助詞 '-르'의 쓰임은 44%의 실현율을 보이고 있으며 子音 뒤에 실현되는 '-으'는 45%의 실현율을 나타내 보인다. 이러한 현상이 壯年層에 와서는 母音 뒤에서는 37%를 나타내고, 子音 뒤에서는 30%를 각각 나타내 보인다. 이는 老年層에 비해 10% 정도 낮아진 것으로 감소의 추세가 심하게 진행되고 있음을 보여준다. 이것은 靑少年層에 이르러 실현 정도가 거의 무시될 정도에 이르게 되어 母音 뒤에서 13%, 子音 뒤에서 5%를 각각 나타낸다. 이는 전체적으로 9%의 실현율을 보여주는 것으로 壯年層에 비해 무려 26%나 낮아진 數値이다.

여기서 우리는 이 助詞의 쓰임 정도가 그리 높지 않음에 관심을 멀리할 수가 없다. 하지만 이것에 대하여는 앞 절에서 언급한 것과 같은 脈絡으로 이해하기로 한다. 다만 균등하게 적용되어야 하는 地域性을 배제하고, 集中的으로 쓰이는 地域만을 표본으로 한다면, 그 數値는 크게 달라질 수 있다는 사실을 부연해 두고자 한다. 가령 이 方言에서 對格助詞가 가장 활발하게 쓰이고 있는 江陵이나 三陟 地域만을 기준한다면 적어도 老年層 話者의 對格助詞 실현율은 67%를 上廻한다는 사실이다. 물론 數値가 이 語形의 변화를 측정하는 데 絕對的으로 작용한다면 우리는 이 방법을 선택할 수도 있겠다. 하지만 대체로 변화가 진행되고 있는 정도와 그것이 어느 世代에서 특히 그러한지를 살피기 위해서는 전 世代에 일률적으로 적용되고 있는 현상에 대하여는 관대해져도 좋을 듯싶다.

(3) 속격조사

이 方言에 널리 쓰이고 있는 속격조사는 '-어'이다. 이것은 江陵과 三陟, 襄陽에 두루 쓰인다.[30] 이 외에도 名詞 末音이 'ㅇ'으로 끝나는 경우 '-어'가 '-아'로 同化되거나 '누(누구)'와 같은 경우 '누와'로 되는 특이한 現象이 나타나기도 한다. 하지만 이는 地域的인 共通性이 배제되어 논의에서 제외하기로 한다.

---

30) 平昌, 旌善, 寧越의 일부 地域에서 쓰이기도 한다.

<표 4-22> 세대별 속격조사 실현 정도(%)

세대구분	내 용	평균 실현율	지 역			
			양 양	강 릉	삼 척	*서남지역
노년층	남 어	21	19	0	23	34	0
	나 어		17	0	16	34	0
	영철어		25	0	39	34	0
장년층	남 어	11	11	0	18	14	4
	나 어		5	0	5	10	0
	영철어		15	0	30	14	2
청소년층	남 어	3	3	0	7	0	0
	나 어		0	0	0	0	0
	영철어		5	0	7	7	0

　　이 方言에서 쓰이고 있는 屬格助詞 '-어'의 실현 정도는 老年層 21%, 壯年層 11%, 靑少年層 3%로 世代에 따라 얼마씩의 차이를 두고 있으며 그 쓰임의 정도가 매우 낮음을 알 수 있다. 이것은 지역에 따라서도 많은 차이를 가지고 나타난다. 특히 양양의 경우는 전 세대에 걸쳐 이 어형의 쓰임이 전혀 나타나지 않으며 대신 '-에' 나 '-으', '-의'를 쓴다는 응답이 지배적이다.

　　이상에서 살펴본 내용을 중심으로 이 方言의 格助詞에 대한 내용을 정리하면 다음과 같다. 우선 主格助詞의 경우 이 方言에 주로 쓰이는 것은 '-거'와 '-이' 그리고 '-이가'이며 이는 地域에 따라 그 쓰임의 정도가 각기 다르게 나타난다. 地域的인 특성을 배제하고 살펴보았을 경우 老年層 48%, 壯年層 48%, 靑少年層 0%로 그 쓰임의 정도가 각각 다르게 나타난다. 여기서 우리는 老年層과 壯年層 사이에 아무런 차이가 없음을 알 수 있다. 이것은 助詞 '-이가'의 쓰임이 三陟의 壯年層에서 높게 나타남으로 하여 생긴 결과이다. 對 格助詞의 경우 이 方言에서 널리 쓰이고 있는 것은 '-으/르'이다.

老年層의 경우 45%의 실현율을 보이고 있으며 壯年層 33%, 靑少年層 9%를 각각 보여준다. 이 경우 子音 뒤에 오는 '-으'보다는 母音 뒤에 오는 '-르'가 조금 더 높은 비율로 실현된다. 屬格助詞 '-어'의 경우 老年層 21%, 壯年層 11%, 靑少年層 3%로 이 또한 世代別로 각기 구분되어 실현되고 있다. 이 같은 사실을 종합해 볼 때 方言에서 표준어와 다르게 쓰이고 있는 格助詞는 世代에 따라 그 실현 양상이 각기 다르게 나타나고 있으며 그 실현율이 매우 낮음을 알 수 있다. 실현율이 낮은 것에 대하여는 이 방언이 4개의 하위 地點으로 나뉘어 정리된 것을 우선적인 원인으로 둔다. 이 경우 어느 地點에서는 普遍的으로 널리 사용되고 어느 地點에서는 그렇지 못한 경우, 이 두 지점을 별도의 관점에서 고찰해야 하는데, 여기서는 하나의 관점으로 처리했기 때문이다. 이 문제에 봉착되면 地域性을 고려함이 무엇보다 우선이라고 생각할 수 있다. 하지만 응답된 결과를 살펴 그 特性을 기술해야 하는 문제가 아니고, 본 논의와 같이 응답된 내용들의 大體的인 傾向을 알아보기 위한 경우에는 地域性에 관한 것은 큰 문제가 되지 않는다고 본다. 따라서 본 논의를 위하여 선택된 '地域性을 고려하지 않은 문제'에 대하여는 크게 관심을 두지 않기로 한다. 이 점에 대하여는 전체적인 경향이 제시된 표들을 참고하기로 한다. 이러한 이유 외에 또 다른 것을 찾는다면 話者들의 言語의 變化, 즉 표준어로의 동화현상을 생각해 볼 수 있다. 이것은 TV나 각종 매스컴, 다양한 文化活動에 따라 표준어에 접할 수 있는 기회가 늘어난 만큼 言語가 변하게 되리라는 기대는 당연하기 때문이다. 이러한 현상은 老年層이라고 예외가 될 수 없음은 물론이다. 따라서 이 助詞는 老年層에서부터 變化를 積極的으로 수용하고 있으며 변화의 속도가 매우 빠르게 진행되고 있음을 알 수 있다.

2) 상대경어법의 문종결어미

국어에서 發話 상황에 따른 말씨의 사용은 말을 듣는 대상에 따라 다양한 형태의 말씨가 사용된다. 이것은 話者가 구문상의 주체를 말씨로써 대접하는 主體敬語法과 話者가 客體, 즉 주체의 행위가 미치는 대상을 말씨로써 대접하는 客體敬語法, 話者가 聽者를 말씨로써 대접하여 표현하는 相對敬語法 등으로 구분된다. 相對敬語法은 文終結語尾에 의해 결정된다. 主體敬語法과 客體敬語法은 尊待와 非尊待로 나뉘는 二分 體係인 데 반해 相對敬語法은 聽者 대우에 관여하는 인물에 따라 다양한 형태의 체계로 정리된다.

이는 話者가 聽者에 대하여 말씨로써 높이거나 낮추어 표현하는 것을 말하지만, 때로는 이들의 영향권에 있는 第三者가 고려되기도 하여 존대의 대상에 따른 相異한 표현이 선택된다. 이러한 尊待 表現은 話階(speech level)와 그 格式性(＋－Formal)의 樣相에 따라 보통은 하십시오체(합쇼체)와 하오체, 하게체, 해라체의 一次 話階와 해요체와 해체의 二次 話階로 구분되어 그 체계가 정리된다.31) 본 논의에서는 相對敬語法만을 대상으로 하되 그 話階를 一次 話階로 구분한 四元的 體係를 기준으로 정리하기로 한다.

우선 본 論議를 위하여 선택된 語尾의 目錄은 다음과 같다.

---

31) 現代國語 話者를 基準한 相對敬語法의 話階에 관한 문제는 논외로 하기로 한다.

〈표 4-23〉 동해안 지역의 상대경어법 어미 목록

화계 \ 문장종류		설명문	의문문	명령문	청유문
해라체	고성	어, 지, 야, 끼다, 거든	ㄴ, 나, ㄹ래, (으)까	(아 / 어)라	어, 자
	양양	어, 지, (는)데, 야, 끼야 (는)기, 거든, 구나	ㄴ, 니, 니까, ㄹ래, 언, 재	(아 / 어)라	어, 자
	강릉	아 / 어, 지, (는)기 야, 끼아, (는)데, 구먼	아 / 어, ㄴ, 나, 재, (으)까, ㄹ란, 야	(아 / 어)라, 아 / 어)ㄴ라, (으)라무나	아 / 어, 자, 자야
	삼척	아 / 어, 지, (는)데, (는)기, 야, 와, 구나	ㄴ, 나, 까, 와, 아, 재	(아 / 어)라, 자	아, 자
하게체	고성	네, 네야, ㄹ세	ㄴ / 는가	게	세
	양양	네, (ㄹ)쎄, 겠네	ㄴ / 는가	개	새
	강릉	네, 네야, ㄹ쎄, ㅁ세, 과	ㄴ / 는가, 너	개	새
	삼척	네, 네야, ㄹ쎄	ㄴ / 는가, 당가	개	새
하오체	고성	(아 / 어)요	(아 / 어)요, 쏘, 우	어요, 우	(아 / 어)요
	양양	어요, 소, 오	소, 오	어요, 우	(아 / 어)요, 유
	강릉	(아 / 어)요	(아 / 어)요, 소, 우	(아 / 어)요, 소, 우, 우야	(아 / 어)요
	삼척	(아 / 어)요, 소, 오	어요, 소, 오	(아 / 어)요, 우, 우야	(아 / 어)요
하십 시오 (합쇼체)	고성	ㅂ니다	ㅂ니까	십시오	십시다
	양양	ㅂ니다	ㅂ니까	십시오, 유, (아 / 어)요	십시다, 유, (아 / 어)요
	강릉	(니)닝꺄, ㅂ닌다	(니)닝꺄, ㅂ니꺄, 습니까	시지오니까	시지오니까
	삼척	니꺼	니꺼	시지오니까	시지오니까

위의 目錄을 基準으로 하여 이 方言 話者들의 敬語法 사용 실태를 확인해 보기로 한다. 우선 發話가 이루어지는 실제 상황인 社會的인 要因, 즉 世代에 따라 그 構成員 間의 敬語法 사용이 어떻게 이루어지고 있는지 살펴보기로 한다. 여기서는 話階와 文章種類에 따라 각 地域에서 공통으로 사용하고 있는 語尾를 선정하여 그 쓰임 정도를 살피기로 한다.

(1) 해라체

標準語에 해당하는 해라체 종결語尾는 '-(아 / 어)라, -다, -ㄴ / 는다, -느냐, -니, -자, -구나' 등이 있다. 이 方言에서 이들 語尾의 쓰임은 地域에 따라 조금씩 다른 양상으로 나타난다. 본 論議에서는 그러한 현상이 世代가 다름에 따라 어떠한 양상으로 실현되고 있는지 살펴보기로 한다.

설명문

이 方言의 해라체 설명문 語尾로는 '-아 / 어', '-(ㄴ / 는)기', '-야'가 널리 사용되고 있다. 이것은 地域에 따라 얼마간의 差異를 가지기도 한다. 調査 項目에 빠져 있지만 자기의 생각이나, 생각을 확인할 때 주로 쓰이는 語尾 '-지'도 이 方言에서 널리 쓰이는 語尾 중의 하나다.

<표 4-24> 세대별 해라체 설명문 어미 실현 정도(%)

세대구분	내용	평균 실현율	지역				
			고성	양양	강릉	삼척	*서남지역
노년층	했는기야	40	43	0	100	38	33	25
	하겠어		37	40	40	35	30	15
	이쁜기		38	0	52	46	53	25
장년층	했는기야	20	15	0	15	20	25	9
	하겠어		19	15	19	20	21	18
	이쁜기		24	10	9	29	48	23
청소년층	했는기야	11	6	14	0	7	0	15
	하겠어		18	20	0	50	0	0
	이쁜기		9	7	0	13	13	17

여기서는 기존에 존재한 方言形 語尾의 實現 정도가 대체로 낮은 것으로 나타난다. 이것에 대하여는 두 가지 이유를 가질 수 있다. 우선은 話者들의 言語 使用이 점차적으로 표준어에 동화되고 있음이다. 이것은 모든 세대에 걸쳐 標準語形인 '-다'를 쓴다는 응답이 높게 나타났기 때문이다. 이는 비단 이 語尾만의 문제가 아니라 다른 語形에도 나타나는 현상이다. 다음으로는 이 語尾를 조사하기 위한 資料 項目 選擇이 적당하지 않았음이다. 이는 설문지 결과를 정리하는 과정에서 발견한 오류이다.

이 語尾를 조사하기 위하여 3개의 質問文이 선정되었다. 그중 하나가 '가르쳐 줘도 나는 못(해, 하겠어, 하겠다)'였는데, 이는 語尾 '-아/어'의 실현 양상을 확인하려는 의도에서 설정한 것이었다. 하지만 이것에 대하여 모든 世代(특히 壯年層과 老年層)에서 '가르쳐 줘도 나는 못(하겠다야, 할끼야, 했아)'와 같이 사용한다는 별도의 응답을 써 주었다. 이것은 특히 江陵과 三陟에서 그러했는데 여기서는 '-야'를 쓴다는 응답이 지배적이었다. 이 '-야'는 標準語 '-이다'

에 對應하는 것으로 '－것이다'와 같이 體言에 붙어 事物을 지정하는 뜻을 나타내거나 動詞나 形容詞 밑에 붙어 그 뜻을 강조하고 스스로 감탄하는 뜻을 나타낼 때 쓰이는 語尾이다. 이 語尾의 쓰임이 매우 활발하게 진행되고 있음을 충분히 알면서도 調査 項目에 넣지 않은 것은 전적으로 본 연구자의 智慧가 부족했기 때문이라 할 수 있다. 따라서 이 조사를 위한 項目 選擇이 다소 완벽하지 못하였음을 전적으로 인정하기로 한다. 하지만 이 論議에 대하여 다소 불완전한 결과를 초래한 것이 아닌가에 대한 의문은 없어도 좋겠다 싶다. 그것은 본 論議가 목적한 것이 世代差에 따른 변화를 확인하려는 것이므로 모든 世代에 균등하게 적용된 현상은 論議의 趣旨에 크게 어긋남이 없다고 판단하기 때문이다. 다만 이 경우 '하겠다야'나 '할끼야', '했아'와 같은 항목이 포함되었다면 그 실현율이 좀더 높았을 것이라는 점은 충분히 예상된다.

전체적으로 이 세 항목에 관한 실현 정도는 老年層 40%, 壯年層 20%, 靑少年層 11%로 나타난다. 이는 이 方言에서의 해라체 說明文 語尾의 쓰임이 世代別로 각기 다르게 나타나고 있으며 젊은층으로 갈수록 그 쓰임의 정도가 매우 낮아지고 있다는 것을 설명해 준다. 이 語尾의 경우는 대부분 標準語形인 '－다'를 쓴다는 응답이 지배적이었다.

의문문

이 方言의 해라체 疑問文 語尾로는 '－재'와 '－ㄴ', '－(으)까', '－아／어'가 공통적으로 널리 사용된다. 여기서 관심을 가질 수 있는 것은 語尾 '－ㄴ'과 '－재'이다. '－재'의 경우는 敍述文 語尾 '－지'가 의문형으로 실행될 때 변하여 나타나는 것으로, 특히 江陵 地域을 중심으로 三陟에서 널리 쓰인다. '－ㄴ'은 語尾 '－나'의 縮

約形 정도로 볼 수 있으며, '언제 완'(←왔+었+느+냐)처럼 先語末語尾 '-았/었-'과 관형어미 '-ㄴ/는/는가'가 결합될 때 'ㅆ+-ㄴ/는/는가'→'-ㄴ'과 같이 축약되어 실현되는 것으로, 특히 江陵에 강하게 나타나는 語形이다. 이 외에도 '-나'와 '-니'가 널리 쓰이고 있으나 이 두 語尾는 얼마간의 지역적인 차이를 가짐으로 하여 공통성이 배제된다. 즉 '-나'와 '-니'는 行動主의 行動 여부나 또는 意向을 물을 때 사용되는 語尾로서의 자격은 동일하지만 '-나'의 경우는 江陵을 기점으로 하여 三陟에서 주로 사용하고 있으며 '-니'의 경우는 襄陽을 기점으로 高城에서 주로 쓰고 있다. 이 두 語尾는 標準語의 '-니'에 對應된다.[32]

<표 4-25> 세대별 해라체 의문문 어미 실현 정도(%)

세대구분	내용	평균 실현율	지역				
			고성	양양	강릉	삼척	*서남지역
노년층	이쁘나	28	44	0	0	84	92	0
	이쁘니		55	95	100	23	0	25
	어대재		15	0	0	40	20	40
	인		41	0	0	61	100	75
장년층	이쁘나	7	51	30	34	58	79	47
	이쁘니		42	65	66	20	16	36
	어대재		12	0	0	20	27	9
	인		2	0	0	4	4	0
청소년층	이쁘나	3	54	20	50	63	82	86
	이쁘니		42	80	50	25	13	15
	어대재		6	7	0	7	7	0
	인		0	0	0	0	0	0

32) 어미 '-나'와 '-니'는 참고만 되었고 실제 결과에는 적용되지 않았다. 이는 워낙 語尾 '-나'의 쓰임이 이 方言에 활성화되어 있어, 그 쓰임의 정도를 확인해 보고자 함이 목적이었기 때문이다. 따라서 여기서는 語尾 '-나'와 '-니'의 영역을 확인하는 것으로 그 결과를 대신하기로 한다.

이 方言의 疑問形 語尾 '-ㄴ'과 '-재'의 실현 양상은 老年層 28%, 壯年層 7%, 靑少年層 3%의 比率로 각각 나타난다. 여기서 우리는 '-ㄴ', 즉 '-인'과 같은 語形이 靑少年層에서는 거의 나타나지 않으며, 壯年層 역시 2%에 불과한 실현 현상을 나타내고 있음을 알 수 있다. 이에 반해 老年層에서는 아직도 많은 話者들이 이 語形을 發話하고 있는 것으로 나타난다. '-재'의 경우도 마찬가지다. 이 두 語形은 다른 語尾에 비해, 이 方言 어느 地域에서나 공통적으로 널리 사용되는 것임에도 불구하고, 語尾 '-나'와 '-니'와 같은 방향으로 地域이 구분되어 나타난다. 즉 高城과 襄陽에서는 이 두 語形이 거의 사용되지 않는 것으로 나타나고, 江陵과 三陟에서 주로 사용하는 것으로 나타난다. 高城과 襄陽의 경우는 전 세대에 걸쳐 모두 '-니'가 우세하게 나타나고, 江陵과 三陟에서는 '-나'가 우세하게 나타난다.[33] 다만 '-나'의 경우 靑少年과 壯年層에서 지역이 구분되지 않는 현상이 보이고 있으나, 이는 표준어 하게체 疑問形 語尾 '-나'의 쓰임 대상의 범위를 확대시킨 이 세대들의 言語的인 현상으로 간단히 정의해 두기로 한다.

명령문

이 方言의 해라체 命令形 語尾로는 '-(아／어)라'가 공통적으로 사용된다. 이것은 표준어와 별반 다름이 없다. 이 외에 江陵을 주변한 地域에서 '-아(어)'가 우세하게 나타나고 있다. 이 語尾 '-아(어)'의 경우는 해라체 命令形 語尾 '-(아／어)라'의 末音節 '라'가 省略된 形인데 이 方言, 특히 江陵 地域에서는 '-(아／어)라'보다는

---

33) 이 方言에서는 언어 쓰임의 정도가 地域的으로 北端과 南端으로 나눠지는 현상이 다수 있다. 여기서 北端은 高城과 襄陽을, 南端은 江陵과 三陟을 말한다.

‘-아(어)’가 一般的으로 優勢하게 쓰인다. 또한 語尾가 ‘-아(어)’인 경우 標準語와는 다른 독특한 變則活用을 하는 경우가 있다. ‘이그새 돈으로 바꼬’(이것을 새 돈으로 바꾸어라)에서 ‘바꾸어라’[pa-k'u-ə-ra] → ‘바꿔라’[pa-k'wə-ra] → ‘바꿔’[pa-k'wə] → ‘바꼬’[pa-k'o]와 같이 실현되는 것이 그것이다. 이것은 語幹末音 /ㅜ/인 用言이 /ㅓ/로 시작되는 語尾를 만나 일어나게 되는 일종의 變則活用이라 할 수 있는데 이 規則은 반드시 /ㅜ/ 앞에 脣音 이외의 子音이 분포되어야 한다는 조건이 따른다.

<표 4-26> 세대별 해라체 명령문 어미 실현 정도(%)

세대구분	내용	평균 실현율	지역				
			고성	양양	강릉	삼척	*서남지역
노년층	먹아	51	41	0	0	61	100	0
	바꼬		61	50	50	76	66	25
장년층	먹아	26	12	0	0	25	23	5
	바꼬		40	35	33	41	51	41
청소년층	먹아	24	5	0	0	6	12	0
	바꼬		43	20	67	32	50	29

위 표에서 알 수 있듯이 命令形 語尾의 實現 현상은 世代別로 얼마간의 差異를 가지고 실현되고 있으며, 또한 地域別로도 다소의 차이를 둔다. 우선 ‘-(아/어)라’ 形인 ‘먹아’의 경우는 高城과 襄陽에서는 그 쓰임이 전혀 나타나지 않는 반면 이 形의 變則活用의 하나로 실현되고 있는 ‘바꼬’의 경우는 지역과는 무관하게 두루 실현되고 있다. 이러한 현상은 高城, 襄陽 地域이 語尾 ‘-아’形보다는 ‘-어’形이 우세하게 쓰이고 있음에 연유한 듯하다. 이 두 語尾에 대하여 老年層은 기존의 규칙대로 잘 이행되고 있다고 볼 수 있다.

그렇지만 많은 사람이 '바꼬'보다는 '바꼬라'와 같이 '-(아/어)라'의 형을 사용한다고 응답한 것으로 해서 이 方言의 老年層에서도 末音을 생략하지 않고 사용하는 경우가 늘어나고 있다는 사실을 알 수 있다. 老年層의 '바꼬'에서 '바꼬라'의 경우와는 조금 다르게 壯年層과 靑少年層에서는 '바꼬'를 '바꿔'로 사용한다고 하는 경우가 많았다. 이것은 실제 발음으로는 '-꼬[k'o]'이지만 학교 교육에 의한 標準發音 표기를 인식한 심리적인 영향으로 인하여 '바꿔[k'wə]'라고 한 것이 아닌가 한다.

이 語尾의 세대간 실현 양상은 老年層 51%, 壯年層 26%, 靑少年層 24%를 나타낸다. 따라서 世代가 다름에 따라 이 語尾의 실현 양상은 각기 다르게 나타나고 있으나 壯年層과 靑少年層 사이에는 큰 차이가 없음을 알 수 있다.

청유문

이 方言에서 쓰이는 해라체 請誘形 語尾로는 '-자'가 대표된다. 이것은 動詞 語幹에 붙어 同年輩나 아랫사람에게 함께 무엇을 하기를 請誘할 때 쓰인다. 이 語尾 '-자'는 '-야'가 결합되어 强調의 뜻을 더할 때 '-하자야'와 같이 쓰이기도 한다. 여기서 '-자'의 경우는 표준어와 특별히 다름이 없어 본 논의에서는 '-자야'에 대하여 살펴보기로 한다. 이 語尾는 高城과 襄陽에서는 전혀 쓰이지 않고 있다. 따라서 여기서는 江陵과 三陟만이 대상이 된다.

<표 4-27> 세대별 해라체 청유문 어미 실현 정도(%)

세대구분	내 용	평균 실현율	지 역	
			강 릉	삼 척
노년층	하자야	25	24	25
장년층	하자야	15	16	13
청소년층	하자야	4	0	7

이 語尾의 실현은 全 世代에 걸쳐 매우 낮게 나타난다. 이것은 그만큼 標準語的인 言語가 수행되고 있는 결과라고 할 수 있다. 비록 적은 數値이지만 老年層 25%, 壯年層 15%, 靑少年層 4%로써 世代 간 얼마씩의 차이를 나타내 보인다. 三陟의 경우는 '하자야' 대신 '하재이'라고 한다는 응답이 더 많았다. 이것은 이 地域 方言이 같은 東海岸 內에서도 그 地域만의 독특한 方言形을 가지고 있음을 보여주는 좋은 결과라 할 수 있다. 이에 맞추어 만나고 헤어질 때의 인사를 '잘 가'나 '잘 가거라'고 하는 대신에 '잘 가자'와 같은 請誘形으로 표현하는 것도 三陟만이 가지는 言語的 特徵이라 하겠다.

(2) 하게체

標準語에 해당하는 하게체 終結語尾는 '-게, -네, -나, -세, -ㄹ세' 등이 있다. 이는 그 쓰이는 대상의 범위가 좁고 어린 나이에는 거의 쓰이지 않으며, 年齡이나 社會的 地位의 차이가 심하지 않은 경우에 주로 사용한다. 이 方言에서는 주로 '-게'와 '-네'가 널리 쓰인다. 이것은 하오체와 더불어 옛 말투로서 현대국어에서는 높은 실현을 기대하기 어려운 語尾이다.

설명문

　이 方言의 하게체 說明文 語尾로는 '-네'가 공통적으로 사용되고 있다. '-네'의 경우는 표준어와 크게 다름이 없이 실현된다. 이는 用言의 語幹이나 받침 없는 體言에 붙어 감동의 뜻을 나타내기도 한다. 이때는 '-네'에 '-야'가 添加되어 '-네야'로 실현된다. 이 외에도 주로 女子들 사이에서 쓰이는 語尾로 '-과'가 더 있다. '-과' 역시 놀라움을 나타내는 데 주로 쓰이는 語尾로서 쉽게 반말할 수 없는 동년배나 아랫사람에게 사용한다. 이 두 語尾는 주로 江陵에서 한정되어 쓰이고 있으나 인접 지역에서도 가끔 나타난다. 여기서는 '-네야'와 '-과'를 분석 대상으로 하고 地域은 江陵과 三陟에 한정한다.

〈표 4-28〉 세대별 하게체 설명문 어미 실현 정도(%)

세대구분	내 용	평균 실현율	지 역		
			강 릉	삼 척	*서남지역
노년층	생겼네야	46	53	57	48	18
	고맙과		38	33	43	0
장년층	생겼네야	27	38	35	40	14
	고맙과		15	14	16	11
청소년층	생겼네야	2	3	0	6	0
	고맙과		0	0	0	0

　이 語尾를 확인하기 위한 調査 項目으로는 '키가 크게 (생겼네, 생겼네야, 생겼소)'와 '도와주어서 (고맙네, 고맙네야, 고맙소, 고맙과)'가 이용되었다. 결과 이 語尾의 사용은 標準語와 다름없는 '-네'가 절대적으로 우세하게 쓰이는 것으로 나타난다. 이 語尾에 대한 응답으로는 '-네'와 '-네야' 그리고 '-과' 외에 '-소', '-워',

'-워요' 등과 같은 형태가 더 나타났다. 이때 老年層의 경우는 주로 '-네'와 '-네야' 그리고 '-소'를 쓴다는 응답이었고, 壯年層과 靑少年層은 이들 語尾를 모두 쓴다는 응답이었다. 특히 '-워'와 '-워요'의 쓰임은 靑少年層에서 더욱 그러했다. 靑少年層의 경우는 語尾 '-과'를 쓴다는 응답이 전혀 나타나지 않았다. 이 밖에도 '-대이'가 더 있었다. 이 '-대이'는 三陟에서 매우 우세하게 나타났다. 이는 老年層과 壯年層, 靑少年層 전 世代에 걸쳐 나타난 현상인데 靑少年層에서 특히 더 많이 나타났다.

종합하여 보면 이 方言의 하게체 說明形 語尾의 사용 정도는 老年層 46%, 壯年層 27%, 靑少年層 2%로 구분되어 나타난다. 여기서 우리는 이 語尾의 쓰임 정도가 다소 낮게 실현되고 있음을 알 수 있다. 그것에 대한 이유는 간단하다. 표준어와 동일하게 쓰이고 있는 語尾 '-네'가 한 문장에서 조사되었기 때문이다. 더하여 '-네야'와 '-과'를 한 문장에 두고 있음도 이유가 된다 하겠다. 이것은 그리 염려할 문제가 되지 못한다. 이는 여기서 하고자 하는 것이 語尾 '-네야'나 '-과'의 출현을 분석하고자 함이 아니라, 이들의 쓰임의 흐름을 살펴보고자 함이 목적이기 때문이다.

의문문

이 方言의 하게체 疑問文 語尾로 널리 사용되고 있는 것은 '-ㄴ/는가'이다. 이는 用言의 語幹이 子音으로 끝났을 때는 '-는가'가 결합되고 母音으로 끝났을 때는 '-ㄴ'가 쓰인다. 이것은 標準語 '-니'에 대응된다. 이 외에도 '-너'와 '-당가'가 있지만 이것은 地域에 따라 그 쓰임에 다소의 차이를 가진다. '-너'의 경우는 江陵과 襄陽에서 우세하게 사용되고 있으며, '-당가'의 경우는 三陟을 중심으로 사용되고 있다.

<표 4-29> 세대별 하게체 의문문 어미 실현 정도(%)

세대구분	내용	평균 실현율	지역				
			고성	양양	강릉	삼척	*서남지역
노년층	먹었는가	45	49	40	30	69	55	50
	매었는가		34	30	40	30	33	25
	맨가		50	42	48	58	50	45
장년층	먹었는가	31	36	25	42	33	44	16
	매었는가		19	25	9	12	30	12
	맨가		36	10	33	54	44	25
청소년층	먹었는가	25	36	40	33	38	32	21
	매었는가		16	7	16	19	19	21
	맨가		21	0	17	32	32	0

이 語尾의 실현 양상은 老年層 45%, 壯年層 31%, 靑少年層 25%로 世代가 다름에 따라 정도의 差異를 가지는 것으로 나타난다. 여기서 우리는 項目別로 그 응답 형태를 살펴보기로 한다. 이 語尾를 조사하기 위하여 선택된 문장은 '자네 밥을 다(먹었는가? 먹었나?)'와 '밭을 다(매었는가? 매었나? 맨가?)'였다. 여기서 첫 번째 문장은 하게체 표준어 의문형 語尾 '-나'와 이 方言의 '-는가'의 對比였고, 두 번째 문장은 標準形 語尾 '-나'와 方言形 語尾 '-는가' 그리고 그것과 같은 조건의 語尾이나 先語末語尾 '-았/었-'에 '-ㄴ/는-'이 결합되면 '-ㄴ'으로 축약되어 나타나는 현상 '-ㄴ가'에 대한 對比였다. 이것은 이 方言에서 '-는가'를 더 많이 사용하는지 또는 '-ㄴ가'를 더 많이 사용하는지도 겸하여 살펴보고자 함이었다. 이 경우 첫 번째에서는 '-나'보다 '-는가'가 더 우세하게 쓰였으며 두 번째의 경우는 '-ㄴ가'가 더 우세하게 쓰였다.

여기서 우리가 주목해야 하는 것은 世代別로 쓰고 있는 語尾의 종류가 다르다는 것이다. 우선 老年層의 경우는 '-나'와 '-는가',

‘-ㄴ’을 쓴다는 응답이 대부분이었으나 壯年層과 靑少年層은 이 外에 ‘-어’와 ‘-소’를 추가로 더 쓴다고 응답했다. 그러면서 주로 ‘-어’와 ‘-나’를 더 많이 쓰고 있음을 나타내 주었다. 靑·壯年層의 이 같은 현상은 상대적으로 ‘-는가’와 ‘-ㄴ가’에 대한 쓰임이 활발하지 못함을 보여주는 것이 되고, 이것은 이들 世代의 言語가 漸次的으로 標準語에 기울어지고 있다는 사실을 확인케 하는 것이 된다. 三陟의 경우 ‘-는가’에 회상의 先語末語尾 ‘-더-’가 조합된 ‘-당가’ 形도 한 형태로 존재되고 있음을 보여주었다. 이 ‘-당가’는 노년층보다는 젊은층에서 더 쓰고 있는 것으로 나타났다. 그것은 老年層의 경우는 ‘-는가’와 ‘-ㄴ가’에 응답이 더 치우쳐져 있었기 때문이다.

  명령문34)

이 方言의 하게체 命令形 語尾로는 ‘-개’가 공통적으로 사용되고 있다. 이것은 표준어와 크게 다름이 없다. 다만 표준어 ‘-게’[e]에 비해 저모음인 ‘-개’[ɛ]로 발음한다는 것이 특징이라 할 수 있다.

---

34) 世代差에 따른 相對敬語法 실현 양상을 정의하기 위하여 조사된 ‘하게체’와 ‘하오체’의 命令文과 請誘文의 語尾는 재조사한 결과를 논의의 주제로 삼았다. 1차 조사 때 실시된 자료 결과에서 청소년층의 경우 완벽하게 0%의 실현율을 나타냈기 때문이다. 이러한 이유로 재조사 때에는 대화 참여자 조건에서 話者와 聽者의 나이를 壯年層으로 설정하였고, 이러한 語形은 나이든 사람들이 주로 쓰는 것임을 강조하였다. 따라서 본인이 그 나이쯤 되었다고 가상하고 응답해 줄 것을 요구했다. 논문을 쓰고 있는 중이었고, 또한 정확한 사실을 확인하기 위한 것인 만큼 직접 면접을 주로 해야 하는 부담감 때문에, 많은 제보자를 만나지 못하였고, 더하여 다양한 階層의 제보자를 면접하지 못했다. 하지만 결과는 1차 때와 많이 다르게 나타났으며 대부분의 靑少年들이 자신들이 나이를 먹으면 그렇게 말할 것이라고 했다. 물론 ‘하게체’나 ‘하오체’보다 ‘해체’나 ‘해요체’를 쓴다는 응답도 많았다. 여기서 본 연구자는 하게체나 하오체의 경우 그 語形을 써야 하는 참여자 조건과 상황 조건이 되도록 정확하게 제시되어야만 한다는 사실을 깨달았다.

<표 4-30> 세대별 하게체 명령문 어미 실현 정도(%)

세대구분	내용	평균 실현율	지역				
			고성	양양	강릉	삼척	*서남지역
노년층	주개	100	100	100	100	100	50
장년층	주개	52	20	61	65	62	30
청소년층	주개	49	20	52	58	63	0

여기서는 이 語尾의 음성 실현 현상, 즉 'ㅔ'[e]로 실현하는지 'ㅐ'[ɛ]로 실현하는지에 관하여는 관심을 두지 않기로 했다. 다만 '-개(게)' 語形으로 發話하는지, 아니면 또 다른 어떤 語形을 사용하고 있는지에만 관심을 두었다. 이것은 이 論議의 주제가 音韻論的인 어떠한 規則이나 音聲的인 實現 程度를 살피려는 것이 아니라 이 語形의 쓰임 有無가 관심사이기 때문이다. 이 語尾의 경우 老年層은 한 치의 예외도 없이 '-개'를 쓴다고 응답하였으며, 壯年層과 靑少年層은 '-개'와 더불어 '-어', '-어요'도 함께 쓰고 있다는 응답을 나타냈다. 여기서 우리는 壯年層과 靑少年層의 하게체 의문문 語尾의 語形이 老年層과 다르게 실현되고 있으며, 이는 대체로 이 話階를 벗어난 또 다른 話階[35]로의 변화를 진행시키고 있다는 것을 알 수 있다. 그 변화는 대체로 [-尊待]를 나타내는 '-어' 쪽으로 기울어진다. 여기서 우리는 이 方言, 특히 江陵에서 실현되고 있는 語尾 '-개(게)'와 하게체로 실현되는 語尾 '-개(게)'의 차이를 생각하지 않을 수 없다. 이 方言, 특히 江陵의 경우에는 發話 狀況의 對象, 특히 어머니나 할머니 또는 이웃 아주머니에게 이 語尾를 쓰는 경향이 종종 있기 때문이다.[36] 이때는 하게체로서의 의미이기보다는

---

35) 相對敬語法 4등급 체계인 합쇼체, 하오체, 하게체, 해라체에서 해체와 해요체와 같은 2등급 체계로의 변화를 말한다.

36) 孫子가 할머니에게 "할머이 밥으 퍼뜩 주게" 또는 딸이 어머니에게

친근감을 표현하기 위한 言語手段의 하나로 쓰인다고 할 수 있다. 여기에 대하여는 간단하게 이해하기로 한다. 즉 이 方言 특히 江陵에서의 하게체 語尾 '-개(게)'는 그 語尾를 써야 하는 對象의 領域이 매우 확대되어 있다고 보는 것이다.

청유문

이 方言에서 쓰이는 하게체 請誘形 語尾로는 '-새'가 대표된다고 할 수 있다. 이는 표준어 '-세'에 대응된다. 이것은 動詞 語幹에 결합되어 친구나 아랫사람에게 무엇을 함께하자는 뜻을 나타낼 때 쓰이며, 대화 참여자는 주로 壯年層이다.

〈표 4-31〉 세대별 하게체 청유문 어미 실현 정도(%)

세대구분	내용	평균 실현율	지역				
			고성	양양	강릉	삼척	*서남지역
노년층	앉새	100	100	100	100	100	75
장년층	앉새	64	80	52	75	48	58
청소년층	앉새	51	42	40	63	56	—

이 語尾의 실현 양상은 老年層 100%, 壯年層 64%, 靑少年層 51%로 각각 나타나고 있다. 이것은 물론 위에서 언급되었듯이 音聲 實現 程度는 무시한 것으로 語形의 發話 상태만 조사한 결과이다. 壯年層과 靑少年層은 '-새' 외에 '-지'와 '-어' 그리고 '-어요'가 함께 나타났으며 대체로 '-지'가 우세한 것으로 나타났다. 이 '-지'는 [-尊待]에 해당한다.

"어머이 이그르 나르 주게"와 같이 쓴다.

(3) 하오체

標準語에서는 '-오, -소, -구려' 등의 終結語尾로 표현된다. 이
尊卑法은 얼마간의 格式性을 띤 權威的인 형태의 敬語法이라 할
수 있다. 때론 남편이 부인을 약간 높여서 대우할 때 이 尊卑法을
사용하기도 한다. 하오체를 받은 대상은 보통 中年이 된다. 여기서
는 이 方言에서 쓰이고 있는 語尾에 대하여 그러한 현상이 세대가
다름에 어떠한 영향을 미치고 있는지 살펴보기로 한다.

설명문

이 方言의 하오체 說明文 語尾로는 '-(아/어)요'가 공통으로 사
용되고 있으며, 地域에 따라 '-오(우), '-소'가 구분되어 사용된다.
특히 江陵의 경우는 '-어요'형만 쓰이고 '-오(우)'와 '-소'형은 襄
陽과 三陟에서 주로 쓰인다. 說明文에서 '-오'와 '-소'가 江陵에
쓰이지 않음은 이 方言의 地域 差를 보여주는 좋은 예가 된다고 할
수 있다.

〈표 4-32〉 세대별 따른 하오체 설명문 어미 실현 정도(%)

세대구분	내용	평균 실현율	지역				
			고성	양양	강릉	삼척	*서남지역
노년층	집이래요	51	66	0	100	61	100	50
	좁어요		35	0	36	35	67	50
장년층	집이래요	39	46	5	48	72	58	50
	좁어요		31	15	29	26	51	10
청소년층	집이래요	13	18	0	33	13	25	17
	좁어요		8	0	0	30	0	25

여기서 우리는 이 語尾의 실현이 老年層 51%, 壯年層 39%, 靑少年層 13%로 구분되어 나타나고 있으며 靑少年層에서 매우 낮게 실현되고 있음을 알 수 있다. 이 語尾의 실현은 老年層의 경우 '-어요'와 '-오', '-소'를 쓴다는 응답이 대부분이었고 壯年層과 靑少年層은 '-어요' 외에 '-이에요'와 '-입니다'의 語形을 쓴다는 응답이 추가로 나타난다. 특히 靑·壯年層은 '-어요'보다는 '-이에요'와 '-입니다'를 쓴다는 응답이 훨씬 우세하게 나타난다. 이것은 이들 世代에서 方言形을 거의 쓰지 않으며 漸次的으로 標準語를 쓰는 쪽으로 기울어지고 있음을 보여준다고 할 수 있다. 이러한 標準語化 현상은 壯年層에서 특히 심한 동요를 일으키고, 靑少年層에 이르러서는 거의 완성 단계에 있음을 알 수 있다. 地域的으로 高城에서는 '-이에요'를 쓴다는 응답이 절대적이었다.

의문문

이 方言의 하게체 疑問文 語尾로 널리 쓰이고 있는 것은 '-소'와 '-어요'이다. 이 외 '-우'와 '-어'가 쓰이고 있으나 이는 地域的으로 다소의 差異를 두고 실현된다. 이 語尾의 쓰임은 매우 복잡한 양상으로 나타난다. '-우'의 경우는 특히 形容詞 語幹 末音이 母音으로 끝났을 경우에 쓰이고, '-소'의 경우는 子音으로 끝났을 경우에 쓰인다. '-아 / 어요'의 경우도 先行母音의 資質에 따라 각기 다르게 결합되는데 양성모음 아래에는 '-아요'가 음성모음 아래에는 '-어요'가 결합된다. 이는 또한 地域的인 차이도 크게 작용되는데 江陵에서는 대체로 '-소 / 우'가 쓰이고 襄陽과 三陟에서는 '-소 / 오'가 쓰인다. 여기서는 '-소'에 대하여만 살펴보기로 한다.

〈표 4-33〉 세대별 하오체 의문문 어미 실현 정도(%)

세대구분	내용	평균 실현율	지역				
			고성	양양	강릉	삼척	*서남지역
노년층	살았소	34	0	67	42	24	25
장년층	살았소	54	15	58	80	60	50
청소년층	살았소	16	20	16	13	13	0

　　이 方言의 하오체 疑問文 語尾의 실현 양상은 老年層 34%, 壯年層 54%, 靑少年層 16%로 세대간 구분되어 실현되고 있다는 것을 알 수 있다. 하지만 이 語尾의 실현 비율이 다른 語形과는 다르게 壯年層이 老年層보다 더 우세하게 쓰이는 것으로 나타난다. 여기서 우리는 이러한 현상에 대한 결과를 분석하지 않을 수 없다. 이 語尾를 조사하기 위하여 선택된 문장 항목은 '이 집에 지금까지 (살았소? 살았어요? 살았습니까?)'였다. 이 질문에 대한 응답자의 대부분은 '살았소'에 관심을 둔 것이 아니라 '살았우', '살았오', '살았어요'에 더 큰 관심을 둔 것으로 나타났다. 즉 老年層의 경우는 '-우'와 '-오'에 높은 실현 현상을 보였고, 壯年層과 靑少年層은 '-어요'에 높은 실현 현상을 보였다. 따라서 老年層에서는 '-우'와 '-오'의 영향으로 인하여 相對的으로 '-소'가 낮게 실현된 것이고, 壯年層의 경우는 '-어요'의 영향으로 '-소'의 쓰임이 相對的으로 더 높게 나타난 것이다. 이러한 현상은 특히 江陵과 三陟에서 그러하다. '-우'와 '-오', '-소'가 모두 方言形임을 감안하면 이 方言의 老年層 話者들의 言語選擇이 아직은 方言形에 기울어지고 있음을 알 수 있다. 이 語尾의 경우는 世代間의 실현 양상과 더불어 地域的인 쓰임의 현상도 함께 고려되어야 할 듯하다. 따라서 壯年層에서 높게 나타난 '-소'의 실현 비율에 대하여는 老年層이 壯年層보다 이 方言의 語形을 적게 쓰고 있어서가 아니라 語形 選擇의 嗜好에 따라 그

164 강원도 동해안 방언의 사회언어학적 연구

결과가 分散되어 나타났기 때문이라 할 수 있다.

명령문

이 方言의 하오체 請誘形 語尾로는 '-우'와 -(아/어)요'가 공통
적으로 사용되고 있다. '-아요'는 語幹末音이 양성인 母音에 '-어
요'는 語幹末音이 음성인 모음에 각각 붙어서 命令의 뜻을 나타낸
다. 이 외에도 '-소', '-우야'가 地域的인 差異를 두고 쓰인다. 특
히 '-우야'의 경우는 語尾 '-우'에 강조의 뜻과 친근감을 나타내는
'-야'가 첨가된 것으로 江陵을 중심으로 주로 쓰인다. 여기서는 '-
우'에 대하여 살펴보기로 한다. 이는 표준어 命令形 語尾 '-오'에
대응된다.

<표 4-34> 세대별 하오체 명령문 어미 실현 정도(%)

세대구분	내용	평균 실현율	지역				
			고성	양양	강릉	삼척	*서남지역
노년층	가시우	49	9	54	75	58	25
장년층	가시우	18	5	4	46	16	5
청소년층	가시우	12	5	16	7	19	0

이 語尾의 실현 정도는 老年層 49%, 壯年層 18%, 靑少年層 12%
로 나타난다. 이는 世代에 따라 매우 선명하게 구분되어 실현되고
있음을 알게 한다. 특히 壯年層과 靑少年層에서 그 실현 현상은 매
우 낮은 것으로 나타나고 地域的으로는 高城이 그러한 것으로 나타
난다. 이 語尾를 조사하기 위하여 選定된 문장은 '잘 살펴(가시우,
가세요)'였다. 이것에 대하여는 한정된 응답형 語尾 外에 다양한 응
답이 도출되었다. 그 대표적인 것이 老年層의 경우 '-우야'와 '-시
요'이고, 壯年層과 靑少年層의 경우는 '-시오'와 '-세요'이다.

이들 語形보다는 낮지만 老年層과 壯年層에 나타난 것으로 '-시유'와 '-왜'가 더 있었다. 여기서 '-시요'의 경우는 地域과 世代에 관계없이 두루 쓰이는 것으로 나타났고, '-우야'는 江陵에서 주로 나타났다. 高城과 襄陽에서는 '-시유'가, 三陟에서는 '-왜'가 주로 쓰이는 것으로 나타났다. 특히 三陟의 경우 靑少年層에서도 '-왜'를 쓴다는 응답이 많았는데 이는 이 地域이 특히 方言的인 性格이 강한 곳임을 알 수 있게 하는 것이라 할 수 있다.

청유문

이것은 動詞 語幹에 붙어 반말할 수 없는 사람에게 함께 무엇을 하기를 請誘할 때 쓰는 語尾이다. 이 方言에서는 '-어요'가 공통적으로 사용되고 있으며, 특히 襄陽에서는 '-(아 / 어)유'가 사용된다. 이 語尾의 쓰임은 표준어와 다름이 없다. 다만 襄陽에서 쓰이는 '-유'의 경우가 다르다 할 수 있는데, 이는 현재 老年層에서조차 그 쓰임이 드물어 거의 소멸되고 있는 실정이므로, 이 語尾의 분석은 논외로 하고자 한다.

(4) 합쇼체

標準語에 해당하는 합쇼체 終結語尾는 '-(으)십시오, -ㅂ니다(까), -습니다(까)' 등이 있다. 합쇼체를 받은 대상은 대부분 나이든 老年이거나 社會的인 身分(階級)이 높은 경우가 된다. 이 方言에서 나타나는 합쇼체 語尾는 어떠한 것이 있으며, 어떠한 양상으로 실현되고 있는지 世代別로 구분하여 살펴보기로 한다.

설명문

이 方言의 합쇼체 說明文 語尾로는 '-ㅂ니다', '-습니다', '-(이)올씨다'가 공통적으로 널리 사용된다. 이는 標準語와 다름이 없다. 다만 옛 말투로 '-ㅂ닌다'와 '-니껴'가 江陵과 三陟에서 각각 쓰이고 있다. 여기서는 江陵만을 대상으로 살펴보기로 한다.[37]

<표 4-35> 세대별 합쇼체 설명문 어미 실현 정도(%)

세대구분	내 용	지 역
		강 릉
노년층	했습닌다	21
장년층	했습닌다	13
청소년층	했습닌다	0

이 語尾의 실현 양상은 모든 세대에 걸쳐 매우 낮게 나타난다. 특히 靑少年層에서는 전혀 쓰지 않는 語形임을 보여준다. 이는 이 方言 話者의 發話가 標準語와 같은 형태로 실현되고 있기 때문이라 할 수 있다. 이 項目을 조사하기 위하여 선택된 문장은 '숙제를 모두 (했습닌다, 했습니다, 했어요)'였다. 이것에 대한 응답은 세대별로 각기 다른 樣相을 나타내 보인다. 우선 老年層의 경우는 대부분 '-습니다'를 쓴다고 한 반면 壯年層과 靑少年層은 '-어요'를 쓴다는 것이다. 여기서 우리는 老年層과 그 이하 世代의 言語 選擇에 차이를 살필 수 있다. 즉 老年層은 尊待(Respect)와 格式性(Formal)이 매우 두드러진 '-습니다'를 선택하는 반면 壯年層과 靑少年層은 格式性

---

37) 거듭되는 설명이지만, 본 論議는 이 方言의 言語的인 특징을 가지고 있는 語形들에 대하여 社會的인 變數에 따른 변화의 양상을 살피는 데 목적을 두고 있으므로, 표준어와 동일한 형태의 語形을 分析한다거나 또는 그 자체의 文法이나 音韻에 관한 規則을 分析하는 것은 논외로 함을 거듭 밝힌다.

(Formal)이 다소 緩和되고 대신 친근감이 내포된 '-어요'를 선택한다는 것이다. 이는 世代가 내려올수록 格式性(Formal)보다는 친근감을 더 우선으로 하고 있음을 보여준 것이라 할 수 있다. 이 語形은 三陟에서도 쓰이는 것으로 나타났는데 이것에 대하여는 인접 地域間의 生活交流에서 올 수 있는 言語現象쯤으로 생각한다. 이 語形의 변화는 老年層에서 매우 심각하게 이루어지고 있다.

의문문

이 方言의 합쇼체 疑問文 語尾로는 '-ㅂ니까', '-습니까'가 널리 쓰이고 있으며 이는 표준어와 다름이 없다. 다만 襄陽에서 '-어유'가 사용되고 江陵에서 '-닝꺄', 三陟에서 '-니껴'가 사용되고 있으나, 이는 地域的인 차이로 인하여 공통성이 배제된다. 따라서 이들 중 어떤 語形을 이 方言의 합쇼체 疑問形 語尾로 대표해야 하는지에 관해서는 어려움이 따른다. 여기서는 이들 語形 모두에 대하여 살펴보되 각각 지역을 구분하여 정의하기로 한다.

〈표 4-36〉 세대별 합쇼체 의문문 어미 실현 정도(%)

세대구분	내 용	평균 실현율	지 역			
			양 양	강 릉	삼 척	*서남지역
노년층	오셔유	26	3	3	–	–	0
	오십닝꺄		7	–	7	–	0
	오시니껴		66	–	–	66	0
장년층	오셔유	17	2	2	–	–	1
	오십닝꺄		6	–	6	–	0
	오시니껴		41	–	–	41	1
청소년층	오셔유	7	0	0	–	–	0
	오십닝꺄		0	–	0	–	0
	오시니껴		20	–	–	20	0

이 方言의 합쇼체 의문형 語尾의 사용은 老年層 26%, 壯年層 17%, 靑少年層 7%로 각각 나타난다. 이는 이 語尾의 쓰임이 거의 완전히, 표준어로 대체되고 있음을 보여준다고 할 수 있다. 여기서 우리는 이 語尾에 관한 地域的인 差異를 살펴보는 것을 우선으로 하고자 한다. 먼저 三陟의 경우 '-니껴(-시니껴)'를 쓴다는 응답이 높게 나타났다. 이는 老年層 66%, 壯年層 41%, 靑少年層 20%로 그 쓰임이 매우 활발하게 진행되고 있음을 보여준다. 이에 반해 江陵의 '-닝까'나 襄陽의 '-유'는 그 각각의 실현 정도가 매우 낮게 나타난다. 특히 이 두 地域은 靑少年層에 이르러 이들 語形이 전혀 쓰이지 않는 것으로 나타난다. 이것은 결국 이 方言에서 方言形을 가장 많이 사용하고 있는 地域이 三陟이라는 사실을 알려준 것이라 할 수 있다. 이 같은 결과는 여러 언어 현상에 두루 나타나고 있다. 이와 같이 三陟이 方言形을 강하게 固守하고 있는 것에 대하여는 地理的인 현상으로 설명될 수 있겠다 싶다. 地形的으로 이 地域은 東海岸에서 標準語의 영향을 가장 적게 받을 수 있다. 北으로 가장 가까이 이웃한 곳이 江陵이고, 南으로는 言語的인 境界를 달리하는 慶尙道, 西로는 嶺西에 가깝고 보면, 이 地域 話者들의 言語가 표준어에 쉽게 동화되지 못함은 당연하다고 할 수 있다. 言語態度에서 이 지역 주민들의 고향말에 대한 의식이 다른 地域에 비해 상대적으로 높게 나타나고 있음도 이러한 까닭에 연유한 듯하다.

이들 모든 지역에 두루 나타난 語形으로는 '-ㅂ니까'와 '-습니까'이다. 이는 三陟을 제외한 지역에서 매우 활성화되어 있다. 이것은 표준어와 동일한 語形으로 세대에 구분 없이 고르게 나타나고 있으며 이때 '-어요'가 함께 실현됨은 물론이다. 이 '-어요'는 대체로 젊은 세대로 내려오면서 빈번하게 쓰이는 것으로, 이 또한 표준어에 同化되고 있는 언어현상임을 보여주는 좋은 예라 할 수 있

다. 이러한 同化 현상은 그 진행 정도가 매우 빠르고, 대체로 格式
性을 나타내는 語形보다는 친근감을 나타내는 語形에 친화되고 있
는 것으로 나타난다.

명령문

이 方言의 합쇼체 命令形 語尾로는 '-십시오'형이 공통적으로 쓰
인다. 이 또한 표준어와 다름이 없다. 地域的으로 다소 다른 語形이
사용되기도 하는데 江陵과 三陟 지역에서 '-시지오니까'가 그것이
다. 또한 襄陽에서는 '-(어)유'가 쓰이기도 한다. 여기서는 이 두 語
形에 대하여 살펴보기로 한다. 여기서 高城은 제외된다.

〈표 4-37〉 세대별 합쇼체 명령문 어미 실현 정도(%)

세대구분	내 용	평균 실현율	지 역			
			양 양	강 릉	삼 척	*서남지역
노년층	드시지오니까	16	24	–	38	10	0
	드시지유		7	7	–	–	5
장년층	드시지오니까	12	12	–	12	11	0
	드시지유		11	11	–	–	2
청소년층	드시지오니까	2	4	–	7	0	0
	드시지유		0	0	–	–	0

위 표에서 알 수 있듯이 命令形 語尾의 實現 현상은 老年層
16%, 壯年層 12%, 靑少年層 2%로 그 실현 정도가 매우 저조한 것
으로 나타난다. 이것은 이 語尾의 쓰임이 표준어로 대체되었기 때문
이라 할 수 있다. 이들 語尾의 쓰임에 대하여는 地域的인 差異를
우선적으로 살펴야 한다. 따라서 '-오니까'의 경우는 江陵과 三陟
을 기준해야 하고 '-유'의 경우는 襄陽만을 기준해야 한다. 이들

地域 間의 차이는 위 표를 참고하기로 한다.

이 語尾에 대한 응답으로는 위에 제시된 것 外에 '-십시오'와 '-시지요', '-세요', '-아요' 등과 같은 語尾를 쓴다는 응답이 많았다. 이 語尾들은 또한 세대별로 정도의 차이를 두고 실현되고 있음을 보여준다. 老年層의 경우는 '-십시오'가 보편적인 반면, 壯年層과 靑少年層에서는 '-아요'와 '-세요', '-시지요' 등이 우세한 것으로 나타난다. 이것은 老年層이 좀더 格式的인 語形을 선호하는, 반면 壯年層이나 靑少年層은 非格式的인, 그러나 친근감을 나타내는 語形을 선호한다는 것을 알게 한다. 이 현상은 지역에 관계없이 나타나고 있다.

청유문

이 方言의 합쇼체 請誘形 語尾로는 표준어와 같은 '-십시다'가 공통적으로 쓰인다. 이 외 地域的으로 조금씩 다른 語形이 쓰이고 있는데, 江陵과 三陟의 '-시지오니꺄'와 襄陽의 '-(어)유'가 그것이다. 여기서 高城은 제외된다.

<표 4-38>세대별 합쇼체 청유문 어미 실현 정도(%)

세대구분	항 목	평균 실현율	지 역			
			양 양	강 릉	삼 척	*서남지역
노년층	가시지오니꺄	12	19	38	0	0
	가시지유		4	4	–	–	0
장년층	가시지오니꺄	6	11	–	12	9	0
	가시지유		0	0	–	–	0
청소년층	가시지오니꺄	0	0	–	0	0	0
	가시지유		0	0	–	–	0

합쇼체 請誘形 語尾 '-니꺄'와 '-유'는 거의 모든 世代에 걸쳐 그 사용 빈도가 극히 저조하게 나타난다. 이것은 마치 이 語形의 선택이 잘못된 것이 아닌가 의심을 가질 정도다. 여기서는 주로 '-십시다', '-시지요', '-시죠', '-세요' 등이 나타난다. 이러한 현상은 世代와 地域에 걸쳐 두루 그러하다. 다만 老年層에서는 '-십시다'가 좀더 높게 나타나고, 壯年層은 '-시지요', '-시죠', 靑少年層은 '-세요'가 絶對的으로 높게 나타나는 것이 다를 뿐이다. 이 方言에서 가장 빠르게 그리고 완전히 消滅되어 가는 言語(方言)를 찾는다면 相對敬語法에 나타나는 합쇼체 語尾들이 아닌가 싶다.

결론적으로 이 方言에서 標準語와 다르게 실현되고 있는 語形들은 대부분 표준어로 대체되어 쓰이고 있으며, 이는 世代와 地域에 관계없이 두루 그러한 것으로 나타난다. 다만 世代에 따라 그 정도의 차이가 있을 뿐이다. 여기서 우리는 世代가 다름에 따라 敬語法 체계도 다르게 나타나고 있음을 알 수 있다. 老年層과 壯年層의 경우는 해라체, 하게체, 하오체, 합쇼(하십시오)체로 대체로 4등급 체계를 나타내는 반면, 靑少年層의 경우는 '해체'와 '해요체'로 매우 단순화된 2등급 체계를 나타낸다. 이러한 현상이 현재 완성된 것이라고는 할 수 없다. 다만 그러한 추세로 진행되고 있는데, 그 진행 속도가 매우 빠르다는 것이다. 여기서 우리는 相對敬語法 體系의 변화가 老年層에서부터 심각하게 이루어지고 있음을 알 수 있다. 이것은 비단 이 方言만이 문제가 아니라 전국적인 추세라 할 수 있다. 이러한 변화는 현대인들의 生活習性과도 어느 정도 관계가 있다. 복잡하고 까다로운 것을 싫어하고 가능하면 간단하고 쉬운 것을 선호하는 傾向이 그대로 言語에 반영되고 있음이다.

3. 어 휘

 본 절에서는 본 연구가 목적한 언어변화 중에서 語彙에 대한 논의를 전개하기로 한다. 본 연구가 세대차에 따른 언어변화인 만큼 여기서 다루고자 하는 것 또한 社會的인 要因, 즉 世代差에 따라 다르게 나타날 수 있는 語彙變化를 살펴보는 데 초점을 두기로 한다. 연구 방법은 다음과 같다.

 우선 조사 語彙는 이 지방 方言의 순수한 모습을 간직한 老年層의 말을 기본 자료로 삼아, 이 方言에서 共通的으로 쓰이고 있는 語彙 12개 項目과 각 지방마다 얼마씩의 차이는 가지나 주변에서 자주 듣게 되는 語彙 15개, 좀처럼 쓰이지 않아 소멸되었다 싶으나 이 方言의 言語的 特徵을 가진다고 볼 수 있는 語彙 13개 項目을 합하여 모두 40개 項目에 대해 조사하였다. 그리고 본인들이 알고 있는 사투리를 몇 개 써 달라는 조항을 기입하여 이 方言의 개략적인 언어변화 상태를 살폈다.

 여기서 우리는 地域別로 조금씩 다르게 사용하고 있는 方言形에 대하여는 미리 감안해 두고자 한다. 일 例로 '뺌짱우'의 경우 襄陽에서는 '뺌짱우'와 '빼짱우', '질겡이'가 공존되고, 高城은 '뺌짱우', '빼짱구', '빼짱우'가 함께 나타난다. 이러한 경우 老年層이라 해도 딱히 '뺌짱우'만 쓴다고 하지 않을 소지가 충분하다. 이것은 전체적인 語彙 쓰임의 실현율을 다소 낮게 할 소지가 충분하다. 하지만 이러한 현상은 소수에 한정될 것이고, 또한 世代 全體에 영향을 미치는 現象일 것이므로 크게 문제삼지 않기로 한다. 물론 이와 같은 현상을 무조건 인정하는 것에는 많은 위험이 따른다. 하지만 본 硏究가 目的한 것이 社會的인 言語變數에 따른 變化 程度를 살피는 것이므로 모든 世代에 고루 미친 영향에 대하여는 조금 관대해지기로 한다.

질문은 두 가지 방법으로 이루어졌다. 하나는, 이 方言에서 共通的으로 쓰이고 있는 語彙 12개 項目에 대하여

무슨 말인지 모르겠다(1)
나는 쓰지 않지만 무슨 뜻인지 안다(2)
나도 쓴다(3)

와 같이 나누어 그 단어의 뜻을 알고 있는지에 대하여 알아보았다. 여기에 조사된 語彙는 다음과 같다.

항목: ① 왕겨 / 새:째 ② 시래기 / 건추 ③ 질경이 / 뺌짱우 ④ 오얏 / 꿰 ⑤ 우물 / 웅굴 ⑥ 잠자리 / 소금쟁이 ⑦ 춘천이여: 그네를 뛰면서 흥이 나서 높이 오를 때 지르는 소리, ⑧ 상추 / 불기 ⑨ 또아리 / 또바리 ⑩ 부라부라 / 풀미풀미: 갓난아기를 세워 붙잡고 좌우로 흔들면서 하는 소리, ⑪ 버마재비 / 사마구 ⑫ 아재(아저씨 또는 아주머니, 고모, 삼촌)

다음은, 질문한 語彙에 대하여 직접 사투리로 써 줄 것을 요구했다. 이것은 그 단어를 실제적으로 사용하고 있는지 여부를 알기 위한 것으로써 모두 28개의 語彙가 조사되었다. 地域別로 차이를 가지는 경우가 있어 이들 項目에 관하여는 아래 표를 참조하기로 한다.[38]

---

38) 이들 語彙에 대하여는 별도의 조사가 이루어졌다. 調査 地域은 襄陽과

〈표 4-39〉 지역별 어휘 구분

번호	표준어	방 언		
		양 양	강 릉	삼 척
1	누룽지	소쩽이	소꼴기 / 소데끼 / 소디끼	소디끼
2	멍 게	멍우 / 행우	멍우 / 행우	행 우
3	간 장	지렁물	지 렁	지 렁
4	성 냥	다 황	다 황	다 황
5	덫	옹 노	옹노 / 창애	홍노(옹노) / 창애
6	노 루	놀겡이	놀겡이	놀겡이
7	까 치	까쳉이	까쳉이	까 치
8	모 기	모겡이	모겡이	모겡이
9	솔가리	검 불	소갈비	갈 비
10	관 솔	소껭이 / 소까지	소껭이	소껭이 / 소까지
11	청미래덩굴	퉁갈나무	땀바구	깜바구
12	진달래 꽃	참꽃 / 창꽃	참꽃 / 창꽃	창 꽃
13	수 수	수수 / 쉬시	쉬쉬 / 쉬시	대끼지
14	사 과	사괘(개)	사괘(개)	사괘(개)
15	복숭아	복 상	복상(쌍)	복 쌍
16	오 디	뽕오두	뽕오두 / 오두	오 두
17	도토리	구 람	구람 / 꿀밤 / 속소리	굴 밤
18	냉 이	나셍이	나셍이	나셍이
19	기와집	재 : 집	재 : 집	재 : 집
20	초가집	지풀집	지풀집 / 초개집	지풀집
21	옆마당	사랑머치	동쪽(부엌)−아룻짝 / 아랫짝 서쪽(굴뚝쪽)−굴뚝모탱이	굴뚝쪽−굴뚝모탱이
22	뒷마당	댄 / 뒤란	댄	댄
23	안 방	구 둘	구 둘	구 둘
24	사랑방	상 방	상 방	사랑방
25	화장실	정 낭	정 낭	뒷간 / 정낭
26	부 엌	정지 / 벅	정지 / 버강지 / 벅	정지 / 벅
27	선 반	실 겅	실 겅	실 광
28	낙수물	지시랑물	지시랑물	지시랑물

江陵, 三陟에 한정되었고, 調査對象은 老年層 28명, 壯年層 27명, 青少年層 29명이다.

　　이들 語彙에 대하여는 項目別로 바르게 응답한 인원수를 총 응답
자와 대비하여 정리하였다. 조사 내용을 분석하기로 한다. 여기서는
共通 語彙 12개 項目에 대한 것부터 살펴보기로 한다. 이 내용의
분석 결과는 '쓴다'와 '쓰지 않는다', 즉 '모른다'로 나누어 그 정도
를 정리한 것으로 '쓰지 않지만 그 뜻을 알고 있다'에 관한 항목은
알고 있는 것으로 간주하는 것이 옳을 듯싶어 '쓴다'에 포함하여 평
균 실현율을 산정하였다.

<표 4-40> 항목별 공통어휘 실현 정도(%)

세대구분 항목	노년층			장년층			청소년층		
	쓴다	쓰지 않지만 뜻을 안다	모른다	쓴다	쓰지 않지만 뜻을 안다	모른다	쓴다	쓰지 않지만 뜻을 안다	모른다
① 새:째	68	14	18	41	21	38	7	10	83
② 건추	76	19	5	57	15	28	5	6	89
③ 뺌짱우	36	20	24	22	13	45	0	3	95
④ 꽤(과일)	67	27	6	70	21	9	18	20	62
⑤ 웅굴	43	25	32	40	16	31	0	11	89
⑥ 소금젱이	69	30	1	48	27	7	34	23	43
⑦ 춘천이여	4	42	54	9	24	48	1	4	95
⑧ 불기	71	4	25	35	15	30	4	4	92
⑨ 또바리	55	33	12	53	19	9	2	10	89
⑩ 풀미풀미	5	25	70	8	14	60	0	0	100
⑪ 사마구	67	33	0	56	18	7	45	43	12
⑫ 아재	58	42	0	50	26	4	18	50	32
평균 실현율	78			60			27		

　　위의 語彙 사용 狀態는 다음과 같은 결과를 나타내 준다. 우선

老年層부터 살펴보면, 앞에서 밝혔듯이 조사대상이 된 語彙는 모두 이 方言 老年層 話者들이 쓰고 있는 것이다. 따라서 老年層의 경우 모든 語彙에 대하여 그 쓰임의 정도가 높게 나타남은 당연하다고 할 수 있다. 따라서 왕겨를 '새:째'라고 하거나, 시래기를 '건추', 잠자리를 '소금젱이', 상추를 '불기', 버마재비를 '사마구', 또아리를 '또바리'라고 하는 것 등의 단어가 높은 비율을 나타내고 있는 것에 대하여는 당연한 결과로 받아들인다. 다만 그 쓰임의 정도가 매우 낮게 나타나고 있는 '춘천이여'나 '풀미풀미'와 같은 단어에 대하여는 조금 意外라 할 수 있다.

여기서 우리는 '질경이'(뺌짱우)와 '웅굴'(우물)의 쓰임이 낮게 나타난 것에 대하여도 놀라움을 떨칠 수 없다. 특히 이들 단어는 우리 일상에서 쉽게 접할 수 있는 것 중에 하나이고 또한 老年層에서 이 단어의 쓰임은 여전히 유효하다고 믿기 때문이다. 이것에 대하여는 다음과 같은 이유로 답변을 대신하고자 한다. 이는 응답자들이 '쓴다'고 하고서 표준어를 묻는 란에 방언형을 그대로 두거나 공란으로 둔 것을 모두 '모른다'로 처리했기 때문이다. 표준어에 '질경이'라고 응답한 경우만 '쓴다'로 인정하였다. 이러한 조건은 壯年層과 靑少年層에도 적용되었으며 모든 조사 項目에 고루 그러하였다. 이것이 '웅굴'에 그대로 적용되었음은 물론이다.

사실 아직도 우리의 농촌 사회에서는 '웅굴'과 같은 단어는 여전히 잘 쓰이는 단어이다. 그러한 현실을 감안하여 응답된 내용을 무시하거나 비율 환산하는 규칙을 다르게 적용시킬 수는 없다는 생각에, 설문지에 나타난 그대로를 다른 단어의 분석 방법과 같이 처리하였다. 혹 이같이 처리함으로써 그 쓰임의 정도를 실제보다 적게 나타내 보일 수 있다는 우려도 없진 않다. 하지만 이러한 現象이 모든 世代에 전체적으로 고르게 적용된 것이라면 世代를 구분하여 變

化狀態를 확인하려는 데는 크게 문제가 되지 않겠다는 생각에서 이 문제에 관한 한 별다른 방법을 시행치 않기로 했다.

여기서는 '춘천이여'와 '풀미풀미'와 같은 단어가 우리의 생활에서 점차 멀어져 가고 있음이 마음을 어둡게 한다. '춘천이여'는 그네를 뛰면서 높이 오를 때 흥에 겨워 내는 소리이다. 이는 이제 그 놀이 자체가 사라져 가고 없는 형편이고 보면 老年層에서조차 그 소리의 뜻을 쉽게 認知하지 못함은 당연하다. '풀미풀미'도 또한 이와 같다. 이것은 갓난아기를 세워 붙잡고 좌우로 흔들면서 내는 소리인데 이 또한 현대 社會에서 아기를 키우는 대상과 방법이 바뀌어져 이제 이 단어를 소리로 듣기는 매우 어렵게 되었다. 우리의 생활 속에서 함께했던 이 단어들이 代替語도 남기지 않고 사라져 감은 매우 안타까운 일이다. 이들 단어에 대하여 靑少年層에서는 단 한 명도 '안다'는 응답이 없었다.

마지막으로 '아재'를 살펴본다. 이 語彙에 대하여는 그 意味를 물어봐야 당연한데 여기서는 그 말을 사용하고 있는지 여부를 묻는 것으로 대신하였다. 이것은 親族 間의 呼稱도 예전과 다르게 標準語를 사용하는 경우가 많기 때문에 그 쓰임의 정도를 확인해 보는 것도 좋을 듯해서다. 결과는 예상한 대로였다. '모른다'라고 한 사람은 없었지만 막상 '쓴다'고 한 경우도 그리 높지 않았다. 이것은 老年層에서도 고모나 이모 혹은 삼촌을 '아재'라고 부르기보다는 標準語로 대신하고 있기 때문이다. 사실 현대의 老年層은 예전과 다르게 많은 餘暇 시간을 TV나 각종 문화 행사에 할애하고 있다. 따라서 標準語에 쉽게 노출이 되기는 여느 世代와 다름이 없다. 따라서 젊은 世代에서 變化되어 나타나는 語彙가 老年層에서도 變化를 일으키리라는 것은 충분히 짐작가는 일이다.

위와 같은 현상들이 壯年層에 이르러서는 그 실현 정도가 좀더 내려가는 것으로 나타난다. 이 世代에서는 '쓰지 않지만 무슨 뜻인지 안다'는 항목에 대하여 알고 있는 것으로 간주하여 처리한다면 老年層의 그것과 크게 달라지지 않는다. 전체적인 語彙의 쓰임 정도도 老年層과 같은 추세로 변해가고 있다. 이 語彙 調査의 결과에 문제를 찾는다면 靑少年層이다. 이 世代에 이르러서는 모든 語彙의 쓰임 정도가 심각할 정도로 절대적으로 낮게 나타난다. 이것은 이들 세대의 교육환경이 절대적인 영향을 끼친 것이라 간단히 이해하기로 한다. 위에서 살폈듯이 老年層에서조차 그 변화가 눈에 띄게 이루어지고 있는데 靑少年層의 이런 변화는 자연스러운 것으로 받아들임이 당연하다.

다음은 지역적으로는 다소의 차이를 가지고 있으나, 이 方言의 言語的 특징을 간직하고 있는 語彙들에 대하여 그 쓰임의 정도를 살펴보기로 한다. 이들 語彙는 주로 衣·食·住와 動·植物에 관련된 것들로 우리 주변에서 쉽게 찾을 수 있는 것들이다. 다만 주로 빈번하게 쓰이는 것과 그렇지 못한 것이 하나의 方法論으로 처리되었음이 약간 염려가 된다. 이 또한 실현 비율을 낮추는 것에는 약간의 변수로 작용될지는 몰라도 전체적인 흐름을 판단하는 것에는 문제가 없으리라는 생각이다. 그 결과표를 보기로 한다.

〈표 4-41〉 항목별 어휘 실현 정도(%)

항 목 조 사	세대구분		
	노년층	장년층	청소년층
누룽지 → 소쩽이 / 소꼴기 / 소디끼	77	65	25
멍게 → 멍우 / 행우	69	59	7
간장 → 지렁 / 지렁물	67	60	27
성냥 → 당황	74	72	32
덫 → 창애 / 옹노	23	0	0

항 목 조 사	세대구분		
	노년층	장년층	청소년층
노루 → 놀겡이	85	50	13
까치 → 까쳉이	63	55	19
모기 → 모겡이	77	72	44
솔가리 → 검불 / 소갈비 / 갈비 / 소까지	53	56	0
관솔 → 소껭이	62	43	7
청미래덩굴 → 퉁갈나무 / 땀바구 / 깜바구	16	8	0
진달래 꽃 → 참꽃 / 창꽃	84	75	45
수수 → 수수 / 쉬시 / 대끼지	36	8	0
사과 → 사괘	64	60	50
복숭아 → 복쌍	74	65	38
오디 → 오두 / 뽕오두	67	45	0
도토리 → 굴밤 / 꿀밤 / 구람 / 속소리	70	72	19
냉이 → 나셍이	80	65	19
기와집 → 재:집	64	60	0
초가집 → 지풀집 / 초개집	69	58	7
옆마당 → 사랑머치 / 아룻짝(아랫짝) / 굴뚝모탱이	8	0	0
뒷마당 → 됀 / 뒤란	77	71	19
안방 → 구둘	31	8	0
사랑방 → 상방	16	8	0
화장실 → 정낭 / 정라 / 뒤깐	77	72	44
부엌 → 정지	70	65	63
선반 → 실공 / 실광	54	50	13
낙수물 → 지시랑물	31	28	7
평균 실현율	59	49	18

앞에서 밝혔듯이 보통 많이 쓰이는 단어와 그렇지 못한 단어로
구분지어 조사를 했는데 결과 또한 확연히 구분되어 나타났다. 주변
에서 자주 들을 수 있는 '누룽지'나 '멍게', '성냥', '진달래꽃'과 같
은 단어는 높은 비율로 전 세대에 걸쳐 본인이 직접 사용하고 있음

을 나타내 주었다. 하지만 '덫'이나 '청미래덩굴', '수수', '옆마당', '사랑방', '낙수물'과 같은 단어는 거의 쓰지 않는다는 응답을 주었다. 이것은 이들 단어를 써야 하는 환경이 전혀 설정되어 있지 않은 것에 기인한 결과라 할 수 있다. 이 단어들은 老年層에서부터 그 소멸의 징조가 보인다. 이들 단어의 쓰임이 특히 낮게 나타나는 것에 대하여는 우리들의 일상과 衣·食·住를 연계하여 생각하면 쉽게 그 이유를 찾을 수 있다.

현대인들의 생활에서 가장 빠르게 변화되고 있는 것은 무엇보다도 住居에 관한 것일 테다. 이는 기존의 단독집, 특히 기와집이나 초가집은 대부분 아파트로 바뀌고, 혹간 단독집을 짓는다 해도 대부분 양옥집이고 보면 '옆마당'이나 '사랑방' '낙숫물'과 같은 단어를 생각해 내지 못함은 너무도 당연하다.[39]

위 단어들에 대한 변화 상태는 매우 급하게 진행되고 있다. 이는 壯年層과 靑少年層의 실현율을 보면 더욱 자명해진다. 특히 靑少年의 경우는 '덫', '솔가리', '수수', '오디' 등과 같은 단어에 대하여는 그 자체를 전혀 모르겠다고 한 경우가 태반이었다.

우리는 여기서 이 語彙의 실현율이 <표 4-40>에서 살펴본 공통 어휘의 실현율보다 낮은 결과를 보여주고 있음을 알 수 있다. 물론 이것에 대하여는 좀처럼 쓰이지 않아 소멸될 위기에 있는 語彙가 몇 포함되어 있어 전체적으로 낮은 현상을 보여준 것으로 대신 이해할 수 있겠지만 사실은 좀처럼 쓰이지 않은 言語조차 이 지방 方言

---

39) 老年層의 言語가 표준어에 同化되어 그 쓰임의 정도가 낮게 나타나는 것은 이제는 너무도 당연한 일이다. 이번 답사를 통해 새삼 느낀 사실인데, 양양 토박이 어르신께 '간장'에 대한 질문을 했을 때 일어난 일이다. 계속 '간장'이라고 하셔서 혹시 "'지렁'이라고 하시지는 않으신가요?"라고 했더니 "그거 옛날에나 했던 소리지, 이제 누가 그런 말 써" 하시는 것이었다. 따라서 老年層 話者들이라도 자신들이 알고 있는 사투리에 대하여 대체될 표준어가 있으면 그것을 적극 수용하여 쓰고 있다.

의 한 모습이고 보면 그 정도는 사뭇 심각하다 아니할 수 없다.[40)]

語彙의 쓰임에 대하여는 본 연구자의 석사 논문[41)]에서도 이와 같은 방법으로 조사되었다. 결과는 대체로 지금과 같은 추세를 나타낸다. 하지만 老年層의 경우가 다른 세대와 달리 20%나 더 낮아진 것에 대하여는 잠시 再考해 볼 필요를 느낀다. 물론 地域이 江陵에 한정되고, 語彙도 江陵에서만 쓰이는 것으로 하여 어느 정도의 차이는 당연할 수도 있다. 하지만 方言形이 질문의 대상이었음을 생각하면, 이러한 현상은, 언어변화가 老年層에서 매우 빠른 속도로 진행되고 있음을 알게 하는 좋은 예가 되는 것이다.

---

40) 이 語彙의 조사는 地域別로 구분하여 세대별에 따라 그 단어를 쓰고 있는지 정도를 물었다. 여기에서 江陵의 제보자는 江陵의 語形을, 襄陽 제보자는 襄陽의 語形을, 三陟 제보자는 三陟의 語形을 쓰는 것을 원칙으로 했다. 하지만 혹간 江陵 제보자가 三陟 방언형을 쓴다고 하는 경우에도 그것이 이 方言의 言語的인 특징을 드러내주고 있는 것이면 그 쓰임의 정도를 인정하기로 했다. 이유는 간단하다. 이것은 인접 地域의 言語 同化 現象에 따라 두 지역에서 共通化되어 쓰이는 것들이 꽤 있기 때문이다. 그 대표적인 것이 '누룽지'이다. 이것은 원래 江陵에서는 '소꼴기'형이 우선이고 三陟에서는 '소디끼'형이 우선으로 되어 있다. 하지만 본 연구자가 답사를 다니면서 살핀 것은 江陵에서도 많은 사람들이 '소데끼', '소디끼', '소드끼'를 쓴다는 것이다. 어떤 이는 원래 '소디끼'가 강릉 사투리라고 말하기도 했다.

41) 전혜숙(1995)에서는 노년층 89%, 장년층 54%, 청소년층 14%의 응답률을 나타냈다. 본 논의와 비교할 때 老年層의 경우는 20%가 더 낮아졌고 壯年層과 靑少年層은 각각 1%, 9% 더 높아진 현상을 보인다. 壯年層과 靑少年層에서 높게 나타난 현상은 질문 어휘 중에 '사마구'와 '아재'의 영향이 매우 컸기 때문이다. '사마구'의 경우는 이 方言圈이 아직은 시골에 속하는 小都市이고 늘 자연과 접해 있는 생활이 많고 보면 곤충의 이름을 나타내는 어휘의 뜻을 짐작하기란 그리 어려운 일이 아니다. '아재'의 경우 또한 표준어형을 쓰고는 있지만 주변에서 쉽게 들을 수 있는 것이고 보면 이 두 어휘가 靑少年層이라고 해서 아주 생소한, 그래서 그 뜻을 '모른다'고 할 수 없는 것은 당연하다. 이것은 '쓰지 않지만 무슨 뜻인지 안다'에 두 項目 모두 높게 나타나고 있음에서 충분히 증명된다.

〈표 4-42〉 세대별 어휘 실현 비율(%)

항 목 　　세대구분	노년층	장년층	청소년층
평균 실현율	69	55	23

　지금까지 살펴본 이 方言의 語彙 변화에 대한 世代別 실현 양상에 대하여 총괄적인 통계를 통합하여 정리하면 다음과 같다. 이것은 모두 40개의 語彙 項目에 따른 熟知度를 종합한 것으로 老年層 69%, 壯年層 55%, 靑少年層 23%로 世代間 아주 확실하게 구분되어 나타난다. 위 표에서 보듯이 老年層에서는 이 方言의 語彙 사용이 대체로 실행되고 있는 상태로 볼 수 있으나, 그 정도가 대체로 낮게 나타난다. 이러한 상황이 靑少年層에 와서는 이 方言의 語彙의 특징을 거의 찾아볼 수 없는 상태에 이르게 된다. 이것은 매우 빠른 속도로 진행되고 있다. 이러한 현상이 나타나게 된 원인으로는 여러 가지가 있겠지만, 가장 큰 것은 학교 교육에 의한 표준어 사용과 TV를 위시한 각종 매스컴에 의한 효과로 볼 수 있다. 또는 環境變化, 즉 生活形態와 주거시설의 변화,42) 그리고 世代差에 따른 놀이 문화의 변화 등도 한 이유로 등장한다. 이는 사투리를 써야 할 상황이 설정되어 있지 않은 까닭에서 오는 변화라고 볼 수 있다.

---

42) '새:째'의 경우는 특히 베개에 넣고 사용했던 것으로 지금의 베개의 재료가 바뀐 것에 큰 영향을 입었다고 볼 수 있다. '건추'의 경우는 기존의 국거리에 많이 사용되었으나 지금은 거의 먹지 않는 음식으로 되어 있고, '웅굴'의 경우 대부분 수돗물에 의존하고 있으며 가정에서는 정수기 물이라는 語彙에 더욱 익숙되어 있다. 이 외에도 '또바리'의 경우도 그 사용 범위가 확실하게 축소된 語彙로 볼 수 있는데, 이는 짐을 머리에 이는 문화가 거의 사라진 것에 기인한다고 볼 수 있다. 대부분 짐을 무리해서 이거나 매는 경우는 거의 없으며 가벼운 것은 손에 들고 조금 무겁다고 생각하는 것은 배달을 시키고 있기 때문이다.

제5장 직업에 따른 언어변화

1) 자 음

(1) 경음화 현상

平音이 硬音으로 되는 것을 硬音化라고 한다.

본 章에서는 語頭 平音이 硬音으로 발음되는 현상을 위주로 江原道 東海岸 方言의 社會階層, 즉 職業에 따른 변화를 살펴보기로 한다. 硬音化의 경우는 話者 개인의 心理的인 관점에서 이루어지고 있는 言語現象인 만큼 표준어를 강조하고 있는 職業群에서 개인의 발화 特性이 인정될 수 있는가? 하는 것이 이 論議의 주요 쟁점이 된다. 이러한 현상을 조사하기 위하여 모두 35개의 단어가 조사되었으며 이들 단어는 무성음 계열의 예사소리가 된소리로 발음되고 있는 것으로 자음순서에 따라 구분하였다.[1]

調査된 단어들에 대한 職業別 실현 양상을 보면 다음과 같다.

---

[1] 硬音化 現象을 조사하기 위하여 선정된 단어에 대하여는 4장 1. 1) (1)을 참조.

<표 5-1> 직업별 경음화 실현 정도(%)

직업별	경음화분류	평균 실현율	지역				
			고성	양양	강릉	삼척	*서남 지역
공무원 (회사원 포함)	ㄱ 경음화	68	78	65	78	79	87	74
	ㄷ 경음화		63	61	60	61	69	62
	ㅂ 경음화		69	51	74	70	80	75
	ㅅ 경음화		47	35	51	52	50	40
	ㅈ 경음화		82	71	85	85	87	84
상업 (자영업, 서비 스업 포함)	ㄱ 경음화	76	79	78	63	83	91	79
	ㄷ 경음화		82	72	89	72	92	76
	ㅂ 경음화		74	68	74	69	82	82
	ㅅ 경음화		61	61	60	50	70	50
	ㅈ 경음화		82	95	60	79	94	84
농 업	ㄱ 경음화	60	66	59	58	69	78	71
	ㄷ 경음화		62	54	40	76	75	72
	ㅂ 경음화		52	45	40	55	66	59
	ㅅ 경음화		38	28	30	41	52	41
	ㅈ 경음화		79	81	66	79	89	83
어 업	ㄱ 경음화	74	72	−	68	60	88	−
	ㄷ 경음화		81	−	85	65	92	−
	ㅂ 경음화		72	−	78	46	92	−
	ㅅ 경음화		57	−	52	50	68	−
	ㅈ 경음화		88	−	93	80	90	−

여기서 우리는 모든 職業에 걸쳐 대체로 硬音化가 높게 실현되고 있으며 商業과 漁業에서 특히 그러함을 알 수 있다. 또한 漁業의 경우는 다른 職業에 비해 조사지역이 제한되어 있음도 알 수 있다. 이에는 여러 가지 이유가 있었으나 무엇보다 앞선 것이 제보자 찾기 가 어려웠음이다. 운이 좋아 적절한 제보자를 찾았다 하더라도 쉽게

면접을 허락하지 않는 것이 이 職業에 종사하는 사람들의 態度이다. 이것은 각 地域別로 간접 설문지를 배포하고 회수하였을 때도 나타난 현상인데, 職業란에 漁業이라고 기록된 것이 한 매도 없었다. 이 職業에 대하여는 친척과 知人을 찾아 별도의 부탁을 할 수밖에 없었는데, 그러다 보니 자연 調査 地域이 한정되었고, 조사대상 인원 수도 다른 職業에 비해 상대적으로 적었다. 설문지를 회수 받는 데도 오랜 시간이 소요되었다.

  이 方言의 硬音化 실현 양상을 職業에 따라 정리해 보면 다음과 같다. 우선 子音 종류별로는 /ㅈ/계 단어들이 가장 두드러지는 硬音化 現象을 나타내고 있으며 /ㅅ/계 단어들이 대체로 낮게 나타난다. 地域別로는 三陟이 가장 높게 나타나고 있으며, 職業別로는 商業에서 가장 높고 農業에서 가장 낮은 것으로 나타난다. 이상과 같은 여러 가지 조사 결과를 토대로 하여 이 方言의 硬音化 實現 樣相을 도표로 정리해 보면 아래와 같다.

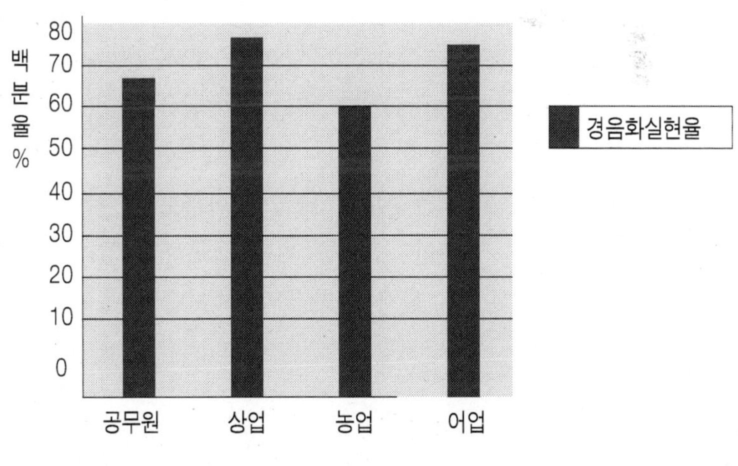

〈도표 4〉 직업별 경음화 실현 양상(%)

여기서 우리는 公務員 68%, 商業 76%, 農業 60%, 漁業 74%로써 모든 職業에 걸쳐 두루 높게 실현되고 있는 硬音化 現象을 살펴볼 수 있으며, 특히 商業과 漁業에서 그러함을 알 수 있다. 사실 職業的인 특성으로 인하여 漁業의 경우 강한 된소리를 발음하고 있을 것이라는 예상은 당연하다. 하지만 商業의 경우는 약간 例外的이라 할 수 있는데, 이는 이 職業에서 業務를 수행함에 있어 특별한 言語的 規制를 받지 않고, 스스로의 이익을 추구하기 위해 社會群에 어울리는 言語를 구사해야 함이 당연한 것임을 고려한다면, 어쩌면 이 것은 자연스러운 현상일 수도 있다. 또한 硬音을 發話한다는 것이 의사소통의 정확성과 의미 강조를 위함이 한 목적이고 보면 자신들의 일을 홍보함에 있어, 의미 강조를 위한 강한 소리는 너무도 당연한 결과가 아닌가 한다. 다만 여기서 우리는 公務員에서 높게 나타난 硬音化 現象에 대하여는 적절한 이유를 찾기가 쉽지 않음을 알수 있다. 보통 公職에 종사하는 경우 標準語 사용은 물론이고, 친절과 어울리는 부드러운 말씨의 사용에 대하여 매우 민감하게 반응하기 때문이다. 실제적으로 조사를 다니면서 몇몇 公務員과 대화를 했을 때 자신들은 標準語를 사용하고 있으며, 또한 부드러운 말씨와 친절에 대하여 늘 잠재적인 의식을 가진다고 했다. 하지만 막상 설문지에 나타난 公務員의 응답 결과는 農業보다 훨씬 높게 나타났고, 이것은 우리 사회가 이미 硬音化의 發音에 너무도 당연하게 익숙해있어, 자신의 발음이 경음인지조차를 깨닫지 못하고 있다는 사실을 알게 했다. 이러한 현상은 현재 우리 국어의 모습을 보여주는 것이기도 하다.

(2) 비모음화 현상

職業이 다름에 따라 나타날 수 있는 鼻母音化는 어떠한 양상으로 나타나고 있는지 살펴보기로 한다. 이것을 위해서는 子音 ‘ㅇ’과 ‘ㄴ’의 弱化 現象으로 구분하여 정리하기로 한다.

〈표 5-2〉 직업에 따른 비모음화 실현 정도(%)

직업별	음운현상		조사항목	평균 실현율	지역별				
					고성	양양	강릉	삼척	*서남지역
공무원	‘ㅇ’의 약화 [ŋ]	곡용	장+에(市場)[č~a~:]	18	18	0	10	25	37	20
		형태소내부	고뱅이[kobɛ~ĩ~]	39	29	23	20	20	50	55
			생우[sɛ~u~]		83	89	90	68	84	80
			멍게(행우)[mə~u~ / hɛ~u~]		23	0	20	25	44	35
			모겡이[moge~ĩ~]		38	12	30	53	57	20
			호멩이[home~ĩ~]		31	12	20	39	50	65
			마뎅이[made~ĩ~]		28	34	30	10	37	30
	‘ㄴ’의 약화 [n]	곡용	삼촌+이[smčʰ~u~ĩ]	12	12	0	0	17	30	10
			손(手)+으로[so~ĩ~ro]		9	0	0	17	17	10
			돈+이[to~ĩ~]		15	0	20	10	30	10
		형태소내부	어머니[ʌmə~ĩ~ewv]	49	57	34	40	68	84	65
			할머니[halmə~ĩ~]		52	23	30	68	84	50
			주머니[čumə~ĩ~]		36	12	20	39	70	50

직업별	음운현상		조사항목	평균실현율	지역별				
					고성	양양	강릉	삼척	*서남지역
상업	'ㅇ'의 약화 [ŋ]	곡용	장+에(市場)[čã̃:]	20	20	0	0	35	45	15
		형태소내부	고뱅이[kobɛ̃ĩ]	50	38	34	0	39	77	25
			생우[sɛ̃ũ]		66	89	57	72	45	48
			멍게(행우)[məũ / hɛ̃ũ]		49	12	100	39	44	58
			모겡이[mogẽĩ]		24	23	0	39	33	43
			호멩이[homẽĩ]		59	56	35	53	89	43
			마뎅이[madẽĩ]		62	56	45	72	72	29
업	'ㄴ'의 약화 [n]	곡용	삼촌+이[samčʰũĩ]	13	15	0	0	15	45	29
			손(手)+으로[soĩro]		9	0	0	0	34	15
			돈+이[toĩ]		14	0	0	0	56	15
		형태소내부	어머니[ʌməĩ]	51	51	12	50	86	56	58
			할머니[halməĩ]		51	23	52	72	56	50
			주머니[čuməĩ]		49	23	70	45	56	50
농업	'ㅇ'의 약화 [ŋ]	곡용	장+에(市場)[čã̃:]	30	30	0	20	50	50	9
		형태소내부	고뱅이[kobɛ̃ĩ]	47	48	0	65	56	68	60
			생우[sɛ̃ũ]		81	100	80	50	93	71
			멍게(행우)[məũ / hɛ̃ũ]		38	0	42	50	58	30
			모겡이[mogẽĩ]		29	0	40	30	46	46
			호멩이[homẽĩ]		33	0	40	60	32	52
			타작[madẽĩ]		50	34	80	52	32	30

직업별	음운현상		조사항목	평균실현율		지역별				
						고성	양양	강릉	삼척	*서남지역
농업	'ㄴ'의약화[n]	곡용	삼촌+이[smčʰ~u~i]	10	18	0	0	30	39	8
			손(手)+으로[so~i~ro]		2	0	0	0	8	0
			돈+이[to~i~]		9	0	20	0	15	0
		형태소내부	어머니[ʌmə~i~]	44	49	0	50	70	75	65
			할머니[halmə~i~]		47	0	60	60	68	60
			주머니[čumə~i~]		34	0	40	50	46	50
어업	'ㅇ'의약화[ŋ]	곡용	장+에(市場)[č~a~:]	17	17	—	50	0	0	—
		형태소내부	고뱅이[kobɛ~i~]	39	9	—	0	25	0	—
			생우[sɛ~u~]		100	—	100	100	100	—
			멍게(행우)[mə~u~ / hɛ~u~]		42	—	45	54	25	—
			*모겡이[moge~i~]		29	—	25	25	35	—
			*호멩이[home~i~]		50	—	100	25	25	—
			*마뎅이[made~i~]		0	—	0	0	0	—
	'ㄴ'의약화[n]	곡용	삼촌+이[smčʰ~u~i]	23	25	—	25	0	50	—
			손(手)+으로[so~i~ro]		34	—	0	0	100	—
			돈+이[to~i~]		9	—	25	0	0	—
		형태소내부	어머니[ʌmə~i~]	32	34	—	50	25	27	—
			할머니[halmə~i~]		34	—	50	25	27	—
			주머니[čumə~i~]		26	—	25	25	27	—

職業에 따른 鼻母音化 실현 양상은 그 형상이 매우 다양하게 나타난다. 우선 公務員의 경우 子音 'ㅇ'이 약화되어 鼻母音化를 일으

키는 현상은 명사에 조사가 결합될 때 18%의 실현율을 보이고, 形態素內部에서 일어나는 경우는 39%의 실현율을 각각 나타내 보인다. 또한 'ㄴ'이 약화되면서 일어나는 鼻母音化 現象은 명사에 조사가 결합될 경우 12%를 나타내고, 形態素內部에서 일어나는 'ㄴ'의 약화 현상은 49%의 실현율을 나타낸다. 이러한 현상이 商業에서는 각각 20%, 50%, 13%, 51%를 나타내고 農業에서는 30%, 47%, 10%, 44%를 나타냄으로 하여 비록 큰 차이는 아니지만 商業이 農業보다 높은 鼻母音化 실현 현상을 나타내고 있음을 알 수 있다. 漁業의 경우 'ㅇ'의 약화 현상으로 일어나는 鼻母音化 실현율은 17%, 39%이고, 'ㄴ'의 약화 현상으로 일어나는 鼻母音化는 23%, 32%이다. 이상과 같은 결과를 종합하여 이 方言의 鼻母音化 실현 현상을 보면 商業 ← 農業 ← 公務員 ← 漁業의 순서로 나타남을 알 수 있다. 여기서 우리는 職業에 따라 각각 다르게 실현되고 있는 鼻母音化 실현율에 대하여 再考해 볼 필요를 느낀다.

일반적으로 한 方言의 언어 현상을 기준할 때는 農業을 기본으로 설정한다. 따라서 이 현상 또한 당연히 農業이 우세하게 앞설 것으로 기대한다. 하지만 여기서는 그 기대가 사뭇 어긋나고 있다. 이것에 대하여는 다음과 같이 생각해 볼 수 있다. 우선은 農業에 종사하는 사람들의 언어 습관이 예전과 다르게 표준어에 많이 同化되어 있다고 보는 것이다. 이는 여러 가지 영농기술의 발달과 각종 매스컴, 문화, 교육 등의 영향으로 인하여 농사에 관련된 것들뿐만 아니라, 그와 주변된 모든 것에 대하여 많은 부분 標準語形의 言語를 선택하여 사용하고 있음이다. 아주 간단한 예를 하나 들어보기로 한다. 예전에 농촌에서는 여름날 날아다니는 '모기'를 退治하기 위하여 약을 쓰기보다는 모기가 싫어하는 어떤 것, 불을 피우거나 하는 경우가 많았다. 따라서 여름 한날 내내 '모기'를 '모겡이'라고 發話할 수 있는 기회가 많았다. 하지만 지금은 대부분 모기약을 쓰고 있어 '모겡이'란 어휘는 그리 흔하게 사용되지 않는다. 즉 '모겡이 약'을 찾지 않는다는 것이다. 이는 '모겡이 날아다닌다. 모기약 가져와라.'라고 發話하는 것은 어색하기 때문에 표준어로 대체되어 쓰이는 모기를 통상적으로 쓰고 있다는 것이다. 어떤 경우 농촌의 젊은 세대들은 '모겡이'를 인식하기 전에 '모기'를 깨우쳐 버린 경우가 많다고도 할 수 있다. 이러한 현상은 농사를 짓기 위한 다른 것에도 고루 적용된다고 볼 수 있다. 따라서 농업에 종사한다고 해도 다른 職業에 종사하는 이들과 언어 사용에 있어 다를 바가 없다는 생각이다.

다음으로 생각해 볼 수 있는 것은, 제보자들이 설문지 작성 시 본인들의 실제 발음에 혼동을 일으켰다고 보는 것이다. 그것은 실제적으로 '모기는 항목에 자신들의 발음을 '모겡이'[moɡeŋi]라고 응답한 경우가 많았기 때문이다. 이는 '모기'[moɡi]와 '모겡이'[moɡeŋi], '모게이'[moɡeˉiˉ]의 응답 형태가 3 : 4 : 3의 형태를 나타내고 있었는데, 실제 자신들의 발음이 [moɡeŋi]이어서 그렇게 응답한 경우도 있겠지만, 대부분은 그 발음을 표기할 때 정확하게 어떠한 형태를 취해야 하는지 몰라서 그러한 것이기도 하다. 이것은 子音 'ㅇ'[ŋ]의 音價에 대한 발음을 정확히 筆記할 수 없는 어려움 때문에 나타난 현상이라 할 수 있다.

이 子音 'ㅇ'의 音價 표기에 관한 것은 農業뿐만 아니라 商業 특히 漁業의 경우도 충분히 재고되어야 한다. 응답 가운데 많은 부분이 '모기'를 '모겡이'[moɡeŋi]로 '호미'를 '호멩이'[homeŋi]로 '타작'을 '마뎅이'[madeŋi]로 발음한다고 하였다. 이것은 公務員이 '모기'를 '모기'[moɡi]라 하고 '호미'를 '호미'[homi]라고 발음한다고 한 것과는 차원이 다른 것이다. 이 鼻母音化에 관한 것은 충분한 검토의 시간이 필요한 문제로 남겨 두기로 한다. 사실 이러한 현상은 가능한

한 직접 면접을 통한 결과를 자료로 삼아야 하는데 간접 설문지에
의존하고 보니 결과에 신뢰성을 부여하기가 주저된다.

2) 모　음[2]

(1) 단모음 'ㅚ'와 'ㅟ'

본 절에서는 單母音 'ㅚ'와 'ㅟ'의 변화에 대하여 職業과 관련하
여 살펴보기로 한다. 이것을 위하여 먼저 單母音 'ㅚ'와 'ㅟ'의 音價
를 확인하고, 이어서 單母音 'ㅚ'와 二重母音 'ㅔ', 'ㅐ'의 音價에
대해서도 살펴보기로 한다. 이것은 單母音 'ㅚ'[ø]가 二重母音으로
변화되어 나타날 경우 대개는 'ㅐ'[wɛ]이거나 'ㅔ'[we]로 실현되기
때문이다. 그 두 二重母音을 함께 조사해 봄은, 母音體系의 변화 양
상을 좀더 확실하게 확인하기 위함이다. 또한 'ㅣ'[i]도 함께 살펴보
기로 한다. 이는 단모음 'ㅟ'[y]가 單母音으로 실현될 경우 'ㅣ'[i]로
된다는 사실을 알아보기 위함이다.
　　조사 방법은 語頭에 실현되었을 경우와 非語頭에 실현되었을 경
우 또한 非語頭 이음절 이하의 경우로 나누어 살펴보기로 한다.

---

2) 社會階層에 따른 音韻의 조사 時 제보자에 따라 작은 偏見이 있었음을
　밝힌다. 이는 農業과 漁業에 그러한 것으로 다른 階層보다 노년층 世代
　가 더 많이 조사되었다. 따라서 이 두 계층은 이 方言의 音韻 특징을
　결정짓는 것에 加點을 받았다고 할 수 있다.

〈표 5-3〉 직업별 모음 'ㅚ'의 실현 양상

모음 'ㅚ' 구분		직업별 공무원	상 업	농 업	어 업
어두	외갓집	wE— (ø —we—wε)	ø — (wε—we—wE—E)	ø — (we)	ø — (ε—e—we)
	외삼춘	wE— (ø —we—wε)	ø — (wε—we—wE—E)	ø — (we)	ø — (ε—e—we)
	외상값	wE— (ø —we—wε)	ø — (wε—we—wE—E)	ø — (we)	ø — (ε—e—we)
	외나무 다리	wE— (ø —we—wε)	ø — (wε—we—wE—E)	ø — (we)	ø — (ε—e—we)
	외치다	wE— (ø —we—wε)	ø — (wε—we—wE—E)	ø — (we)	ø — (ε—e—we)
	외우다	wE— (ø —we—wε)	ø — (wε—we—wE—E)	ø — (we)	ø — (ε—e—we)
비어두	첫음절 되(升)	ε (wE— ø —we—wε)	ε (wε— ø —we—E)	ø (we—wE—ε —e—E)	ε (ø —we)
	첫음절 쇠(金)	wE (ε— ø —we—wε)	ø (ε—wε—we—E)	ø (we)	ø (ε—we)
	둘째음절 한되반	—ε (ɥE)	—wε (ø —we—E)	— ø (we—wE—ε —e—E)	—we (ø —ε)
	둘째음절 석쇠	—ɥE (ε—we)	—we (ø —wε—E)	— ø (we—wE)	—we (ø —wE—ε)
	둘째음절 참외밭	—wE (we—wε)	—wε (we—wE—ε)	— ø (we)	— ø (we—ε)

우선 단모음 'ㅚ'를 살펴보면, 職業에 따라 그 각각의 실현 정도에 差異가 있음을 알 수 있다. 그 내용을 좀더 자세하게 살펴보면, 우선 이 母音이 語頭에 실현되었을 경우 農業과 漁業, 商業의 경우엔 대체로 圓脣性을 유지한 [ø]를 나타내고 있으나 公務員의 경우는

二重母音 [wE]를 나타낸다. 이것이 非語頭 둘째 음절에서 실현될 경우에는 農業과 漁業에서는 [ø]가 실현되고 商業과 公務員은 각각 [wɛ]와 [wE]가 실현된다. 이 母音은 非語頭에서 실현되었을 경우 매우 복잡하게 나타난다.

非語頭, 즉 子音이 선행되고 그것이 閉鎖音(stop)인 '되'의 경우엔 農業을 제외한 모든 職業에서 [ɛ]가 우세하게 나타난다. 하지만 摩擦音(fricative)인 '쇠'의 경우엔 公務員을 제외한 모든 職業이 [ø]를 더 많이 나타내 보인다. 이것이 둘째 음절 이하에서 실행될 경우엔 더욱 복잡해진다. 우선 閉鎖音의 경우 農業의 경우엔 單母音 [ø]가 우세하게 실현되고, 漁業의 경우와 商業의 경우엔 二重母音이 우세하게 실현된다. 이때 漁業의 경우엔 이중모음 '게'[we]가 실현되며, 商業의 경우엔 '내'[wɛ]가 더 우세하게 실현된다. 公務員의 경우는 변이된 單母音 'ㅐ'[ɛ]가 실현되기도 한다. 또한 摩擦音의 경우 農業은 單母音 [ø]가 우세하게 실현되고 있으나, 漁業과 商業은 二重母音 '게'[we]가 더 우세하게 실현된다. 公務員의 경우 또한 二重母音으로 실현되는 현상이 우세하게 나타나고 있으나, 다른 職業에 비해 多少 圓脣性이 약한 [uE]가 나타난다. 즉 이 方言의 單母音 'ㅚ'[ø]의 실현 양상은 職業에 따라 매우 다양한 모습을 보이고 있으며 음성 환경에 따라서도 많은 차이를 보인다. 語頭에 실현될 경우엔 대체로 單母音 [ø]가 실현되고, 非語頭인 경우엔 二重母音 [we, wɛ]와 변이된 單母音 [ɛ]가 실현된다. 이 현상은 非語頭 둘째 음절에서도 마찬가지다. 이 方言의 單母音 [ø]를 가장 잘 보존하고 있는 職業은 農業이고, 그다음은 漁業과 商業이다. 公務員의 경우는 音聲環境에 크게 좌우되지 않고 거의 二重母音으로 발음한다.

다음으로 單母音 'ㅚ'와 二重母音 '게', '내'가 語頭에 실현되었을 경우를 살펴보기로 한다. 우선 公務員의 경우는 모든 발음을 [wE]로 통합하여 실현하고 있으며 農業과 漁業 그리고 商業의 경우는 그 각각을 구별하여 사용하되, 대체로 二重母音 [we / wɛ]의 사용이 많다. 이 경우 農業은 [we] 쪽으로 치우친 발음이 우세하고, 漁業과 商業은 [wɛ] 쪽으로 치우친 발음이 더 우세하다.

公務員의 발음은 靑少年層 10代들의 발음과 아주 유사하다. 發音의 경우 學歷이 높을수록 더 非標準的인 發音을 하는 경향이 종종 있는데 그중 하나가 單母音 'ㅚ'가 아닌가 한다.

<표 5-4> 직업별 단모음 'ㅚ'의 실현 정도(%)

비 율 \ 직업별		공무원	상 업	농 업	어 업
어 두		28	34	92	34
비어두	첫 음절	20	28	80	53
	둘째 음절	0	21	88	39
평균 실현율		16	28	87	42

결론적으로 單母音 'ㅚ'의 경우 公務員은 16%의 실현율을 보이고 있으며 商業은 28%, 農業은 87%, 漁業 42%로 農業이 가장 높게 나타나고 公務員이 가장 낮은 것으로 나타난다. 職業別 조사를 위하여 農業과 漁業의 경우는 대부분 老年層이 제보자가 되었다. 이러한 점을 감안한다면 農業과 漁業의 경우 單母音 'ㅚ'[ø]의 차이는 그 폭이 매우 크다는 것을 쉽게 짐작할 수 있다.

다음은 單母音 'ㅟ'[y]를 살펴본다. 이 모음 또한 單母音 'ㅚ'[ø]와 같은 방법이 동원된다.

<표 5-5> 직업별 단모음 'ㅟ'의 실현 양상

모음분류 'ㅟ' 구분		공무원	상 업	농 업	어 업
어 두	위	wi (y)	wi (y-i)	y (wi)	y (wi-i)
	윗 몸	wi- (y-ɥi)	wi- (y-i-ɥi)	y- (wi)	y- (wi-i)
	위장병	wi- (y)	wi- (y-i)	y- (wi)	y- (wi-i)
	위하여	wi- (y)	wi- (y-i)	y- (wi)	y- (wi-i)
비어두	첫 음절 귀(耳)	wi (y-i)	wi (y-i)	y (wi)	y (wi)
	쥐(鼠)	wi (y-i)	wi (y-i)	y (wi)	y (wi)
	뛴다 (심장이 팔딱팔딱)	wi- (y-i-ɥi)	wi- (i-y-ɥi)	y- (wi)	y- (wi)
	둘째 음절 트위스트	-wi (i-y)	-i (wi-y)	-y (wi-i)	-y (wi-i)
	까마귀	-wi (i-y)	-i (wi-y)	-y (i-wi)	-y (wi-i)

모음 'ㅟ'[y]의 실현 정도는 公務員의 경우 대체로 二重母音 [wi]로 변화되어 실현되고 있으며, 이러한 현상은 音聲 環境에 관계없이 이루어진다. 또한 非語頭 둘째 음절 이하에 실행될 경우에는 변이된 單母音 'ㅣ'[i]가 나타나기도 한다. 이러한 현상은 商業도 마찬가지다. 이 경우엔 語頭일 때도 변이된 單母音 'ㅣ'[i]가 실현된다는 것이 公務員과 다르다. 또한 非語頭 둘째 음절 이하에 실현될 때 二重母音보다는 單母音 'ㅣ'[i]가 더 우세하게 나타나기도 한다. 農業의 경우는 音聲 環境에 관계없이 대체로 母音 'ㅟ'[y]가 실현되고

있으며, 이는 漁業에서도 같은 것으로 나타난다. 물론 非語頭 둘째 음절에서 이중모음 [wi]나 단모음 [i]가 나타남은 다른 직업과 마찬가지다. 즉 이 方言의 單母音 'ᅱ'[y]의 실현은 職業別로 각기 다르게 나타나고 있으며 公務員과 商業에서는 대체로 二重母音 'ᅱ'[wi]가 실현되고, 農業과 漁業에서는 單母音 'ᅱ'[y]가 더 실현된다. 다만 公務員과 商業에서는 非語頭 둘째 음절 이하에서 單母音 'ㅣ'[i]의 발음이 나타나고 이것은 특히 商業에서 더욱 그러하다. 이러한 현상은 조사 항목에도 약간의 영향을 받고 있는 듯하다. 그것은 語頭에서 실현되고 있는 '위'(胃)나 '위장병'보다는 非語頭에서 실현된 '귀'(耳)나 '쥐'(鼠)의 경우가 더 높은 단모음 실현율을 보여주었기 때문이다. 사실 語彙나 文法의 경우는 標準語에 노출이 많으면 많을수록 현대국어의 형태를 갖추는 반면, 발음의 경우는 그와는 다소 다른 현상을 보이곤 한다. 이것은 위에서 언급된 單母音 'ᅬ'[ø]의 경우도 그러하였고, 후술할 'ㅔ'[e]와 'ㅐ'[ɛ]의 경우도 그러하다. 적어도 발음의 경우엔 학력이 낮을수록 발음의 정확성이 더해지는 듯하다.

<표 5-6> 직업별 단모음 'ᅱ'의 실현 정도(%)

비　율 \ 직업별		공무원	상업	농업	어업
어　두		37	34	75	56
비어두	첫 음절	29	34	84	50
	둘째 음절	14	21	50	56
평균 실현율		27	30	70	54

여기서 우리는 單母音 'ᅱ'[y]의 실현 정도가 公務員은 27%, 商業 30%, 農業 70%, 漁業 54%로 나타나고 있음을 알 수 있다. 이것은 결국 職業이 다름에 따라 單母音 'ᅱ'[y]가 각각 다르게 실현되고

있음을 알게 하는 것이다. 즉 이 方言의 單母音 'ㅟ'[y]의 실현 양상은 農業에서 가장 높은 실현율을 보이고 있으며, 公務員에서 가장 낮은 실현율을 나타내고 있다.

이상과 같은 내용을 정리하여 職業에 따른 단모음 'ㅚ'와 'ㅟ'의 실현 양상을 도표로 정리하면 다음과 같다.

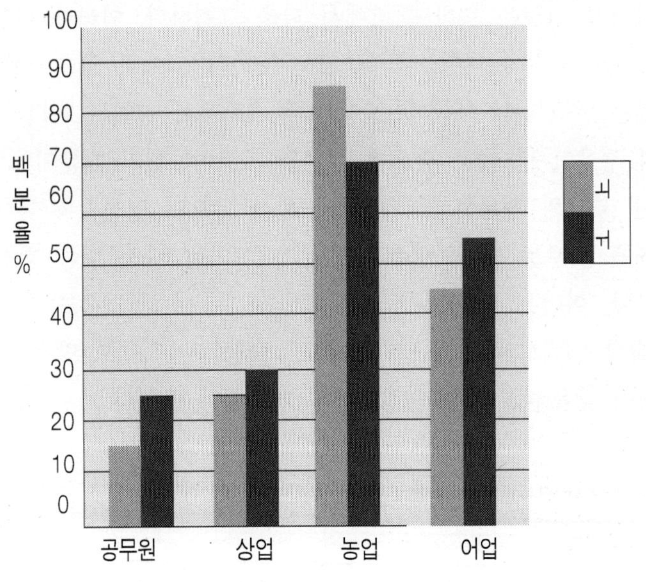

〈도표 5〉 직업별 단모음 'ㅚ'와 'ㅟ'실현 양상(%)

결론적으로 이 方言에서 單母音으로 실현되고 있는 前舌圓脣母音 'ㅚ'[ø]와 'ㅟ'[y]는 職業이 다름에 많은 차이를 두고 실현됨을 알 수 있다. 이 모음을 가장 잘 실현하고 있는 직업은 農業이다. 이는 79%로의 실현율을 나타낸다. 그다음은 漁業으로 48%의 실현율을 나타내고, 商業은 29%, 公務員은 22%로 公務員이 가장 낮은 실현율을 나타낸다. 이것은 單母音 'ㅚ'[ø]와 'ㅟ'[y]가 二重母音이나 또 다른

單母音으로의 再音韻化 과정에 있음을 알게 하는 것으로 현대사회에서 볼 수 있는 보편적인 언어 현상이라 할 수 있다.

(2) 단모음 'ㅔ'와 'ㅐ'

현대국어에서 單母音 'ㅔ[e]'와 'ㅐ[ɛ]'는 일찍부터 서울말을 중심으로 이 두 모음의 구별이 흐려지고 있다는 지적이 있어 왔다. 이러한 현상은 이 方言에도 예외가 아닌 것으로 나타난다. 여기서는 단모음 'ㅔ'와 'ㅐ'의 변화에 대하여 職業이 다름에 따라 어떠한 양상으로 나타나고 있는지 살펴보기로 한다. 우선 單母音 'ㅔ'의 실현 현상부터 보기로 한다.

〈표 5-7〉 직업별 단모음 'ㅔ'의 실현 양상

모음 'ㅔ'의 구분		직업별	공무원	상 업	농 업	어 업
어 두		에누리(깎다)	ε— (e—E)	ε— (e—E)	e— (E)	e— (E—ε)
비어두	첫음절	떼(群)	ε (E—e)	ε (e—E)	e (E)	e (E—ε)
		게(바닷게)	ε (E—e)	ε (e—E)	e (E)	e (E—ε)
		세다(힘이)	ε— (E—e)	ε— (e—E)	e— (E)	e— (E—ε)
	둘째음절	누에고치	—ε (E—e)	—ε (e—E)	—e (E)	—e (E—ε)
		동네처녀	—ε (E—e)	—ε (e—E)	—e (E)	—e (E—ε)

單母音 'ㅔ'[e]의 발음을 확인하기 위한 방법으로 우선 語頭에서 실현된 경우와 非語頭에서 실현된 경우 그리고 非語頭 둘째 음절 이하에서 실현된 경우로 각각 나누어 조사하였다. 결과는 職業別로 다소의 차이를 가지고 나타난다. 우선 公務員의 경우 音聲 環境에 관계없이 'ㅐ'[ɛ]가 우세하게 실현되고 있으며, 이는 商業도 마찬가지다. 農業과 漁業의 경우 'ㅐ'[ɛ]보다는 'ㅔ'[e]가 우세하게 실현되고 있는데 여기서도 音聲 環境에 큰 영향을 받지 않는다. 또한 모든 職業에 두루 'ㅐ'[ɛ]와 'ㅔ'[e]가 통합되어 발음되는 현상인 [E]가 빈번하게 실현되기도 한다. 이 母音을 조사하기 위한 職業別 구분은 주로 壯年層 이상의 世代가 표본이 되었으며, 특히 農業과 漁業의 경우는 대부분이 老年層이다. 따라서 본 논의에서는 모든 職業에 연령 분포가 고르게 실행되지 못했음을 전제한다.

〈표 5-8〉 직업별 단모음 'ㅔ'의 실현 정도(%)

비 율	직업별	공무원	상 업	농 업	어 업
어 두		33	34	67	50
비어두	첫 음절	15	30	61	45
	둘째 음절	15	34	62	45
평균 실현율		21	33	64	47

이 方言의 單母音 'ㅔ'[e]의 실현율은 公務員 21%, 商業 33%, 農業 64%, 漁業 47%로 각각 실현되고 있으며 語頭에서 실현되는 경우 조금 더 높은 실현율을 보이고 있다. 특히 公務員의 'ㅔ'[e] 발음은 그 실현 정도가 매우 낮은 것으로 나타난다. 이 方言의 單母音 'ㅔ'[e]의 경우는 모음 [ɛ(E)]로의 통합도 암시한다. 이러한 현상은 매우 빠르게 진행될 것으로 예상되고 이것에 公務員이 가장 앞서는

것으로 나타난다.

다음으로 單母音 'ㅐ'[ɛ]에 관하여 살펴보기로 한다. 이것 또한 'ㅔ'[e]와 마찬가지의 방법으로 조사 분석하기로 한다. 우선 職業別 單母音 'ㅐ'[ɛ]의 실현 현상을 살펴보면 다음과 같다.

<표 5-9> 직업별 단모음 'ㅐ'의 실현 양상

모음 'ㅐ'의 구분		직업별	공무원	상 업	농 업	어 업
어 두		애벌레	ɛ—	ɛ—	ɛ—	ɛ—
		애쓴다	ɛ— (E)	ɛ—	ɛ—	ɛ—
비어두	첫 음절	때(時)	ɛ	ɛ	ɛ	ɛ
		개(犬)	ɛ	ɛ	ɛ	ɛ
		새다(물이)	ɛ—	ɛ—	ɛ— (E)	ɛ—
		(작은 고추가)맵다	ɛ—	ɛ—	ɛ—	ɛ—
	둘째 음절	과거, 현재, 미래	—ɛ (E)	—ɛ	—ɛ (E)	—ɛ

이 모음의 경우 모든 職業에 걸쳐 'ㅐ'[ɛ]가 나타난다. 다만 音聲 環境에 따라 약간의 변화가 나타나기도 한다. 이는 語頭에서 실현될 경우 [E]가 나타나고 있으며, 非語頭 둘째 음절 이하에서 [E]가 나타난다. 이러한 현상은 公務員에서 주로 그러하고 農業의 경우도 非語頭 첫 음절과 둘째 음절에서 이러한 현상이 나타난다. 하지만 이것은 매우 작은 차이이다. 이 같은 내용을 정리하여 單母音 'ㅔ'[e]와 'ㅐ'[ɛ]를 도표화하면 다음과 같다.

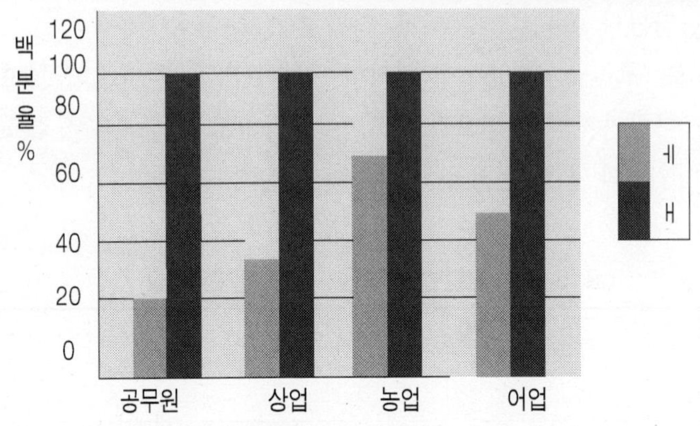

〈도표 6〉 직업별 단모음 'ㅔ'와 'ㅐ'의 실현 양상(%)

결론적으로 이 方言의 單母音 'ㅔ'[e]와 'ㅐ'[ɛ]의 구별은 職業이 다름에 따라 각각 그 실현 정도가 다르게 나타나고 있으며, 이는 農業이 가장 높은 것으로 나타난다. 그다음은 漁業이고, 가장 낮은 것은 公務員이다. 두 音의 音價는 母音 'ㅔ'[e]의 경우는 대체로 [ɛ(E)]로 변화되어 나타나고, 'ㅐ'[ɛ]는 본 音의 音價대로 실현되고 있음으로 나타난다. 이러한 현상은 音聲 環境에 크게 동요됨이 없이 실행된다.

(3) 단모음 'ㅡ'와 'ㅓ'

母音 'ㅡ'[ɨ]는 後舌 平脣 高母音이며 'ㅓ'[ə]는 後舌 平脣 中母音으로 분류된다. 하지만 일부 方言에서는 이 두 母音을 서로 변별하여 쓰지 못하여 母音體系의 변화를 가지는 것으로 나타난다. 본 논의에서는 이러한 母音 'ㅡ'[ɨ]와 'ㅓ'[ə]의 통합현상이 이 方言에서는 어떻게 나타나고 있는지 職業에 따라 구분하여 살펴보기로 한다.

<표 5-10> 직업별 단모음 '—'와 'ㅓ'의 실현 양상

모음 '—'와 'ㅓ'의 구분			직업별	공무원	상 업	농 업	어 업
모음 '—' [ɨ]	어 두		으악새	ɨ—	ɨ—	ɨ— (u)	ɨ—
			음 치	ɨ—	ɨ—	ɨ—	ɨ
	비어두	첫 음절	글(文)	ɨ	ɨ	ɨ	ɨ
			틀(機)	ɨ	ɨ	ɨ	—ɨ
		둘째 음절	한 글	—ɨ	—ɨ	—ɨ	—ɨ
			베틀(機)	—ɨ	—ɨ	—ɨ	—ɨ
			비틀다	—ɨ	—ɨ	—ɨ	—ɨ
모음 'ㅓ' [ə]	어 두		어른(老)	ə—	ə— (ɨ)	ə— (ɨ)	ə— (ɨ)
			어름(冷)	ə—	ə—	ə—	ə—
			얼다(물이)	ə—	ə—	ə—	ə—
	비어두	첫 음절	걸(윷놀이)	ə	ə	ə	ə
			털(毛)	ə	ə	ə	ə
			털다(먼지를)	ə—	ə—	ə— (ɨ)	ə—
		둘째 음절·이하	토끼털	—ə	—ə	—ə	—ə
			광어회	—ə	—ə	—ə	—ə

　여기서 살필 수 있는 것은 母音 '—'[ɨ]와 'ㅓ'[ə]는 그 각각이 최소대립어로서 변별되고 있으며, 職業이 다름에 따라 크게 영향을 받지 않고 있음을 알 수 있다. 이러한 현상은 音聲 環境에도 관계없이 이루어진다. 다만 農業의 경우 '—'[ɨ] → 'ㅜ'[u] 현상이 나타나고 있으며 'ㅓ'[ə]의 경우에도 'ㅓ'[ə] → '—'[ɨ] 현상이 나타남이 작은 차이라 할 수 있다. 하지만 이러한 현상은 소수에 한정되고, 이 두 현상을 제외하고는 모든 職業에서 '—'[ɨ]와 'ㅓ'[ə]는 별개의 音素로 구별되어 쓰인다.

<표 5-11> 직업별 단모음 'ㅡ'와 'ㅓ'의 실현 정도(%)

비 율	직업별	공무원	상 업	농 업	어 업
모음 'ㅡ'	어 두	100	100	97	98
[ɨ]	비어두	100	100	100	100
모음 'ㅓ'	어 두	100	98	59	98
[ə]	비어두	100	100	95	100

  따라서 이 方言에서는 母音 'ㅡ'[ɨ]와 'ㅓ'[ə]가 職業에 관계없이 각각 별개의 音素로 자리하고 있다는 사실을 확인한다. 즉 이 方言의 單母音 'ㅡ'[ɨ]와 'ㅓ'[ə]의 구분 현상은 農業에서 가장 낮은 것으로 나타나고 公務員에서 가장 높은 것으로 나타난다. 여기서 우리는 農業에서 이 두 音이 낮게 실현된 것에 대하여는 생각해 보기로 한다. 이것은 '어른'[ərin] → '으런'[irən] → '으른'[irin]에서 'ㅓ'[ə] → 'ㅡ'[ɨ] 현상과, '으악새'[ɨaksɛ] → '우악새'[uaksɛ]의 'ㅡ'[ɨ] → 'ㅜ'[u]로 나타난 현상 때문으로 볼 수 있다. 여기서 이 두 음에 관해서는 일부 方言에서 지적되고 있는 非辨別 현상과는 다른 것으로 이해되어야 한다. 이것은 母音 'ㅡ'[ɨ]가 'ㅓ'[ə]로 발음되는 경우가 전혀 없고, 'ㅓ'[ə] 역시 先行音이 子音인 경우에 'ㅡ'[ɨ]로 실현되는 현상이 전혀 없다는 것으로 그 이유를 대신할 수 있다. 결론적으로 이 方言의 單母音 'ㅡ'[ɨ]와 'ㅓ'[ə]는 그 각각이 最小對立語로 구별되어 쓰이고 있으며 이러한 현상은 모든 職業에 두루 그러하다.

(4) 이중모음 'ㅢ'와 'ㅕ'

  본 절에서는 二重母音 'ㅢ'[jɨ]와 'ㅕ'[jə]의 辨別에 대하여 살펴보기로 한다. '〓'와 'ㅕ'는 각각이 별개의 音價를 가지고 실현되고 있으나 혹간 '〓'[jɨ]가 二重母音 'ㅕ'[jə]의 變異音이라 보는 견해가 있기도 하다. 본 논의에서는 이 두 음이 별개의 音價를 가지고 실현되고 있음을 확인하고, 이러한 현상이 職業이 다름에 따라 어느 정도 차이를 가지고 나타나는 것인지 살펴보기로 한다.

<표 5-12> 직업별 이중모음 '〓'와 'ㅕ'의 실현 양상

모음 '〓'와 'ㅕ'의 구분		직업별 공무원	상 업	농 업	어 업
이중모음 '〓'[jɨ]	을:(쓸개)	jə: (jɨ:)	jə: (jɨ:)	jɨ: (jə:)	jə: (jɨ:)
	으:드름(여드름)	jə:− (jɨ:−ɨ)	jə:− (jɨ:−ɨ)	jɨ:− (jə:−ɨ)	jə:− (jɨ:−ɨ)
	응:감(영감)	jə:− (jɨ:)	jə:− (jɨ:)	jɨ:− (jə:)	jə:− (jɨ:)
이중모음 'ㅕ'[jə]	연:꽃	jə:−	jə:−	jə:−	jə:−
	연:(鳶)	jə:	jə:	jə:	jə:
	열:(數)	jə:	jə:	jə:	jə:

여기서 우리는 이 方言의 母音 '〓'[jɨ:]와 'ㅕ'[jə:]의 職業別 音聲實現現象을 살펴볼 수 있다. 우선 公務員의 경우 二重母音 '〓'에 대하여는 [jɨ:]와 [jə:]가 모두 나타나고 있으며 'ㅕ'는 [jə:]만 나타난다. 이러한 現象은 商業과 漁業의 경우도 마찬가지다. 다만 農業의 경우 二重母音 '〓'과 'ㅕ'는 각각 [jɨ:]와 [jə:]로 구분되어 쓰이고 있는 것으로 나타난다. 여기서 우리는 이 두 二重母音의 音價에 대한 것을 고려하지 않을 수 없다. 어쩌면 이러한 현상에 대하여 이 方言의 二重母音 '〓'[jɨ:]와 'ㅕ'[jə:]가 통합되었다거나 혹은 '〓'[jɨ:]가 'ㅕ'[jə:]의 變異音이라고 하는 것에 동의를 할 수도 있다고 본다. 하

지만 이것은 'ㅕ'[jə:]가 'ᅴ'[ji:]로 발음되지 않고 있으며 이 方言 話
者들의 인식에 이 두 음은 별개의 것으로 인지하고 있음으로 하여
二重母音 'ᅴ'[ji:]와 'ㅕ'[jə:]는 그 각각이 별개의 음소로 변별되고
있는 것으로 인정하기로 한다.

〈표 5-13〉 직업별 이중모음 'ᅴ'와 'ㅕ'의 실현 정도(%)

비 율 \ 직업별	공무원	상 업	농 업	어 업
이중모음 'ᅴ'[ji]	20	24	84	39
이중모음 'ㅕ'[jə]	100	100	100	100

위 표에서 보듯이 이 方言의 二重母音 'ᅴ'[ji:]와 'ㅕ'[jə:]의 실현
현상은 職業에 따라 다소의 차이를 가지고 실현된다. 二重母音 'ㅕ'
의 경우 모든 職業에 100%의 실현 현상을 나타내고 있으며 'ᅴ'[ji:]
의 경우는 公務員 20%, 商業 24%, 農業 84%, 漁業 39%를 나타냄
으로 해서 農業이 가장 높게 나타나고 公務員이 가장 낮은 것으로
나타난다. 이 二重母音 'ᅴ'[ji:]는 'ㅕ'[jə:]로 대체되어 발음되고 있
다. 여기서 이루어지는 대체현상은 이 두 母音의 非辨別에서 오는
것이 아니라, 'ᅴ'[ji:]의 發音이 점차 消失되어 그 쓰임의 정도가 약
화되어 나타나는 것으로 이해할 수 있다.

(5) 이중모음 'ㅚ'

母音 'ㅚ'는 그 쓰임이 쉽게 발견되지 않은 것으로 특히 江陵을
중심으로 하여 드물게 쓰이고 있는 母音이다. 따라서 이 母音이 과
연 이 方言에서 현재에도 하나의 音素로 자리를 잡고 있는지, 그렇

다면 職業이 다름에 따라 각각 어떠한 양상으로 실현되고 있는지 그 현상을 살펴보는 데 意義를 두고자 한다.

〈표 5-14〉 직업별 이중모음 'ㅚ'의 실현 양상

이중모음 ＼ 직업별	공무원	상 업	농 업	어 업
이중모음 'ㅚ'	jø	jø	jø je	je jo

이 方言에서 二重母音 'ㅚ'[jø]는 여전히 하나의 音素로 자리 잡고 있음으로 나타난다. 또한 'ㅚ'[jø]와는 별개의 音이나 같은 의미를 가진 'ㅖ'[je]와 'ㅛ'[jo]도 나타난다. 이러한 현상은 漁業에서 특히 그러하다. 漁業은 襄陽(인구 동산), 江陵(주문진), 三陟(정라진)이 조사되었다. 이 세 곳에서 모두 나온 것이 '예'[je], 즉 예숙'[je-]이다. 이러한 현상을 좀더 구체적으로 설명한다면 農村 地域에서는 주로 'ㅚ'[jø]가 우세하게 나타나고 '예'[je]는 드문 반면 漁村 地域에서는 '예'[je]가 우세하게 나타나고 'ㅚ'[jø]는 전혀 나타나지 않는다는 것이다. 다만 '요'[jo]가 나타나고 있으나 이는 'ㅚ'[jø]만큼이나 찾아보기가 그리 쉽지 않다. 이 'ㅛ'[jo], 즉 '요숙'[jo-]은 주문진에서 조사할 때 나온 것인데 남편은 주문진 토박이이고 부인은 인구 동산이 친정인 두 부부의 발음에서 채록된 것이다. 나이는 50대 후반이었으며 부인의 경우 '예숙'이라는 말도 쓴다고 하였다.3) 이 '예숙'은 江陵 구정면을 조사하였을 때 70대 老年層에서도 나온 形態이다. 이 때 옆에 있던 할머니께서도 '예숙', '예식'이라는 발음을 했다. 여기서 'ㅚ'형이 더 우세하게 나타남은 당연하다. 구정면에서는 토박이

---

3) 남편은 직접 배를 타고 고기를 잡는 일을 하고 있으며 부인은 그 일을 돕고 있다. 따라서 부인의 職業도 漁業에 포함하기로 한다.

할아버지 네 분을 함께 면접하였는데, 그중 세 분은 '외'를 말씀하시고 한 분은 '예숙'을 말씀하셨다. 문제는 네 분 모두 구정면에서 5대 이상을 사신 분이고, 한 분을 제외한 나머지 세 분은 외지에서 생활한 적이 없는 분들이었다. 특히 '예숙'을 말씀하신 분은 7대를 구정에서 살고 있으며 대대로 농사를 業으로 한다는 것이었다. 이처럼 '예'[je]와 'ㅛ'[jo]와 같은 音들이 활발하게 실행되어 나타남은 二重母音 'ㅚ'[jø]의 발음이 쉽지 않음에서 오는 결과라 할 수 있다.

〈표 5-15〉 직업별 이중모음 'ㅚ'의 실현 정도(%)

비 율 　　　　직업별	공무원	상 업	농 업	어 업
이중모음 'ㅚ'	10	9	51	0

위 표에서 알 수 있듯이 이 方言의 二重母音 'ㅚ'[jø]의 실현 현상은 公務員 10%, 商業 9%, 農業 51%, 漁業 0%로써 각 職業에 따라 많은 차이를 두고 나타난다. 農業을 제외한 모든 職業에서 이 母音의 실현 현상은 매우 낮게 나타난다. 특히 漁業의 경우는 전혀 이 발음을 쓰지 않는 것으로 나타난다.4) 이 같은 현상은 이 方言만이 가지는 특이한 二重母音 'ㅚ'[jø]라는 존재가 점차 사라져 가고 있으며, 이것은 이 方言의 二重母音體系에도 영향을 미칠 것을 예감케 한다.

---

4) 여기서 이중모음 'ㅚ'[jø]로 실현되지 않은 音들은 비율 산정에서 제외시켰다. 이것은 이 발음이 실행되고 있는지에 與否가 목적이기 때문이다. 이 단어의 뜻을 알고 있는지 여부에 대하여는 다음 기회로 미루고자 한다.

(6) 이중모음 'ㅢ'

이 모음은 많은 方言에서 실현되지 않는 것으로 나타나고 있으나, 이 方言에서는 語頭에 실현될 경우에는 대체로 그 실현이 이루어지고 있는 것으로 나타난다. 따라서 이러한 二重母音 'ㅢ'[ɨj]가 職業에 따라 어떠한 양상으로 나타나고 있는지 살펴보기로 한다. 語頭와 非語頭 그리고 非語頭 둘째 음절 이하로 각각 구분하여 조사한다.

<표 5-16> 직업별 이중모음 'ㅢ'의 실현 양상

이중모음 'ㅢ'의 구분			공무원	상 업	농 업	어 업
이중모음 'ㅢ'	어두	의 사	ɨj— (ɨ)	ɨj— (ɨ)	ɨ— (ɨːi—ɨj)	ɨj— (ɨ)
	어두	의 견	ɨj—	ɨj—	ɨːi— (ɨj)	ɨj— (ɨːi)
	비어두 / 첫음절	늴니리	i—	i—	i—	i—
	비어두 / 첫음절	희소식	i—	i—	i—	i—
	비어두 / 둘째음절	한의사	—ɨj (ɨ—i—ɨːi)	—ɨ (ɨj—i—ɨːi)	—i (ɨːi)	—i (ɨ—ɨːi—ɨj)
	비어두 / 둘째음절	합의이혼	—ɨj (i)	—i (ɨj)	—i (ɨːi—ɨj)	—i (ɨːi—ɨj)

職業이 다름에 따라 나타날 수 있는 j계 下向二重母音 'ㅢ[ɨj]'는 음성 환경에 따라 많은 차이를 두고 실행된다. 물론 주어진 語彙에 따라서도 다소의 차이가 나타난다. 이러한 현상은 모든 職業에 두루 나타난다. 우선 語頭에서 실현되는 경우를 살펴보면 公務員과 商業, 漁業의 경우는 대체로 二重母音 'ㅢ'[ɨj]를 쓰는 것으로 나타나고 있으나, 農業에서는 'ㅢ'[ɨj]보다는 'ㅡ'[ɨ]가 더 우세하게 쓰인다. 또한

변이된 二重母音 'ㅢ'[ɨːi]도 빈번하게 쓰인다. 이 변이된 二重母音을 'ㅢ'[ɨːi] 발음은 母音 'ㅡ'[ɨ]에 장음[ː]을 동반시키면서 끝 발음을 아주 분명하게 'ㅣ'[i]로 소리내는 것인데, 이러한 현상은 二重母音 'ㅢ'[ɨi]의 [j]의 발음을 정확하게 소리낼 수 없는 데 기인한 듯하다. 이러한 현상은 非語頭 둘째 음절 이하에 실현되는 二重母音 'ㅢ'[ɨi]의 경우에도 나타난다.

　子音인 경우에는 모든 職業에 걸쳐 單母音 'ㅣ'[i]가 실현된다. 이것은 현대국어의 모든 화자들에게 나타나는 공통적인 언어현상이다. 따라서 이 方言의 二重母音 'ㅢ'[ɨi]의 실현 현상을 살피기 위해서는 음성 환경이 語頭인 경우와 非語頭 둘째 음절 이하인 경우로 나누어 보면 된다.

〈표 5-17〉 직업별 이중모음 'ㅢ'의 실현 정도(%)

비 율　　직업별	공무원	상 업	농 업	어 업
이중모음 'ㅢ'	82	46	17	50

　여기서는 二重母音 'ㅢ'[ɨi]의 실현 비율을 語頭에서 실현된 경우에 한하여 정리하기로 한다. 따라서 子音이 선행되거나 또는 이 모음이 선행되었어도 변이된 이중모음 'ㅢ'[ɨːi]로 실현되는 현상은 제외하기로 한다. 이 변이된 二重母音의 경우 農業에 있어, 이 母音의 실현율을 매우 낮게 하는 것에 一助를 하고 있으나, 정해진 語彙에 한정되어 실현되는 현상이므로 '매우 낮은 비율'에는 문제를 두지 않기로 한다.

　이 方言의 二重母音 'ㅢ'[ɨi]의 실현 현상은 職業에 따라 많은 차이를 가지고 실현되고 있으며 그 정도는 公務員 82%, 商業 46%, 農業 17%, 漁業 50%로 나타난다. 여기서 우리는 이 모음의 실현 정도가 公務員에서 가장 높게 나타나고, 農業에서 가장 낮게 나타나고 있음을 알 수 있다. 특히 公務員의 경우는 語頭에서 실현될 경우 어떠한 語彙가 주어지더라도 모두 二重母音 'ㅓ'[ij]를 발음하는 것으로 나타난다. 여기서 우리는 이 母音이 農業에서 매우 낮게 실현된 것에 대한 이유를 간단히 생각해 보기로 한다. 그것은 조사된 語彙 '의사'의 경우에 한정되어 나타나는 'ㅡ'[ɨ] 현상 때문이라 할 수 있다. 이 경우 대부분의 응답자들은 '의사'[ijsa] → '으:사'[ɨːsa] → '이사'[isa]를 발음했다. 여기서 이 모음을 조사하기 위하여 '의사'를 제외하고 다른 어휘를 선정하였다면 그 결과는 크게 달라졌을 것임을 위 표에서 쉽게 알 수 있다.

   위에서 언급한 單母音과 二重母音의 내용을 要約하여 이 方言의 母音體系를 再構成하여 보면 다음과 같다. 우선 母音 'ㅚ'와 'ㅟ'의 경우는 모든 職業에서 單母音 [ø]와 [y]로 실현되고 있으며 'ㅔ[e]'와 'ㅐ'[ɛ] 역시 그 각각이 별개의 음소로 구별되어 쓰이는 것으로 나타난다. 또한 單母音 'ㅡ'[ɨ]와 'ㅓ'[ə]가 對立하여 별개의 음소로 존재하고 있으며, 二重母音 [jɨː]도 여전히 이 方言 話者의 발음으로 존재한다. 더하여 [jø]와 [ɨj]도 일부 變異된 발음을 보이긴 하지만 그 각각이 하나의 音素로 인정받고 있다. 물론 각 職業에 따라 일부 변화된 발음들이 나타나기도 한다. 하지만 이러한 현상은 부분에 국한되고 실제적으로는 모든 職業에 두루 이러한 현상이 적용된다. 따라서 이 方言의 職業別 母音體系는 單母音 10개와 二重母音 13개를 모두 가지는 것으로 결론지을 수 있으며, 이것은 現代國語의 모음으로는 최대의 수임을 알 수 있다. 또한 이 方言에서 가지는, 母音의 특성을 가장 잘 나타내 주고 있는 職業은 農業으로 나타난다. 그다음은 漁業과 商業이다. 公務員의 경우가 가장 많은 변화를 실행하고 있는 것으로 나타나는데, 이는 青少年層의 그것과 매우 비슷하다.

3) 음운 규칙

(1) 구개음화

본 절에서는 'ㄱ' 口蓋音化에 한정하여 職業에 따른 변화상을 살펴보기로 한다.[5] 우선 조사된 내용을 표로 보이면 다음과 같다.

〈표 5-18〉 직업에 따른 구개음화 실현 정도(%)

직업별	평균 실현율	지역				
		고성	양양	강릉	삼척	*서남지역
공무원(회사원 포함)	24	27	13	30	26	24
상업(자영업, 서비스업 포함)	49	28	65	43	57	46
농업	42	22	47	55	44	47
어업	67	–	70	50	80	–

이 方言의 口蓋音化는 職業에 따라 그 실현 양상에 많은 차이를 보인다. 여기서 口蓋音化 실현 정도가 가장 높은 계층은 漁業이고 가장 낮은 계층은 公務員으로 나타난다. 農業은 商業이나 漁業보다 낮은 구개음 실현율을 보여준다. 이러한 현상에 대한 이유를 설명하는 건 그리 어려운 일이 아니다. 우선 公務員의 경우 口蓋音化는 '촌스러움'을 나타내는 지방 사투리의 전형적인 語形인 것으로 인식되어 公的인 업무를 수행하는 職業群에서 어떤 언어 현상보다 우선적으로 사용을 회피함은 당연하다. 따라서 公務員이 표준어를 사용하는 현상은 다른 職業에 비해 높을 것이고 그것은 바로 사투리 사

---

5) 調査項目에 관하여는 4장 1. 3) (1)을 참조.

용의 낮은 실현으로 나타난다. 여기서 意外의 현상을 보인 것이 農業이다. 우리가 보통 하나의 言語共同體 속에서 언어적인 특징을 찾을 때는 늘 農業에 종사하는 집단을 우선한다. 따라서 이 職業에서 口蓋音化가 널리 사용되리라는 기대는 당연하다. 하지만 이 조사에서는 商業이나 漁業보다 그 쓰임의 정도가 낮은 것으로 나타난다. 이러한 현상에 대하여는 어느 集團이 표준어에 더 많이 노출될 수 있는지를 살펴보면 그 이유를 쉽게 찾을 수 있다.

우선 農業과 漁業을 비교해 보기로 한다. 일반적으로 TV나 각종 매스컴에 노출될 수 있는 기회는 漁業보다 農業이 더 많을 것으로 생각된다. 이는 현대사회의 한 면(문화)을 살펴도 쉽게 알 수 있는 일이다. 특히 기술혁신에 관한 문제에는 더욱 그러하다. 여기서 TV나 매스컴에 노출될 기회가 農業보다 商業이 더 우선적일 수 있겠다는 생각도 무시할 순 없다. 하지만 商業의 경우는 자신들의 이익 창출을 위하여 共同體의 힘을 배제하고는 쉽지 않다. 따라서 공동체에 속해 있는 話者들과 가장 쉽게 연을 맺을 수 있는 사투리를 자연스럽게 받아들이겠다는 생각은 충분히 짐작되는 일이다. 따라서 農業에서 商業이나 漁業보다 구개음화 실현율이 낮게 나타난 것은 당연한 언어현상이라 할 수 있다.

地域別로는 '三陟'이 다른 地域에 비해 다소 앞서는 것으로 나타난다. 이 地域이 특히 口蓋音 실현이 앞서는 것은 地形的으로 'ㄱ' 口蓋音化가 활발하게 진행되고 있는 동남, 서남방언과 가장 가깝게 위치하고 있기 때문이라 할 수 있다. 인접 지역의 言語 同化는 어떠한 조건보다도 우선일 수 있기 때문이다.

(2) 움라우트

움라우트 현상은 여러 方言에 나타나고 있으며 方言에서도 예외
는 아니다. 여기서는 표준어에 민감한 職業과 그렇지 않은 職業에서
非標準形으로 인정되고 있는 움라우트 현상이 어떠한 양상으로 실
현되고 있는지 살펴보기로 한다.[6]

<표 5-19> 직업별 움라우트 실현 정도(%)

직업별	형태구분	실현율	지역				
			고성	양양	강릉	삼척	*서남지역
공무원 (회사원 포함)	곡용		29	0	29	47	38	25
	활용	37	42	41	35	53	36	40
	형태소내부		39	39	34	44	38	43
상업 (자영업, 서비스 업 포함)	곡용		47	41	37	38	71	39
	활용	44	39	29	20	39	68	55
	형태소내부		44	39	40	45	50	43
농업	곡용		33	0	37	37	56	40
	활용	46	53	27	30	80	73	34
	형태소내부		50	27	56	68	47	37
어업	곡용		65	–	43	51	100	–
	활용	52	51	–	62	45	45	–
	형태소내부		39	–	60	55	0	–

위 표에서 보듯이 이 方言의 職業에 따른 움라우트 실현 양상은
公務員 37%, 商業 44%, 農業 46%, 漁業 52%로써 漁業이 가장 높
게 나타나고 公務員이 가장 낮게 나타난다. 여기서 우리는 비표준형

---

6) 調査 語彙는 4장 1. 3) (2)를 참조.

으로 인정되고 있는 움라우트 실현 현상이 漁業에서 가장 높게 나타난 것에 대하여 여러 가지 이유를 생각해 볼 수 있다.

　가장 우선적인 것이 이 職業에 종사하는 사람들의 言語態度이다. 漁業의 경우 기존에 습득한 언어 습관을 고쳐야 한다는 문제에 대하여는 거의 관심을 두지 않는다. 이것은 7장에서 조사된 言語態度에서 '사투리가 표준말보다 더 듣기 좋으며, 사투리를 표준어보다 더 많이 사용한다'고 응답한 것에 잘 나타난다. 또한 職業상 TV나 각종 매스컴에 동화될 시간적인 여유가 다른 職業보다 적다는 것도 한 이유가 될 수 있다. 이것은 學歷이 높으면 표준어를 더 많이 사용하고 學歷이 낮으면 非標準語를 더 많이 사용한다는 것과는 다른 차원으로 해석되어야 한다고 본다. 실제 漁業에 종사하는 고졸 학력의 40대의 男性에게 "할머니가 손자에게 밥을 먹일 때 먹인다고 합니까? 메긴다고 합니까? 어떤 말을 쓰세요?"라고 질문하였을 때 "메긴다고 하지."라고 대답했다. "머긴다고 하지는 않으세요?"라고 다시 질문했더니 아주 짜증스러운 어투로 "그 말? 해꾜서 그래 배웠어도, 안 써먹어. 머한데 바꼬. 해꾜르 댕긴다면 몰래도."라고 했다.7) 이러한 태도는 비단 이 한 제보자만 그러한 것이 아니라 이 職業에 종사하는 대부분 사람들의 共通된 言語 習慣이다. 비슷한 학력과 비슷한 생활수준을 가지고 있는 農業의 경우는 이와는 많이 다른 결과를 나타내 준다. 이 職業에 종사하는 사람들은 보통 하루 일과를 끝내고 저녁 한나절을 TV 시청에 시간을 할애한다. 실제로 현장 답사

---

7) 본 연구를 위하여 職業別 제보자의 선택은 매우 신중하게 이루어졌다. 이것은 본 연구자가 의도한, 즉 학력과 무관하게 하나의 공동체(職業) 속에서 언어의 동질성은 이루어질 수 있다는 사실을 확인하기 위해서였다. 따라서 가능한 모든 職業에 고르게 적용될 수 있는 학력(고졸 정도)을 찾으려는 노력을 게을리 하지 않았다. 본 연구자의 職業別 언어변화의 관심은 公務員 ↔ 商業, 農業 ↔ 漁業의 對比가 우선이다.

를 다니면서 지역의 어른들께 들을 수 있는 말은 "나: 먹은 이들이 머:이 할 일이 만소. 일찌거~이 지냐그 먹고 연속극 보다가 자지 머"라고 대답하는 것이다. 또한 직접 면접의 경우 위에 언급된 漁業의 경우와 같은 질문을 하였을 때 보통은 '메긴다'는 응답을 했다가 다시 표준어를 제시하면서 그렇게 쓰지 않냐고 질문하면 그렇게도 쓴다고 응답했다. 이것은 이 職業에 종사하는 사람들의 言語態度가 표준어에 好意的임을 알게 하는 것이다. 따라서 農業의 경우 漁業에 비해 비표준어의 사용이 낮게 나타남은 학력에 따른 표준어 습득의 결과이기보다는 TV 시청이나 각종 매스컴의 영향에 따른 言語同化現象에 기인한 것이라 할 수 있다.

商業의 경우 움라우트 실현 현상은 農業이나 漁業과는 다른 관점에서 살펴볼 필요를 느낀다. 이 계층은 여러 계층에 속한 사람들과 同化되어야 하는 職業的인 이유로 인하여 때로는 더욱더 그 地域의 사투리를 구사해야 하는 경우가 있다. 이것은 이 職業에 종사하는 사람들의 社會活動과 관련이 있는 것으로, 그 사회와의 결속감을 표시하려는 의지와 개인의 활동성을 나타내기 위한 수단으로 言語가 사용되기 때문이다. 따라서 學歷이 높고 낮음이 문제가 되는 것이 아니라 직업상 공동체의 동질감을 표현하기 위한 수단에 따라 더욱더 非標準語를 發話하려는 태도를 가진다.

마지막으로 公務員의 경우 움라우트 사용이 매우 제한적임을 알 수 있다. 이는 學歷과도 관계가 있겠지만 職業에서 오는 언어 현상의 하나로 해석할 수 있다. 어느 地域이든지 공직에 종사하는 階層에서는 표준어 사용의 요구를 무시할 수 없다. 특히 비표준어이고 촌스러운 시골말로 인정되어 있는 움라우트는 다른 어떤 언어보다 더욱 민감하게 반응되어 사용이 자제됨은 당연한 결과라 할 수 있다.

이러한 모든 내용을 종합해 볼 때, 이 方言의 움라우트 실현 현상

은 職業에 따라 많은 차이를 두고 실현되고 있으며, 이는 學歷과 무
관하다 할 수는 없지만 소속된 하나의 共同體(職業)에 따라 言語分
化가 나타나고 있음을 알 수 있다.

2. 문법형태

1) 격조사[8]

(1) 주격조사

본 절에서는 主格助詞 '-거'와, 母音으로 끝나는 명사 다음에 添尾되는 '-이', 그리고 '-이가'에 대하여 職業이 다름에 따라 어떠한 양상으로 실현되고 있는지 살펴보기로 한다.

---

8) 格助詞에 관한 이론은 4장 2. 1)을 참조.
　여기서 이 方言의 言語的 特性이 없는 地域은 論議에서 제외하기로 한다.

〈표 5-20〉 직업별 주격조사 실현 정도(%)

직업별	내용		평균 실현율	지역				
				고성	양양	강릉	삼척	*서남 지역
공무원 (회사원 포함)	모음 뒤	개거	6	4	0	0	15	0	5
		모이		5	—	0	15	0	10
		코이		8	—	0	15	7	5
	자음 뒤	등이가	40	40	—	—	—	40	40
상업 (자영업, 서비스업 포함)	모음 뒤	개거	6	9	0	0	0	34	0
		모이		4	—	12	0	0	25
		코이		5	—	0	15	0	13
	자음 뒤	등이가	45	45	—	—	—	45	75
농업	모음 뒤	개거	24	12	0	0	40	8	0
		모이		25	—	30	30	15	9
		코이		33	—	30	60	8	0
	자음 뒤	등이가	70	70	—	—	—	·70	25
어업	모음 뒤	개거	9	9	—	0	25	0	——
		모이		9	—	0	25	0	—
		코이		9	—	0	25	0	—
	자음 뒤	등이가	75	75	—	—	—	75	—

위 표에서 보듯이 主格助詞의 쓰임은 公務員 23%, 商業 26%, 農業 47%, 漁業 42%로 각각 나타난다. 순서로는 農業이 가장 앞서고 그다음이 漁業이며 가장 뒤서는 것이 公務員이다. 여기서는 地域的으로 다르게 실현되고 있는 助詞의 쓰임을 무시할 수 없다. 즉 母音 뒤에 결합되는 '-이'나 '-거'의 경우는 江陵에서 주로 쓰이고 있으며, 子音 뒤에 결합되는 '-이가'의 경우는 三陟에 국한되어 나타난다. 특히 高城에서는 이 두 형태가 전혀 쓰이지 않는 것으로 나타난다. 여기서 조사 '-이'와 '-가'는 그 쓰임의 정도가 매우 낮은 것

으로 나타난다. 이것은 이들 助詞가 점차로 표준어로 대체되어 쓰이기 때문이다. 이것은 비단 이들 조사에만 국한된 것이 아니라, 모든 언어에 두루 나타나고 있는 現象이라 할 수 있다. 助詞의 경우 變化로 향한 進行 속도가 다른 어떤 언어보다 좀더 빠르다는 것이 차이일 뿐이다.

(2) 대격조사

이 方言에 널리 쓰이고 있는 것은 對格助詞는 '-으 / 르'이다. 이것은 표준어의 '-을 / 를'에 비해 晋節末의 '르'을 탈락시킨 형태이다. 이 助詞에 관하여 職業이 다름에 따라 나타날 수 있는 변화 양상을 살펴보는 것이 이 논의의 초점이 된다.

〈표 5-21〉 직업별 대격조사 실현 정도(%)

직업별	내용		평균 실현율	지역			
				양양	강릉	삼척	*서남지역
공무원 (회사원 포함)	모음 뒤	배르	24	18	0	22	30	5
		할머이르		33	22	39	37	20
	자음 뒤	밭으		17	0	25	24	5
		돈으		26	0	39	37	10
상업 (자영업, 서비스업 포함)	모음 뒤	배르	38	28	0	39	44	13
		할머이르		61	44	82	55	25
	자음 뒤	밭으		35	0	39	66	25
		돈으		28	0	39	44	13

직업별	내용		평균 실현율	지역			
				양양	강릉	삼척	*서남지역
농업	모음 뒤	배르	46	41	0	90	32	9
		할머니르		53	0	80	78	25
	자음 뒤	밭으		43	0	90	39	0
		돈으		46	0	80	56	0
어업	모음 뒤	배르	34	24	35	35	0	–
		할머니르		44	35	35	60	–
	자음 뒤	밭으		24	35	35	0	–
		돈으		44	35	35	60	–

　이 方言의 對格助詞의 쓰임 정도를 職業에 따라 구분하여 살펴보면 公務員 24%, 商業 38%, 農業 46%, 漁業 34%로 각각 나타난다. 또한 母音에 결합되는 '－르'의 경우는 38%의 실현율을 나타내고 있으며, 子音에 결합되는 '－으'의 경우는 34%의 실현율을 나타낸다. 따라서 母音 뒤에 결합되는 對格助詞의 실현율이 子音 뒤에 결합되는 對格助詞의 실현율보다 더 높게 나타나고 있음도 알 수 있다.

　결과적으로 이 方言에서 실현되고 있는 對格助詞 '－으/르'의 실현 정도는 각 職業에 따라 정도의 차이를 가지고 실현되고 있으며, 이는 農業에서 가장 높게 나타나고, 公務員에서 가장 낮은 것으로 나타난다. 특히 公務員에서 이 助詞의 쓰임이 낮게 나타나는 것에 대하여는, 그 集團이 가지는 言語遂行이 표준어에 가장 가깝게 반응하기 때문이라고 할 수 있다.

(3) 속격조사

이 方言에 널리 쓰이고 있는 속격조사는 '-어'이다. 이것은 江陵
과 三陟, 襄陽에 두루 나타난다.

<표 5-22> 직업별 속격조사 실현 정도(%)

직업별	내 용	평균 실현율	지 역			
			양 양	강 릉	삼 척	*서남지역
공무원 (회사원 포함)	남 어	13	17	0	29	20	5
	나 어		10	0	21	8	0
	영철어		12	0	29	7	0
상업 (자영업, 서비스업 포함)	남 어	13	6	0	12	5	0
	나 어		7	0	7	12	0
	영철어		26	0	43	34	13
농 업	남 어	28	21	0	30	31	5
	나 어		23	0	60	8	0
	영철어		40	0	70	50	15
어 업	남 어	18	25	0	50	25	−
	나 어		27	0	30	50	−
	영철어		0	0	0	0	−

위에서 보듯이 屬格助詞 '-어'의 쓰임은 地域에 따라 많은 差異
를 보인다. 특히 襄陽에서는 모든 職業에서 사용하지 않는 언어 현
상인 것으로 나타난다. 이는 '-에'나 '-으'를 쓴다는 응답이 있으
나 '-의'를 쓴다는 응답이 지배적이다. 이 지역은 모든 언어 현상에
서 빠른 표준어 동화 현상을 나타내 보인다. 職業別로는 公務員
13%, 商業 13%, 農業 28%, 漁業 18%로 農業에서 가장 높은 실현
율을 보여주고 있으며 公務員과 商業에서 낮은 실현율을 나타내 보

인다. 지금까지 살펴본 언어 현상과 비교해 볼 때 商業이 公務員보다 높지 않음이 다소 意外라 할 수 있다. 일반적으로 商業이 사투리에 同化되어 있을 가능성이 크기 때문이다. 그것은 이 職業에서 사투리를 사용함에 어떠한 제약도 받고 있지 않기 때문이다. 따라서 言語遂行의 제약을 많이 받고 있는 公務員과 같은 비율을 나타내고 있음은 多少의 의문이다. 이러한 문제에 대하여는 아주 간단하게 그 이유를 생각해 볼 수 있다. 그것은 설문지를 작성하는 과정에서 자신의 발음이 標準發音인 것으로 錯誤를 일으켰다고 보는 것이다. 실제 자신들의 發音과 설문지에 그것을 옮겨 놓을 때는 多少 標準語的인 視覺에 기준을 두는 것은 당연하기 때문이다. 여기서 우리는 이 助詞의 쓰임이 모든 職業에 걸쳐 그 실현 정도가 매우 낮게 나타나고 있음도 알 수 있다. 이것은 비단 이 助詞만의 문제가 아니라 모든 方言形의 全般的인 變化 추세라고 할 수 있다. 이러한 變化는 매우 빠르게 진행되고 있으며, 특히 이 助詞가 앞서는 것으로 나타난다.

위에서 살펴본 내용을 종합하여 이 方言에서 쓰이고 있는 格助詞의 쓰임에 대한 결과를 要約하면 다음과 같다. 우선 主格助詞의 쓰임 정도는 農業←漁業←商業←公務員의 순서로 나타난다. 이 助詞는 母音 뒤에 오는 '-거'나 '-이'의 쓰임보다는 子音 뒤에 오는 '-이가'의 쓰임이 더 높게 나타나고 있으며 이는 三陟에서 특히 그러하다.

對格助詞의 경우는 農業←商業←漁業←公務員의 순서로 나타난다. 이 또한 母音에 결합되는 '-르'의 경우가 子音에 결합되는 '-으'에 비해 높게 나타나고 있음을 알 수 있다. 屬格助詞는 農業←漁業←公務員·商業의 순서로 나타난다.

따라서 이 方言의 格助詞의 쓰임을 職業에 따라 살펴보면 農業에서 가장 높게 나타나고 公務員이 가장 낮은 것으로 나타난다. 이것은 사회적인 언어 현상으로 당연한 결과라 할 수 있다. 하지만 그

실현율이 다소 낮은 것에 대하여는 충분한 이해를 가져야 한다. 그
것에 대하여는 가장 먼저 話者들의 言語生活이 교육과 TV, 각종 매
스컴의 영향으로 인하여 변화가 생긴 것으로 볼 수 있고, 다음으로
는 地域에 따른 차이를 하나의 言語共通體로 통계 처리한 결과 때
문이라 할 수 있다. 여기서 地域의 분포를 무시하고 평균적인 數値
를 算定한 것은, 본 연구의 목적이 核方言의 언어 특징을 설명하려
는 것이 아니라, 社會 全體的인 變化의 傾向을 알아보기 위한 것이
므로, 모든 社會階層에 고루 적용된 실상에 대하여는 큰 문제가 없
다는 판단에 기인한 것이다.

2) 상대경어법의 문종결어미[9]

(1) 해라체[10]

설명문

이 方言에서 해라체 說明文 語尾로 두루 쓰이는 것은 '－아 / 어'
이다. 이는 표준어의 반말체 '－아 / 어'와 동일하게 사용된다. 하지만
그 쓰임은 先行 語幹 末音의 資質에 따라 標準語의 그것과 상당히
다르고 훨씬 복잡하게 쓰인다. 이 외에도 地域에 따라 '－끼야, －지,
－와, －ㄴ기, －(는)기야' 등이 사용되고 있다. 본 論議 관심 대상은
'－ㄴ기'와 '－(는)기야'이다.

---

9) 相對敬語法에 관하여는 4장 2. 2)를 참조.
10) 해라체에 대하여는 4장 2. 2) (1)을 참조.

〈표 5-23〉 직업별 해라체 설명문 어미 실현 정도(%)

직업별	내용	평균 실현율	지역				
			고성	양양	강릉	삼척	*서남지역
공무원 (회사원 포함)	했는기야	17	11	0	0	29	14	15
	이쁜기		22	12	10	29	34	35
상업 (자영업, 서비스업 포함)	했는기야	30	10	0	0	15	23	13
	이쁜기		50	12	100	29	56	25
농업	했는기야	32	39	0	80	30	43	9
	이쁜기		25	0	0	50	50	17
어업	했는기야	42	50	—	25	25	100	—
	이쁜기		34	—	50	50	0	—

  여기서 우리는 이 語尾의 發話 實現率이 대체로 저조한 편에 속함을 알 수 있다. 이는 이 方言 話者들의 發話 상태가 標準語에 對應되는 '-아/어'를 더 우세하게 사용하기 때문이다. 하지만 이 語尾 '-아/어'의 쓰임은 표준어의 그것과는 다소 다르다. 이는 선행음의 자질에 따라 결합되는 형태가 각기 다르고, 특히 이음절이면서 어간말음 'ㅣ'앞에 치찰음이 놓이면 '-아'가 분포되는 것과 같은 현상이 나타난다. 따라서 여기에서 실현된 '-아/어'의 경우는 표준어에 동화된 발음 현상이라고는 할 수 없고, 이 方言 특유의 語尾 실현 현상으로 설명되어야 한다. 이러한 현상을 감안하여 이 方言의 職業에 따른 해라체 說明文 語尾의 실현 정도를 살펴보면 公務員 17%, 商業 30%, 農業 32%, 漁業 42%로 漁業이 가장 높은 실현율을 나타내고 公務員이 가장 낮은 실현율을 나타낸다. 지역별로는 江陵과 三陟에서 많이 쓰는 것으로 나타나고 있으며 모든 職業에서 '-다야', '-데야', '거야'와 같은 語形을 쓴다는 응답이 높았다. 보

편적으로 漁業이 農業에 비해 사투리형을 더 많이 사용하는 현상에 대하여는 여러 곳에서 설명된다. 따라서 이것은 社會的인 現象에 따른 것으로 간주해 두기로 한다.

의문문

이 方言의 해라체 疑問文 語尾로 널리 사용되고 있는 것은 '-재'와 '-ㄴ', '-(으)까', '-아/어'가 있다. 이 외 '-나'와 '-니'도 매우 활발하게 쓰이는 語尾에 속하나, 이는 地域的으로 구분되어 사용됨으로 하여 공통성이 배제된다. 여기서는 '-재'와 '-ㄴ'에 대하여 살펴보기로 한다.

〈표 5-24〉 직업별 해라체 의문문 어미 실현 정도(%)

직업별	내용	평균 실현율	지역				
			고성	양양	강릉	삼척	*서남지역
공무원 (회사원 포함)	이쁘나	10	42	12	30	43	80	60
	이쁘니		47	67	70	29	20	40
	어대재		13	0	0	29	20	5
	인		6	0	0	15	7	0
상업 (자영업, 서비스업 포함)	이쁘나	16	40	12	0	58	89	50
	이쁘니		52	67	100	29	12	38
	어대재		22	0	0	29	56	13
	인		9	0	0	10	24	25
농업	이쁘나	20	38	0	0	70	79	34
	이쁘니		57	100	100	10	15	34
	어대재		21	0	0	48	35	17
	인		18	0	0	35	35	10
어업	이쁘나	13	59	—	75	50	50	—
	이쁘니		25	—	25	50	0	—
	어대재		16	—	0	25	23	—
	인		9	—	0	15	10	—

이 語尾의 실현은 公務員 10%, 商業 16%, 農業 20%, 漁業 13%로 農業이 가장 높은 것으로 나타나고, 公務員이 가장 낮은 것으로 나타난다. 여기서는 대부분의 職業에서 '-지'를 쓴다는 응답이 높게 나타났다. 이 '-지'의 경우는 반말체 疑問形 語尾로 해라체와 하게체의 통합형쯤으로 생각해 볼 수 있는 語尾이다. 이 형태가 주로 많이 쓰이고 있다는 것은 이 方言에서 敬語法 體系의 변화가 진행되고 있음을 알게 하는 것이다. 이는 현대국어에서 나타나고 있는 반말체, 즉 '요'통합가능형의 語尾가 빠르게 확산되고 있음을 보여주는 것이기도 하다. 이 語尾의 쓰임은 특히 地域的인 差異에 관심을 두게 한다. 이는 고성과 양양에서는 이들 어미의 쓰임이 전혀 나타나지 않고 있음이다. 이 경우 대부분 '-니'를 쓴다는 응답이 지배적이다.

명령문

이 方言의 해라체 命令形 語尾로는 '-(아 / 어)라'가 공통적으로 사용되고 있으나, 말음절 '-라'가 생략된 '-아 / 어'가 더 우세하게 쓰인다. 또한 '-어라'가 말음절이 'ㅜ'인 語尾와 결합되면 'ㅜ+ㅓ → ㅗ:'와 같이 'ㅗ:'로 축약되어 나타나기도 한다. 외에도 '-(으)라무나'와 '-자' 등이 사용된다. 여기서는 '-아'와 '-오'에 대하여 살펴보기로 한다.

〈표 5-25〉 직업별 해라체 명령문 어미 실현 정도(%)

직업별	내용	평균 실현율	지역				
			고성	양양	강릉	삼척	*서남지역
공무원 (회사원 포함)	먹아	23	8	0	0	15	14	5
	바꼬		38	45	30	29	47	40
상업 (자영업, 서비스업 포함)	먹아	25	17	0	0	43	23	0
	바꼬		33	15	30	29	56	38
농업	먹아	37	27	0	0	50	58	0
	바꼬		46	33	40	60	50	34
어업	먹아	42	9	—	0	25	0	—
	바꼬		75	—	100	75	50	—

이 語尾의 실현 현상은 公務員 23%, 商業 25% 農業 37%, 漁業 42%로 漁業이 가장 높고 公務員이 가장 낮은 것으로 나타난다. 여기서 우리는 '-아'보다 '-오'의 쓰임이 높게 나타나는 것에 대하여 관심을 가져볼 수 있다. 대부분의 職業에서 '먹아'의 경우는 '먹어라'라는 응답이 지배적이었으나 '바꼬'의 경우는 설문지 항목에 없는 '바꿔'[pak'wə]라는 응답을 별도로 기록해 주었다. 이것은 [pak'o:]에 대한 음성 실현을 [pak'wə]로 잘못 인식하고 있는 것으로 볼 수 있는데, 특히 公務員에 많았다. 이 職業群은 標準語形에 매우 민감한데 여기서는 그들의 발음이 표준발음인 것으로 잘못 인식하여, 실제 발음은 [-k'o]이나 [-k'wə]라고 생각한 것 때문이라 할 수 있다. 이 項目의 경우 '바꾸어라'[pak'u-əra]로 응답함이 당연할 듯한데 의외이다. 地域的으로 三陟의 경우 '바꽈'[pak'wa]와 같이 'ㅜ+ㅓ'→ 'ㅘ'로 실현되는 현상이 높게 나타났다.

청유문

이 方言의 해라체 請誘形 語尾는 표준어와 다름이 없다. 다만 '－자'에 강조의 뜻을 첨가하여 '－자야'와 같은 형태로 쓰이고 있음이 다르다. 이는 高城과 襄陽에서는 나타나지 않는 현상이다. 여기서는 江陵과 三陟만이 대상이 된다.

〈표 5-26〉 직업별 해라체 청유문 어미 실현 정도(%)

직업별	내 용	평균 실현율	지 역	
			강 릉	삼 척
공무원(회사원 포함)	하자야	4	0	7
상업(자영업, 서비스업 포함)	하자야	15	29	0
농 업	하자야	18	20	15
어 업	하자야	0	0	0

이 '－자야'는 대체로 '－자'로 실현되고 있다. 이 語尾의 실현율은 公務員 4%, 商業 15%, 農業 18%, 漁業 0%로 農業에서 이 語形을 가장 많이 쓰는 것으로 나타나고, 漁業에서는 전혀 쓰지 않는 것으로 나타난다. 漁業에서 이 語形을 쓰지 않고 있음에 대하여는 나름대로의 이유가 있는 듯하다. 이것은 職業的인 특정으로 이해할 수 있는데 이 職業의 경우 대체로 말을 '길고 느리게' 하기보다는 '짧고 크게' 발화하는 경향이 더 크기 때문인 듯하다. 따라서 '－자야'보다는 '－자'의 쓰임이 더 많음은 당연하다 하겠다.

(2) 하게체[11]

설명문

이 方言의 하게체 설명문 語尾는 표준어와 다름이 없다. 다만 語尾 '-네'에 添辭 '-야'를 더하여 '-네야'와 같이 사용하는 것이 차이라 할 수 있다. 이 외에도 地域的으로 얼마간의 차이를 두고 실현되는 '-과'와 '-ㄹ세', '-ㅁ세' 등이 있다. 여기서는 '-네야'와 '-과'를 분석대상으로 두고 지역은 江陵과 三陟으로 한정한다.

〈표 5-27〉 직업별 하게체 설명문 어미 실현 정도(%)

직업별	내 용	평균 실현율	지 역		
			강 릉	삼 척	*서남지역
공무원 (회사원 포함)	생겼네야	13	15	5	24	20
	고맙과		10	15	5	5
상업 (자영업, 서비스업 포함)	생겼네야	17	16	10	22	25
	고맙과		17	23	10	0
농 업	생겼네야	21	27	25	29	9
	고맙과		15	25	5	0
어 업	생겼네야	17	14	25	2	—
	고맙과		20	35	4	—

이 語尾의 실현 양상은 公務員 13%, 商業 17%, 農業 21%, 漁業 17%로 農業이 가장 높고 公務員이 가장 낮은 것으로 나타난다. 하지만 대체로 그 실현 비율은 매우 저조한 편에 속한다. 이것은 표준어와 동일한 語形인 '-네'가 우세하게 쓰이기 때문이다. 여기서 우

---

11) 하게체에 관하여는 4장 2. 2) (2)를 참조.

리는 語尾 '-네야'에 대하여 좀더 생각해 보기로 한다. 사실 이 語尾 '-네야'의 경우는 地域的으로 江陵에서 더 많이 쓰이는 것으로 알려져 있다. 하지만 위 표에서는 漁業을 제외한 모든 職業에서 江陵보다는 三陟에서 그 쓰임이 더 우세한 것으로 나타난다. 이러한 현상이 나타난 것에 대하여는 여러 가지를 생각해 볼 수 있는데 가장 우선적인 것은 이 지역이 표준어에 동화될 수 있는 환경이 江陵에 비해 자연스럽지 못하기 때문이다. 언어변화가 社會 文化的인 交流, 즉 사람과 사람의 만남에서 더 쉽게 이루어지고 있음을 생각하면 이것은 충분히 이해가 된다. 다음으로는 이 지역 주민들의 言語 態度가 대체로 사투리에 好意的이기 때문이다. 이것은 본 論議의 여러 곳에서 확인되고 있는 사실이다. 어쩌면 이 地域 주민들은 자신들이 고향에 대하여, 그리고 자신들의 言語에 대하여, 자신들이 살아내야 하는 삶의 한 부분과도 같은 것으로 생각하는지도 모르겠다. 이것은 漁業에 종사하는 사람들이 그들의 삶에 사투리가 방해가 되지 않는다고 생각하는 것과 같은 것으로 이해할 수 있겠다.

의문문

이 方言에서 하게체 疑問文 語尾로 널리 사용되고 있는 것은 '-ㄴ/는가'이다. 이 語尾는 用言의 語幹에 붙어서 疑問을 나타내고 있으며 표준어 '-나'에 對應된다. 이 외에도 三陟 地域에 사용되고 있는 '-당가'와 襄陽에서 주로 쓰이는 '-너'가 있다.

<표 5-28> 직업별 하게체 의문문 어미 실현 정도(%)

직업별	내용	평균 실현율	지역				
			고성	양양	강릉	삼척	*서남지역
공무원 (회사원 포함)	먹었는가	28	35	23	5	58	54	15
	매었는가		17	23	10	0	34	2
	맨가		32	12	30	43	40	35
상업 (자영업, 서비스업 포함)	먹었는가	32	34	23	50	15	45	38
	매었는가		25	23	50	15	12	0
	맨가		35	12	0	58	67	38
농업	먹었는가	34	39	15	20	80	39	23
	맸었는가		22	12	10	30	36	17
	맨가		40	0	30	70	60	31
어업	먹었는가	32	32	–	30	45	20	–
	매었는가		22	–	20	31	14	–
	맨가		42	–	55	50	20	–

이 方言의 하게체 疑問形 語尾의 실현 양상은 公務員 28%, 商業 32%, 農業 34%, 漁業 32%로서 農業이 높은 것으로 나타났고 公務員이 낮은 것으로 나타난다. 하지만 그 차이는 그리 크지 못하다. 이 현상은 地域에 구분 없이 두루 실현되고 있고 있으나 특히 江陵과 三陟에서 더 높게 나타난다. 또한 '-는가'보다는 이 語尾가 일으키는 일종의 축약현상인 '-았/었-'+'-ㄴ/는가'→'-ㄴ가'와 같은 현상이 더 높게 실현되고 있다. 이 외에 '-어'와 '-나', '-소', '-당가'와 같은 응답이 나왔으며 특히 '-나'가 높게 나타났다. 이 語尾 '-나'의 경우는 이 方言, 江陵과 三陟에서 해라체 疑問形 語尾로 주로 쓰이는 것인데 여기서는 전 지역에 두루 이 語形의 쓰임이 높게 나타났다.

명령문

이 方言의 하게체 命令形 語尾로는 '-개'가 공통적으로 사용되고 있다. 이는 標準語의 '-게'에 對應된다. 이는 친구나 아랫사람에게 약간 낮추어 命令하는 語尾이며 주로 나이 든 話者나 聽者에게서 들을 수 있는 말이다.

<표 5-29> 직업별 하게체 명령문 어미 실현 정도(%)

직업별	내용	평균 실현율	지역				
			고성	양양	강릉	삼척	*서남지역
공무원(회사원 포함)	주개	31	12	60	29	20	25
상업(자영업, 서비스업 포함)	주개	50	12	60	72	56	38
농업	주개	46	33	60	40	50	38
어업	주개	42	-	25	75	25	-

이 語尾의 實現은 公務員 31%, 商業 50%, 農業 46%, 漁業 42%로서 商業이 가장 높은 실현율을 나타내고 있으며 公務員이 가장 낮은 실현율을 나타낸다. 이 語尾에 대하여는 대부분 '-줘요'를 쓴다는 응답이었으나 '주소'나 '주오(주:)'를 쓴다는 응답도 많았다. 사실 이 語尾의 실현 양상은 음성형을 직접 청취했다기보다는 설문지에 의존한 경우가 대부분이어서 '-개'[ɛ]의 발음을 나타냈는지 '-게'[e]의 발음을 나타냈는지에 대하여는 자세히 언급할 수 없다. 다만 이 職業에서 이 語尾를 사용해야 할 환경이 주어졌을 때 '하게체'를 쓰는지 '해체' 또는 '해요체'를 쓰는지 그 쓰임만 분석대상으로 했다. 이 語形의 쓰임에 관한 것은 대화 참여자의 조건을 적절히 설정해 두어야 함이 중요한 변수로 등장한다.

여기서 우리는 商業에 있어 이 語尾가 높게 실현된 것에 대하여 살펴보기로 한다. 우리는 흔히 시장에 나갔을 때 물건을 파는 사람들이 젊은 사람들에게 '주'나 '주게'라고 하는 소리를 자주 듣게 된다. 이것은 나이를 생각하면 당연히 반말을 해야 할 대상이지만 고객의 입장에 서게 되면 함부로 말을 낮출 수 없는 것이 상업적인 통례이기 때문이다. 비단 이 경우만 그러한 것이 아니고 작든 크든 이익을 창출해야 하는 환경에 처해지면 그 이익과 관련되는 사람에 대하여 아무리 나이가 어리다 해도 쉽게 반말로 대할 수 없게 된다. 따라서 이 職業에 속한 사람들이 다른 職業에 속한 사람들보다 이 語形에 더 익숙해짐은 당연하다. 이는 이 語尾의 쓰임이 쉽게 반말할 수 없는 아랫사람에게 쓰이는 경우가 대부분이기 때문이다.

청유문

이 方言에서 쓰이는 하게체 請誘形 語尾로는 '-새'가 공통적으로 사용되고 있다. 표준어 '-세'에 對應된다. 이것은 動詞 語幹에 결합되어 친구나 아랫사람에게 무엇을 함께하자는 뜻을 나타낼 때 쓰이며, 대화 참여자는 주로 壯年層이다.

<표 5-30> 직업별 하게체 청유문 어미 실현 정도(%)

직업별	내용	평균 실현율	지역				
			고성	양양	강릉	삼척	*서남지역
공무원(회사원 포함)	앉새	39	25	40	49	40	30
상업(자영업, 서비스업 포함)	앉새	59	50	60	59	65	45
농업	앉새	54	33	70	50	63	25
어업	앉새	59	–	45	60	70	–

하게체 請誘形 語尾의 실현 양상은 公務員 39%, 商業 59%, 農業

54%, 漁業 59%로 商業과 漁業에서 그 실현율이 높게 나타났으며 公務員에서 가장 낮게 나타난다. 이 語尾의 경우 많은 부분 '-지'를 쓴다고 했으며 '-자요'와 '-지요', '-어요'를 쓴다는 응답도 많았다. 특히 公務員의 경우는 '-지요'(-(으)시지요)를 쓴다는 응답이 매우 높았는데 이것은 상대에게 좀더 정중한 말씨를 쓰려는 의지가 반영되었다고 볼 수 있다. 이러한 언어태도는 公務員이 표준말을 써야 한다는 것이 의무처럼 여겨지는 것과 같은 것으로 해석된다.

(3) 하오체[12]

설명문

이 方言의 하오체 설명문 語尾로는 '-(아 / 어)요'가 공통으로 사용되고 있으며 地域에 따라 '-오'와 '-소'가 구분되어 쓰이기도 한다. 이 '-(아 / 어)요'는 동사 또는 形容詞의 語幹에 붙어 설명을 나타내는 역할을 하고 있으며, 名詞 뒤에서는 '-(이)래요'가 결합된다.

〈표 5-31〉 직업별 하오체 설명문 어미 실현 정도(%)

직업별	내용	평균 실현율	지역				
			고성	양양	강릉	삼척	*서남지역
공무원(회사원 포함)	집이래요	27	43	12	40	58	60	50
	좁어요		11	0	0	22	20	0
상업 (자영업, 서비스업 포함)	집이래요	25	25	12	10	43	34	50
	좁어요		25	0	0	43	56	0

---

12) 하오체에 대하여는 4장 2. 2) (3)을 참조.

직업별	내용	평균 실현율	지역				
			고성	양양	강릉	삼척	*서남 지역
농업	집이래요	34	47	33	20	70	65	50
	좁어요		21	0	5	42	36	5
어업	집이래요	50	77	–	75	75	80	–
	좁어요		22	–	0	35	30	–

이 語尾의 실현 양상은 公務員 27%, 商業 25%, 農業 34%, 漁業 50%로 漁業이 가장 높게 나타났고 商業이 가장 낮은 것으로 나타났다. 漁業에서 이 語尾의 실현이 높게 나타난 것은 이 語形과 대체하여 쓸 수 있는 語尾에 동화가 덜 되었기 때문이다. 특히 '-래요'의 경우가 그러한데 다른 職業에서는 '-이에요'와 '-입니다'로 쓴다는 응답이 많았으나 漁業은 '-이에요'와 '-입니다'는 거의 나타나지 않고 대신 '-이오(요)'라는 응답이 많았다. 이것은 이 職業에 종사하는 사람들의 語套的인 특성이라고 할 수 있는데, 주로 말을 강하고 짧게 하려는 심리적인 현상 때문이라고 할 수 있다. 여기서는 公務員이 商業보다 이 語尾의 사용이 다소 높게 나타나는 것에 관심이 간다. 보통은 商業이 公務員보다 높은 사투리형 사용을 나타냈기 때문이다. 하지만 여기에 딱히 어떤 이유가 적용된 것은 아니다. 다만 작은 설명을 부연한다면 '-잖소'(← '-지 않소')와 같은 어형이 다소 나타남으로 하여 상대적으로 '-래요'가 적게 쓰인 것이 아닌가 한다. 실제적으로 公務員의 경우는 아주 간단하게 '-이에요'와 '-입니다'만 추가의 응답으로 나타났으나 다른 職業에서는 위에 언급된 것과 같이 '-이에요'나 '-입니다' 외에 '-이오(요)'와 '-소' 등과 같은 語形들이 추가로 더 나타났다. 따라서 商業의 경우 이 응답형 외의 응답과 그 내용이 分散되어 나타났기 때

문에 상대적으로 단순한 응답만을 나타낸 公務員보다 수치가 낮아
지게 된 것이라 할 수 있다.

의문문

이 方言에서 하오체 疑問文 語尾로는 '-소'와 '-어요'가 공통적
으로 널리 사용되고 있다. 이 외에도 '-우'와 '-오'가 쓰이고 있으
나 이는 地域的으로 얼마간의 차이를 두고 쓰인다. 여기서는 '-소'
에 대하여 살펴보기로 한다.

〈표 5-32〉 직업별 하오체 의문문 어미 실현 정도(%)

직업별	내용	평균 실현율	지역				
			고성	양양	강릉	삼척	*서남지역
공무원 (회사원 포함)	살았소	40	23	50	50	34	28
상업(자영업, 서비스업 포함)	살았소	42	28	32	57	50	31
농업	살았소	42	33	30	57	48	35
어업	살았소	59	–	46	58	72	–

이 語尾의 실현 양상은 公務員 40%, 商業 42%, 農業 42%, 漁業
59%로 漁業이 가장 높고 公務員이 가장 낮은 것으로 나타난다. 여
기서 많은 부분 '-소'대신 '-어요'를 쓴다고 했으며 별도의 응답으
로 '-우'와 '-오'를 쓴다고 했다. 이러한 현상을 지역적으로 구분
하면 高城과 襄陽의 경우는 '-어요'를 쓴다는 응답이 절대적이었고
江陵과 三陟에서는 '-우/오'가 산발적으로 나타났다. 특히 公務員
의 경우는 '-소'나 '-오/우'보다는 '-어요'가 높게 나타난 것으로
인하여 '-소'의 쓰임이 적은 것으로 나타났고, 農業과 商業의 경우

는 '-오 / 우'의 쓰임이 높게 나타난 것으로 인하여 상대적으로 '-소'의 쓰임이 낮은 것으로 나타났다.

명령문

이 方言에서 공통적으로 쓰이고 있는 하오체 命令文 語尾로는 '-우'와 '-(아 / 어)요'이다. 語尾 '-우'의 경우는 표준어의 하오체 命令形 語尾 '-오'에 對應되는 것으로 주로 나이 든 聽者를 존대하는 뜻으로 사용된다. 이 경우 '-우야'와 같은 語形으로 사용되기도 하는데 이것은 강조와 친근감을 더하여 나타내는 '-야'를 첨가한 것이다. 襄陽에서는 '-유'形이 쓰이기도 한다.

<표 5-33> 직업별 하오체 명령문 어미 실현 정도(%)

직업별	내용	평균 실현율	지역				
			고성	양양	강릉	삼척	*서남지역
공무원 (회사원 포함)	가시우	15	0	10	29	20	20
상업(자영업, 서비스업 포함)	가시우	27	4	13	58	30	25
농업	가시우	38	5	38	58	48	39
어업	가시우	40	–	29	50	39	–

위 표에서 알 수 있듯이 하오체 命令形 語尾의 實現 양상은 職業에 따라 얼마간의 차이를 두고 실현된다. 이것은 公務員의 경우 15%의 실현율을 나타냄으로 하여 가장 낮은 실현율을 보였으며, 漁業 40%로 가장 높은 실현율을 나타냈다. 이 외 商業 27%, 農業 38%를 각각 나타냈다. 여기서 우리는 이 語尾의 실현 양상에 대하여 지역적인 분포를 염두에 두지 않을 수 없다. 위 표에 나타나듯이 高城에서는 이 語形이 거의 사용되지 않는 것으로 나타난다. 이 지

역은 여러 가지 다른 方言形의 실현도 매우 저조한 편인데 이것은 특히 심하다 할 수 있다. 이러한 현상은 漁業과 農業의 실제 사용률을 바꾸어 놓는 계기가 되기도 한다. 여기서 漁業은 農業에 비해 이 語尾의 실현율이 2% 더 높은 것으로 나타난다. 하지만 高城을 제외하고 본다면 農業이 훨씬 더 우세한 것으로 나타남은 당연하다. 하지만 여기서는 農業의 경우 실제적으로 高城 지역이 조사대상 지역에 포함되었고, 漁業은 제외되었기에 지역 참여 수에 따라 이 두 職業의 실제 언어 현상이 다르게 결정될 수밖에 없다. 다만 이 두 職業에 관하여는 地域을 참고해야 함을 설명한다. 모든 職業에 두루 나타난 어형으로는 '-세요'와 '-시오' 그리고 '-요'가 있었으며 추가로 江陵에서는 '-우야'가, 三陟에서는 '-와 / 왜이'(잘가와 / 잘가왜이)와 같은 語形이 나타났다.

청유문

이것은 動詞 語幹에 붙어 반말할 수 없는 사람에게 함께 무엇을 하기를 請誘할 때 쓰이는 語尾이다. 이 方言에서는 '-어요'가 공통적으로 널리 사용되고 있다. 이는 표준어와 다름이 없어 여기서는 論外로 한다.

(4) 합쇼체[13)

설명문

이 方言의 합쇼체 說明文 語尾는 표준어와 다름이 없다. 다만 江陵에서 '-ㅂ닌다'와 '-시지오니까'(닝꺄)가 주로 쓰임이 다르다. 이

---

13) 합쇼체에 관하여는 4장 2. 2) (4)를 참조.

語形은 표준어의 '-하십니다'에 對應한다고 볼 수 있다. 여기서는
이 語形을 조사 분석하기로 한다.

<표 5-34> 직업별 합쇼체 설명문 어미 실현 정도(%)

직업별	내 용	지 역
		강 릉
공무원(회사원 포함)	했습닌다	7
상업(자영업, 서비스업 포함)	했습닌다	18
농 업	했습닌다	17
어 업	했습닌다	0

위 표에서 보듯이 이 方言만의 言語的 特性을 지닌 합쇼체 語尾
의 실현 양상은 公務員 7%, 商業 18%, 農業 17%, 漁業 0%로 매우
낮게 실현되고 있음을 알 수 있다. 이는 모든 職業에서 '-습니다'
를 쓴다는 응답이 지배적으로 나타났고 이에 더하여 '-어요'를 쓴
다는 응답도 많았기 때문이다. '-습니다'와 '-어요'의 비율은 7:3
정도로 '-습니다'가 훨씬 더 우세한 것으로 나타난다. 여기서는 우
리는 商業이 이 말투를 쓰고 있다는 것에 대해 새삼 반가움을 가지
면서 그것에 대한 이유를 생각해 보지 않을 수 없다. 이것은 이 職
業이 주로 지역 토박이들을 상대로 이윤을 창출해야 하는 특성을
가지고 있으며, 자신의 영업과 관련된 토박이들의 言語的인 特性을 함
께 공유해야 하는 까닭으로 인하여 이 語形을 다른 職業보다 더 認識
하고 있는 듯하다. 이러한 현상은 語彙의 쓰임에도 나타나고 있다.

의문문
이 方言의 합쇼체 疑問文 語尾는 표준어와 다름없이 사용되고 있
으나 지역별로 다소의 다른 語形이 쓰이기도 한다. 襄陽에서 쓰이는

'-어유'와 江陵의 '-닝꺄' 그리고 三陟의 '-니껴'가 그것이다. 여기서는 이 方言의 言語的인 特性을 나타내 주고 있는 이들 세 語形에 대하여 살펴보기로 한다.

〈표 5-35〉 직업별 합쇼체 의문문 어미 실현 정도(%)

직업별	구분	평균 실현율	지역			
			양양	강릉	삼척	*서남지역
공무원 (회사원 포함)	오셔유	7	0	0	–	–	0
	오십닝꺄		0	–	0	–	0
	오시니껴		20	–	–	20	0
상업 (자영업, 서비스업 포함)	오셔유	20	2	2	–	–	0
	오십닝꺄		15	–	15	–	0
	오시니껴		41	–	–	41	1
농업	오셔유	19	3	3	–	–	0
	오십닝꺄		18	–	18	–	0
	오시니껴		35	–	–	35	0
어업	오셔유	12	0	0	–	–	–
	오십닝꺄		0	–	0	–	–
	오시니껴		34	–	–	34	–

　여기서는 이 方言形의 전체적인 실현 양상에 관심을 두는 것도 중요하지만 地域的인 분포 현상을 살피는 것을 우선으로 한다. 이에 대하여는 위 表를 참조하기로 한다. 여기서는 이 方言에 나타날 수 있는 합쇼체 疑問形 語尾 '-유'와 '-닝꺄', '-니껴'에 대한 쓰임의 정도만 살펴보기로 한다. 이 語尾의 실현은 公務員 7%, 商業 20%, 農業 19%, 漁業 12%로서 商業에서 가장 높게 나타나고 公務員에서 가장 낮은 것으로 나타난다. 이 語尾의 쓰임은 특히 三陟에서 높게 나타났는데 이는 이 지역이 方言的인 특성이 가장 강하다

는 사실을 다시 한번 확인시켜 준 결과라 할 수 있다. 이러한 현상은 모든 論議에 두루 그러하다.

명령문

이 方言의 합쇼체 命令文 語尾는 標準語와 다름이 없다. 다만 江陵과 三陟에서 '-시지오니꺄'가 쓰이고 襄陽에서 '-시지유'가 쓰이는 것이 다르다.

〈표 5-36〉 직업별 합쇼체 명령문 어미 실현 정도(%)

직업별	내용	평균 실현율	지역			
			양양	강릉	삼척	*서남지역
공무원 (회사원)	드시지오니까	3	6	–	7	5	0
	드시지유		0	0	–	–	0
상업 (자영업, 서비스업)	드시지오니까	12	12	–	12	11	0
	드시지유		11	11	–	–	0
농업	드시지오니까	17	19	–	20	18	0
	드시지유		14	14	–	–	0
어업	드시지오니까	5	9	–	15	2	–
	드시지유		0	0	–	–	–

이 語尾의 실현 양상은 公務員 3%, 商業 12%, 農業 17%, 漁業 5%로 農業이 가장 높고 公務員이 가장 낮은 것으로 나타난다. 하지만 전체적으로 매우 낮은 비율을 나타내고 있음을 알 수 있다. 여기서는 대부분 '-십시오'를 쓴다는 응답이었고 이 외 '-시지요'와 '-어와요'를 쓴다는 응답도 많았다. 의외로 '-세요'를 쓴다는 응답은 아주 적었다.

청유문

이 方言의 합쇼체 請誘文 語尾는 標準語와 다름이 없다. 다만 江陵과 三陟 地域에서 '-시지오니꺄'가 쓰이고 襄陽에서는 '-시지유'가 쓰이는 것이 다르다.

〈표 5-37〉 직업별 합쇼체 청유문 어미 실현 정도(%)

직업별	내용	실현율	지역			
			양양	강릉	삼척	*서남지역
공무원 (회사원 포함)	가시지오니까	0	0	–	0	0	0
	가시지유		0	0	–	–	0
상업 (자영업, 서비스업 포함)	가시지오니까	6	11	–	12	9	0
	가시지유		0	0	–	–	0
농업	가시지오니까	9	14	–	20	8	0
	가시지유		4	4	–	–	0
어업	가시지오니까	3	5	–	7	3	–
	가시지유		0	0	–	–	–

이 語尾의 실현 양상은 公務員 0%, 商業 6%, 農業 9%, 漁業 3%로 農業이 가장 높고 公務員이 가장 낮은 것으로 나타난다. 하지만 이 語尾의 실현 양상은 거의 사용되지 않은 語形으로 나타난다. 모든 職業에서 두루 '-십시다'를 쓴다는 응답이 지배적이었고 '-시지요' '-세요', '-시죠'와 같은 語形을 쓴다는 응답도 많았다. 특히 襄陽의 '-유'는 農業을 제외한 階層에서 전혀 사용하지 않은 語形으로 나타난다.

결론적으로 이 方言의 職業에 따른 相對敬語法의 실현 양상은 話階에 따라 각기 다르게 나타나고 있으며 딱히 어느 職業에서 더 많은 方言形을 쓰고 있다고 쉽게 결론짓기가 곤란하다. 다만 모든 話

階에 두루 걸쳐 가장 낮은 실현율을 나타낸 것이 公務員이고 가장 높은 실현율을 보인 것이 漁業이다. 좀더 細部的으로 설명한다면 해라체와 하오체의 경우는 漁業에서 가장 높은 실현 양상을 보이고 公務員에서 가장 낮은 실현 양상을 보이고 있으며 하게체와 합쇼체의 경우는 農業에서 가장 높은 실현 양상을 보이고 역시 公務員에서 가장 낮은 실현 양상을 보인다. 여기서 우리는 農業과 漁業에서 方言形을 가장 많이 사용하고 公務員에서 가장 적게 사용한다는 것을 재삼 확인할 수 있다. 이러한 모든 현상을 종합하여 볼 때 이 方言의 相對敬語法 話階 분류는 여전히 4등급(해라, 하게, 하오, 합쇼) 체계를 유지하고 있으며 그것은 農業·漁業>商業>公務員의 순서로 그 쓰임의 정도가 이행되고 있음을 알 수 있다. 여기서는 하오체 어미 '-오'나 합쇼체 어미 '-습니다'의 경우 이 두 話階가 통합되어 하나의 형태로 실현되는 '-어요'의 실현이 빈번하게 나타나고 있음을 알 수 있다. 이 현상은 특히 公務員에서 가장 두드러지게 나타난다. 職業에 따라 나타난 敬語法 體系 역시 現代國語의 그것과 같은 추세로 변화되고 있음을 알 수 있다.

3. 어 휘

···

　본 절에서는 職業이 다름에 따라 일어날 수 있는 語彙 변화를 살펴보기로 한다. 본 논의를 위해 모두 40개의 語彙가 선정되었으며, 이들 語彙는 東海岸 方言에 동일한 意味를 가지고 쓰이는 老年層의 言語로 하였다.[14) 여기서는 이 方言에서 共通的으로 쓰이는 語彙와 地域마다 얼마간의 차이를 가지고 있는 語彙로 각각 나누어 살펴보기로 한다.

<표 5-38> 직업별 공통어휘 실현 정도(%)

직업별 항목	공무원			상 업			농 업			어 업		
	쓴다	쓰지 않지만 뜻을 안다	모른다	쓴다	쓰지 않지만 뜻을 안다	모른다	쓴다	쓰지 않지만 뜻을 안다	모른다	쓴다	쓰지 않지만 뜻을 안다	모른다
① 새:째	42	16	42	39	20	41	49	19	26	50	17	31
② 건추	55	17	28	53	11	36	63	23	14	50	17	33
③ 뺌짱우	22	23	55	39	30	31	42	24	34	42	9	49
④ 꽤(오얏)	74	18	8	71	28	1	66	15	7	84	9	7

---

14) 調査語彙와 方法에 관하여는 4장 3을 참조.

직업별 / 항목	공무원			상 업			농 업			어 업		
	쓴다	쓰지 않지만 뜻을 안다	모른다	쓴다	쓰지 않지만 뜻을 안다	모른다	쓴다	쓰지 않지만 뜻을 안다	모른다	쓴다	쓰지 않지만 뜻을 안다	모른다
⑤ 웅굴	47	21	32	42	23	35	74	19	7	34	17	49
⑥ 소금젱이	55	35	10	58	33	10	76	23	1	75	25	0
⑦ 추천이여	9	21	70	26	26	48	10	40	50	9	17	74
⑧ 불기	20	14	51	44	25	31	46	33	21	34	17	49
⑨ 또바리	43	28	19	69	15	16	59	24	17	42	17	41
⑩ 풀미풀미	6	17	77	9	18	74	11	22	67	0	17	83
⑪ 사마구	68	24	8	66	23	11	85	15	0	84	16	0
⑫ 아재	51	29	20	60	27	13	77	18	6	67	9	24
평균실현율	63			72			78			64		

앞에서 밝혔듯이 이 論議에 조사대상이 된 語彙는 모두 이 方言 話者들이 동일한 意味를 가지고 共通的으로 쓰고 있는 것이다. 이것은 이 方言의 사투리형으로 존재하고 있는 語彙에 대하여 職業이 다름에 따라 어떠한 양상으로 실현되고 있는지를 살펴보려는 것이다. 결과는 그리 단순하게 나타나지 않은 듯하다. 위 표에 나타나듯이 '풀미풀미'와 같은 語彙는 모든 職業에 걸쳐 매우 낮은 실현 현상을 나타내고 있으며 '춘천이여'도 같은 현상으로 나타난다. 그에 반해 '사마구'(버마재비)와 '소금젱이'(잠자리), '꽤'(오얏)와 같은 語彙는 모든 職業에 두루 걸쳐 90%를 넘는 매우 높은 실현 현상을 보여준다.

職業이 다름에 따라 약간씩의 차이를 가지는 것은 '새:째'(왕겨)와 '뻠짱우'(질경이), '불기'(상추)와 같은 단어이다. 이들 語彙에 대한 熟知度는 農業에서 가장 높게 나타나고 公務員에서 가장 낮게 나타난다. 이는 하나의 言語共同體 속에서도 職業이 다름에 따라 언어 사용이 각기 다르게 나타날 수 있다는 사실을 보여준 것이라 하겠다.

　다음은 地域的으로 다소의 차이를 가지고 있지만 이 方言의 言語的인 특징을 잘 드러내주고 있다고 생각되는 語彙들에 대하여 살펴보기로 한다.[15]

<표 5-39> 직업에 따른 항목별 어휘 실현 정도(%)

항목조사	직업구분			
	공무원	상업	농업	어업
누룽지 → 소쩽이 / 소꼴기 / 소디끼	60	77	80	45
멍게 → 멍우 / 행우	26	68	78	87
간장 → 지렁 / 지렁물	60	62	75	68
성냥 → 당황	62	67	68	70
덫 → 창애 / 옹노	20	42	58	21
노루 → 놀겡이	40	78	70	42
까치 → 까쳉이	20	55	58	43
모기 → 모겡이	81	72	80	68
솔가리 → 검불 / 소갈비 / 갈비 / 소까지	62	58	80	70
관솔 → 소껭이	40	56	80	65
청미래덩굴 → 퉁갈나무 / 땀바구 / 깜바구	0	0	7	0
진달래 꽃 → 참꽃 / 창꽃	44	77	82	77
수수 → 수수 / 쉬시 / 대끼지	0	22	72	45
사과 → 사괘	40	67	80	70
복숭아 → 복쌍	62	72	80	75
오디 → 오두 / 뽕오두	41	22	57	42
도토리 → 굴밤 / 꿀밤 / 구람 / 속소리	63	78	80	42

15) 이들 語彙에 대하여는 별도의 조사가 이루어졌다. 여기에 참여된 제보자는 公務員 15명, 商業 19명, 農業 15명, 漁業 8명, 기타 27명이다.

항목조사	직업구분			
	공무원	상업	농업	어업
냉이 → 나셍이	60	67	80	72
기와집 → 재:집	40	43	80	68
초가집 → 지풀집 / 초개집	22	43	60	68
옆마당 → 사랑머치 / 아룻짝(아랫짝) / 굴뚝모탱이	12	0	0	0
뒷마당 → 댄 / 뒤란	57	55	100	87
안방 → 구둘	0	34	20	0
사랑방 → 상방	20	0	0	0
화장실 → 정낭 / 정라 / 뒤깐	73	78	80	78
부엌 → 정지	52	89	80	78
선반 → 실공 / 실광	20	67	60	62
낙수물 → 지시랑물	40	42	73	69
평균 실현율	40	54	65	54

이 語彙들에 대하여는 주로 日常에서 쉽게 접할 수 있는 것과 그렇지 못한 것으로 구분지어 조사했다. 여기서 이들 語彙의 쓰임은 대체로 낮게 실현되는 것으로 나타났다. 하지만 위의 共通語彙 조사 때와 마찬가지로 職業에 따라 구분되어 실현됨은 그 정도가 같다고 볼 수 있다. 이들 調査語彙에 대하여 살펴보면 우선 職業에 관계없이 두루 쓰이고 있는 것으로는 '간장', '성냥', '모기', '복숭아', '냉이', '화장실'과 같은 단어이고, '덫'이나 '청미래덩굴', '옆마당', '안방', '사랑방'과 같은 단어는 거의 쓰이지 않은 단어로 나타난다. 사실 이 語彙에 대한 조사는 共通으로 쓰이는 語彙에 대한 조사 결과를 정의한 다음에 추가로 再調査를 한 경우라서 선행된 조사에 대한 결과보다 그 정도가 낮게 실현된 것에 대하여 매우 당황했다. 하지만 이것에 대하여는 아주 간단한 이유 하나를 찾아냈다. 즉 여기서 조사된 語彙 대부분이 '덫'이나 '옆마당', '선반', '낙숫물'과 같이

우리의 일상생활에서 상당히 멀어진 단어들이었다는 것이다. 이것이 전체적인 비율 산정에 얼마 정도의 영향을 끼쳤음은 당연하다고 생각했다. 이러한 점을 생각하여 흔히 자주 사용하는 語彙만 골라 조사를 시행했다면 실현율을 높이는 것에는 다소 성공할 수 있었다고 본다. 사실 어느 것이 사투리를 조사하는 것에 더 이로운 방법인지에 대하여는 調査의 觀點을 어디에 두느냐에 따라 달라질 수 있다고 본다. 이 점에 대하여는 異見이 있을 수 있겠다. 다만 여기서 본 연구자는 實現率에 관심을 두기보다는 變化되어 나타나는 그 현상에 관심을 둔 것으로 하여 이러한 결과는 그대로 수용하고자 한다. 이상과 같은 내용들을 토대로 하여 이 方言의 職業에 따라 다르게 나타나고 있는 語彙들의 실현상을 정리해 보면 다음과 같다.

<표 5-40> 직업별 어휘 실현 비율(%)

항 목 \ 직업별	공무원	상 업	농 업	어 업
평균 실현율	52	63	72	59

職業에 따른 語彙 실현 정도는 公務員 52%, 商業 63%, 農業 72%, 漁業 59%로 農業에서 가장 많이 사용하는 것으로 나타나고 公務員에서 가장 적게 사용하는 것으로 나타난다. 農業에서 사투리 語形을 많이 사용하고 公務員에서 사투리 語形을 적게 사용하는 것에 대하여는 재삼 설명이 필요치 않다. 이는 여러 언어변화에서 수차 나타났던 결과이기 때문이다. 다만 여기서 우리는 漁業에 종사하는 話者들의 사투리 사용 정도가 낮게 나타난 것에 관심을 가져보기로 한다. 이것은 公務員에서 낮게 나타난 것과는 다른 차원으로 설명된다. 漁業에 종사하는 사람들은 대부분 토박이들끼리 모여서 한 배를 타거나 하는 일은 매우 드물다. 보통 각 道에서 모인 사람들이 함께

배를 타게 되고, 그와 連繫된 일을 하는 경우도 마찬가지다. 따라서 사투리 語彙를 간직하는 정도가 다른 職業보다 조금 소홀해질 수 있음은 당연하다. 이러한 현상은 商業에서 意識的으로 다른 地域의 사투리에 관심을 가지는 것과도 다른 차원이라 할 수 있다. 이들은 단지 無意識 중에 서로 혼용된 語彙를 주고받게 되고 따라서 자신들도 意識하지 못한 채 변화를 수용하고 있는 것이다. 이것은 위 語彙를 조사하는 과정에서 漁業에 종사하는 강릉 토박이 몇 사람에게서 쉽게 그 결과를 확인할 수 있었다. 이는 '수수'에 대한 질문에 三陟의 語形인 '대끼지' 대신 '배끼지'라고 하거나, '솔가리'에 대하여 襄陽의 語形인 '검불' 대신 '검부레기'라고 하는 등 타 지역의 言語를 조금씩 변형시켜서 사용하고 있었다. 물론 이들에게 江陵의 語形인 '쉬시'와 '소갈비'에 대하여 아는지를 물었을 때 그것도 쓴다고 응답했다. 이것으로도 충분히 이 職業에 해당하는 사람들의 言語가 여러 지역의 그것과 쉽게 섞이어 나타날 수 있다는 것을 알 수 있다. 따라서 漁業에서 사투리 사용 정도가 다른 職業에 비해 낮게 나타남은 충분히 이해할 수 있는 일이다. 이같이 사투리의 쓰임 정도가 여러 職業에서 높지 않게 나타나고 있음에 대하여는 여러 가지 이유를 생각해 볼 수 있겠다. 하지만 무엇보다도 우선적인 것은 이 語彙들이 쓰이는 환경이 점차적으로 줄어지고 있다는 것과 표준어의 영향, 그리고 생활문화의 변화가 큰 변수라 하겠다.

제6장 성별에 따른 언어변화

1. 음 운

1) 자 음

(1) 경음화 현상

일상생활에서 男性이 자신들의 남성다움을 과시하거나 또한 社會的으로 結束된 集團의 유대감(solidarity)을 표현하기 위한 수단으로 言語를 선택할 때 硬音化된 發音을 사용한다는 것은 널리 알려진 일이다. 이와는 다르게 女性의 경우는 얌전하고 조용한, 그래서 여성스럽다는 것을 나타내기 위하여 표준어를 사용한다는 것도 이미 사실화되어 있다. 특히 儒敎 傳統이 뿌리깊은 우리 社會에서 '얌전하고 조용한 말씨'를 女性의 美德 중의 하나로 강조하고 있음은 女性의 言語를 설명하기 위한 매우 적절한 예가 되기도 한다. 이와 같이 性은 言語分化에 한 要因으로 작용될 수 있으며 性이 다름에 따라 나타날 수 있는 言語現象은 여러 가지가 있을 수 있다. 이것은 비단 이 方言만의 문제가 아니라 全國的인 현상이기도 하다. 특히 社會的으로 男女의

性別 기능이 강화되어 있는 地域이면 더욱 그러하다. 여기서는 性別이 다름에 따라 나타날 수 있는 言語現象 중 硬音化에 대하여 살펴보기로 한다. 調査는 語頭 平音이 硬音으로 發音되는 현상을 위주로 하고 주로 格式的인 말투에서 실현되는 言語現象을 표본으로 한다. 調査된 단어들에 대한 性別 실현 정도는 다음과 같다.[1]

<표 6-1> 성별에 따른 경음화 실현 정도(%)

성별	경음화분류	평균 실현율	지역				
			고성	양양	강릉	삼척	*서남지역
남성	ㄱ 경음화	68	73	66	71	68	84	69
	ㄷ 경음화		65	56	58	63	83	73
	ㅂ 경음화		61	51	61	57	73	70
	ㅅ 경음화		61	53	58	59	72	59
	ㅈ 경음화		80	74	77	78	90	84
여성	ㄱ 경음화	71	75	72	76	71	80	74
	ㄷ 경음화		67	69	77	57	63	66
	ㅂ 경음화		75	65	77	76	80	70
	ㅅ 경음화		59	67	56	53	59	54
	ㅈ 경음화		78	79	81	70	82	71

보통 言語를 사용함에 있어서 男性과 女性의 發話에 정도의 差異가 있음은 여러 보고에서 나타난다. 특히 女性의 경우 표준어를 선호하는 경향이 강하다는 것은 支配的인 견해이고, 여성스럽고 지적인 모습을 보이기 위해 교양 있는 말씨 쓰기를 즐긴다는 것 또한 사실화되어 있다. 이것은 결국 女性이 硬音化된 發音을 選好하지 않는다는 것과 같은 것이라 할 수 있다. 하지만 우리는 위 표에서

---

1) 조사대상으로 선정된 단어는 4장 1. 1) (1)을 참조.

女性이 매우 높은 비율로 硬音化를 선택하고 있음을 확인한다. 이것은 기존에 女性에게 주어졌던 언어 선택의 문제와는 전혀 다른 결과를 보인 것이라 할 수 있다. 물론 男性의 경우도 그 實現이 낮은 것은 아니다. 다만 男性이 女性보다 硬音化된 言語를 사용함에 積極的인 태도를 가졌다고 보는 것이 일반적임을 고려하면 <표 6-1>의 결과는 다소 意外라 할 수 있다.[2]

이러한 현상에 대하여는 여러 가지 원인을 생각해 볼 수 있겠으나 가장 유력한 것은 社會的으로 女性의 활동이 男性과 같이 활성화되어 있다고 보는 것이다. 現代社會에서의 경음화 현상이 매우 보편적인 言語現象 중의 하나임을 생각해 본다면, 이것이 女性들의 言語生活에 그대로 반영되고 있음은 당연하다 할 수 있다. 이 같은 내용을 토대로 하여 이 方言의 硬音化 現象을 性別로 구분하여 조사한 결과를 도표로 보이면 아래와 같다.

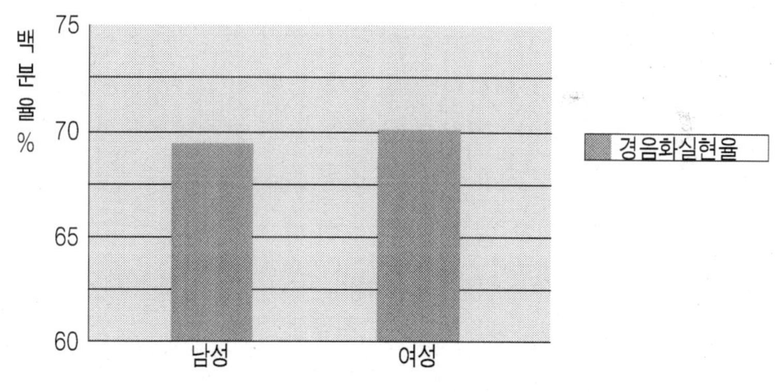

〈도표 7〉 성별 경음화 실현 향상(%)

---

2) 男性의 言語使用에 대하여는 두 가지 價値觀을 고려할 수 있다. 하나는 우리의 전통적인 가치관을 지키기 위해 男性은 점잖고 무게 있는 행동을 해야 한다는 것과, 둘째는 자신들의 社會性을 인정받기 위해 좀더 용감하고 남성스럽게 행동해야 한다는 것이 그것이다. 이 경우 그 각각의 행동에 따라 언어 선택은 다르게 나타난다.

이 方言의 性別에 따른 硬音化 정도는 男性 68%, 女性 71%로써 큰 차이라고 할 수 없지만 女性이 男性보다 조금 더 높은 硬音化를 실현하고 있는 것으로 나타난다. 이는 女性들이 언어를 선택할 때 자신들의 여성스러움과 지적인 모습을 나타내기 위하여 또는 평소 그들이 갖기 어려운 社會的 지위를 言語的인 面에서 얻기 위하여, 교양 있고 부드러운 표준말을 선호한다는 것과는 다소 다른 결과이다. 물론 女性이 선택하는 言語가 모두 標準語이거나 非硬音으로만 구성되어 있는 것은 아니다. 다만 보통의 思考에서, 女性은 자신들이 가진 성품이나 기질보다는 社會的인 價値觀에 따라 言語를 사용하기 때문에 대체로 非硬音의 發音을 하려고 한다는 것이다. 그러한 通念으로 본다면 위 표의 결과는 오류임이 분명하다. 하지만 현대사회에서 女性의 社會的인 지위나 활동을 감안해 본다면, 쉽게 잘못된 결과라는 판단을 내릴 수 없다. 이것은 현대사회에서 女性의 역할이 男性의 그것과 다름이 없고, 안팎으로 女性이기 때문에 말을 가려서 해야 하는 일은 이제는 대부분 사라진 문화이기 때문이다. 더욱이 현대의 女性은 좀더 강해지려는 의지가 강하고 그것으로 인해 言語的인 面에서 교양 있고, 점잖고, 부드러움을 나타내려는 노력은 하지 않는 듯하다. 硬音化의 發話가 주로 能動的이고 積極的인 言語 자세에서 나오는 것이고 보면 현대 女性의 이러한 언어태도는 당연하다 할 수 있다. 다만 이러한 현상이 다른 모든 언어에도 고르게 확산되어 있는지에 대하여는 다시금 살펴볼 과제이다.

(2) 비모음화 현상3)

이 現象은 여러 方言에서 나타나고 있고 이 方言 역시 그러하다. 이러한 現象이 性이 다름에 따라서는 어떠한 양상으로 실현되어 나타나는지 그 정도를 살펴보는 것이 본 논의의 목적이 된다.

<표 6-2> 성별에 따른 비모음화 실현 정도(%)

성별	음운현상		조사항목	평균 실현율	지역				
					고성	양양	강릉	삼척	*서남 지역
남 성	'ㅇ'의 약화 [ŋ]	곡용	장+에(市場)[č~a~:]	26	26	0	24	32	45	29
		형태소 내부	고뱅이[kobɛ~i~]		39	30	29	47	47	54
			생우[sɛ~u~]		84	90	82	82	82	76
			멍게(행우) [mə~u~ / hɛ~u~]	45	34	10	29	48	48	43
			모겡이[moge~i~]		34	25	29	32	48	47
			호멩이[home~i~]		38	35	24	35	55	60
			마뎅이[made~i~]		39	40	37	33	45	26
	'ㄴ'의 약화 [n]	곡용	삼촌+이[smčh~u~i]		14	5	5	13	31	9
			손(手)+으로[so~i~ro]	11	5	0	0	3	17	3
			돈+이[to~i~]		12	0	14	0	33	3
		형태소 내부	어머니[ʌmə~i~]		62	38	58	72	79	69
			할머니[halmə~i~]	54	59	35	53	72	76	65
			주머니[čumə~i~]		39	20	33	44	57	53

3) 鼻母音化에 대하여는 4장 1. 1) (2)를 참조.

성별	음운현상		조사항목	평균실현율		지역				
						고성	양양	강릉	삼척	*서남지역
여성	'ㅇ'의 약화[ŋ]	곡용	장+에(市場)[č̃ãː]	11	11	0	0	15	27	0
		형태소내부	고뱅이[kobɛ̃ĩ]	43	32	25	15	20	68	25
			생우[sɛ̃ũ]		73	82	84	50	74	85
			멍게(행우)[mə̃ũ / hɛ̃ũ]		32	17	27	40	42	25
			모겡이[mogẽĩ]		30	17	10	40	53	20
			*호멩이[homẽĩ]		44	29	10	60	74	35
			*마뎅이[madẽĩ]		42	38	34	40	53	35
	'ㄴ'의 약화[n]	곡용	삼촌+이[smč̃ʰũĩ]	6	8	0	0	10	21	5
			손(手)+으로[sõĩro]		2	0	0	0	6	5
			돈+이[tõĩ]		8	0	0	0	32	5
		형태소내부	어머니[ʌmə̃ĩ]	32	29	0	37	30	47	40
			할머니[halmə̃ĩ]		35	17	50	30	42	30
			주머니[čumə̃ĩ]		30	7	34	30	47	30

性別에 따른 鼻母音化 실현 양상은 男性과 女性으로 구분되어 나타난다. 男性의 경우 子音 'ㅇ'이 약화되어 鼻母音化를 일으키는 현상은 曲用에서 26%의 실현율을 보이고 있으며 形態素內部에서는 45%의 실현율을 나타내 보인다. 또한 'ㄴ'이 약화되면서 일어나는 鼻母音化 현상의 경우 曲用에서 11%의 실현율을 나타내고 形態素內部에서는 54%의 실현율을 나타낸다. 이에 반해 女性은 각각 11%, 43%와 6%, 32%를 나타내고 있어 男性이 女性보다 鼻母音化를 높게 실현하는 것으로 나타난다. 특히 形態素內部에서 'ㄴ'이 弱化되어 나타나는 鼻母音化 현상은 男性이 女性보다 2배 이상 높게 나타

난다. 이 현상은 특히 이 方言에서 거의 일상화되어 있는 언어 습관의 하나이고 보면 女性의 이와 같은 낮은 음성 실현 현상에 대하여는 그 이유를 찾기가 쉽지 않다. 다만 쓰인 語彙에 따른 女性 話者들의 認識의 변화라는 관점에서 그 이유를 추정해 볼 수밖에 없다. 조사된 語彙 '어머니'와 '할머니' 그리고 '주머니'의 경우 女性이 이 세 단어를 발음하기 위하여 鼻母音化를 실현할 기회는 그리 많지 않다. '어머니'는 '엄마'로 대체되어 쓰이는 경향이 더 많으며 '할머니'의 경우도 예전과는 달리 핵가족 제도 속에서 女性 자신이나 자녀들에게 또는 주변에서 '할머니'를 발화해야 하는 경우가 예전에 비해 많이 줄었기 때문이다. 이러한 語彙의 非使用 현상은 '주머니'에 더 심하게 나타난다. 예전과 달리 현대 女性의 의복에서 주머니를 활용해야 하는 일은 아주 드물다. 그것은 女性이 활용하는 가방(핸드백)이 그 역할을 대신해 주기 때문이다. 이러한 사소한 이유로 하여 女性들은 이들 語彙에서 나타날 수 있는 言語的인 特徵을 잊게 되고 이것은 곧 그들의 새로운 언어 습관을 익혀가는 새로운 현상으로 나타난다. 이 외에 생각해 볼 수 있는 것은 기존에 늘 설명되어 왔던 女性이 男性보다 표준어를 더 선호한다는 사실이다. 따라서 '어머니', '할머니', '주머니'에 대한 발음을 [ʌmə~ĩ~], [halmə~ĩ~], [čumə~ĩ~]라고 하기보다는 [ʌməɲi], [halməɲi], [čuməɲi]와 같은 표준 발음으로 발화할 경향이 크기 때문이다.

결론적으로 이 方言의 鼻母音化 현상은 男性이 女性보다 더 우세한 것으로 나타나고 있으며 地域的으로는 三陟이 다른 地域에 비해 조금 더 높은 것으로 나타난다. 女性의 낮은 鼻母音化 현상은 語彙 쓰임의 多少와 표준어를 선호하는 女性의 心理的인 態度가 言語에 반영된 것으로 볼 수 있으며, 三陟이 다른 지역에 비해 鼻母音化가 높게 나타난 것은 南部 方言에 활발하게 나타나고 있는 鼻子音 'ㄴ'의 약화현상, 즉 명사에 조사가 결합될 때 末音 'ㄴ'이 약화되면서 일어나는 鼻母音化가 다른 지역에 비해 좀더 우세하게 실현되었기 때문이다.

2) 모 음

國語의 母音體系는 方言에 따라 또는 社會的인 言語 變數에 따라 그 數와 音價가 다소 다른 樣相으로 나타난다. 여기에는 性別에 따라 나타날 수 있는 母音의 變化에 대하여 살펴보기로 한다.

(1) 단모음 'ㅚ'와 'ㅟ'

일부 地域에서 지적되고 있는 母音體系의 변화 중 單母音 'ㅚ'와 'ㅟ'에 대하여 살펴보기로 한다. 單母音 'ㅚ'[ø]는 二重母音으로 실현되었을 경우 보통 'ㅞ'[we]나 'ㅙ'[wɛ]로 나타나고 'ㅟ'[y]는 [wi]로 나타난다. 또한 이 音들은 다른 單母音 [E(e / ɛ)]나 [i]로 각각 나타나기도 하는데, 그러한 현상이 性別에 따라서도 다르게 나타나고 있는지 그 변화 정도를 살펴보는 것이 論議의 목적이 된다. 조사 방법은 語頭에 실현되었을 경우와 非語頭에 실현되었을 경우, 非語頭 둘째 음절에서 실현되었을 경우로 각각 나누어 살펴보기로 한다.

〈표 6-3〉 성별에 따른 단모음 'ㅚ'의 실현 양상

모음 'ㅚ'구분		성별	남 성	여 성
어 두		외갓집	ø — (we−wɛ−wE−ɥE−e−ɛ−E)	ø — (wE−ɥE−wɛ−we)
		외삼춘	ø — (we−wɛ−wE−ɥE−e−ɛ−E)	ø — (wE−ɥE−wɛ−we)
		외상값	ø — (we−wɛ−wE−ɥE−e−ɛ−E)	ø — (wE−ɥE−wɛ−we)
		외나무다리	ø — (we−wɛ−wE−ɥE−e−ɛ−E)	ø — (wE−ɥE−wɛ−we)
		외치다	ø — (we−wɛ−wE−ɥE−e−ɛ−E)	ø — (wE−ɥE−wɛ−we)
		외우다	ø — (we−wɛ−wE−ɥE−e−ɛ−E)	ø — (wE−ɥE−wɛ−we)
비어두	첫음절	되(升)	ɛ (ø −we−wɛ−wE−ɥE)	ø (wE−ɥE−E−ɛ)
		쇠(金)	ø (we−ɛ−wE−ɥE−wɛ)	ø (wE−ɥE−E−ɛ)
	둘째음절	한되반	−we (wE−ɥE− ø −wɛ−ɛ−e)	−wE (ɥE− ø −we−ɛ)
		석 쇠	−we (ø −wE−ɥE−wɛ−ɛ−e)	−wE (ɥE− ø −we−ɛ)
		참외밭	−we (ø −wE−ɥE−wɛ−E)	−wE (ɥE− ø −wɛ−we)

위 표에서 알 수 있듯이 單母音 'ㅚ'는 性別에 따라 다소의 差異를 보이고 있다. 여기서는 특히 女性보다 男性의 發音이 매우 다양한 형태로 실현되고 있음을 알 수 있다. 이것은 男性이 소리를 낼 때 주위의 환경을 고려하지 않고 자신의 소리를 그대로 표현하는 반면 女性은 주위의 환경을 어느 정도 고려하여 조금 더 신중한 표현(발음)을

하고 있기 때문에 나타난 현상으로 볼 수 있다. 구체적으로 실현된 양상을 살펴보기로 한다. 우선 語頭에서 실현되었을 경우 '의'의 발음은 性別에 관계없이 '의'[ø]가 우세하게 나타난다. 이것은 물론 二重母音과 또 다른 單母音으로 나타나기도 한다. 이 경우에 男性은 二重母音 '궤'[we], '괘'[wɛ] 그리고 單母音 '게'[e]와 '개'[ɛ]가 모두 실현되고 있으며 女性은 二重母音 '궤'[we]와 '괘'[wɛ]만 나타난다.

非語頭의 경우 女性은 單母音 '의'[ø]가 우세하게 나타난 반면 男性은 선행 자질에 따라 또 다시 細分되어 나타난다. 즉 폐쇄음으로 실현되는 '되'의 경우는 변이된 單母音 '개'[ɛ]가 우세하게 나타나고, 마찰음 '쇠'의 경우는 女性과 같이 '의'[ø]가 더 우세하게 나타난다. 이러한 현상이 非語頭 둘째 음절에서 실현되었을 경우에는 男性과 女性 모두 二重母音이 우세하게 발음되고 있다. 다만 男性은 '궤'[we] 쪽으로, 女性은 '괘'[wE] 쪽으로 근접한 발음을 실현한다.

다음으로 語頭에 실현된 單母音 '의'와 二重母音 '궤', '괘'의 음성 실현 현상을 살펴보기로 한다. 이것은 單母音 '의'가 二重母音으로 실현되었을 경우 대체로 '궤'나 '괘'로 나타나고 있음을 고려하여 이 母音들의 대립 여부를 확인해 보기 위한 것이다. 이 경우 男性과 女性 모두 二重母音 '괘'[wE]로 통합하여 발음하는 현상이 높게 나타난다. 다만 男性의 경우는 '궤'[we] 쪽으로 치우친 발음을 하는 편이고 女性은 [wE(ɛ)] 쪽으로 치우친 발음을 하는 것이 차이로 나타난다. 이처럼 男性이 '궤' 쪽에 가까운 발음을 더 우세하게 하고 女性이 '괘' 쪽에 가까운 발음을 더 우세하고 있다는 사실은 보통의 경우 男性이 女性보다 입을 더 크게 벌리고 소리를 크게 낸다고 하는 사실과는 조금 어긋난 듯한 결과이다. 실제적으로 본 연구를 위해 면접 조사를 하는 중에 계속적으로 느낀 사실인데 開口度에 관한 한 男女의 구별이 별로 없으며, 다만 個人的인 言語 特性에 따라 정도의 차이를 가진다고 할 수 있다. 이것은 적어도 언어 습득에 있어서는 男性이 女性보다 좀더 보수적인 태도를 가지고 있는 것으로 방향을 바꾸어 생각해 볼 문제인 듯하다.

〈표 6-4〉 성별에 따른 단모음 'ㅚ'의 실현 정도(%)

실현율	성 별	남 성	여 성
어 두		35	42
비어두	첫 음절	32	37
	둘째 음절	22	35
평균 실현율		30	38

결론적으로 單母音 'ㅚ'[ø]의 경우 男性은 30%의 실현 현상을 나타내고 女性은 38%를 나타내고 있으므로 女性이 男性보다 조금 더 높은 單母音 실현율을 보이고 있음을 알 수 있다. 또한 音聲 環境에 따라서도 이 母音의 실현 현상은 다소 差異를 가지고 나타난다. 즉 語頭에 실현되었을 경우 非語頭에 실현되었을 때보다 좀더 높은 單母音 실현 현상을 보이며 이것은 非語頭 둘째 음절에 실현되었을 경우에도 마찬가지로 나타난다. 위 表에 설정된 비율은 二重母音이나 새로운 單母音으로 실현되었을 경우는 완전 배제된 상태이다.

다음으로 單母音 'ㅟ'[y]에 대하여 살펴보기로 한다. 이것 또한 單母音 'ㅚ'[ø]와 같은 방법으로 시행한다.

〈표 6-5〉 성별에 따른 단모음 '귀'의 실현 양상

단모음 '귀' 구분			남 성	여 성
어 두		위	wi (y-ɥi-i)	wi (ɥi-y)
		윗 몸	wi- (y-ɥi-i)	wi- (ɥi-y)
		위장병	wi- (y-ɥi-i)	wi- (ɥi-y)
		위하여	wi- (y-ɥi-i)	wi- (ɥi-y)
비어두	첫 음절	귀(耳)	wi (y-ɥi-i)	wi (ɥi-y-i)
		쥐(鼠)	wi (y-ɥi-i)	wi (ɥi-y-i)
		뛴다 (심장이 팔딱팔딱)	wi- (y-ɥi-i)	wi- (ɥi-y-i)
	둘째 음절	트위스트	-wi (i-ɥi-y)	-wi (ɥi-y-i)
		까마귀	-wi (i-ɥi-y)	-wi (ɥi-y-i)

　　여기서 우리는 單母音 '귀'[y]의 경우 性別에 관계없이 二重母音 [wi]로 실현되고 있음이 全體的인 現象임을 알 수 있다. 이러한 현 상은 音聲環境의 資質에 크게 영향을 받지 않은 듯하다. 다만 語頭 에 실현되었을 경우 男性은 변이된 單母音 'ㅣ'[i]가 실현되고 있는 반면 女性은 그러한 현상이 전혀 나타나지 않고 있다. 이것은 女性 이 현대국어에서 單母音 '귀'[y]가 二重母音으로 발음되는 현상을 표준어의 바른 발음으로 인식하고 있기 때문인 듯하다. 이러한 현상 은 非語頭에서 실현된 경우와 非語頭 둘째 음절 이하에서 실현될

경우에는 單母音 'ㅣ'[i]의 발음이 男性에 비해 女性이 좀더 낮게 실
현하는 것으로도 알 수 있다. 또한 女性은 男性에 비해 좀더 圓脣
性을 띤 발음을 한다. 이러한 현상들은 女性이 男性보다 음성적으로
더 정확한 발음을 하려고 노력하고 있음으로 해석할 수 있는데 이는
정확한 답을 전달하려는 心理的인 의도가 반영되어, 천천히 發音함
으로 생긴 결과라 할 수 있다.

<표 6-6> 성별에 따른 단모음 'ㅟ'의 실현 정도(%)

실현율 \ 성 별		남 성	여 성
어 두		43	42
비어두	첫 음절	44	42
	둘째 음절	26	35
평균 실현율		38	40

위 표에서 單母音 'ㅟ'[y]는 性別에 큰 영향을 받지 않고 실현되
고 있음을 알 수 있다. 다만 非語頭 둘째 음절 이하에서 女性이 男
性에 비해 單母音 'ㅟ'[y] 실현율이 다소 높게 나타나고 있을 뿐이
다. 따라서 單母音의 'ㅟ'[y]의 二重母音 'ㅟ'[wi]로의 변화 현상을
性別에 따라 구별하려는 것은 별 의의가 없는 것으로 정리할 수 있
다. 이 方言의 性別에 따른 單母音 'ㅟ'[y]의 실현 현상은 男性 38%
와 女性 40%로 女性이 男性에 비해 조금 높은 것으로 나타난다. 이
상과 같은 내용을 종합하여 이 方言의 단모음 'ㅚ'와 'ㅟ'의 실현 정
도를 도표로 살펴보면 다음과 같다.

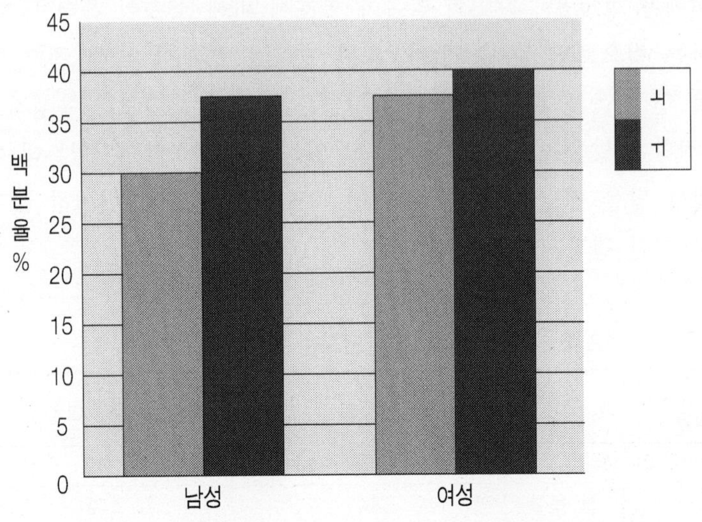

〈도표 8〉 성별에 따른 단모음 'ㅚ'와 'ㅟ'의 실현 향상(%)

결론적으로 이 方言에서 單母音으로 실현되고 있는 前舌圓脣母音 'ㅚ'[ø]와 'ㅟ'[y]는 女性이 男性에 비해 조금 높은 실현율을 나타내 보이고 있으며 구체적인 실현 정도는 男性 34%, 女性 39%로 나타 난다. 이것은 이 母音의 실현 정도가 매우 낮음을 알게 하고, 이는 單母音 'ㅚ'[ø]와 'ㅟ'[y]가 그 音價를 지키지 못하고, 二重母音 [we / wɛ]나 [wi] 또는 변이된 새로운 單母音 [e / ɛ(E)]나 [i]로 변화하고 있음을 알게 하는 것이다. 이러한 현상은 대체로 빠르게 진행되고 있으며 머지않아 이 方言의 母音體系의 再考를 생각하게 만든다.

(2) 단모음 'ㅔ'와 'ㅐ'

母音 'ㅔ[e]'와 'ㅐ[ɛ]'의 통합현상은 여러 方言에서 지적되고 있는

사실이다. 이러한 현상이 이 方言에도 예외는 아니다. 따라서 이 方言에서 실현되고 있는 이 두 母音의 통합현상이 性이 다름에 따라서는 어떠한 양상으로 실현되고 있는지 살펴보기로 한다.

<표 6-7> 성별에 따른 단모음 'ㅔ'의 실현 양상

모음 'ㅔ'의 구분		성 별	남 성	여 성
어 두		에누리(깎다)	e− (ɛ−E)	e(ɛ) (E)
비어두	첫 음절	떼(群)	ɛ (e−E)	ɛ (e−E)
		게(바닷게)	ɛ (e−E)	ɛ (e−E)
		세다(힘이)	ɛ− (e−E)	ɛ− (e−E)
	둘째 음절	누에고치	−ɛ (e−E)	−ɛ (e−E)
		동네처녀	−ɛ (e−E)	−ɛ (e−E)

　單母音 'ㅔ'[e]의 발음을 확인하기 위한 방법으로 우선 語頭에서 실현된 경우와 非語頭에서 실현된 경우 그리고 非語頭 둘째 음절로 각각 나누어 조사하였다. 결과는 音聲 環境에 관계없이 모두 'ㅐ'[ɛ] 형이 우세하게 실현되는 것으로 나타났다. 다만 어두에 실현되었을 경우에는 'ㅔ'[e]가 조금 더 우세하게 나타나기도 한다. 이 母音 'ㅔ'를 發音하면서 딱히 [ɛ]라고 할 수 없는 [E]의 발음이 자주 실현된다. 이러한 현상이 나타나는 것은 고등 교육을 받은 경우 잠재되어 있는 지식에 따른 결과인 듯하다. 이는 'ㅔ'와 'ㅐ'의 音價가 각기 다르게 실현된다는 사실을 알고 있으면서, 이 두 音의 發音을 실제적으로 구별하여 실행하는 것에 익숙하지 못한 것 때문이다.

〈표 6-8〉 성별에 따른 단모음 'ㅔ'의 실현 정도(%)

실현율 \ 성별		남 성	여 성
어 두		41	40
비어두	첫 음절	38	27
	둘째 음절	38	27
평균 실현율		39	32

위 표에서 보듯이 이 方言 單母音 'ㅔ'[e]는 男性 39%, 女性 32%로 대체로 낮은 실현율을 보이고 있으며 男性이 女性보다 조금 높게 나타난다. 또한 語頭에서 실현될 경우에는 非語頭거나 非語頭 둘째 음절에서 실현된 경우보다 조금 더 높게 나타난다.

이어서 單母音 'ㅐ'[ɛ]에 관하여 살펴보기로 한다. 이것 또한 'ㅔ'[e]와 마찬가지의 방법으로 조사 분석하기로 한다. 우선 性別 單母音 'ㅐ'[ɛ]의 실현 현상을 살펴보면 다음과 같다.

〈표 6-9〉 성별에 따른 단모음 'ㅐ'의 실현 양상

모음 'ㅐ'의 구분		성별	남 성		여 성	
어 두		애벌레	ɛ—	(E)	ɛ—	(E)
		애쓴다	ɛ—	(E)	ɛ—	(E)
비어두	첫 음절	때(時)	ɛ	(E)	ɛ	
		개(犬)	ɛ	(E)	ɛ	
		새다(물이)	ɛ—	(E)	ɛ—	
		(작은 고추가)맵다	ɛ—	(E)	ɛ—	
	둘째 음절	과거, 현재, 미래	—ɛ	(E)	—ɛ	(E)

單母音 'ㅐ'[ɛ]의 경우도 'ㅔ'[e]와 마찬가지로 語頭에서 실현될 경

우와 非語頭에서 실현될 경우 그리고 非語頭 둘째 음절 이하로 각각 나누어 확인하였다. 이는 선행자질과 性別에 관계없이 모두 'ㅐ' [ɛ]형이 실현되고 있으며, 낮은 비율의 [E]도 나타난다. 다만 非語頭의 경우 男性은 [ɛ]와 함께 [E]도 나타나고 있으나 女性은 [E]가 전혀 실현되지 않음이 차이라 하겠다. 이러한 현상은 女性이 男性에 비해 [ɛ]를 조금 더 많이 실현하고 있다고 볼 수도 있고, 女性의 발음이 男性보다 좀더 단순하게 실현되고 있다고도 할 수 있다.

이처럼 女性이 男性에 비해 단순한 발음을 더 많이 나타내고 있음은, 상대적으로 男性보다 言語 사용에 주의를 덜 기울이고 있으며, 이것은 복잡한 것을 싫어하거나 적극적으로 대처하는 것을 기피하는 女性의 행동 성향과도 같은 맥락으로 해석될 수 있다. 이상과 같은 내용을 정리하여 이 方言의 單母音 'ㅔ'[e]와 'ㅐ'[ɛ]를 도표화하면 다음과 같다.

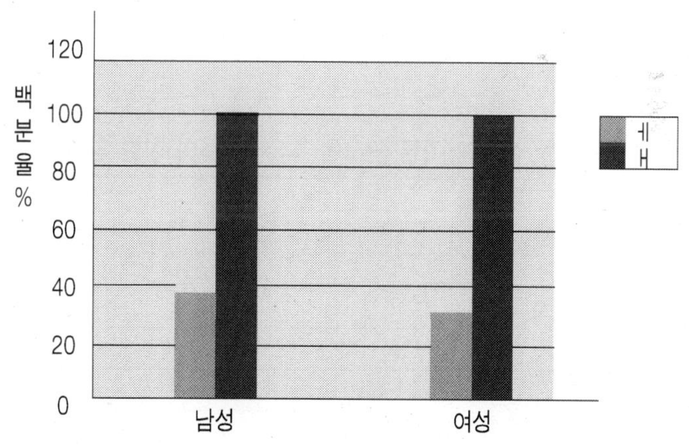

〈도표9〉 성별에 따른 단모음 'ㅔ'와 'ㅐ'의 실현 향상(%)

單母音 ‘ㅔ’와 ‘ㅐ’의 실현 현상은 性別에 관계없이 대체로 ‘ㅐ’[ɛ]형으로 실현되고 있으며 이 두 母音의 통합형인 [E]도 다소 쓰인다. 이 [E]는 주로 ‘ㅔ’를 발음할 때 나타난다. 이것은 이 두 音이 각기 다르게 발음되고 있다고 認知한 話者들의 意識에 따라 실행된 것으로 본다. 이것은 중모음 ‘ㅔ’[e]를 발음하기보다 저모음인 ‘ㅐ’[ɛ]를 발음하는 것이 조금 쉽기 때문이며 따라서 ‘ㅔ’가 ‘ㅐ’에 근접한 [E]로 발화되는 현상은 어쩌면 자연스러운 것이라 할 수 있다.

(3) 단모음 ‘ㅡ’와 ‘ㅓ’

單母音 ‘ㅡ’[ɨ]와 ‘ㅓ’[ə]는 청각적인 소릿값이 완전히 다르며 서로 다른 별개의 音素이다. 그럼에도 불구하고 일부 方言에서는 이 두 母音이 서로 변별 없이 쓰이고 있음이 지적되어 왔다. 여기서는 모음 ‘ㅡ’[ɨ]와 ‘ㅓ’[ə]의 쓰임 정도에 대하여 性別로 구분하여 살펴보기로 한다.

〈표 6-10〉 성별에 따른 단모음 ‘ㅡ’와 ‘ㅓ’의 실현 양상

모음 ‘ㅡ’와 ‘ㅓ’의 구분			성 별	남 성	여 성
모음 ‘ㅡ’ [ɨ]	어 두		으악새	ɨ— (u)	ɨ—
			음 치	ɨ—	ɨ—
	비어두	첫 음절	글(文)	ɨ	ɨ
			틀(機)	ɨ	ɨ
		둘째 음절	한글	—ɨ	—ɨ
			베틀(機)	—ɨ	—ɨ
			비틀다	—ɨ	—ɨ

모음 '—'와 'ㅓ'의 구분			성 별	남 성	여 성
모음 'ㅓ' [ə]	어 두		어른(老)	—ə (ɨ)	—ə (ɨ)
			어름(冷)	ə—	ə—
			얼다(물이)	ə—	ə—
	비어두	첫 음절	걸(윷놀이)	ə	ə
			털(毛)	ə	ə
		둘째 음절·이하	털다(먼지를)	ə— (ɨ)	ə—
			토끼털	—ə	—ə
			광어회	—ə	—ə

　이 方言의 母音 '—'[ɨ]와 'ㅓ'[ə]는 그 각각이 최소대립어로서 辨別的인 資質을 가지고 있는 것으로 나타난다. 다만 母音 '—'의 音聲 環境이 語頭일 경우 'ㅜ'[u]형이 나타나고 있으며 이것은 男性에 한하여 그러하다. 또한 母音 'ㅓ'의 音聲 環境이 語頭인 '어른'에 한해 '으런', '으른'과 같은 현상도 나타난다. 이러한 異音의 현상은 그리 높은 비율을 나타내거나 다양한 語彙에 나타나는 것이 아니고 한정된 것임을 알 수 있다. 대체로 이 方言의 모음 '—'[ɨ]와 'ㅓ'[ə]는 性別에 관계없이 그 각각이 辨別力을 가지고 音韻論的인 대립의 관계에 있음을 알 수 있다.

〈표 6-11〉 성별에 따른 단모음 'ㅡ'와 'ㅓ'의 실현 정도(%)

모음분류	성 별	남 성	여 성
모음 'ㅡ'[ɨ]	어 두	98	100
	비어두	100	100
모음 'ㅓ'[ə]	어 두	97	86
	비어두	99	100

<표 6-11>의 결과로 알 수 있는 것은 이 方言의 單母音 'ㅡ'[ɨ]와 'ㅓ'[ə]의 실현 현상이 性別에 따라 아주 미미한 차이를 가지고 나타난다는 것이다. 이것은 非語頭에서 실현되었을 경우 두 音의 변별은 性別에 관계없이 거의 100%에 가까운 실현율을 나타낸다. 다만 語頭에서 실현될 경우 'ㅡ'[ɨ]는 男性 98%, 女性 100%로 나타나고, 'ㅓ'[ə]는 男性 97%, 女性 86%로 각각 나타난다. 결국 이 두 音의 辨別力에 관하여 男性은 99%의 실현율을 나타내고 女性 97%의 실현율을 나타냄으로 하여 男性에 비해 女性이 조금 낮은 것으로 나타난다. 하지만 이것은 母音 'ㅓ'[ə]가 'ㅡ'[ɨ]로 실현되고 있는 현상에 따른 것으로 이는 다른 方言에서 지적되는 모음 'ㅡ'와 'ㅓ'의 統合 현상과는 다른 것으로 이해되어야 한다. 이는 '어른'에 한해서 그러한 현상이 일어나는 것이며 이 단어의 [ə]와 'ㅡ'[ɨ]의 混用 현상은 이 方言의 言語的인 오랜 習慣에 따른 것으로 해석될 수 있다.

(4) 이중모음 'ㅢ'와 'ㅕ'

母音 'ㅢ'는 [j]가 'ㅡ'[ɨ]에 결합된 소리이며 'ㅕ'[jə]는 'ㅓ'[ə]가 결합되어 나는 소리이다. 따라서 이 두 음은 각각 별개의 音素로 자

리한다. 하지만 母音 '᷂'가 반드시 장음을 동반시키고 실현된다는 특징으로 인하여 'ㅕ'의 변이음으로 보는 경우가 있다. 따라서 본 논의에서는 이 두 음의 音價에 대하여 좀더 구체적으로 살펴보고 두 음의 대립이 性別에 따라 어떠한 양상으로 실현되고 있는지 살펴보기로 한다.

<표 6-12> 성별에 따른 이중모음 '᷂'와 'ㅕ'의 실현 양상

모음 분류	성 별	남 성	여 성
이중모음 '᷂'[jɨː]	을ː(쓸개)	jəː (jɨː)	jəː (jɨː)
	으ː드름(여드름)	jəː — (jɨː —ɨ)	jəː — (jɨː —ɨ)
	옹ː감(영감)	jəː — (jɨː)	jəː — (jɨː)
이중모음 'ㅕ'[jə]	연ː꽃	jəː —	jəː —
	연ː(鳶)	jə	jə
	열ː(數)	jəː	jəː

여기서 우리는 이 方言의 모음 '᷂'[jɨː]와 'ㅕ'[jəː]는 각각 별개의 음으로 존재하고 있으며 이러한 현상은 性別에 관계없이 이루어지고 있음을 알 수 있다. 다만 再考되는 문제가 있다면 '᷂'[jɨː]가 'ㅕ'[jəː]로 음성 실현되는 현상이 존재한다는 것인데, 이것은 발음상의 편리를 위한 母音의 이동으로 설명될 수 있다. 즉 二重母音 '᷂'[jɨː]가 쓰이는 환경이 점차적으로 축소됨으로 인하여 音聲的으로 가까운 곳에서 실현되고 있는 이웃 音인 'ㅕ'[jəː]로 同化(代置)되어 간다는 것이다. 이러한 현상은 [jɨː]가 [jəː]의 변이음일 수 있다는 생각을 할 수도 있게 한다. 하지만 이 方言의 많은 話者들은 [jɨː]와

[jə:]의 발음이 각각 다르다는 사실을 알고 있으며, 실제적으로 이 두 음은 구별되어 실현된다. 무엇보다도 중요한 것은 [jə:]가 [ji:]로 실현되는 현상이 전혀 나타나지 않는다는 것이다. 따라서 이 두 음은 각각 辨別的이라 할 수 있다. 여기서 '늬'는 單母音 '一'로 나타나기도 한다. 이것은 '으:드름'[ji:dɯrim] → '으:드래미'[i:dirɛmi] → '으:드름'[i:dirim]과 같은 단어에 그러한데, 이것은 반모음 [j]와 單母音 [ɨ] 결합과정에서 반모음 [j]를 탈락시키고 單母音 [ɨ]만 발음한 것으로 볼 수 있다. 이상과 같은 내용을 표로 정리하여 보기로 한다.

〈표 6-13〉 성별에 따른 이중모음 '늬'와 'ㅕ'의 실현 정도(%)

성 별 모음분류	남 성	여 성
이중모음 '늬'[jɨ]	32	42
이중모음 'ㅕ'[jə]	100	100

이 方言의 二重母音 '늬'[ji:]와 'ㅕ'[jə:]는 각각 별개의 音素로 실현되고 있으며 그 실현 양상은 性別에 따라 큰 차이를 두지 않는다. 다만 '늬'의 경우 男性이 32%의 실현을 나타내고 女性이 42%를 나타냄으로 하여 女性이 男性보다 좀더 높은 현상을 나타낸다. 女性이 男性보다 이 母音을 더 높게 실현한다는 사실은 익숙해진 습관에 대하여는 女性이 더 오래 간직한다는 것으로 이러한 습관이 言語에도 반영되는 것이라 생각할 수 있다. 이것은 女性이 표준어를 선호하여 방언형을 피한다는 것과는 다소 다른 결과라 할 수 있다. 女性이 方言形의 發音을 男性에 비해 더 많이 실현하고 있다는 것에 대하여는 여러 자료에서도 나타나고 있다.

(5) 이중모음 '괴'

이 모음은 다른 方言에서 그 쓰임이 쉽게 발견되지 않는 것으로 이 方言 특히 江陵을 중심으로 하여 드물게 쓰이고 있는 단어이다. 여기서는 이 단어의 존재성의 여부와 그 실현 양상에 대하여 性別을 기준으로 하여 살펴보기로 한다.

〈표 6-14〉 성별에 따른 이중모음 '괴'의 실현 양상

이중모음 　　　성 별	남 성	여 성
이중모음 '괴'	je jø	jø je-jo

이 方言의 二重母音 '괴'[jø]의 쓰임은 性別에 따라 각기 다른 현상으로 실현되는 것으로 나타난다. 우선 男性의 경우 '괴'[jø]보다는 'ㅖ'[je]가 더 우세하게 쓰이고 있으며, 女性은 '괴'[jø]가 더 우세하게 쓰이는 것으로 나타난다. 또한 'ㅖ'[je]와 'ㅛ'[jo]도 함께 나타난다. 이 모음 '괴'[jø]는 외출한 사람이 돌아와서 먹을 수 있는 그 사람 몫의 밥을 일컫는 단어이다. 따라서 女性이 이 단어에 익숙될 환경은 男性보다 많게 되고 또한 이 단어를 더 오래 간직할 환경도 男性보다 많게 된다. 여기서 그 뜻은 '괴'[jø]와 같으나 소리가 다른 'ㅖ'[je]나 'ㅛ'[jo]와 같은 형태의 출현은 二重母音 [jø]를 쉽게 발음할 수 없음으로 말미암아 發音을 용이하게 하기 위한 話者들의 노력에 따른 결과로 볼 수 있다.

<표 6-15> 성별에 따른 이중모음 '괴'의 실현 정도(%)

비율 \ 성별	남 성	여 성
이중모음 '괴'	10	15

이 方言의 二重母音 '괴'[jø]의 실현 현상은 男性 10%, 女性 15%로 男性보다 女性이 더 높은 실현율을 나타내고 있다. 이러한 현상은 이 語形의 쓰임을 살펴볼 때 發話의 主體가 대부분 女性이기 때문인 것으로 정리할 수 있다. 예전의 우리 사회에서 부엌에서 밥을 떠놓는 일은 女性의 일이었고 또한 그것에 관련된 語彙를 사용하는 사람도 주로 女性에 한정된다. 따라서 '밥'(괴)을 오래도록 기억할 사람은 男性보다는 女性인 것, 즉 이 '괴'의 실현 현상이 男性보다 女性이 더 높은 것은 당연하다고 할 수 있다. 여기서 母音 '계'[je]나 '고'[jo]와 같은 語形에 대하여는 비율 산정에서 제외했다. 여기서는 性別에 관계없이 이 母音의 실현이 점차적으로, 그리고 매우 빠른 속도로 감소되고 있음이 문제로 남겨진다 하겠다. 이것에 대하여는 앞 절에서 누차 언급한 것으로서 우리의 식생활 변화에 따라 생겨진 언어 현상이라 간단히 정의하기로 한다.

(6) 이중모음 'ㅢ'

이 모음은 현대국어에서 많은 方言에 실행되지 않은 음으로 나타나고 있으며, 특히 자음이 선행되었을 경우에는 대부분 單母音 'ㅣ'[i]로 발음된다. 이러한 현상은 이 方言도 예외가 아니다. 여기서는 이 母音의 변화 현상이 性이 다름에 따라 어떠한 차이를 가지고 실현되는지, 그 차이는 어느 정도인지를 살펴보기로 한다. 이는 語頭에서 실현될 경우와 非語頭에서 실행되었을 경우, 그리고 非語頭 둘째 음절 이하에 실현되었을 경우로 각각 구분하여 조사하기로 한다.

<표 6-16> 성별에 따른 이중모음 'ㅢ'의 실현 양상

이중모음 'ㅢ'의 구분		성 별	남 성	여 성
이중모음 'ㅢ'	어 두	의 사	ɨj− (ɨːi−ɨ−i)	ɨj− (ɨːiː−ɨ−i)
		의 견	ɨj− (ɨːi−ɨ)	ɨj− (ɨːi−ɨ)
	비어두 첫 음절	늴니리	i−	i−
		희소식	i− (iː)	i−
	비어두 둘째 음절	한의사	−ɨːi (ɨ−i)	−ɨːi (ɨ−i)
		합의이혼	−ɨːi (i)	−ɨːi (ɨːi−i)

이 方言 j계 下向二重母音 'ㅢ[ɨj]'는 語頭에서 실현될 경우 대체로 二重母音으로 실현되고 있으나 非語頭에서 실현될 경우에는 單母音 'ㅣ'[i]로 나타나고 있으며, 非語頭 둘째 음절 이하에서 실현될 경우에는 'ㅡ＋ㅣ'[ɨːi]의 새로운 형이 실현되고 있다. 이러한 현상은 性別에 관계없이 두루 나타난다. 여기서 우리는 이 [ɨːi]에 대하여 잠시 생각해 보기로 한다. 이러한 음이 실현되는 것은 이 단어를 발화하는 話者들의 발음, 즉 습득된 교육적 이해와 실제 발음의 어려움 사이에서 오는 현상이라고 볼 수 있다. 교육적으로는 이 음이 二重母音 [ɨj]임을 알고 있는 話者들일지라도 실제적으로 이 음을 자연스럽게 발화하는 데는 익숙하지 못하다. 따라서 그 음을 바르게 소리내기 위한 노력이, 이러한 새로운 발음을 연출하도록 한 것이 아닌

가 싶다. 이 소리는 聽覺的으로 쉽게 인식된다. 즉 [ɨ]를 먼저 발음
하면서 뒤따르는 반모음 [j]를 제 音價대로 소리내지 못하여 대신
장음을 동반하면서 [i]를 후행시켜 발음하는 것이다. 이 경우 [ɨ] 다
음에 장음을 동반하지 않고 빠르게 [i]를 연결하여 발음하면 [ɨj]처럼
들린다. 이 발음에 대한 소속을 굳이 정의한다면 二重母音 'ㅢ'[ɨj]라
할 수 있다. 이 音을 발음할 때는 單母音 'ㅡ'[ɨ]를 길게 발음하고
따라오는 'ㅣ'[i]를 정확하게 소리낸다. 이 發音 현상에 대하여는 이
母音이 單母音 'ㅡ'[ɨ]와 半母音 [j]의 결합으로 이루어진 것임을 감
안한다면 아주 생소한 현상은 아니라고 볼 수 있다.

<표 6-17> 성별에 따른 이중모음 'ㅢ'의 실현 정도(%)

비 율 ＼ 성 별	남 성	여 성
이중모음 'ㅢ'	60	49

　여기서 二重母音 'ㅢ'[ɨj]의 실현 비율은 語頭에서 실현되는 경우
에 한하여 정리하기로 한다. 이 方言의 二重母音 'ㅢ'[ɨj]의 실현 현
상은 男性 60%와 女性 49%로 男性이 女性보다 더 높은 것으로 나
타난다. 이 二重母音 'ㅢ'[ɨj]는 標準語形이다. 따라서 男性이 이 發
音을 더 우세하게 실현한다는 것은 女性이 사투리형을 더 실현한다
는 것과 같은 것이라 할 수 있다. 이것은 女性이 男性보다 표준어를
더 선호한다는 것과는 다소 반대의 결과를 보여준다. 이러한 현상이
도출된 이유에 대하여는 특별할 것이 없다. 다만 굳이 그 이유를 설
명해야 한다면 調査에 선정된 語彙를 생각할 수밖에 없다.

　이 母音이 語頭에 실현된 경우를 위하여 선택된 語彙는 '의사'와
'의견'이다. 또한 非語頭 둘째 음절 이하에 실현된 것으로는 '한의
사'이다. 여기서 우리는 '의사'와 '한의사'에 관심을 두고 생각해 보

기로 한다. 보통 집안에 아픈 사람이 있어 병원을 찾으면 우선은 '의사'를 먼저 찾게 된다. 이 경우 의사를 호칭하면서 병의 상태에 관한 얘기를 묻는 경우는 男性보다 女性이 더 많다. 예를 구체적으로 설명한다면, 男性의 경우 '의사 선생님 환자의 상태가 어떻습니까?'와 같이 한 번 정도만 묻는 것으로 대강의 상태를 짐작하는 반면 女性은 똑같은 상태를 시차에 따라 반복해서 묻는 경향이 많다. 또한 집안에 아픈 사람이 있을 경우 男性보다는 女性이 더 많이 그 일에 관여하게 된다. 따라서 '의사'라는 호칭을 더 많이 쓰는 사람은 당연히 女性이 앞서고, 이것은 그만큼 이 단어에 익숙해지는 정도가 깊은 것으로 나타난다. 이 方言에서 '의사'와 '한의사'의 'ㅢ'[ɨj]는 [i−]와 [i−]로 각각 單母音化되어 실현되고, 이 단어에 익숙한 女性에서 그 실현 양상이 높게 나타나는 것은 당연한 것이라 할 수 있다. 혹 '의견'이나 '합의이혼'과 같은 단어만 조사했다면 이 음에 관하여는 적어도 性別 차이는 없었거나, 있어도 女性이 男性보다 결코 낮지 않았을 것임을 짐작할 수 있다. 이것은 男性과 女性 모두 '의견'이나 '합의이혼'과 같은 語彙에 대하여 二重母音 'ㅢ'[ɨj]를 실현시키고 있었기 때문이다.

위의 모든 내용을 요약하여 이 方言의 모음 실현 현상을 요약해 보면 다음과 같다.

우선 母音 'ㅚ'와 'ㅟ'의 경우 單母音 [ø]와 [y]로 실현되고 있는 현상은 男性에 비해 女性이 좀더 높게 나타났으며, 'ㅔ'와 'ㅐ'의 경우도 두 音이 [e]와 [ɛ]로 각각 별개의 音素로 구분되어 發音하는 현상은 男性에 비해 女性이 더 높은 것으로 나타났다. 單母音 'ㅡ'와 'ㅓ'의 경우 [ɨ]와 [ə]로 각각 구별하여 발음하는 현상은 性別에서 큰 차이를 보이지 않았다. 그러나 二重母音 [jɨ:]의 쓰임은 女性이 男性에 비해 좀더 높은 실현 현상을 보여주었고, [jø]의 경우도 마찬가지다. 다만 二重母音 [ij]의 경우에 男性이 女性보다 조금 더 높은 실현 현상을 보여주었는데, 이것은 女性이 방언형을 더 많이 쓰고 있기 때문으로 정리된다. 따라서 이러한 모든 현상을 종합하여 볼 때, 이 方言이 가지는 言語的인 특징인 母音 發音은 女性이 男性에 비해 높은 것으로 나타난다. 이것은 女性이 男性보다 방언형을 더 많이 쓴다는 것과 같은 것이라 할 수 있다. 이러한 결과는 女性이 표준어에 好意的인 態度를 보이는 것과 관련을 두고 생각해 볼 문제이다.[4] 이 문제에 관한 것은 후술될 語彙 사용과 言語態度를 함께 고려하기로 한다.

3) 음운 규칙

(1) 구개음화[5]

여기서는 'ㄱ' 口蓋音化에 한정하여 性別에 따라 어떠한 양상으로 나타나고 있는지 살펴보기로 한다.

---

4) 일상생활에서 보통 언어는 여성으로부터 傳授된다. 이것은 사투리를 사용할 확률이 남성보다 여성이 더 앞선다는 것을 나타내 주는 것이기도 하다. 따라서 사투리 발음을 남성보다 여성이 더 잘 실현시키고 있음은 당연하다. 하지만 여성은 자신들이 실제적으로 사용하는 언어가 사투리인 것을 인정하려 하지 않는다. 이것은 사투리에 대한 부정적인 선입견이 심리적으로 작용하고 있기 때문이다. 여성이 표준어를 선호하는 것에는 이러한 심리 작용이 한몫하고 있음도 배제할 수 없다.

5) 口蓋音化에 관해서는 4장 1. 3) (1)을 참조.

<표 6-18> 성별에 따른 구개음화 실현 정도(%)

성 별	평균 실현율	지 역				
		고 성	양 양	강 릉	삼 척	*서남지역
남 성	45	37	46	43	53	53
여 성	38	27	37	46	41	32

<표 6-18>에서 볼 수 있듯이 이 方言의 'ㄱ' 口蓋音化 현상은 性別에 따라 그 실현 양상에 얼마간의 차이를 나타내 보인다. 男性의 口蓋音化 실현율은 女性에 비해 7% 정도가 높은 것으로 나타난다. 口蓋音化의 경우는 그것을 사용한다는 것으로 '촌스럽다, 시골스럽다, 덜 세련됐다'는 것과 상통하는 것이고 보면 女性의 입장에서 口蓋音化의 실현을 자제하는 것은 당연한 것이라 할 수 있다. 地域別로는 三陟이 가장 높게 나타난다.

(2) 움라우트[6]

通時的인 音韻 현상의 하나로 실현된 움라우트는 비전설모음이 다음 음절의 'ㅣ'나 'j'의 영향을 받아 전설모음으로 바뀐 일종의 同化 현상이다. 이 현상은 현재도 여러 方言에서 매우 활발하게 이행되고 있으며 이 方言 역시 예외는 아니다. 여기서는 性別이 다름에 따라, 특히 女性들이 자신들의 女性스럽고 지적인 이미지를 표현하기 위한 言語 수단으로 표준어를 선호한다는 사실에 입각하여, 이 현상이 어떠한 양상으로 나타나고 있는지 살펴보고자 한다.

---

6) 움라우트에 대하여는 4장 1. 3) (2)를 참조.

<표 6-19> 성별에 따른 움라우트 실현 정도(%)

성별	형태구분	평균 실현율	지역				
			고성	양양	강릉	삼척	*서남지역
남성	곡용	41	37	29	31	37	51	37
	활용		41	34	39	36	52	38
	형태소내부		44	39	43	49	44	44
여성	곡용	35	32	24	32	30	39	34
	활용		36	24	25	45	50	49
	형태소내부		36	23	34	40	45	31

　여기서 男性의 움라우트 실현율은 41%를 나타내고 있으며, 女性은 35%를 나타낸다. 같은 조건에서도 男性의 경우는 '죽이다' → '쥑이다'[čygida], '속이다' → '쇡이다'(쐬기다)[søgida]와 같은 단어에서 높은 움라우트 현상을 나타내고, 女性의 경우는 '먹이다' → '멕이다'[megida], '잡히다' → '잽히다'[čɛpʰida]와 같은 단어에서 높은 움라우트 현상을 나타낸다. 이것은 움라우트가 실현되는 동사의 경우 어간 모음 '-오/우-'형일 때는 男性이, '-아/어-'인 형일 때는 女性이 더 선택적임을 알게 한다.

　전체적으로 男性이 女性보다 움라우트된 발음을 더 많이 쓰는 것으로 나타난다. 이러한 현상은 曲用과 活用 심지어는 形態素內部에서 일어나는 현상까지 모두 동일하다. 男性이 女性보다 더 높은 움라우트 현상을 나타내 보이는 것은, 사회적인 현상으로 설명할 수 있다. 男性은 자신들의 사회적인 힘을 나타내기 위한 표현 의지의 하나로 언어를 선택한다. 이것은 한 社會 속에서 자신의 위치를 세우거나, 그 社會와의 결속감을 다지기 위해 또는 남자다움을 나타내고 원활한 사회성을 인정받기 위하여, 그 社會의 言語를 수단으로 삼는 것이 무엇보다도 큰 효과를 나타낼 수 있기 때문이다. 실제적으로 男性들의 모임은 주로 자신들의 社會的인 役割을 증대시킬 수 있는 한 方法論으로 活用하기 위한 경우가 많다. 그 목표를 달성하기 위하여 언어, 사투리를 촉매로 사용함은 당연하다.[7] 반면 女性이 男性보다 움라우트를 적게 사용한다는 것에 대하여는 言語心理的인 현상으로 대신 설명할 수 있다.

현대 사회에서 女性과 男性이 社會的인 地位를 두고 누가 더 우월한가에 대한 경쟁은 많이 객관화되어 있다. 女性이라고 해서 男性보다 학력이 낮거나 男性의 職業 領域에 진출하지 못한다거나 하는 경향은 예전에 비해 많이 줄어든 상태이다. 따라서 女性이 男性보다 우월하다는 것을 나타내기 위하여 또는 ‘女性스럽고’, ‘교양 있게’ 행동하기 위하여 언어를 선택하여 사용하는 일은 찾아보기 힘들다. 이것은 경음화의 사용이 男性보다 女性이 다소 높게 나타난 것에서도 확인된 일이다. 실제적으로 硬音化를 發話한다는 것은 무엇보다도 자신의 감정을 확실하게 표현하기 위해서나 또는 發話 의미를 더욱 정확하게 전달하기 위해서 사용한다. 따라서 女性이든 男性이든 硬音을 發話하면서 스스로가 ‘무식하다’거나 ‘촌스럽다’고 생각하지 않는다. 또한 그것이 標準語인지 非標準語인지에 대한 관심도 크게 두지 않는다. 다만 감정 표현의 한 수단으로 생각할 뿐이다. 하지만 움라우트된 語形의 경우는 硬音化와는 조금 다르다. 이 語形의 사용에 대하여는 그것이 조금은 ‘촌스럽다’ 혹은 ‘시골스럽다’는 것에 대하여 스스로 인정하고 있으며, 또한 비표준어인 것에도 관심을 둔다. 그렇다고 표준어를 선택하기 위하여 움라우트를 회피하는 것은 아니다. 다만 자신들의 언어 습득 정도에 따라 이 語形의 사용이 멀고 가까울 뿐이다. 따라서 女性이 男性에 비해 硬音化가 높고 움라우트가 낮게 나타나는 현상에 대하여는, 강하면서 촌스럽지 않은 자

---

7) 이러한 현상은 직업별 언어 현상과 언어태도에서도 쉽게 찾아볼 수 있다.

신들의 社會的인 모습을 기대하는 女性 本有의 心理的인 現象이 작용한 것으로 볼 수 있다. 이제 더 이상 女性은 女性스럽기 위하여 또는 교양미를 나타내기 위하여 표준어를 선호하지는 않기 때문이다.

1) 격조사[8)]

(1) 주격조사

여기에서는 '-거'와 母音으로 끝나는 명사 다음에 添尾되는 '-이', 그리고 '-이가'에 대하여 살펴보기로 한다. 高城은 '-거'만 나타난다.

〈표 6-20〉 성별에 따른 주격조사 실현 정도(%)

성별	내용		평균 실현율	지역				
				고성	양양	강릉	삼척	*서남지역
남성	모음 뒤	개거	16	13	0	0	35	17	0
		모이		13	–	8	20	10	9
		코이		22	–	14	33	17	3
	자음 뒤	등이가	45	45	–	–	–	45	35

---

8) 格助詞에 대하여는 4장 2. 1)을 참조.

성별	내용		평균 실현율		지역				
					고성	양양	강릉	삼척	*서남지역
여성	모음 뒤	개거	11	6	0	0	10	13	5
		모이		6	–	7	5	6	15
		코이		20	–	8	35	16	5
	자음 뒤	등이가	53	53	–	–	–	53	15

이 助詞의 실현 정도에 대하여는 母音 뒤에 결합된 '-거'와 '-이'의 경우와, 子音 뒤에 결합되는 '-이가'의 경우로 각각 나누어 살피기로 한다. 이는 어떤 語形을 기준으로 하느냐에 따라 이 方言의 言語的 特性이 다르게 설명될 수 있기 때문이다. 즉 이 方言 여러 地域에서 共通的으로 쓰이고 있는 '-거'나 '-이'를 기준으로 한다면 그 결과는 男性이 女性보다 높게 나타나게 되고, 三陟에만 한정되어 나타나고 있는 '-이가'를 기준으로 하면 女性이 더 높게 나타나기 때문이다. 하지만 이 둘은 모두 이 方言의 言語的 特性을 나타내고 있는 助詞인 점을 감안하여 이를 통합하여 정리하면 2% 정도의 매우 미세한 차이로 女性이 男性보다 앞서게 된다. 따라서 여기서는 한 方言의 言語的 特性을 설명하기 위하여 共通性을 가진 語形이 우선되어야 한다는 것을 이유로 助詞 '-거'와 '-이'를 기준하기로 한다. 이에 따라 이 方言 主格助詞의 쓰임은 男性이 女性보다 높다는 것으로 결론짓기로 한다.

(2) 대격조사

이 方言에 널리 쓰이고 있는 것은 對格助詞는 '-으'와 '-르'이다. 이는 주로 江陵과 三陟에서 그러하고 襄陽의 일부 지역에서도 쓰이는 것으로 나타난다.

〈표 6-21〉 성별에 따른 대격조사 실현 정도(%)

성별	내용		평균 실현율	지역			
				양양	강릉	삼척	*서남지역
남성	모음 뒤	배르	36	31	15	41	36	5
		할머이르		46	30	53	55	26
	자음 뒤	밭으		33	15	41	41	3
		돈으		34	19	38	45	5
여성	모음 뒤	배르	27	22	10	35	21	10
		할머이르		34	34	30	37	10
	자음 뒤	밭으		24	10	35	26	15
		돈으		26	10	45	21	5

이 方言의 對格助詞의 쓰임 정도를 性別에 따라 구분하여 살펴보면 男性 36%, 女性 27%로 男性이 女性에 비해 조금 높게 나타난다. 또한 母音 뒤에 결합되는 '－르'가 子音 뒤에 결합되는 '－으'보다 다소 높은 것으로 나타난다. 地域的으로는 江陵이 가장 많이 쓰는 것으로 나타난다.

(3) 속격조사

이 方言에 널리 쓰이고 있는 속격조사는 '－어'이다. 이는 江陵과 三陟, 그리고 양양에서 그러하다. 이 助詞의 쓰임이 性別이 다름에 따라 어떠한 양상으로 나타나고 있는지 살펴보기로 한다.

<표 6-22> 성별에 따른 속격조사 실현 정도(%)

성 별	내 용	평균 실현율		지 역			
				양 양	강 릉	삼 척	*서남지역
남 성	남 어	12	15	5	22	16	3
	나 어		6	0	6	10	0
	영철어		14	0	28	12	3
여 성	남 어	6	4	0	0	11	5
	나 어		4	0	5	6	0
	영철어		10	0	15	16	0

이 方言에서 주로 쓰이고 있는 屬格助詞 '-어'는 男性 12%, 女性 6%로 男性이 女性에 비해 조금 높은 현상을 나타낸다. 이 助詞의 경우 쓰임의 정도가 매우 낮게 실현되고 있으며 漸次的으로 사라져 가고 있는 형태임을 보여준다. 이는 地域的으로도 많은 차이를 두고 있는데, 특히 襄陽의 경우 그 쓰임의 정도가 매우 드문 것으로 나타난다.

위에서 살펴본 모든 내용들을 정리하여 이 方言의 性別에 따른 格助詞의 사용 정도를 정의하면 다음과 같다. 우선 主格助詞의 경우 이 方言에서는 母音 뒤에 결합되는 '-거'와 '-이' 그리고 子音 뒤에 결합되는 '-이가'가 주로 쓰이고 있으며, 이는 性別에 따라 큰 차이를 두지 않으나 男性이 女性보다 미세한 차이로 앞서는 것으로 나타난다. 對格助詞의 경우는 또한 男性이 女性에 비해 그 쓰임의 정도가 다소 높은 것으로 나타난다. 이것은 屬格助詞도 마찬가지다. 즉 이 方言에 널리 쓰이는 格助詞는 대체로 男性이 女性에 비해 그 쓰임의 정도가 높은 것으로 나타난다. 이것은 男性이 女性보다 方言形을 더 많이 사용하고 있다는 것과 같은 현상으로 설명될 수 있다. 이러한 言語現象이 비단 格助詞에만 한정되어 있다고 보기는 어렵다. 이는 다수의 많은 言語에 나타나는 普遍的인 현상이기 때문이다. 다만 이들 助詞의 쓰임 정도가 매우 낮은 비율을 나타내고 있음이 문제로 제기될 수 있는데, 이는 話者들의 言語 사용이 표준어에 同化되어 있으며 이러한 同化현상이 빠르게 진행되고 있음으로 그 원인을 대신할 수 있다.

2) 상대경어법의 문종결어미[9]

(1) 해라체

설명문

이 方言의 해라체 설명문 語尾로는 '-아 / 어', '-(ㄴ / 는)기', '-야' 등이 공통적으로 널리 사용되고 있다.

〈표 6-23〉 성별 해라체 설명문 어미 실현 정도(%)

성 별	내 용	평균 실현율	지 역				
			고 성	양 양	강 릉	삼 척	*서남지역
남 성	하겠어	22	10	5	5	19	10	3
	했는기야		21	10	19	31	24	13
	이쁜기		34	20	15	41	57	24
여 성	하겠어	19	23	19	17	45	11	15
	했는기야		4	0	0	5	11	0
	이쁜기		28	17	27	35	31	30

---

9) 相對敬語法에 대하여는 4장 2. 2)를 참조.

이 語尾의 실현 양상은 男性 22%, 女性 19%로 女性에 비해 男性이 높은 것으로 나타난다. 이 項目에 대한 응답으로는 '-어'형과 '-아'형이 우세하게 나타났으며 男性은 '-아' 쪽으로 女性은 '-어' 쪽으로 치우친다. 특히 男性의 경우 별도의 응답으로 '-다야', '-기야', '-데야'와 같은 사투리 語形을 쓴다는 응답이 높았으나 女性에 있어서는 거의 나타나지 않는다. 이것은 결국 女性이 표준어에 민감하다는 사실을 확인시켜 주는 좋은 예가 된다고 할 수 있다.

의문문

이 方言에서는 '-재'와 '-ㄴ', '-(으)까', '-아/어'가 공통적으로 널리 사용되고 있다. 이 외 '-나'와 '-니'가 쓰이고 있으나 이는 地域的인 共通性이 문제가 된다. 여기서는 '-재'와 '-ㄴ'에 대하여만 살피기로 한다.[10]

<표 6-24> 성별 해라체 의문문 어미 실현 정도(%)

성 별	내 용	평균 실현율	지 역				
			고 성	양 양	강 릉	삼 척	*서남지역
남 성	이쁘나	18	51	25	32	64	82	50
	이쁘니		47	75	69	25	19	33
	어대재		24	5	0	45	44	13
	인		12	0	0	23	23	0
여 성	이쁘나	13	50	25	30	65	79	60
	이쁘니		35	69	50	20	0	35
	어대재		17	0	0	30	36	5
	인		9	0	0	10	26	0

10) '-나'와 '-니'는 참조로 둔다.

이 語尾의 실현 양상은 男性 18%, 女性 13%로 男性이 女性에 비해 높은 실현율을 나타낸다. 이 項目에 대한 별도의 응답으로는 '-지', '-니', '-어'와 같은 語形이 많았으며 男性의 경우는 '-지'의 응답이, 女性은 '-니'와 '-어'의 응답이 많았다. 이 語尾의 경우는 위 표에서 참고로 제시된 것과 같이 '-나'의 실현이 매우 활발하다. 이는 性別에 관계없이 두루 그러한데 男性이 조금 더 많은 편에 속한다. 이 또한 女性이 표준어에 좀더 민감하게 반응하고 있음을 보여주는 것이라 할 수 있다.

명령문

이 方言의 해라체 命令形 語尾로는 '-아 / 어'가 널리 사용된다. 이것은 語尾 '-아라 / 어라'의 末音節 '라'가 省略된 形인데, 특히 江陵에서 더욱 그러하다. 더하여 이 語尾에 末音이 /ㅜ/인 語幹이 결합되면 /ㅜ/+/ㅓ/→/ㅗ:/와 같이 변칙 활용하여 실현되기도 한다.

〈표 6-25〉 성별 해라체 명령문 어미 실현 정도(%)

성 별	내 용	평균 실현율	지 역					
			고 성	양 양	강 릉	삼 척	*서남지역	
남 성	먹 아	39	22	0	0	47	38	0
	바 꼬		56	45	65	59	55	42
여 성	먹 아	29	13	0	0	25	26	
	바 꼬		45	29	27	55	68	35

이 語尾의 실현 양상은 男性 39%, 女性 29%로 男性이 女性에 비해 높은 것으로 나타난다. 이 외에도 '-어'와 '-어라'의 응답이 있었으며 男性의 경우 대부분 '-어라'와 '-오'를 쓴다는 응답이었으나 女性은 '-어'를 쓴다는 응답이 지배적이었다. 여기서 우리는

性別에 관계없이 高城과 襄陽에서는 '-아'를 전혀 쓰지 않고 있음을 알 수 있다. 이 두 지역은 '-어'와 '-어라'만을 쓴다고 응답하였는데, 이것은 이 지역이 표준어에 가장 빠르게 동화되어 가고 있음을 보여주는 것이라 할 수 있다. 女性의 언어 현상도 이와 같은 것으로 설명될 수 있다.

청유문

이 方言에서 널리 쓰이는 것은 '-자'이다. 이는 標準語와 다름이 없다. 다만 '-자'에 '-야'가 결합되어 '-자야'와 같이 쓰임이 다르다. 이는 高城과 襄陽에서는 나타나지 않는다.

〈표 6-26〉 성별 해라체 청유문 어미 실현 정도(%)

성 별	내 용	평균 실현율	지 역	
			강 릉	삼 척
남 성	하자야	22	26	17
여 성	하자야	29	20	37

이 語尾의 實現 樣相은 男性 22%, 女性 29%로 女性이 男性에 비해 높은 것으로 나타난다. 이것은 '-자'보다는 '-자야'가 조금 더 친근감을 나타내거나 자신의 생각을 강조할 때 쓰이는 語形이므로 女性이 이 語形에 가까움은 당연하다. 이 項目에 대한 응답은 '-자'가 지배적이었고 이 외는 '-재이'와 같은 응답이 있었다.

(2) 하게체[11]

설명문

이 方言의 하게체 說明文 語尾로 널리 쓰이고 있는 것은 '-네'이다. 이는 표준어와 크게 다름이 없고, 다만 '-네'에 '-야'가 添加되어 '-네야'로 쓰이는 것이 다를 뿐이다. 이 외 '-과'가 더 있다. '-네야'나 '-과' 모두 江陵을 중심으로 쓰이고 있는 語尾이다.

〈표 6-27〉 성별 하게체 설명문 어미 실현 정도(%)

성 별	내 용	평균 실현율	지 역		
			강 릉	삼 척	*서남지역
남 성	생겼네야	25	30	26	34	11
	고맙과		20	19	20	3
여 성	생겼네야	15	21	25	16	0
	고맙과		8	15	0	0

이 語尾의 실현 양상은 男性 25%, 女性 15%로 男性이 女性에 비해 높게 나타난다. 이 語尾의 응답은 '-네'가 지배적으로 우세하였으며, 별도의 응답으로 '-대이', '-워', '-소' 등이 나타난다. 男性의 경우는 이들 語形이 모두 사용되는 반면 女性은 '-네'와 '-워(어)'를 주로 사용하는 것으로 나타난다.

의문문

이 方言의 하게체 疑問文 語尾로 널리 사용되고 있는 것은 '-ㄴ/는가'이다. 이것은 표준어 '-니'에 대응된다. 이 외에도 '-너'와 '-당

---

11) 하게체에 대하여는 4장 2. 2) (2)를 참조.

가'가 있지만 이것은 地域에 따라 그 쓰임에 다소의 차이를 가진다.

<표 6-28> 성별 하게체 의문문 어미 실현 정도(%)

성별	내용	평균 실현율	지역				
			고성	양양	강릉	삼척	*서남지역
남성	먹었는가	31	38	40	32	40	40	16
	매었는가		19	20	9	16	28	22
	맨가		36	10	37	49	47	29
여성	먹었는가	30	45	25	67	50	37	30
	매었는가		20	13	17	20	27	5
	맨가		25	0	17	45	37	15

이 語尾의 실현 현상은 男性 31%, 女性 30%로 男性이 다소 앞서는 것으로 나타났으나 크게 차이를 두지는 못했다. 이 項目에 대한 응답은 '-나'가 지배적으로 우세하게 나타났으며 별도의 응답으로 '-어', '-어요', '-소' 등이 나타났다. 비록 이들 語尾의 통합 실현 비율이 비슷하게 나타났지만 실제적인 언어 현상은 각기 다름을 알 수 있다. 男性의 경우는 '-ㄴ/는가'와 '-나'의 대립이고, 女性은 '-ㄴ/는가'와 '-어'의 대립이기 때문이다. 여기서 女性이 '-어' 형을 더 많이 쓴다고 한 것은 상대에 대한 친근감의 표시 ― 가까운 사이에 할 수 있는 반말 정도 ― 에 따른 의도에서 비롯된 것으로 볼 수 있다.

명령문

이 方言의 하게체 命令形 語尾로는 '-개'가 널리 쓰인다. 이는 표준어 '-게'[e]에 비해 저모음인 '-개'[ɛ]로 발음한다는 것이 특징이라 할 수 있다.

〈표 6-29〉 성별 하게체 명령문 어미 실현 정도(%)

성 별	내 용	평균 실현율	지 역				
			고 성	양 양	강 릉	삼 척	*서남지역
남 성	주 개	51	40	54	49	59	66
여 성	주 개	51	42	37	60	64	65

이 語尾의 실현 양상은 男女 모두 51%를 나타냄으로 하여 性別에 따른 구별이 나타나지 않는다. 다만 이 項目에 따른 별도의 응답으로 '-오(우)'와 '-요'가 나타났는데, 이 경우 男性은 대체로 '-오(우)'를 쓴다는 경향이었고, 女性은 '-요'를 쓴다고 했다. 여기서 性別에 관계없이 두루 높게 나타나고 있는 것은 '-요', 즉 '줘요'이다. 이는 語尾 '-개'의 실현이 점차 다른 語形, '-요'로 바뀌고 있음과, 그것이 덜 격식적이면서 친근감 있는 형태로 실행되고 있다는 것을 보여주는 것이다. 여기서는 하게체의 語尾가(-) 존대의 경향이 높은 데 반해, 주어진 대화의 조건에서 話者와 聽者의 나이가 중년 정도임이 감안되어(+) 존대의 형태로 나타나고 있음을 보여주고 있다.

청유문

이 方言의 하게체 請誘形 語尾로는 '-새'가 널리 쓰이고 있으며 이는 표준어 '-세'에 대응된다. 하지만 그 발음은 표준어 '-세'[e]에 비해 저모음인 '-새'[ɛ]로 발음한다는 차이가 있다.

〈표 6-30〉 성별 하게체 청유문 어미 실현 정도(%)

성 별	내 용	평균 실현율	지 역				
			고 성	양 양	강 릉	삼 척	*서남지역
남 성	앉 새	54	35	58	55	65	24
여 성	앉 새	44	30	47	40	57	10

이 語尾의 실현 양상은 男性 54%, 女性 44%로 男性이 女性에 비해 높은 것으로 나타난다. 이 語尾의 응답은 男女 모두 '-지'가 더 우세하게 실현되었다. 별도의 응답으로 '-자', '-(지)요', '-(자)요' 등이 있었으며 男性은 '-자'에 女性은 '-(자)요'에 조금씩 더 관심을 두었으나 대체로 비슷한 양상을 보였다. 이 語尾의 실현을 확인하기 위해서는 반드시 대화 참여자 조건에 나이를 정해 두어야 한다. 이 경우 나이가 조건화되지 않는다면 이 語尾의 실현은 기대하기 매우 어렵게 된다. 따라서 대화자들의 나이가 적어도 壯年層 이상임을 조건으로 설정해 둠은 매우 중요한 일이다.

(3) 하오체[12]

설명문

이 方言의 하오체 설명문 語尾로는 '-(아 / 어)요'가 널리 쓰이고 있으며 地域에 따라 '-오(우), '-소'가 구분되어 사용된다. 특히 江陵의 경우는 '-어요'형만 쓰인다.

<표 6-31> 성별 하오체 설명문 어미 실현 정도(%)

성 별	내 용	평균 실현율		지 역				
				고 성	양 양	강 릉	삼 척	*서남지역
남 성	집이래요	42	47	5	50	78	55	50
	좁어요		36	10	38	50	45	25
여 성	집이래요	30	34	0	27	50	58	40
	좁어요		25	6	34	20	37	15

---

12) 하오체에 대하여는 4장 2. 2) (3)을 참조.

이 語尾의 실현 양상은 男性 42%, 女性 30%로 男性이 女性에 비해 높은 것으로 나타난다. 이 외 '-아요'와 '이에요', '-입니다'와 '-오'의 응답이 많았다. 여기서 男性의 경우는 '-오'와 '-입니다'가 우세하였고 女性은 '-이에요' '-아요'가 더 우세하게 나타났다. 대체로 女性의 경우는 표준어적인 어형을 선호하며, 좀더 친근감을 나타낼 수 있는 비격식체인 '-요'형을 선호하는 것으로 나타난다. 이 語形을 주로 쓰는 지역은 江陵과 三陟이다.

의문문

이 方言의 하오체 疑問文 語尾로 널리 쓰이고 있는 것은 '-소'와 '-어요'이다. 이 외 '-우'와 '-어'가 쓰이고 있으나 이는 地域的으로 다소의 차이를 두고 실현된다. 여기서는 '-소'에 대하여 살피기로 한다.

〈표 6-32〉 성별 하오체 의문문 어미 실현 정도(%)

성 별	내 용	평균 실현율	지역				
			고 성	양 양	강 릉	삼 척	*서남지역
남 성	살았소	47	35	39	53	58	13
여 성	살았소	34	27	20	40	46	5

이 語尾의 실현 양상은 男性 47%, 女性 34%로 男性이 女性에 비해 높은 것으로 나타난다. 이 항목에 대한 별도의 응답으로 '-우', '-소', '-어요' 등이 많았고 '-습니까'도 조금 나타났다. 男性의 경우는 이 모든 語形을 두루 쓰고 있는 반면 女性은 '-어요'의 쓰임이 높게 나타났다. 이것은 女性이 특히 格式的인 語套보다는 다소 非格式的이면서 상대에게 친근한 마음을 言語로 전달할 수 있는 語形을 주로 선택한다는 사실을 다시 한번 확인하게 한다.

명령문

이 方言의 하오체 命令文 語尾로는 '-우'와 -(아 / 어)요'가 공통적으로 사용되고 있다. 이 외 '-소'와 '-우야'가 지역에 따라 다소의 차이를 두고 쓰인다. 여기서 '-우'는 標準語 명령형 語尾 '-오'에 대응된다.

〈표 6-33〉 성별 하오체 명령문 어미 실현 정도(%)

성 별	내 용	평균 실현율	지 역				
			고 성	양 양	강 릉	삼 척	*서남지역
남 성	가시우	34	5	35	46	50	43
여 성	가시우	32	3	22	55	46	30

이 語尾의 실현 현상은 男性 34%, 女性 32%로 男性이 女性보다 높은 것으로 나타난다. 하지만 이 차이는 매우 微微하여 실제적으로는 차이가 없는 것으로 정의해 두어도 무리가 없을 듯싶다. 이 語尾의 응답형은 복잡할 정도로 다양하게 나타났는데 '-우야', '-오', '-시유', '-왜이', '-와', '-소', '-세요' 등이 그것이다. 이것은 이 語尾가 점차 표준어형으로 변해가는 과정에서 일어나는 형태의 분산 정도로 이해할 수 있다. 여기서 男性의 경우는 대체로 방언형인 '-우(야)'와 '-소 / 오'를 쓴다는 응답이 높았던 반면 女性은 '-세요'를 쓴다는 응답이 높았다. 같은 語形을 두고 이처럼 性別에 따라 다소 차이를 두고 실현됨은 재미있는 현상이다.

(4) 합쇼체[13]

설명문

이 方言에서는 '-ㅂ닌다'와 '-시지오니꺄'(닝꺄)가 주로 쓰인다. 이 語形은 標準語의 '-하십니다'에 對應한다고 볼 수 있다. 이 語尾는 주로 江陵에서 쓰이고 있다. 따라서 본 論議는 江陵에 한정하기로 한다.

⟨표 6-34⟩ 성별 합쇼체 설명문 어미 실현 정도(%)

성 별	내 용	지 역
		강 릉
남 성	했습닌다	18
여 성	했습닌다	0

여기서 우리는 이 方言만의 언어적 특성을 지닌 합쇼체 語尾의 실현율이 男性 18%, 女性 0%로 거의 소멸 상태에 이르렀음을 알 수 있다. 이것은 男女 모두 '-습니다'를 사용하고 있기 때문이다. 이 項目에 대한 응답으로는 '-습니다' 외에 '-어요'가 있었는데 男性의 경우는 '-습니다'를 女性은 '-어요'를 쓴다는 응답이 더 높게 나타났다. 특히 이 方言形 '-닌다'에 대하여 女性은 전혀 사용하지 않는 것으로 나타난다.

의문문

이 方言의 합쇼체 疑問文 語尾는 표준어와 다름이 없으나 지역별로 '-어유'와 '-닝꺄', '-니껴'가 쓰이고 있다. '-어유'는 襄陽에

---

13) 합쇼체에 대하여는 4장 2. 2) (4)를 참조.

서 '-닝꺄'는 江陵, '-니껴'는 三陟에서 주로 쓰인다.

<표 6-35> 성별 합쇼체 의문문 어미 실현 정도(%)

성 별	내 용	평균 실현율	지 역			
			양 양	강 릉	삼 척	*서남지역
남 성	오셔유	23	5	5	–	–	0
	오십닝꺄		20	–	20	–	3
	오시니껴		42	–	–	42	0
여 성	오셔유	13	2	2	–	–	0
	오십닝꺄		0	–	0	–	0
	오시니껴		35	–	–	35	1

이 語尾의 실현 현상은 男性 23%, 女性 13%로 男性이 女性에 비해 높은 것으로 나타난다. 여기서는 주로 性別에 관계없이 모두 '-습니까'와 '-어요'를 쓴다는 응답이 지배적이었다. 특히 男性의 경우는 '-습니다'에 女性은 '-어요'에 치우친다. 지역적인 분포 현상도 무시할 수 없다. 이는 이들 語形이 쓰이는 지역이 각기 다르기 때문이다. 따라서 지역적인 언어 특성을 가장 잘 이행하고 있는 곳은 三陟이라 할 수 있는데 男女 모두 이 地域의 言語的인 특성을 지닌 語形 '-니껴'를 쓴다는 응답이 높게 나타났기 때문이다.

명령문

이 方言의 합쇼체 命令形 語尾는 標準語와 다름이 없다. 다만 地域的으로 江陵과 三陟에서 '-시지오니꺄'가 쓰이고 襄陽에서 '-시지유'가 쓰이는 것이 다르다.

〈표 6-36〉 성별 합쇼체 명령문 어미 실현 정도(%)

성 별	내 용	평균 실현율	지 역			
			양 양	강 릉	삼 척	*서남지역
남 성	드시지오니꺄	23	25	–	27	23	0
	드시지유		20	20	–	–	0
여 성	드시지오니꺄	10	14	–	15	12	0
	드시지유		5	5	–	–	0

이 語尾의 실현 양상은 男性 23%, 女性 10%로 男性이 女性보다 높은 것으로 나타난다. 이 語尾는 전체적으로 매우 낮은 비율을 나타내고 있다. 여기서는 대부분 '–십시오'를 쓴다는 응답이었고, 이외 '–시지요', '–세요', '–(어)와요'를 쓴다는 응답이 있었다. 이 경우 男性은 '–십시오'와 '–시지요'를 女性은 '–세요'와 '–(어)와요'를 쓴다고 했다.

청유문

이 方言의 합쇼체 請誘文 語尾는 標準語와 다름이 없다. 다만 地域的으로 江陵과 三陟에서 '–시지오니꺄'가 쓰이고 襄陽에서는 '–시지유'가 쓰임이 다르다.

〈표 6-37〉 성별 합쇼체 청유문 어미 실현 정도(%)

성 별	내 용	평균 실현율	지 역			
			양 양	강 릉	삼 척	*서남지역
남 성	가시지오니꺄	13	22	–	25	18	0
	가시지유		4	4	–	–	0
여 성	가시지오니꺄	4	7	–	11	3	0
	가시지유		0	0	–	–	0

이 語尾의 실현 양상은 男性 13%, 女性 4%로 男性이 女性에 비해 높은 것으로 나타난다. 하지만 이 語尾는 극히 저조한 실현율을 보인다. 이 語尾는 표준어와 같은 '-십시다'를 쓴다는 응답이 매우 많았으며 '-지요'와 '-죠', '-세(시어)요' 등도 쓰이는 것으로 나타난다. 여기서 男性의 경우는 '-십시다'와 '-죠'를, 女性은 '-세요'를 쓴다는 응답이 많았다.

결론적으로 이 方言의 相對敬語法의 語尾의 실현 양상은 모든 話階에 걸쳐 두루 男性이 女性보다 높은 것으로 나타난다. 여기서 男性은 대체로 격식적인 話階 등급인 해라, 하게, 하오, 합쇼체를 지키고 있는 것으로 나타나고 女性은 비격식적인 話階, 즉 해체와 해요체에 더 익숙되어 있는 것으로 나타난다. 이러한 현상이 性差가 敬語法 사용에 어떠한 영향을 미친다고는 말할 수 없다. 다만 話階의 선택에 있어 격식적인 형태를 선호하는지, 비격식적인 형태를 선호하는지의 차이만 있을 뿐이다. 형태의 선택과 경어법 사용의 문제는 별개에 속한다. 이것은 性別에 따라 敬語法 사용이 다르게 나타나는 것이 아니라 性別에 따라 語形의 쓰임이 각기 다르게 나타난다고 설명하는 것이 더 정확하다. 여기서 우리는 이 方言의 言語的 特性으로 존재하는 相對敬語法의 모든 語尾들의 실현이, 극히 저조한 상태로 나타나고 있음을 살폈다. 이는 대체로 표준어로의 변화를 보여준 것이라 할 수 있다. 이러한 현상이 나타난 중요한 이유는 무엇보다도 교육의 영향이라 할 수 있다. 또는 TV나 매스컴, 각종 문화 활동에 따른 영향도 빼 놓을 수 없다. 특히 女性의 경우 標準語에 민감하고 보면 이러한 변화의 추세에 男性보다 더욱 빠르게 동화됨은 당연하다고 볼 수 있다. 따라서 이 方言의 相對敬語法 話階 등급은 머지않아 그 體系에 변화가 있을 수 있음과, 그것은 좀더 非格式的인 체계로 변화될 것을 충분히 예견토록 한다.

3. 어 휘

본 절에서는 語彙變化에 대하여 살펴보기로 한다. 이는 이 지방 방언의 순수한 모습을 간직한 語彙들을 기준하여 性別에 따라 어떠한 양상으로 변화되어 나타나는지에 관심을 두기로 한다. 여기서는 두 가지 방법이 동원된다. 그 하나는 이 지역에서 공통적으로 사용되고 있는 語彙에 대한 쓰임의 정도와, 지역마다 조금씩의 차이를 가지고 있으나 이 方言의 言語的 특징을 드러내 보인다고 인정되는 語彙에 대한 조사이다.[14]

<표 6-38> 성별 공통 어휘 실현 정도(%)

성별 항목	남성			여성		
	쓴다	쓰지 않지만 뜻을 안다	모른다	쓴다	쓰지 않지만 뜻을 안다	모른다
① 새:째	31	20	49	40	10	50
② 건추	44	17	39	46	7	47
③ 뺌짱우	25	21	54	27	16	56
④ 꽤(과일)	60	23	17	54	17	29
⑤ 웅굴	39	17	44	37	16	47

---

14) 調査 語彙와 方法 대하여는 4장 3을 참조.

성별 항목	남성			여성		
	쓴다	쓰지 않지만 뜻을 안다	모른다	쓴다	쓰지 않지만 뜻을 안다	모른다
⑥ 소금젱이	57	31	12	48	26	26
⑦ 춘천이여	8	26	66	7	16	76
⑧ 불기	33	18	49	31	8	61
⑨ 또바리	44	20	36	45	12	43
⑩ 풀미풀미	7	15	78	6	8	86
⑪ 사마구	69	24	7	53	37	10
⑫ 아재	53	34	13	41	40	19
평균 실현율	62			54		

위의 語彙 사용 상태를 살펴보면 항목별로 多少의 차이를 나타내고 있음을 알 수 있다. 우선 '뺌장우'와 '추천이여', 그리고 '풀미풀미'와 같은 語彙는 性別에 관계없이 매우 낮게 실현되고 있으며 반대로 '꽤', '소금젱이'와 '사마구'와 같은 語彙는 性別에 관계없이 그 쓰임의 정도가 매우 높은 것으로 나타난다.

다음은 地域的으로 다소의 차이를 다소 가지고 있으나 이 方言의 言語的 특징을 잘 나타내 주고 있는 語彙에 대하여 살펴보기로 한다.

〈표 6-39〉 성별에 따른 항목별 어휘 실현 정도(%)

항 목 조 사	성 별	
	남 성	여성
누룽지 → 소쩽이 / 소꼴기 / 소디끼	62	86
멍게 → 멍우 / 행우	56	62
간장 → 지렁 / 지렁물	72	68
성냥 → 당황	62	46

항 목 조 사	성 별	
	남 성	여성
덫 → 창애 / 옹노	24	12
노루 → 놀겡이	48	45
까치 → 까쳉이	32	12
모기 → 모겡이	72	62
솔가리 → 검불 / 소갈비 / 갈비 / 소까지	56	47
관솔 → 소켕이	48	30
청미래덩굴 → 퉁갈나무 / 땀바구 / 깜바구	4	2
진달래 꽃 → 참꽃 / 창꽃	83	72
수수 → 수수 / 쉬시 / 대끼지	14	12
사과 → 사괘	52	50
복숭아 → 복쌍	48	56
오디 → 오두 / 뽕오두	45	52
도토리 → 굴밤 / 꿀밤 / 구람 / 속소리	55	67
냉이 → 나셍이	66	72
기와집 → 재:집	65	49
초가집 → 지풀집 / 초개집	55	57
옆마당 → 사랑머치 / 아룻짝(아랫짝) / 굴뚝모탱이	8	0
뒷마당 → 된 / 뒤란	63	55
안방 → 구둘	28	17
사랑방 → 상방	18	6
화장실 → 정낭 / 정라 / 뒤깐	72	62
부엌 → 정지	71	67
선반 → 실공 / 실광	48	50
낙수물 → 지시랑물	34	35
평균 실현율	49	45

  여기서는 男性과 女性의 語彙 쓰임의 차이가 크게 나타나지 않는
다. 다만 男性이 女性이 비해 다소 앞서는 것으로 나타나고 있으나

그 폭은 매우 좁은 것으로 나타난다. 여기서 性別에 관계없이 두루 높게 쓰이고 있는 語彙는 '누룽지'와 '성냥' 그리고 '진달래꽃'과 '냉이' 등으로 나타났고 '덫', '옆마당', '안방' '낙숫물'과 같은 단어는 그 실현율이 매우 낮은 것으로 나타났다. 특히 여성은 음식에 관련된 '누룽지', '멍우', '복숭아', '오디' '도토리' '나셍이'와 같은 단어에 대하여는 男性보다 다소 높은 응답률을 나타냈으며 반면 남성은 '성냥'이나 '뒷마당', '안방' '부엌'과 같은 단어에 대해 좀더 많이 알고 있는 것으로 나타났다. 이상과 같은 결과를 토대로 이 方言 話者들의 語彙 사용 정도에 대하여 性別에 따라 구분하여 정리해 보기로 한다.

〈표 6-40〉 성별 어휘 실현 비율(%)

실현율　　　　성　별	남　성	여　성
평균 실현율	56	50

여기서 우리는 男性 56%, 女性 50%로 그리 큰 차이는 아니지만 男性이 女性보다 다소 높은 수치를 나타내고 있음을 알 수 있다. 이것은 女性이 男性에 비해 표준어를 선호한다는 것과 같은 결과를 가진다고 볼 수 있다. 보통 女性이 표준어를 선호하는 것에 대하여는 여러 가지 異見이 있다. 특히 학력과 사회생활 정도에 따라 女性의 표준어 선호 정도가 달라진다는 것이다. 하지만 여기서는 女性이 男性보다 낮은 사투리 사용에 대하여 語形을 모르기 때문에 단지 사용하지 않을 뿐인 것으로 해석하고자 한다. 이것은 男性들이 표준어를 女性과 동등하게 교육받았지만 男性들의 그룹에서 사투리를 사용하는 환경이 더 많음으로 사투리 語形을 더 습득하게 되고, 상대적으로 女性의 경우는 男性들에 비해 그러한 기회가 적다는 것이 차이라고 할 수 있다.

제7장 조사지역의 언어태도

하나의 言語共同體 속에는 여러 가지 다양한 下位集團들이 존재한다. 職業이나 地位에 따라 나뉠 수 있고, 나이나 性別에 따라서도 나뉠 수 있다. 또한 취미나 생활 태도에 따라서 集團이 다르게 형성될 수도 있다. 이같이 다양한 下位集團은 그들 사이의 關係나, 集團 構成員들 간의 相互作用에 따라 여러 가지 서로 다른 言語態度가 나타날 수 있다. 따라서 이것은 직접, 간접적으로 言語變化에 영향을 미치게 된다. 이때 우리가 어떤 한 集團의 言語態度를 정확하게 파악할 수 있다면, 그 집단의 言語的 行動도 어느 정도 예측 가능하게 되고, 이것은 결국 하나의 言語共同體의 言語現象을 파악할 수 있는 토대가 되기도 한다. 따라서 이 章에서는 하나의 言語共同體에 속한 方言 話者들이 자신들의 언어에 대하여 어떠한 態度를 가지는지 世代와 職業, 性別로 구분하여 살펴보기로 한다.

본 章에서는 江原道 東海岸 方言 內에 거주하고 있는 地域 주민들을 대상으로 자신들이 평소 사용하고 있는 고향말, 즉 사투리[1]에 대하여 어떤 태도를 가지고 있는지 알아보기로 한다. 여기서는 여러 小地域이 하나로 묶인 方言에 관한 言語態度를 확인하는 만큼 해당 조사지역의 사투리에 대한 選好度에 관한 것이기보다는 調査對象

---

1) 이 장에서는 이하 '사투리'라는 용어로 대신하기로 한다.

지역 전체 주민들의 方言에 관한 言語態度라고 보는 것이 좋겠다. 이 조사는 다음과 같은 내용들을 질문으로 하였다. 우선 크게는

1. 사투리에 대한 選好度 評價.
2. 대화 상태에서의 話者와 聽者 間의 상대적인 言語的 反應.
3. 文化保存 次元에서의 사투리의 繼承 發展.

으로 나누었으며, 다시 작게는 ① 사투리에 대한 본인들의 의견 ② 사투리와 표준어에 관한 호감도 ③ 평소 본인들의 사투리 사용 정도 ④ 시내와 시외에서의 본인들의 언어사용 ⑤ 공공기관에서의 사투리 사용 ⑥ 학교 교육에 사투리 과목 배정으로 나누어 이 方言에 거주한 토박이들의 言語態度를 살폈다.

조사대상은 총 338명이었다. 이 중 설문지에 의해 245명이 조사되었고 본 연구자가 직접 면접한 경우가 93명이었다. 조사대상자들의 構成을 표로 보이면 다음과 같다.

〈표 7-1〉 조사대상자 구성(단위: 명)

구 분 응답자 수	세대별			직업별					성별	
	노년층	장년층	청소년층	공무원	상업	농업	어업	기타	남성	여성
338	52	191	95	98	81	87	37	35	211	127

이상과 같은 내용으로 調査 分析된 결과를 項目別로 살펴보기로 한다. 項目別 分析 結果는 世代差와 職業, 그리고 性別의 순서로 정리하기로 한다.

질문 1. 사투리에 대해 어떻게 생각하십니까?

이 질문은 사투리에 대한 본인들이 스스로 내린 評價를 알아보기 위한 것이다. 이것을 확인하기 위하여 1) 무뚝뚝하다고 생각한다 2) 촌스럽다고 생각한다 3) 부드럽고 세련됐다고 생각한다로 나누어 그 중 하나를 고르도록 했다. 그리고 어느 정도 그러한 느낌을 가지는 지를 알아보기 위하여 (1) 매우 그렇다 (2) 그렇다 (3) 그저 그렇다로 세분하여 그 정도를 확인했다. 우선 世代差에 따른 결과를 살펴보면 아래 표와 같다.

<표 7-2> 세대별 사투리 평가(%)

내용 세대구분	무뚝뚝하다고 생각한다				촌스럽다고 생각한다				부드럽고 세련됐다고 생각한다			
	평균율	매우 그렇다	그렇다	그저 그렇다	평균율	매우 그렇다	그렇다	그저 그렇다	평균율	매우 그렇다	그렇다	그저 그렇다
노년층	73		45	28	5		5		22			22
장년층	68	34	14	20	30	6	10	14	2		2	
청소년층	38	13		25	47	13	21	13	15		11	4

위 표에서 알 수 있듯이 이 方言 話者들의 사투리에 대한 평가는 '무뚝뚝하고 촌스럽다'는 응답이 대부분이었으며, 젊은층으로 내려올 수록 그 정도는 더욱 심하여 '매우 무뚝뚝하고, 촌스럽다'에 높은 비율을 보였다. 다만 老年層의 경우는 '무뚝뚝하다'에 절대적으로 높은 비율을 나타낸 반면 壯年層과 靑少年層의 경우는 '촌스럽다'는 응답을 병행하고 있음이 차이라 할 수 있다. 이것은 老年層보다 壯年層이나 靑少年層이 사투리에 대한 인식을 조금 더 否定的으로 하고 있음을 보여준 것이라 할 수 있다. 사실 '무뚝뚝하다'와 '촌스럽

다'는 반드시 對立的인 성격을 가지는 것은 아니다. 하지만 '무뚝뚝하다'는 단지 부드럽지 못하다 그래서 투박하고 강하다는 이미지를 부연하고 있는 반면 '촌스럽다'는 시골스럽고, 어수룩한, 그래서 조금은 낮은 듯한 이미지를 함께 가진다고 할 수 있다. 따라서 사투리를 '무뚝뚝하고 촌스럽다'고 생각한다는 것은 단지 '무뚝뚝하다'고 생각한다는 경우보다 조금은 더 否定的인 시각으로 觀察하고 있음을 시사한다고 할 수 있다. 이러한 내용들을 같은 방법으로 職業에 따라 조사한 결과는 <표 7-3>과 같다.

〈표 7-3〉 직업별 사투리 평가(%)

내용 직업별	무뚝뚝하다고 생각한다				촌스럽다고 생각한다				부드럽고 세련됐다고 생각한다			
	평균율	매우 그렇다	그렇다	그저 그렇다	평균율	매우 그렇다	그렇다	그저 그렇다	평균율	매우 그렇다	그렇다	그저 그렇다
공무원	64	32	23	9	32	9	9	14	4	0	0	4
상업	77	23	12	42	23	0	12	11	0	0	0	0
농업	72	20	37	15	28	9	9	10	0	0	0	0
어업	69	21	25	23	0	0	0	0	31	0	0	31

이 질문에 대한 응답 결과는 대체로 '무뚝뚝하고, 촌스럽다'는 것으로 나타난다. 이러한 현상은 모든 職業에 두루 그러하다. 다만 단순히 '무뚝뚝하다'고만 생각하는지, '촌스럽다'고도 함께 생각하는지, 認識 程度에 약간의 차이가 있을 뿐이다. 여기서 漁業의 경우 다소 다른 형태를 보여주고 있는데, 그것은 '촌스럽다'는 것에 대한 응답이 전혀 나타나지 않는다는 것이다. 사실 '촌스럽다'에 대한 응답에 '시골스럽고, 어수룩한' 이미지가 포함되어 있다는 것을 고려해 본다면 자신들이 사용하는 언어가 '촌스럽다'고 생각한다는 것은 그것에 대하여 부끄럽게 생각하고 있다는 것도 함께 포함한다고 볼 수 있

다. 이 점을 생각해 볼 때 漁業에서 '촌스럽다'는 응답이 나타나지 않음은 사투리에 대하여 매우 好意的인 태도를 가지고 있다는 것을 알 수 있다.[2] 이러한 言語態度는 여러 항목에서 두루 증명된다. 이러한 현상이 性別에 따라서는 어떻게 나타나는지 살펴보기로 한다.

<표 7-4> 性別에 따른 사투리 평가(%)

내용 직업별	무뚝뚝하다고 생각한다				촌스럽다고 생각한다				부드럽고 세련됐다고 생각한다			
	평균율	매우 그렇다	그렇다	그저 그렇다	평균율	매우 그렇다	그렇다	그저 그렇다	평균율	매우 그렇다	그렇다	그저 그렇다
남성	73	36	15	22	20	3	12	5	7	0	7	0
여성	44	15	15	14	54	15	5	34	2	0	2	0

여기서는 性別에 관계없이 모두 '무뚝뚝하고 촌스럽다는' 否定的인 평가가 절대적이다. 하지만 평가의 기준은 각기 다르게 나타난다. 男性의 경우는 '무뚝뚝하다'는 것에 매우 높은 비율을 보이고 있으며, 女性은 '촌스럽다'는 것에 높은 비율을 나타낸다. 사실 '무뚝뚝하다'는 것과 '촌스럽다는' 것은 둘 다 사투리에 대한 否定的인 評價에 속한다. 하지만 이 둘은 각기 가지는 의미가 다르다. 특히 '촌스럽다'는 것은 지적이지 못하다는 의미를 함께 포함하고 있음으로 하여 女性이 이 단어에 더욱 민감함은 당연하다. 이것은 女性이 標準語를 왜 選好하는지를 생각해 보면 쉽게 이해가 된다.

---

2) 이러한 현상에 대하여는 여러 가지 다양한 측면에서 해석을 시도해 볼 수 있다. 그 가장 가까운 것이 心理的인 현상으로, 실제적으로 사투리가 표준어에 비해 뒤지는 언어가 아니라고 생각하여 그렇게 평가하는 경우가 있겠고, 아니면 실제적으로는 사투리가 표준어에 비해 낮다는 것을 알면서 자신들이 쓰고 있는 언어를 낮은 언어로 인정하고 싶지 않은 것에서 그렇게 나타내는 경우가 있다고 본다. 본 연구자의 견해로는 전자의 해석이 더 우선적일 듯싶다.

　결론적으로 이 方言 話者들의 사투리에 대한 스스로의 평가 정도
는 ‘무뚝뚝하고 촌스럽다’고 하는 否定的인 견해가 매우 높았으며
世代別로는 老年層 78%, 壯年層 98%, 靑少年層 85%로 壯年層이
가장 그러한 것으로 나타났다. 상대적으로 靑少年層의 경우 壯年層
보다 사투리에 대하여 다소 肯定的인 評價를 나타냈는데, 이는 이
世代가 사투리와 표준어의 차이에 대한 관심을 크게 두지 않은 것
에 연유한 것이라 할 수 있다. 職業이 다름에 따라서는 ‘무뚝뚝하고
촌스럽다’에 公務員 96%, 商業 100%, 農業 100%, 漁業 69%로 漁
業에서 가장 肯定的인 態度를 보이고 있는 것으로 나타났다. 性別
로는 男性 93%로 女性 98%로 女性이 男性에 비해 조금 더 否定的
인 태도를 나타내 보인다.

　질문 2. 사투리와 표준어 가운데 어느 것이 더 듣기 좋습니까?

　질문 (2)는 사투리와 표준어에 대한 비교 평가를 전제로 한 질문
이다. 이 질문에 덧붙여 “고향말(서울말)이 듣기 좋다면 왜 그렇습니
까?”와 “듣기 싫다면 왜 그렇습니까?”에 대한 이유를 함께 물었다.
이 응답에 대한 결과를 살펴보기로 한다. 우선 世代差에 따른 결과
부터 보기로 한다.

〈표 7-5〉 세대별 사투리와 표준어에 대한 비교 평가(%)

세대구분 ＼ 내 용	사투리	표준어	둘 다 비슷하다
노년층	45	37	18
장년층	37	35	28
청소년층	37	19	44

　　이 질문에 대하여 老年層의 話者들은 사투리가 표준말보다 듣기에 더 좋다고 응답하였으며 壯年層과 靑少年層 또한 표준말보다는 사투리가 듣기에 더 좋다고 응답하였다. 하지만 이것은 세대별로 그 정도가 각기 다르게 表現되고 있다. 老年層에서는 사투리에 대한 選好度가 표준어에 비해 8% 정도 우세한 것으로 나타나고 壯年層에서는 2%의 정도의 차이를 나타낸다. 반면 靑少年層의 경우는 18%의 차이를 나타내고 있다. 이러한 현상이 나타난 것은 자신들이 실제로 사용하고 있는 말에 대한 心理的인 態度가 반영된 결과라고 할 수 있다. 老年層이나 壯年層의 경우 평소 자신들의 고향말에 대하여 '투박하고 촌스럽다'는 사실을 인정하면서 그와는 상대적인 표준어를 '부드럽고 상냥한' 그래서 더 듣기 좋은 말이라고 평가한 것이라 할 수 있다. 하지만 靑少年層의 경우는 敎育的인 효과로 인하여 표준말에 많이 노출이 되어 있어 자신들의 말이 사투리인 사실에 특별히 민감하지 못하다. 따라서 자신들은 평소 고향말을 사용하고 있다고 인정하면서 그것이 특별히 표준어보다 듣기 싫은 말이라는 것에 관심을 크게 두지 않고 응답한 것이라 할 수 있다. 이것은 靑少年層에서 '둘 다 비슷하다'에 44%의 높은 選好度를 나타내는 것에서도 충분히 확인된다. 여기서 우리는 사투리와 표준어에 대하여 '둘 다 비슷하다'라고 한 응답에 관심을 가져본다. 이것은 老年層 18%, 壯年層 28%, 靑少年層 44%로 젊은층으로 갈수록 그 비율이 점차 높아지고 있음이다. 이는 이 方言 話者들의 言語態度가 점차적으로 표준어에 대하여 好意的인 방향으로 기울어지고 있음을 암시한다. 이 질문에 대하여 職業이 다름에 따라서는 어떻게 나타나는지를 살펴보기로 한다.

<표 7-6> 직업별 사투리와 표준어에 대한 비교 평가(%)

직업별＼내용	사투리	표준어	둘 다 비슷하다
공무원(회사원 포함)	32	46	24
상업(자영업, 서비스업 포함)	48	29	28
농 업	42	29	30
어 업	59	0	42

여기서 우리는 표준말이 사투리보다 듣기에 더 좋다고 응답한 계층이 公務員임을 알 수 있다. 公務員의 경우는 職業的인 여건으로 인하여 표준어의 사용에 민감할 수밖에 없는데 표준어 選好 현상은 일종의 義務的인 반응이라 할 수 있다. 이와는 대조적으로 漁業의 경우 전혀 표준어를 선호하지 않는다는 絶對否定의 態度를 보였다. 실제적으로 이 職業의 경우는 어떠한 대화의 상황이 전개된다 하더라도 그들의 언어에 특별한 주의를 기울이지 않는다. 또한 말씨에 관하여는 더욱 그러하다. 그들에게 다소 '거칠고 투박한' 말씨는 생활을 이어나가는 데 하나의 수단이 되기도 한다. 따라서 조금은 '투박하고 무뚝뚝하게' 들릴 수 있는 자신들의 사투리를 더 듣기에 좋은 말이라고 응답함은 매우 당연한 결과라고 본다. 특히 이 職業에 종사하는 사람들은 표준말에 대하여 '간지럽고, 간사해서' 안 쓴다는 응답이 매우 높게 나타난다. 사투리에 대한 言語態度는 적어도 이 두 계층(公務員과 漁業)은 絶對的인 대칭의 관계에 있음으로 보인다. 이러한 현상을 性別로 구분하여 살펴보면 <표 7-7>과 같다.

<표 7-7> 성별 사투리와 표준어에 대한 비교 평가(%)

성 별 \ 내 용	사투리	표준어	둘 다 비슷하다
남 성	43	28	29
여 성	31	43	26

위 표에서 우리는 女性에 비해 男性이 사투리에 대하여 좀더 好意的인 態度를 나타내고 있음을 알 수 있다. 즉 男性은 사투리가 표준어보다 더 듣기에 좋다고 평가하였으며, 女性은 표준말이 사투리보다 듣기에 더 좋다고 응답하였다. 이러한 현상은 女性이 자신들의 女性스러움이나 지적인 모습을 나타내기 위한 하나의 방법으로 언어를 선택한다면 당연 사투리보다는 표준어가 우선일 수 있다는 것을 보여준 것이라 할 수 있다.

이 질문에 대한 응답 내용을 정리하면, 사투리가 표준어보다 '듣기가 더 좋다'고 한 비율을 世代別로 老年層 45%, 壯年層 37%, 靑少年層 37%로 老年層에서 가장 好意的인 태도를 보였으며, 職業에 따라서는 公務員 32%, 商業 48%, 農業 42%, 漁業 59%로 漁業에서 가장 호의적인 태도를 보였고, 公務員에서 가장 非好意的인 태도를 나타내 보였다. 性別에 따라서는 女性 31%, 男性 43%로 男性이 女性에 비하여 好意的인 態度를 가지는 것으로 나타났다.

여기서 우리는 잠시 女性이 男性에 비해 표준어에 대한 태도가 더 好意的인 것에 대하여 생각해 보기로 한다. 기존의 言語態度에 관한 理論으로는, 男性이 社會的인 活動이나 教育의 혜택을 女性보다 더 많이 받음에 따라 표준어 사용이 女性보다 더 많고, 女性이 教育이나 社會 活動의 기회가 男性에 비해 적음으로 하여 사투리 사용이 표준어보다 더 많다는 결론이 나기도 한다. 때론 女性이 이러한 부족한 점을 극복하기 위한 수단으로 言語를 사용할 때 사투

리보다는 표준어를 더 사용한다거나, 女性이 더욱 여성스러움을 나
타내기 위하여 표준어를 선호하는 경향이 있다는 결론도 종종 있어
왔다. 여기서 女性이 표준어를 선호한다는 것에 대하여는 반론의 여
지가 없다. 이것은 본 논의를 위한 많은 부분에서도 나타난 결과이
기도 하고, 특히 간접 설문지에 따라 방언형과 표준어형을 선택하는
문제에 대하여는 女性이 훨씬 더 표준어를 쓰고 있는 것으로 나타
났기 때문이다.

　하지만 여기에서 우리는 정도의 문제를 발견하게 된다. 그것은 직
접 면접 시 母音의 사투리 發音을 조사하였을 때 많은 부분 女性이
男性보다 사투리형 發音을 더 정확하게 했기 때문이다.3) 다시 말하
면 女性의 언어 偏向은 사투리보다는 표준어를 선호하고 있으나 실
제적으로 그들의 언어는 사투리인 경우가 많다는 것이다. 따라서 女
性은 자신들의 言語가 사투리이면서도 표준어를 사용한다고 하는 경
우가 있다는 것이다. 女性이 표준어를 선호한다는 사실과 자신들의
言語를 표준어로 인정하려는 의지는 사실로 받아들이기로 한다. 하
지만 왜 자신들이 사용하는 언어가 표준어라고 생각하려 하는지에
대하여는 깊이 설명할 이유를 필자가 찾지 못했다. 그것은 이제 더
이상 女性의 社會的인 地位나 역할이 男性보다 낮지 않으며, 學歷
또한 결코 男性에 뒤지지 않기 때문이다. 더하여 女性이 男性보다
敎育을 덜 받았다고 해서 자신의 열등감을 우월성으로 대체하기 위
한 수단으로 言語를 선택할 필요는 더더욱 없다고 보기 때문이다.
또한 지적이고 여성스럽지 못하다고 해서 자신이 하고자 하는 어떤
일을 못한다거나 또는 그와 어울리는 대접을 못 받는다거나 하는 일

---

3) 이것에 대하여는 언어 전수자가 보통 할머니나 어머니가 대부분인 우리
　 의 가족 제도를 생각해 보면 이해가 쉽다. 여기에서 교육적인 영향이 남
　 성보다 적었던 지난 때는 더욱 그러했음이 생각만으로도 충분히 짐작된다.

은 현대사회에서는 그리 쉽게 찾아지는 현상이 아니기 때문이다.

　이것에 대하여는 언어를 받아들이는 女性 話者들의 心理的인 態度를 충분히 이해한 다음에 具體的으로 論議해 볼 일이다. 단지 여기서 필자는 女性이 표준어에 더 익숙해 있거나, 표준어를 사용함이 더 정확한 언어 수단이라고 생각하기 때문에, 그것을 선택하여 사용하려는 것뿐이라는 결론을 내리는 것에 한계를 두기로 한다. 이 점에 대하여는 言語態度에 관한 心理主義的인 관점에서 볼 때 異見이 있을 수 있겠다. 시간이 허락되는 대로 다시금 살펴볼 문제로 남겨 둔다.

　(2)번 질문에 대답한 이유를 묻는 것으로 사투리 또는 표준말이 ‘듣기 좋다’면 무엇 때문에 그러한지, ‘듣기 싫다’면 무엇 때문에 그러한지를 질문했다. 이에 대한 응답으로 사투리가 듣기 좋은 이유는 ‘친근감이 있어서 좋다’고 했으며 듣기 싫은 가장 큰 이유로는 ‘무뚝뚝하고 투박해서’라고 했다. 또한 표준어가 듣기 좋다고 응답한 대다수의 응답자들은 ‘상냥해서’라고 했으며 듣기 싫은 이유로는 ‘간사해서’라고 응답했다. 이러한 응답은 世代와 職業, 性別에 공통적으로 나타났다. 다만 職業에서 漁業의 경우 사투리가 좋은 이유로 ‘친근감’에 100%의 비율을 나타냈고, 표준어가 싫은 이유에 100% ‘간사해서’라고 응답함으로써 이 方言의 사투리에 대한 호감 정도는 漁業이 絶對的인 것으로 나타났다. 이것은 후술될 질문 3과도 같은 결과이다.

　질문3. 본인은 평상시 사투리를 쓰고 있습니까?

　(3)번 질문은 제보자가 자신의 사투리 사용 정도를 스스로 평가하도록 하여 이 方言 話者들의 사투리 사용 樣相을 알아보기 위한 질문이다. 또한 이 질문에 이어 사투리를 사용한다면 왜 사용하고 있는지, 사용하지 않는다면 왜 사용하지 않는지에 관해서도 질문했다.

이 질문에 대한 응답에 대한 결과는 다음과 같다. 우선 世代差에 따라 살펴보면

<표 7-8> 세대별 사투리 사용 정도(%)

내 용 세대구분	안 쓴다		쓴 다		
	전혀 안 쓴다	별로 안 쓴다	조금 쓴다	조금 많이 쓴다	많이 쓴다
노년층	1	1	44	32	22
장년층	1	1	57	19	22
청소년층	0	0	62	24	14

모든 世代에 걸쳐 스스로 사투리를 쓰고 있는 것으로 응답했다. 老年層의 경우는 사투리에 대하여 대체로 '많이 쓰고 있다'고 응답한 경우가 54%에 달하며, 壯年層은 41%로 老年層보다는 다소 낮은 비율로 나타난다. 靑少年層에서는 '조금 쓴다'에 높은 비율을 나타냄으로 해서 상대적으로 '많이 쓴다'는 老年層과 壯年層에 비해 낮은 편으로 나타났다. 이러한 현상은 이 方言 話者들이 스스로 사투리를 사용하고 있다고 인정하면서도 世代에 따라 그 사용 양상이 정도의 차이를 가지고 있음을 보여준다고 할 수 있다. 이것은 (2)번 질문에서 나타난 사투리가 표준어보다 '듣기 좋다'고 응답한 것과 일치한다. 이 질문에 대한 결과를 職業別로 살펴보면 <표 7-9>와 같다.

<표 7-9> 직업별 사투리 사용 정도(%)

직업별 \ 항목	안 쓴다		쓴 다		
	전혀 안 쓴다	별로 안 쓴다	조금 쓴다	조금 많이 쓴다	많이 쓴다
공무원(회사원 포함)	1	1	61	14	23
상업(자영업, 서비 스업포함)	0	0	46	40	14
농 업	1	1	43	33	22
어 업	0	0	33	17	50

　이 경우 모든 職業에 걸쳐 스스로 사투리를 쓰고 있는 것으로 답했다. 하지만 公務員의 경우 '안 쓴다'는 응답에 이어 '조금 쓴다'에 높은 비율을 나타냄으로 해서 그 사용 정도에 얼마간은 否定的인 의미를 내포하고 있음을 알 수 있다. 이와는 반대로 漁業의 경우 '많이 쓴다'에 50%의 높은 비율을 나타냄으로 하여 질문(2)에서 나타난 것과 같은 결과를 보여준다. 여기서 우리는 이 질문의 응답형의 하나인 '조금 쓴다'에 대하여 좀더 깊이 생각해 보기로 한다. 사실 '조금 쓴다'는 '쓰지 않는다'는 응답과 같은 것으로 해석할 수 있다. 이는 이 질문에 참여한 모든 제보자들이 이 地域의 토박이들이고, 자신들이 사투리를 '전혀 안 쓴다'고 응답한다는 것은 거짓말에 가깝다는 것을 스스로 인식하고 있기 때문이다. 아무리 표준어를 배웠고 표준어를 쓰는 환경에 노출되어 있다고 해도, 자신들의 생활무대가 사투리 지역을 벗어나지 못하고 있음을 생각해 보면 많게든 적게든 그 속의 언어에 동화되어 있음은 피할 수 없는 사실이다. 따라서 '조금 쓴다'고 응답함으로써 실제적으로는 사투리보다 표준어를 더 쓰고 있다는 자신들의 잠재적인 언어태도를 나타내고 있음으로 볼 수 있다. 이는 언어 사용이 곧 자신들의 모습을 보여줄 수도 있

다는 心理的인 態度가 表面化되어 나타난 결과라 할 수 있다. 이러한 결과를 참조하여 이 方言의 職業에 따른 사투리 사용 정도를 정리해 보면 다음과 같다. 우선 '많이 쓴다'의 경우 公務員 37%를 나타내고, 이어 商業 54%, 農業 55%, 漁業 67%로써 漁業이 가장 높고 公務員이 가장 낮은 것으로 나타난다. 이러한 현상은 이 方言 話者들이 스스로 사투리를 사용하고 있다고 인정하면서도 職業에 따라 그 사용 양상이 각기 다르게 나타나고 있음을 보여주는 것이라 할 수 있다. 이것 또한 질문(2)와 같은 결과이다. 이를 性別로 보면 <표 7-10>과 같다.

<표 7-10> 성별 사투리 사용 정도(%)

내 용 / 성 별	안 쓴다		쓴 다		
	전혀 안 쓴다	별로 안 쓴다	조금 쓴다	조금 많이 쓴다	많이 쓴다
남 성	0	1	56	23	20
여 성	1	0	66	19	14

이 질문에 대한 응답 또한 性別에 관계없이 스스로 사투리를 쓰고 있는 것으로 나타났다. 하지만 男性의 경우는 '많이 쓴다'에 43%의 비율을 나타내고 있는 반면 女性은 33%를 나타내고 있다. 이것은 男性이 女性보다 사투리를 더 많이 쓴다는 것을 알게 함과 동시에 女性이 표준어를 選好하고 있다는 것을 함께 알려 주는 것이 된다.

이처럼 사투리를 쓰고 있는 이유에 대하여는 '본래부터 써왔기 때문에'이라고 응답한 것이 전체적인 추세이고 '친근감 때문이'라는 응답도 간혹 나타났다. 또한 사투리를 사용하지 않는 이유에 대하여는 사투리가 '무뚝뚝하고 촌스러워서'라고 응답한 경우가 대부분이고 '표준말을 배워서'라는 응답과 '다른 사람들이 쓰지 않아서'라는 응답도 간혹 있었다. 특히 女性의 경우는 단순히 '사투리가 싫어서'라는 응답을 하기도 했다.

이 질문에 대한 응답의 결과로 알 수 있는 것은 이 方言의 話者들은 스스로 자신들이 사투리를 쓰고 있음을 인정하고 있으며 이것은 자신들이 속한 言語共同體에 대한 강한 結束力을 느끼고 있다는 것을 보여준 것이라 할 수 있다. 실제적으로 이 方言 話者들은 스스로 사투리가 '투박하고 무뚝뚝해서' 썩 좋지 않다고 하면서도 자신들은 표준말보다는 사투리를 쓰는 경우가 많다는 것을 알고 있다. 靑少年의 경우도 예외는 아니다. 그것은 이 方言이 아직도 가족 구성단위가 서울이나 他 都市에 비해 대가족 제도에 속해 있는 가정이 많아 자연스럽게 祖父母(노년층)의 언어를 배우게 되는 경우가 많기 때문이다.

실제적으로 이 方言에서는 각 地域의 시내 中心街 한두 洞을 제외하면 대부분 農村이나 漁村이 형성되어 있고, 딱히 농사를 짓거나 배를 타지 않는다고 해도 대부분이 그 業과 관련된 職業을 가짐으로 해서, 굳이 표준어를 쓰지 않아도 되는 환경이 설정되어 있다. 이것은 그곳에 살고 있는 靑少年들이 시내로 학교를 다니면서도 순수한 자신들의 집안 말(사투리)을 사용하고 있음에서 쉽게 그 보기를 찾을 수 있다. 또한 이 方言圈4)에서는 그 지방말에 대한 '사투리 대회'가 매년 열리고 있어 자신들의 고향말에 대해 커다란 흥미를 가지고 있다. 이것은 실제로 서울말이 듣기는 좋지만 고향말을 쓴다는 응답이 지배적으로 나타나는 것으로도 충분히 입증되었다고 본다.

---

4) 보통은 地理的인 分界線을 기준으로 方言圈을 구분한다. 하지만 言語的으로 같은 형태의 방언형을 쓰는 지역을 묶어 하나의 方言圈으로 구분짓기도 한다. 方言圈을 區劃짓는 문제는 주로 이 두 가지가 대표된다고 할 수 있는데 어느 것을 우선으로 해야 하는지에 대하여는 더 생각해 볼 일이다. 이 점에 관하여는 이익섭(1980)을 참조할 수 있다.

다음은 대화를 할 때 상대방의 말씨에 따라 이 方言 話者들의 言語的 反應이 어떻게 달라지는가에 관한 조사이다. 이는 방언권 內에서 표준어를 사용하는 사람과의 대화 상태와 토박이들 간의 대화 상태, 방언권 外에서 표준어를 쓰는 사람과의 대화 상태와 고향 사람과의 대화 상태로 나누어 살펴보기로 한다.

질문 4-1. 시내에서 표준어를 사용하는 서울 사람을 만났습니다. 우체국 가는 길을 물어보면서 이곳에서 하루 관광할 만한 곳을 물어봅니다. 이때 사투리로 대답합니까? 표준말로 대답합니까?

<표 7-11> 시내에서 사투리와 표준어의 사용 정도(%)

내 용 세대구분	사투리로 한다	표준어로 한다	사투리도 하고 표준어도 한다
노년층	63	12	25
장년층	28	25	47
청소년층	25	24	51

이 질문은 시내에서 사투리를 쓰지 않는 낯선 사람을 만났을 때 낯선 상대와의 대화 상태에서 자신이 어떤 말을 쓰는지에 대하여 살펴보려는 것이다. 이 질문에 대한 응답은 세대에 따라 각기 다른 차이를 보여준다. 老年層의 경우 63%가 '사투리로 한다'고 하여 대체로 상대의 언어에 크게 동화되지 않음을 나타낸 반면 壯年層과 靑少年層은 '사투리도 하고 표준어도 한다'는 것에 높은 비율을 나타냄으로 하여 發話의 환경에 따라 자신들의 말씨를 바꾸어 쓸 수 있다는 態度를 나타내 보인다. 여기서는 靑少年層에서 '표준어로 한다'는 응답이 壯年層보다 크게 높지 않음이 意外라고 할 수 있다. 이것은 靑少年 話者들의 言語態度가 특별히 표준어인 것에 관심을 두지 않은

결과라고 볼 수 있다. 이것은 다시 특별히 사투리인 것에 관심을 두지 않고 있다고도 할 수 있다. 이는 현대사회에서 靑少年들이 자신들이 속해 있는 共同體에 대하여 커다란 관심도를 부여하지 않고 있음을 생각해 볼 때 충분히 이해되는 일이다. 이것은 言語뿐만 아니라 일상생활에서도 흔히 느낄 수 있는 사실이다. 이러한 경향이 職業이 다름에 따라서는 어떻게 나타나는지 살펴보기로 한다.

〈표 7-12〉 시내에서 사투리와 표준어의 사용 정도(%)

직업별＼내 용	사투리로 한다	표준어로 한다	사투리도 하고 표준어도 한다
공무원(회사원 포함)	24	30	46
상업(자영업, 서비스업 포함)	23	18	59
농 업	40	17	43
어 업	80	0	20

우선 農業과 漁業에서 표준어보다는 사투리를 사용한다는 응답이 더 높았으며 특히 漁業의 경우는 전혀 표준어를 사용하지 않는 것으로 나타난다. 여기서 재미있는 사실을 하나 발견한다. 商業의 경우가 그것인데, '사투리도 하고 표준어도 한다'는 것에 59%의 높은 비율을 나타냈다. 이것은 상대에 따라 자신의 말을 바꿀 수 있다는 의지가 강하게 드러나는 것이라 할 수 있다. 사실 商業을 하는 사람들은 그들과 이익관계가 연결된 상대의 말에 상당히 민감한 반응을 보인다. 일례로 강원도 사람이 경상도 사람과 事業的인 관계에 놓이게 되면 경상도 사투리 한둘 정도는 서로 주고받는 것을 당연하게 생각하고, 역으로 이러한 관계가 성립됨은 또한 당연하다. 어쩌면 이것은 生存權과도 연결이 되어 있다고 볼 수 있다. 따라서 낯선 사람

과의 대화 時 상대자에 따라 자신의 말씨를 충분히 바꾸어 쓸 수 있다는 태도는 직업상 당연한 논리가 된다고 할 수 있다.

이러한 이해를 바탕으로 이 方言 話者들의 낯선 사람과의 사투리 사용 정도를 살펴보면, 公務員 24%, 商業 23%, 農業 40%, 漁業 80%로 漁業에서 가장 높게 나타나고 商業에서 가장 낮게 나타난다. 漁業에서 이처럼 높은 비율을 나타내고 있는 것은 그 職業에서 자신들의 사투리 사용을 매우 당연하게 생각하고 있다는 것이다. 또한 어떠한 환경이 주어지더라도 자신들의 말씨를 바꾸지 않을 의지가 충분히 內在되어 있다는 사실을 보여주는 것이라 할 수 있다. 漁業의 이러한 態度는 본 論文 곳곳에서 발견된다. 이러한 현상이 性別이 다름에 따라서는 <표 7-13>과 같은 결과로 나타난다.

<표 7-13> 시내에서 사투리와 표준어의 사용 정도(%)

성 별 \ 내 용	사투리로 한다	표준어로 한다	사투리도 하고 표준어도 한다
남 성	36	20	44
여 성	24	24	52

여기서 男性은 '사투리를 쓴다'는 것과 '표준말을 쓴다'는 것과의 차이가 16%를 나타낸 반면 女性은 전혀 차이를 두지 않는 것으로 나타난다. 이 같은 사실은 女性이 사투리에 대하여 다소 否定的 태도를 보이고 있음을 알게 하는 것이다. 사실 女性이 위 표와 같은 결과를 보인 것은 굳이 사투리를 써야 하는 환경이 설정되어 있지 않다면 가능하면 그것을 쓰지 않겠다는 態度가 반영된 것이라 할 수 있다. 女性의 이러한 態度는 사투리를 써야 할 환경이 설정되어 있음에도 '표준어를 쓴다'고 하는 것은 결국은 자신이 속한 공동체를 부정하는 것이기 때문에 적어도 그것은 아니라는 것을 보여주는

것이라 할 수 있다.

이 질문 외에 <4-1>과 같은 환경에서 친구와의 대화 상태를 알아보기 위한 항목이 하나 더 있었다. 다만 주어진 환경에 낯선 여자가 함께 있을 때 그 상대방을 의식한 말씨를 선택하는지를 살펴본 것이었다. 그 결과 '사투리로 한다'에 대한 응답은 老年層 55%, 壯年層 37%, 靑少年層 28%로 나타났으며 職業別로는 公務員 34%, 商業 29%, 農業 36%, 漁業 75%로 나타났다. 性別에 따라서는 男性의 40%가 '사투리를 쓴다'고 했으며 女性은 26%를 나타냈다. 이 질문에 대한 응답 결과는 <4-1>과 같다.

다만 여기서 우리는 老年層의 경우 '사투리도 하고 표준어도 한다'는 비율이 <4-1>번 질문에 비해 10% 정도 높게 나타나고 있음을 살필 수 있는데 이는 친구 옆에 있는 여자를 의식한 결과라 할 수 있다. 상대에 대한 배려가 어느 世代보다 老年層 話者에 있어 더함은 당연하기 때문이다.

다음 질문은 자기의 방언권 이외 지역에서 낯선 사람을 만나 대화를 할 때 어떤 말씨를 쓰는지 알아보기 위한 것이다.

질문4-3 월드컵 축구 경기를 보려고 서울로 갔습니다. 강남 고속터미널에 내렸는데 축구장까지 어떻게 가야 할지 알 수가 없습니다. 마침 옆에 젊은 여자가 있어서 가는 길을 물어보려고 합니다. 사투리로 하겠습니까? 표준어로 하겠습니까?

〈표 7-14〉 시외에서 사투리와 표준어의 사용 정도(%)

세대구분 \ 내 용	사투리로 한다	표준어로 한다	사투리도 하고 표준어도 한다
노년층	44	18	38
장년층	29	29	42
청소년층	27	32	41

이 질문은 시외에서 낯선 상대와의 대화 상태에서 자신이 어떤 말씨를 쓰는지에 대하여 살펴보려는 것이다. 老年層의 경우 44%가 '사투리로 한다'고 대답하였으나 38%의 적지 않은 비율로 '사투리도 하고 표준어도 한다'는 대답을 함으로써 他 地域에서 낯선 사람과의 대화는 상대방의 말씨에 어느 정도 자신의 말씨를 고려하려는 態度를 가지고 있음을 보여준다. 이러한 현상은 壯年層과 靑少年層도 같은 상태라고 할 수 있다. 이처럼 他 地域에서 사투리 사용에 말씨를 고려함은 평소 자신들의 말(사투리)이 '투박하고 촌스럽다'는 인식을 가지기 때문이다. 이것은 이 方言 話者들의 心理的인 言語態度로 설명될 수 있는데 자신들의 '시골스러움'을 조금 벗어나려는 의도가 함께 포함되어 나타난 것이라 할 수 있다. 이 질문에 대한 응답을 職業別로 살펴보면

〈표 7-15〉 시외에서 사투리와 표준어의 사용 정도(%)

직업별 \ 내용	사투리로 한다	표준어로 한다	사투리도 하고 표준어도 한다
공무원(회사원 포함)	23	39	38
상업(자영업, 서비스업 포함)	20	30	50
농 업	33	27	40
어 업	75	0	25

公務員 23%, 商業 20%, 農業 33%, 漁業 75%로 漁業이 가장 높게 나타났으며 商業이 가장 낮게 나타났다. 이것은 위에 언급된 질문 <4-1>과 <4-2>와 모든 결과가 일치한다. 여기서 우리는 표준말을 쓰겠다는 의지가 公務員에서 더욱 확고해졌다는 것을 재삼 확인하게 된다. 이는 이 階層의 話者들이 環境에 따라 어떠한 말씨를

선택해야 하는지에 관심을 두기보다는, 스스로가 표준어를 쓰고 있
다는 것에 관심을 두고 있기 때문이다. 이 階層은 모든 方言에 두루
標準語 選好 現象을 나타내 보인다. 여기서 우리는 漁業에서 여전
히 사투리만 사용하겠다는 강한 의지를 다시금 확인하게 된다. 이러
한 현상이 性別에 따라서는

<표 7-16> 시외에서 사투리와 표준말의 사용 정도(%)

성 별 \ 내 용	사투리로 한다	표준어로 한다	사투리도 하고 표준어도 한다
남 성	35	25	40
여 성	20	37	43

男性이 女性에 비해 사투리를 더 選好하고 있는 것으로 나타나고
있으며, 이러한 결과는 사투리에 대하여 女性이 普遍的으로 否定的
인 視覺을 가지고 있음을 보여준다. 女性이 사투리에 否定的인 反
應을 보이는 것은 젊은층에서 더욱 그러하다.

이 질문 외에 <4-3>과 같은 환경에서 친구와의 대화 상태를 알
아보기 위한 항목이 하나 더 있었다. 결과는 표준어보다는 '사투리
로 한다'는 것의 비율이 世代와 職業, 性別에서 모두 높게 나타났
다. 이는 他 地域에서 고향 사람을 만났을 경우에는 자신들이 평소
쓰는 사투리를 자연스럽게 쓴다는 사실을 보여준 것이다. 고향이나
가족과 같은 共同體로서의 結束感은 낯선 곳에서는 반가움과 그리
움으로 대신된다. 그 반가움과 그리움을 표현하는 한 수단으로 言語
(고향말)가 작용할 수 있다는 사실을 이 질문의 응답이 대신한 것이
라 하겠다.

결론적으로 이 方言 話者들은 地域에 관계없이 대화를 할 경우에
는 대체로 사투리를 사용하고 있으며, 단지 낯선 사람과의 대화 時

약간 상대방의 말씨를 고려하여 쓰고 있음을 보여준다. 이러한 현상은 老年層에서 특히 그러하였는데, 이것은 壯年層과 靑少年層의 話者들이 평소 자신들의 말씨를 크게 고려하지 않는 반면 老年層 話者들은 가능하면 상대를 배려하는 말씨를 쓰려고 하기 때문이라 할 수 있다. 이 方言 話者들은 대체로 표준어보다는 사투리를 選好하는 것으로 나타난다. 다만 그 使用에 있어서는 다소 수동적인 태도를 감추지 않는다. 이것은 心理的으로 內在된 사투리에 대한 言語的인 偏見이 앞서기 때문이라 할 수 있다.5)

다음으로 이 方言 話者들의 사투리에 대한 언어 수용 태도를 살펴보기로 한다. 우리는 가끔 業務的이거나 혹은 個人的인 일로 다른 方言에 속한 地域을 찾을 때가 있다. 그럴 때 뜻밖에 같은 사투리를 쓰는 사람(고향 사람)을 만나게 되면 기분이 매우 좋아진다. 그런데 하물며 자기 지방의 말이 일반화되어 널리 사용되고 또한 공공기관의 공통어가 된다면 그 기분이 어떨까? 조금은 客觀性이 없고 조금은 抽象的인 槪念을 지닌, 또한 조금은 非現實的인 과제인 듯싶은 질문을 가지고 이 方言 話者들의 言語態度를 조사해 보았다.

질문 5-1. TV에서 9시 뉴스 시간에 아나운서가 자신의 고향 사투리로 보도 진행을 한다면 어떻겠습니까?

---

5) 보통 사투리 話者들은 자신들의 사투리 사용을 부끄러워하는 경향이 많다. 이것은 표준어를 사용하는 사람들의 知的 수준이 사투리를 사용하는 사람들의 知的 수준보다 높다고 생각해 온 旣存의 言語的인 偏見에서 쉽게 벗어나지 못하는 이유라 할 수 있다.

〈표 7-17〉 공공기관에서 사투리 사용에 대한 호감도(%)

세대구분＼내용	매우 좋다	좋다	약간 좋다	좋지 않다	매우 나쁘다
노년층	9	34	8	44	5
장년층	8	18	13	52	9
청소년층	6	18	8	52	16

이 질문에 대하여 世代別로 구분하여 살펴보았을 경우 老年層은 '좋다'는 것에 51%의 비율을 나타냈으며, 壯年層은 39%, 靑少年層 32%를 각각 나타냈다. 老年層의 경우는 조금 촌스럽기는 하겠지만 친근감이 있고, 무엇보다도 고향말이기 때문에 대체로 좋다는 肯定 的인 반응을 보인 반면 壯年層과 靑少年層에서는 格式 있는 言語 를 구사해야 하는 뉴스에서 '투박하고 촌스러운' 사투리는 어울리지 않는다는 否定的인 반응을 나타냈다. 이 질문에 대하여 職業別로는

〈표 7-18〉 공공기관에서 사투리 사용에 대한 호감도(%)

직업별＼내용	매우 좋다	좋다	약간 좋다	좋지 않다	매우 나쁘다
공무원(회사원 포함)	8	13	3	68	8
상업(자영업, 서비스업 포함)	9	11	10	61	9
농업	8	36	19	31	6
어업	17	0	25	58	0

우선 '좋다'고 응답한 경우는 農業에서 가장 높게 나타나고 公務 員에서 가장 낮게 나타난다. 여기서 우리는 '좋지 않다'고 응답한 것 에 대하여 고려해 보아야 한다. 이는 公務員에서 76%의 높은 비율 로 매우 否定的인 태도를 보였고 商業과 漁業에서도 否定的인 반응

이 높게 나타났기 때문이다. 이것은 지금까지 논의된 결과를 유추해 보면 쉽게 그 이유를 찾을 수 있다. 다만 대체로 사투리에 대하여 好感을 높게 표시했던 漁業에서 58%에 해당하는 비율로 '좋지 않다'고 응답한 것이 意外라 할 수 있다. 여기에 대하여는 아주 간단하게 그 이유가 설명된다. 이것은 이 階層의 話者들은 자신들이 쓰고 있는 말씨가 '거칠고, 투박하다'는 것을 스스로 인정하고 있다는 것이다. 따라서 그러한 말씨가 공공기관에서 쓰임이 자연스럽지 못함은 自明한 사실이고 그것에 대하여 부정할 필요가 전혀 없다는 것을 표현한 것이라 할 수 있다. 실제적으로 漁業에 종사하는 몇 명의 제보자를 면접하면서 이 같은 사실은 쉽게 확인할 수 있었다. 보통은 자신들이 사용하는 말씨가 '거칠다', '투박하다', '촌스럽다'고 생각한다는 것이다. 그렇지만 그 말에 대하여 부끄럽게 생각하거나 고쳐야 한다는 생각은 전혀 하지 않으며, 태어나서부터 배운 말씨를 써야 함은 당연한 것이라고 거듭 강조하였기 때문이다. 그러나 막상 이 질문에 봉착해서는 "그래도 뉴스에서는 표준말을 써야지, 외국 사람들도 보는데……"라고 했다. 이것은 國家에 대한, 공공기관의 公信力에 대한, 信賴를 스스로 믿고 싶은 것에서 표현된 결과라고 볼 수 있다. 性別에 따라서는 다음과 같은 결과를 보여준다.

〈표 7-19〉 공공기관에서 사투리 사용에 대한 호감도(%)

성 별 \ 내 용	매우 좋다	약간 좋다	좋 다	좋지 않다	매우 나쁘다
남 성	10	14	16	48	12
여 성	3	12	15	66	4

우선 '좋다'고 응답한 것은 男性 40%, 女性 30%로 나타난다. 반대로 '좋지 않다'고 한 경우는 男性 60%, 女性 70%로 비교적 높은

비율로 男女 모두 否定的인 반응을 나타낸다. 여기서 女性은 男性보다 좀더 否定的인 태도를 보인다. 이들 모두 공공기관에서 사투리를 사용하는 것이 좋지 않은 이유로 사투리가 '덜 격식적이고 촌스럽기' 때문이라고 했다. 따라서 그처럼 비격식적이고 촌스러운 言語로 뉴스를 진행한다면 信賴性도 없을 것이고 聽覺的인 면에서도 매우 나쁠 것이라는 것이다.

이 질문에 이어 지방 방송에서의 사투리 사용에 대하여도 질문하였다. 이 또한 공공기관에서의 사투리에 대한 好感度를 질문한 것인데 여기서는 世代와 職業, 性別에 걸쳐 대체로 肯定的인 反應을 나타냈다. 이러한 현상은 <5번> 응답과는 다소 차이를 가지고 있으나 <4번> 질문에서 사투리에 대한 選好度가 표준말보다 높게 나타나는 것과는 같은 맥락으로 해석될 수 있다. 실제적으로 직접 면접을 한 경우 이러한 질문에 대하여 대부분의 응답자들은 공공기관의 역할이 地域發展에 힘이 된다는 사실을 강조하면서 地域發展 차원에서라도 지방 방송의 사투리 사용은 활성화되는 것도 좋다고 했다.

질문 5-2 학교 교육에 사투리를 가르치는 시간을 배정하면 어떻겠습니까?

이 질문은 전통문화의 계승 발전이라는 차원에서 사투리에 대한 言語態度를 알아본 것이다.

<표 7-20> 교육차원에서의 사투리 사용에 대한 호감도(%)

세대구분＼내　용	매우 찬성한다	찬성한다	찬성하는 편이다	반대하는 편이다	매우 반대한다
노년층	2	36	31	31	0
장년층	8	22	28	40	2
청소년층	2	6	33	45	14

　이 질문에 대하여 '찬성한다'는 응답은 老年層 69%, 壯年層 58%, 靑少年層 41%로 각각 나타난다. 이 경우 老年層은 대체로 찬성한다는 의견이었고 壯年層의 경우 또한 老年層보다는 낮지만 대체로 찬성한다는 것에 의견을 모았다. 하지만 靑少年層에서는 크게 높지는 않지만 '반대한다는' 것에 의견이 모아졌다. 이 질문에 대한 반대의 의견은 世代에 따라 각각 다르게 나타난다. 특히 壯年層의 경우는 敎育的으로 학생들에게 이롭지 않다는 것을 이유로 들었다. 반면 靑少年層은 단지 학교 수업의 過多에 따라 과목이 증가되는 것은 부담스럽다는 것이 반대하는 가장 큰 이유로 나타났다. 이 질문에 대한 응답의 결과를 職業別로 구분하여 보면

<표 7-21> 교육차원에서의 사투리 사용에 대한 호감도(%)

직업별＼내　용	매우 찬성한다	찬성한다	찬성하는 편이다	반대하는 편이다	매우 반대한다
공무원(회사원 포함)	9	8	43	40	0
상업(자영업, 서비스업 포함)	6	25	19	47	3
농　업	8	41	15	34	2
어　업	0	0	41	25	34

　'찬성한다'고 응답한 경우 公務員 60%, 商業 50%, 農業 64%, 漁

業 41%로 각각 나타났다. 農業과 公務員의 경우 敎育的인 차원에서 사투리를 가르치는 시간을 배정하는 것은 좋다는 것으로 다소 肯定的인 태도를 보였는데 이는 이 두 職業의 父母 話者들에 대한 敎育熱이 반영된 결과인 듯하다. 실제로 公務員이나 農業에 종사하는 사람들은 敎育的인 환경에 노출될 경우 그 관심 정도가 다른 階層에 비해 相對的으로 높게 나타난다. 그것은 자연스럽게 그들에게 교육의 중요성에 대한 認識을 불러일으킴과 동시에 곧바로 자녀들의 교육에 동참하려는 태도로 작용하기도 한다. 따라서 <표 7-21>과 같은 결과는 무엇을 가르치든 敎育的인 것이라면 거의 수용할 준비가 되어 있다는 태도를 나타내 보인 것이라 하겠다. 이러한 경향을 性別로 살펴보면 다음과 같다.

〈표 7-22〉 교육차원에서의 사투리 사용에 대한 호감도(%)

성 별 \ 내 용	매우 찬성한다	찬성한다	찬성하는 편이다	반대하는 편이다	매우 반대한다
남 성	8	27	23	40	2
여 성	3	31	16	48	2

즉 '찬성한다'고 응답한 경우 男性 58%, 女性 50%로 나타난다. 크게 높은 것은 아니지만 다소 肯定的인 반응을 나타내고 있다. 이것은 이 方言의 話者들이, 자신들이 속한 言語共同體 속에서 하나의 傳統文化로 사투리를 지켜나가고자 하는 희망이 내포되어 나타난 결과라 할 수 있다.

지금까지 우리는 江原道 東海岸 方言 話者들의 言語態度에 대하여 世代와 職業 그리고 性別로 나누어 각각 살펴보았다. 그 결과 社會的인 變數에 따라 자신들이 쓰고 있는 고향말에 대한 평가가 각기 다르게 나타나고 있다는 사실을 알 수 있었다.

이상과 같은 모든 내용을 종합하면, 우선 사투리에 대한 選好度를 물었을 때 사투리가 표준어보다 '듣기가 좋다'고 한 것은 老年層에서는 높게 나타났으며 壯年層과 靑少年層은 거의 비슷한 비율로 老年層보다 낮은 것으로 나타났다. 職業에 따라서는 漁業에서 가장 높게 나타났으며 公務員에서 가장 낮은 것으로 나타났다. 性別로는 男性이 女性보다 높은 것으로 나타났다. 그 사용 정도에 대하여는 전 세대에 걸쳐 대체로 '쓴다'는 응답이었고 老年層은 '많이 쓴다'에 壯年層과 靑少年層은 '조금 쓴다'에 좀더 높은 비율을 나타냈다. 職業別로는 漁業 ← 農業 ← 商業 ← 公務員의 순서로 漁業이 가장 높게 나타났고 公務員이 가장 낮은 것으로 나타났다. 性別에 따라서는 男性이 女性에 비해 사투리를 쓰고 있는 비율이 높은 것으로 나타났다. 이 경우 사투리를 쓰고 있는 이유에 대하여는 '본래부터 써왔기 때문에'라는 응답이 지배적이었다.

대화 상태에서 話者들의 사투리 사용 정도를 묻는 질문에 대하여는 '사투리로 한다'는 응답이 노년층에서 높게 나타났으며 壯年層과 靑少年層에서는 '사투리도 하고 표준어도 한다'는 데 높은 비율을 나타냈다. 이는 老年層에서는 대체로 상대의 언어에 크게 동화되지 않음을 보여주는 데 반해 壯年層과 靑少年層에서는 發話의 환경에 따라 자신들의 말씨를 바꾸어 쓸 수 있다는 것을 나타내 보인 것이라 할 수 있다. 職業別로는 漁業 ← 農業 ← 公務員 ← 商業의 순서로 漁業에서 가장 높게 나타나고 商業에서 가장 낮게 나타났다. 이러한 현상은 他 地域인 경우도 마찬가지로 나타났다. 여기서 우리는 대화 상대자의 말씨에 동화를 쉽게 입을 수 있는 階層이 商業임을 알 수 있었다. 이러한 환경이 주어졌을 때는 男性이 女性보다 사투리를 사용한다는 데 더 적극적인 태도를 가지고 있음도 알 수 있었다.

마지막으로 공공기관에서의 사투리 사용에 대하여 살펴보았다. 이 경우 공공기관에서의 사투리 사용에 대하여 '좋다'는 응답은 老年層에서 높게 나타났고 壯年層과 靑少年層에서는 '좋지 않다'는 반응을 나타냈다. 職業別로는 農業 ← 漁業 ← 商業 ← 公務員의 순서로 農業이 매우 肯定的인 태도를 나타냈으며 公務員이 가장 否定的인 태도를 나타냈다. 性別로는 男女 모두 '좋지 않다'는 否定的인 반응을 나타냈으나 男性보다는 女性이 더 높은 비율로 반대 의견을 내었다. 하지만 이 질문에 이어 지방 방송에서의 사투리 사용에 대하여는 世代와 職業, 性別에 관계없이 대부분 '좋다'는 肯定的인 반응을 나타냈다. 이것은 地域 傳統 文化의 기본 요소인 言語가 계승 발전하기 위해서는 공공기관의 역할이 힘이 된다는 것이 이 方言 話者들의 공통된 생각이기 때문이다.

이러한 결과는 학교 교육에서 사투리를 가르치는 시간을 배정하는 것에 대하여 비록 높은 비율은 아니지만 대부분 '찬성한다'에 지지도를 나타내는 것으로 이어졌다.

이상에서 알 수 있는 것은 하나의 言語共同體 속에서도 社會的인 變數에 따라 言語態度는 각기 다르게 나타날 수 있으며, 이러한 현상은 실제적인 언어생활에 그대로 반영될 수 있다는 것이다. 여기에서 나타난 것과 같이 사투리에 대한 選好度와 그 쓰임의 정도가 계속적으로 낮아만 진다면 머지않아 이 方言에서 사투리를 쓰는 話者를 찾아보기 어렵게 되지 않을까? 걱정스럽기조차 하다. 하지만 言語라는 特性이 傳統과 慣習에 의해 그 脈이 持續的으로 維持되고, 헌집 헐고 새집 지어내듯이 그렇게 금방 변하는 것이 아니라는 사실, 소수일지언정 靑少年들이 사투리에 好感을 가지고, 관심 또한 높다는 점을 들면 그리 비관적인 문제만은 아닌 듯싶다. 따라서 이 方言의 사투리 또한 계속적으로 維持保存될 것이라는 기대를 버리지 않는다.

제8장 결 론

　본 연구는 江原道 東海岸 方言에 대하여 社會的 變數인 世代差와 職業, 性別에 따른 언어변화 現象을 살피는 데 그 目的을 두었다.

　1장의 서론 부분에서는 研究目的과 研究史를 간략하게 言及함으로써 社會方言學의 槪要를 살폈으며, 2장에서는 社會言語學的 理論과 背景에 대하여 살폈다. 3장에서는 調査 地域의 社會的 背景과 調査方法에 대하여 살펴보았으며, 본론에 해당하는 4장과 5장, 6장에서는 言語의 分化 현상에 대하여, 변화의 추세로 지적된 몇 개의 항목을 추출하여 그 변화 상태를 살폈다. 논의된 내용은 音韻 및 文法現象, 그리고 語彙變化 등이다. 音韻 面에서는 硬音化 現象과 鼻母音化 現象을 살폈으며, 母音變化에 대하여는 單母音 ‘ㅚ’와 ‘ㅟ’의 變化, 單母音 ‘ㅔ’, ‘ㅐ’의 統合現象, 單母音 ‘ㅡ’와 ‘ㅓ’의 辨別, 二重母音 ‘ㅢ’(ji)와 ‘ㅓ’의 辨別, 二重母音 ‘ㅚ’(jø)와 ‘ㅓ’의 변화 등을 살폈다. 또한 音韻 規則으로 口蓋音化와 움라우트 現象을 調査하였으며, 文法形態로는 格助詞와 相對敬語法을 살폈다. 마지막 7장에서는 對象 地域 話者들의 言語態度, 즉 사투리에 대한 好感度와 그 쓰임의 정도에 대하여 살펴보았다.

　본 연구에서 논의된 모든 내용을 要約하면 다음과 같다.

 1. 世代差에 따른 언어변화 중 硬音化에 대한 논의는 語頭 硬音化 現象을 위주로 하였다. 이를 위하여 調査된 단어는 모두 35개였으며 이들 단어는 모두 무성음 계열의 예사소리가 된소리로 발음되고 있는 것이었다. 이는 世代에 따라 多少의 차이를 가지고 실현되는 것으로 나타났으며 젊은층으로 올수록 그 현상이 더욱 뚜렷해지고 있음을 알 수 있었다. 특히 壯年層과 靑少年層의 差異가 그리 큰 폭을 형성하지 못하였다. 이것은 이 두 世代間의 言語 差가 크게 다르지 않음을 보여주는 것으로, 이 외의 모든 언어 현상에도 적용되고 있는 보편적인 현상이었다.

 다음으로 조사된 것은 鼻母音化 現象이었다. 이는 鼻子音 'ㅇ'과 'ㄴ'의 弱化 현상으로 나누었으며 이것은 다시 명사에 조사가 결합될 때 일어나는 曲用 현상과 形態素內部에서 일어나는 현상으로 구분되었다. 결과 老年層에서는 여전히 그 쓰임이 진행되는 것으로 나타났으나 壯年層과 靑少年層에 이르러 그 정도가 크게 감소되는 것으로 나타났다. 이는 語彙의 대체 현상, 즉 이 현상이 일어나고 있는 方言形이 標準語로 바뀜이 그 원인이 되고 있었다.

 母音의 경우 老年層은 單母音 'ㅚ'[ø]와 'ㅟ'[y]가 單母音으로서의 제 音價를 발휘하고 있었으며 'ㅔ'[e]와 'ㅐ'[ɛ] 역시 각각 독립된 별개의 音素로 구별되고 있었다. 또한 單母音 'ㅡ'[ɨ]와 'ㅓ'[ə]가 별개의 음소로 구별되고 있었고, 二重母音 'ㅢ'[ji:]도 여전히 이 方言 老年層의 發音으로 존재하고 있었다. 二重母音 'ㅚ'[jø]와 'ㅟ'[ij]도 일부 변이된 발음을 보이긴 하였으나 그 각각이 하나의 音素로 충분히 자리하고 있음을 확인할 수 있었다. 따라서 이 方言의 老年層 話者의 母音體系는 單母音 10개와 二重母音 13개로서 現代國語에서 나타날 수 있는 가장 많은 수의 母音을 가진 方言 話者로 나타났다. 하지만 이러한 현상은 壯年層에서 대체로 그 각각의 音聲 實現率이 낮아지고 있었으며 새로운 音으로 급하게 변해가는 過渡期 현상을 나타냈다. 그렇다고 딱히 壯年層에서 기존의 母音體系에 변화를 가져왔다고는 결론지을 수 없었다. 이러한 현상이 결정적으로 작용된 것은 靑少年層이었기 때문이다. 이 세대에 와서는 單母音 'ㅚ'[ø]와 'ㅟ'[y]가 二重母音이나 새로운 단모음으로 실현되고 있었으며, 또한 'ㅔ'[e]와 'ㅐ'[ɛ] 역시 각각 별개의 音素로서 자격을 상실하여 하나의 통합된 音素 'ㅐ'[E(ɛ)]로 실현되었다. 이 세대에서는 二重母音 'ㅢ'[ji̱]와 'ㅚ'[jø]도 消失되어 그 音素의 자격이 상실된 것으로 나타났다. 따라서 靑少年層의 母音體系는 單母音 7體系와 二重母音 10體系로 각각 나타났다. 이것은 곧 두 개의 母音體系가 이 方言에 共存하고 있음을 알게 하는 것이었다.

이 方言의 'ㄱ' 口蓋音化 現象은 老年層에서 매우 생산적으로 진행되고 있었다. 이는 壯年層도 예외는 아니었다. 다만 그 정도가 多少 감소되어 나타남이 차이라 할 수 있었다. 하지만 靑少年層에 이르러서는 거의 쓰임이 없는, 消滅 직전의 상태에 있는 언어 현상으로 나타났다. 이러한 현상은 움라우트도 마찬가지였다. 특히 움라우트의 경우 老年層에서는 이 규칙이 적용 가능한 단어들을 제시하고, 그것이 발화될 수 있는 환경을 조성하면 거의 대부분 자연스럽게 실현시키고 있었다. 活用의 경우 매우 그러한데 피동형을 발화할 때는 거의 어김이 없었다.

이 方言에서 표준어와 다르게 쓰이는 격조사는 主格과 對格, 屬格이 대표된다고 할 수 있다. 이들 조사는 모두 世代가 다름에 따라 그 실현 정도에 차이를 나타내 보였다. 하지만 이들 모두는 그 실현 정도가 매우 낮게 나타났으며 특히 靑少年層의 경우는 거의 消滅 狀態에 이른 것도 있었다. 主格助詞로 이 方言에서 주로 쓰인 것은 '-거'와 '-이' 그리고 '-이가'였고, 대격조사로는 '-으'와 '-르'

였다. 對格의 경우는 子音 뒤에 오는 '-으'보다 母音 뒤에 오는 '-르'가 조금 더 높은 비율로 실현되고 있음을 나타내 주기도 했다. 특히 屬格의 경우 어떤 格助詞보다 더욱 빠르게 이 方言의 言語的 特徵에서 멀어지고 있음을 보여주었다.

여기서 우리는 세대가 다름에 따라 敬語法 체계도 다르게 나타나고 있음을 알아보았다. 老年層과 壯年層의 경우는 해라체, 하게체, 하오체, 합쇼(하십시오)체로 대체로 4등급 체계를 나타내는 반면, 靑少年層의 경우는 '해체'와 '해요체'로 매우 단순화된 2등급 체계를 나타냈다. 이 方言의 言語的 特徵을 가진 語形 또한 世代가 다름에 따라 그 쓰임의 정도가 각각 다르게 나타났음은 물론이다. 여기서는 老年層에서조차 그 변화에 적극 加勢하고 있는 것으로 나타났다.

이 方言의 語彙 변화는 모두 40개의 項目에 따른 熟知度를 종합한 것으로 이 또한 세대에 따라 매우 확실하게 구분되어 나타났다. 이는 老年層의 경우 語彙 사용이 대체로 원만하게 실행되고 있었으나 壯年層에서 심하게 動搖되고 있는 것으로 나타났다. 壯年層의 이러한 경향은 靑少年層에 절대적인 영향을 미쳐 이 方言의 語彙的 특징을 거의 찾아볼 수 없는 상태에 이르도록 했다.

2. 職業에 따른 언어변화 중 硬音化 실현 양상은 모든 職業에 걸쳐 두루 높게 실현되었다. 특히 商業과 漁業에서 높게 나타났다.

鼻母音化 실현 양상은 그 형상이 매우 다양하게 나타났다. 우선 公務員의 경우 子音 'ㅇ'이 약화되어 鼻母音化를 일으키는 현상은 명사에 조사가 결합될 때 18%의 실현율을 보였고, 形態素內部에서 일어나는 경우는 39%의 실현율을 각각 나타내 보였다. 또한 'ㄴ'이 약화되면서 일어나는 鼻母音化 현상은 曲用의 경우 12%를 나타냈으며, 形態素內部에서는 49%의 실현율을 나타냈다. 이러한 현상이 商業에

서는 각각 20%, 50%, 13%, 51%를 나타냈고 農業에서는 30%, 47%, 10%, 44%를 나타냈다. 이것은 비록 큰 차이는 아니지만 商業이 農業보다 높은 鼻母音化를 실현하고 있다는 사실을 알게 하는 것이었다. 漁業의 경우는 17%, 39%, 23%, 32%를 각각 나타냈다. 이상과 같은 결과를 종합하면 이 方言의 鼻母音化 실현 양상은 商業 ← 農業 ← 公務員 ← 漁業의 순서로 나타나고 있음을 알 수 있었다.

모음 'ㅚ'와 'ㅟ'의 경우 모든 職業에서 단모음 [ø]와 [y]로 실현되고 있었으며 'ㅔ[e]'와 'ㅐ,ㅒ[ɛ] 역시 그 각각이 별개의 음소로 구별되어 쓰이는 것으로 나타났다. 또한 單母音 'ㅡ'[i]와 'ㅓ'[ə]가 對立하여 별개의 음소로 존재하였으며, 二重母音 [ji:]도 여전히 이 方言 話者의 발음으로 존재했다. 더하여 [jø]와 [ij]도 일부 變異된 발음을 보이긴 했지만 그 각각이 하나의 音素로 인정받고 있었다. 물론 각 職業에 따라 일부 변화된 발음들이 나타나기도 했다. 하지만 이러한 현상은 부분에 국한되었고 실제적으로는 모든 職業에 두루 이러한 현상이 적용된 것으로 나타났다. 따라서 이 方言의 職業別 모음체계는 單母音 10개와 二重母音 13개를 모두 가지는 것으로 결론지을 수 있었다. 특히 母音의 특성을 가장 잘 나타내 주고 있는 職業은 農業으로 나타났다.

口蓋音化 현상은 職業에 따라 그 실현 양상에 많은 차이를 보였다. 여기서 口蓋音化 실현 현상이 가장 높은 階層은 漁業으로 나타났고 가장 낮은 階層은 公務員으로 나타났다. 여기서 農業은 商業이나 漁業보다 낮은 口蓋音 實現現象을 보여주었다.

이 方言의 職業에 따른 움라우트 실현 양상은 漁業이 가장 높게 나타났고 公務員이 가장 낮은 것으로 나타났다.

主格助詞의 경우 職業이 다름에 따라 多少의 차이를 가지는 것으로 나타났다. 그 결과는 農業 ← 漁業 ← 商業 ← 公務員의 순서로 나타났으며, 對格助詞의 경우는 農業 ← 商業 ← 漁業 ← 公務員의 순서로 나타났다. 屬格助詞의 경우는 農業 ← 漁業 ← 公務員·商業의 순서로 나타났다. 결론적으로 이 方言에서 쓰이고 있는 格助詞는 職業에 따라 그 실현율이 각기 다르게 나타나고 있으며 農業에서 가장 높고 公務員에서 가장 낮은 것으로 나타났다.

職業에 따른 相對敬語法의 실현 양상은 話階에 따라 각기 다른 어형을 나타내 보였으며 어느 職業이 더 많은 方言形을 쓰고 있다고 쉽게 결론짓기가 곤란했다. 다만 모든 話階에 두루 걸쳐 가장 낮은 실현율을 나타낸 것이 公務員이었고 가장 높은 것이 漁業이었다. 좀더 세부적으로 설명한다면 해라체와 하오체의 경우는 漁業에서 가장 높은 실현율을 보였으며 公務員에서 가장 낮은 실현율을 보였다. 하게체와 합쇼체의 경우는 農業에서 가장 높은 실현 양상을 보였고 역시 公務員에서 가장 낮은 실현 양상을 보였다. 이러한 모든 현상을 종합하여 볼 때 이 方言의 相對敬語法 話階 분류는 여전히 4등급(해라, 하게, 하오, 합쇼) 체계를 유지하고 있었으며 그것은 農業·漁業 ← 商業 ← 公務員의 순서로 그 쓰임의 정도가 이행되고 있는 것으로 나타났다.

3. 性別에 따른 硬音化 정도는 女性이 男性보다 더 높은 것으로 나타났다.

鼻母音化 실현 양상은 男性의 경우 子音 'ㅇ'이 약화되어 鼻母音化를 일으키는 현상은 曲用에서 26%의 실현율을 보였으며 形態素內部에서는 45%의 실현율을 나타냈다. 또한 'ㄴ'이 약화되면서 일어나는 鼻母音化 現象의 경우 曲用에서 11%의 실현율을 나타냈고 形態素內部에서는 54%의 실현율을 나타냈다. 이에 반해 女性은 각각 11%, 43%와 6%, 32%를 나타냄으로 하여 男性이 女性보다 鼻母音

化를 높게 실현하고 있는 것으로 나타났다.

母音의 경우 'ㅚ'와 'ㅟ'가 單母音 [ø]와 [y]로 실현되고 있는 현상은 男性에 비해 女性이 좀더 높게 나타났으며, 'ㅔ'와 'ㅐ'의 경우도 두 音이 [e]와 [ɛ]로 각각 별개의 音素로 구분되어 發音하는 현상은 男性에 비해 女性이 더 높은 것으로 나타났다. 單母音 'ㅡ'와 'ㅓ'의 경우 [ɨ]와 [ə]로 각각 구별하여 발음하는 현상은 性別에서 큰 차이를 보이지 않았으나 二重母音 [ji:]의 쓰임은 女性이 男性에 비해 좀더 높은 실현 현상을 보여주었고, [jø]의 경우도 마찬가지였다. 다만 二重母音 [ɨj]의 경우에 男性이 女性보다 조금 더 높은 실현 현상을 보여주었는데 이는 女性이 男性에 비해 方言形을 더 많이 쓴다는 사실을 보여준 것이라 할 수 있다. 이것은 女性이 標準語를 선호한다는 사실과는 반대의 결과를 보여주는 것으로 女性의 언어 의식과 사용이 실제로는 다소의 차이를 가지고 있음을 보여주었다.

口蓋音化 현상은 男性이 女性에 비해 7% 정도 높은 것으로 나타 났다. 口蓋音化의 경우 그것을 사용하는 것 자체가 '촌스럽다, 시골 스럽다, 덜 세련됐다'는 것과 상통하는 것이고 보면 女性의 입장에 서 口蓋音化의 실현을 자제한다는 것은 당연한 것이라 보았다. 움라 우트는 男性이 女性보다 움라우트된 발음을 더 많이 쓰는 것으로 나타났다. 이러한 현상은 曲用과 活用 심지어는 形態素內部에서 일 어나는 현상까지 모두 동일하였다.

主格助詞의 경우 그 쓰임의 정도는 性別에 따라 큰 차이를 두지 않았다. 다만 男性이 女性에 비해 아주 조금 더 그 실현이 진행되고 있을 뿐이었다. 對格助詞와 屬格助詞의 경우 또한 대체로 그러한 추세를 나타냈다. 다만 女性보다는 男性에 있어 그 실현 정도가 다 소 높아진 것이 차이라 할 수 있었다.

相對敬語法의 실현 양상은 모든 話階에 걸쳐 두루 男性이 女性

보다 높은 것으로 나타났다. 여기서 男性은 대체로 格式的인 話階 등급인 '해라, 하게, 하오, 합쇼체'를 지키고 있는 것으로 나타났고, 女性은 非格式的인 話階, 즉 '해체'와 '해요체'에 더 익숙되어 있는 것으로 나타났다. 이러한 현상이 나타난 것에 대하여 性差가 敬語法 사용에 어떠한 영향을 미친다고는 설명하지 않았다. 다만 話階의 선택에 있어 格式的인 형태를 선호하는지, 非格式적인 형태를 선호하는지의 차이만 있는 것으로 정리하였다.

性別에 따른 語彙變化 실현 양상은 큰 차이를 나타내 주지 못했다. 다만 男性이 女性에 비해 사투리형을 조금 더 사용할 뿐이었다. 이것은 女性이 標準語를 選好한다는 것과 같은 결과를 가진 것으로 설명하였다. 女性이 標準語를 선호하는 것에 대하여는 많은 異見이 있다. 여기서는 다만 標準語가 정확한 言語 手段이라고 생각하는 데서 오는 적극적인 자세인 것으로 설명하였다.

4. 調査對象 地域의 言語態度는 사투리에 대한 평가를 스스로 해 보도록 한 것이었다. 여기서 老年層 話者들은 대부분 사투리에 대하여 肯定的인 態度와 더불어 好意的인 感情을 가지고 있음을 보여준 반면 壯年層과 靑少年層에서는 다소 否定的인 態度를 보이는 것으로 나타났다. 이는 특히 壯年層에서 더욱 그러했다. 職業別로는 漁業에서 가장 肯定的이고 好意的인 태도를 나타내 보였으며 性別로는 男性이 그러했다. 하지만 이들 階層 모두에서 자신들이 쓰고 있는 言語가 사투리임을 당연한 것으로 인정하였다. 그것에 대한 이유로는 '본래부터 써왔기 때문에'라는 것이 지배적이었다. 하지만 이러한 사투리 사용은 대화 상대가 누구냐에 따라 조금씩 그 쓰임의 정도가 달라질 수 있다는 評價를 곁들여 주었는데, 특히 商業과 女性의 경우가 그러했다. 또한 사투리 사용이 敎育的으로 活用되는 부분

에 대하여는 이 方言 話者들 대부분 대체로 肯定的인 反應을 나타
내 주었다. 이러한 태도에 대하여는 地域發展을 기대하는 地域民들
의 희망이 반영된 현상인 것으로 설명하였다. 결국 하나의 言語共同
體 속에서도 社會的인 變數에 따라 言語態度는 각기 다르게 나타날
수 있으며, 이는 世代가 젊은층으로 내려갈수록 표준어를 선호하는
경향이 높아지고 있음을 보여주었다. 이 현상이 職業에서는 公務員
이, 性別로는 女性이 그러했다.

   5. 우리는 지금까지의 研究 결과를 통하여 言語變化의 實現樣相
은 言語內的인 要因뿐만 아니라 言語外的인 要因에 의하여도 충분
히 다르게 나타날 수도 있다는 사실을 확인하였다. 본 연구를 마감
하면서 필자는 몇 가지 반성을 하게 되었다.
   첫째, 世代差와 職業, 性別에 따른 언어변화를 대상으로 했음에도
불구하고 世代와, 職業 그리고 性別을 고르게, 또 다양하게 면접하
지 못했으며, 결과적으로 적은 수의 제한된 제보자만을 택하여 개괄
적인 정리를 했다는 점이다.
   둘째, 본 연구자에게 個別方言을 식별할 지식이 부족했다는 점이
다. 이것은 조사 연구의 처음의 목적을 일부 변경하게 만든 결과를
초래하기도 하였는데, 이 方言의 韻素에 대한 조사가 전혀 이루어지
지 못한 것이 그 대표적인 예다. 이런 점에서 볼 때 본 연구는 매우
아쉬운 점을 남겼다 할 수 있다.
   문제는 이 외에도 여러 가지가 더 있다. 方言研究라 하면 傳統方
言 연구이든 社會方言 연구이든 몇몇의 제한된 제보자를 상대로 짧
은 2~3회의 방문으로 모든 것을 결정짓는 경우가 대부분의 실정이
다. 본 연구 또한 그러한 것이고 보면, 이것은 어떤 方言圈의 특성
이 잘못 정리될 수 있는 충분한 이유가 되는 것이다.

　좀더 많은 시간과 충분한 교류, 사전 지식 등 모든 것들이 완벽하게 갖추어진 상태에서 조사지역에 한동안 머물거나 그곳 생활과 언어 사용자들의 언어 습관을 어느 정도 이해할 수 있다고 판단했을 때 원하는 조사를 體系的이고 客觀的으로 실시하는 것이 方言 研究의 좋은 방법이라고 생각한다. 그럼에도 불구하고 본 연구자의 여러 가지 부족한 여건으로 인하여 충분한 조사가 실현되지 못한 점이 매우 큰 아쉬움으로 남는다. 앞으로 社會方言 研究에 대한 관심이 확대되어 다양한 方法論에 의한 研究가 속속 이루어지길 바란다.

高永根(1989). 『國語形態論硏究』, 서울대학교 출판부.

곽충구(2002). "방언 연구 50년", 『국어학 연구 50년』, 도서출판 혜안.

국어국문학회(1990). 『방언학의 자료와 이론』, 지식산업사.

권순일(1976). "강원도 방언의 연구-횡성, 평창, 영월지방의 어휘를 중심으로", 고려대석사학위논문.

김공칠(1977). 『방언학』, 남양문화사.

김기혁(1995). 『국어 문법 연구』, 박이정.

김명운(1996). "현대 한국어 청자대우법에 대한 사회언어학적 연구-드라마대본(1978-1994)을 대상으로", 서울대 석사학위논문.

김무림(1992). 『국어음운론』, 한신문화사.

김방한(1963). "국어모음체계의 변동에 관한 고찰-중세 국어 모음체계의 재고를 위한 방법론적 시도", 『동아문화』第二輯.

김방한(1986). "언어변화에 관한 사회언어학적 연구", 『한글』제194호, 한글학회.

김선풍(1981). 『구비문학대계-강원도편』, 한국정신문화연구원.

김옥영(1998). "강릉 방언의 음운론적 연구", 강릉대 석사학위논문.

김완진(1975). "음운론적 유인에 의한 형태소 증가에 대하여", 『국어학』 3, 국어학회.

김완진(1979). "방언연구의 의의", 『방언』 1, 한국정신문화연구원.

김정대(1984). "창원 지역어 청자존대표현 '예'와 '요'-사회언어학적 접근”『어문논집』 1, 경남대 국어교육학회.

김주관(1989). “존댓말 사용의 이상적 규법과 실제적 변이상-단기사병의 언어공동체를 중심으로”, 서울대 석사학위논문.

김주필(1994). “17·8세기 국어의 구개음화와 관련 음운현상에 대한 통시론적 연구”, 서울대 박사학위논문.

김형규(1973). “경기 강원방언 연구”,『학술원 논문집』 12, 대한민국학술원.

김혜숙(1991).『현대국어의 사회언어학적 연구』, 태학사.

남광우(1984).『한국어의 발음 연구 1: 순 우리말과 한자말의 표준 발음을 중심으로』, 일조각.

남기심·고영근(1985).『표준 국어문법론』, 탑출판사.

문효근(1969). “영동방언의 운율자질에 관한 연구”,『인문과학』 22, 연세대 인문과학연구소.

문효근(1982). “영동 영서 방언의 어휘적 비교연구.”『인문과학』 46-47, 연세대 인문과학연구소.

박경래(1984). “괴산방언의 음운에 대한 세대별 연구”,『국어연구』 57, 국어연구회.

박경래(1989). “괴산 지역어의 사회언어학적 고찰 — 이중모음의 단모음화를 중심으로 —”,『국어국문학』 101, 국어국문학회.

박경래(1993). “충주 방언의 음운에 대한 사회언어학적 연구”, 서울대 박사학위논문.

박성종(1995). “영동 지역의 어촌 언어”,『강원 어촌 지역 전설 민속지』, 강원도.

박성종(1998). “강원도 방언의 성격과 특징”,『방언학과 국어학』, 태학사.

박영순(1976). “국어 경어법의 사회언어학적 연구”,『국어국문학』 72-73, 국어국문학회.

박영순(1978). “Age variables in socio-linguistics”,『언어』 제3권 제2호.

박영순(1984). “사회언어학이란?”,『문법연구』 5, 문법연구회.

박창원(2002). “음운론 연구 50년”,『국어학연구 50년』, 도서출판 혜안.

박희만(1993). “삼척방언의 경어법 사용에 관한 사회언어학적 연구”, 강

　　　원대 석사학위논문.
배주채(1994). "고흥방언의 음운론적 연구", 서울대 박사학위논문.
사천면(1994). 『사천면지』.
서덕현(1992). "학교문법의 경어법 기술에 관한 연구", 서울대 교육학
　　　박사학위논문.
소강춘(1989). 『방언분화의 음운론적 연구』, 한신문화사.
성낙수(1992). "우리말 방언 연구 분야에 대하여", 『한글』 216.
안병희(1959 / 1978). 『15세기 국어의 활용어간에 대한 형태론적 연구』,
　　　탑출판사.
安秉禧・李珖鎬(1990). 『中世國語文法論』, 學研社.
오정란(1987). "국어 복합어 내부의 경음화 현상", 『언어』 제12-1호,
　　　한국언어학회.
禹昌炫(1992). "濟州方言의 敬語法에 관한 研究", 서강대 석사학위논문.
왕한석(1984). "Honorific Speech Behavior in a Rural Korean Village
　　　Structure and Use", Ph.D. Dissertation, Univ. of California.
왕한석(1986). "국어 청자 존대어 체계의 기술을 위한 방법론적 검토",
　　　『어학연구』 제23-3.
원훈의(1987). "강원도 방언연구(5)-홍천군 방언의 음운을 중심으로", 『관
　　　동향토문화연구』 5, 춘천교대.
원훈의(1990). "강원도 방언연구(6-2)-춘천, 춘성군 방언의 음운을 중
　　　심으로", 『관동향토문화연구』 8, 춘천교대.
윤종남(1987). "강릉방언의 초분절 음소에 대한 고찰", 동국대 석사학위
　　　논문.
이강훈(1984). "국어의 복합명사에서의 경음화 현상(Ⅱ)", 『언어』 제9-1호,
　　　한국언어학회.
이기갑(1986). "전남방언의 언어지리학적 연구", 서울대 박사학위논문.
李基文(1977). 『國語史槪說』 改訂3版, 塔出版社.
이미재(1988). "언어변화에 관한 사회언어학적 연구-경기도 화성방언을
　　　중심으로", 서울대 박사학위논문.

이병근(1970). “19세기 후기 국어의 모음체계”, 『학술원논문집』 9.

이병근(1973). “동해안 방언의 이중모음에 대하여”, 『진단학보』 제36호, 진단학회.

李炳銑(1979). “鼻母音化 現象 攷”, 『國語國文學』8, 太學社.

이숭녕(1949). “애, 에, 외의 음가변이론”, 『한글』 106.

이숭녕(1967). “방언사”, 『한국문화사대계 5』, 고려대 민족문화연구소.

이정복(1992). “경어법 사용에 대한 사회언어학적 연구”, 『국어연구』 109호, 국어연구회.

이정복(2001). 『국어 경어법 사용의 전략적 특성』, 태학사.

이익섭(1972). “강릉방언의 형태음소론적 고찰”, 『진단학보』 36, 진단학회.

이익섭(1974). “영동방언의 경어법 연구”, 서울대 교양과정부 논문집 6.

이익섭(1976). “한국 어촌 언어의 사회언어학적 고찰”, 『진단학보』 42, 진단학회.

이익섭(1977). “강릉 사투리”, 『임영문화』, 강릉문화원.

이익섭(1979). “방언 자료의 수집 방법”, 『방언』 1, 한국정신문화연구원.

이익섭(1981). 『영동 영서의 언어분화』, 서울대 출판부.

이익섭(1984). 『방언학』, 민음사.

이익섭(1986). 『국어학 개설』, 학연사.

이익섭(1987). “강원도 방언의 특징과 그 연구”, 『국어생활』 10, 국어연구소.

이익섭(1991). “영동방언 연구의 현황과 과제”, 『관동어문학』 7, 관동대 관동어문학회.

이익섭(1994). 『사회언어학』, 민음사.

이현복(1989). 『한국어의 표준발음』, 교육과학사.

이현복 편역(1982). 『음성학』, 탐구당.

李熙昇(1955). 『國語學 槪說』, 民衆書館.

임동훈(1996). “현대 국어 경어법 어미 ‘-시-’에 대한 연구”, 서울대 박사학위논문.

전성탁(1968). “강릉지방의 방언연구”, 『논문집』 5-2, 춘천교대.

전성탁(1971). “영동지방 방언의 연구 — 음운현상을 중심으로 — ”, 『논문집』 10, 춘천교대.

전성탁(1977). “강릉 방언의 형태론적 고찰”, 『논문집』 17, 춘천교대.

전성탁(1989). “강릉 방언의 어휘”, 『관동 향토문화 연구』 7, 춘천교대.

전혜숙(1995). “강릉방언의 변화에 대한 사회언어학적 연구”, 관동대 석사학위논문.

전혜영(2002). “국어 여성어 연구사”, 『국어학 연구 50년』, 도서출판 혜안.

정인호(1995). “화순 지역어의 음운론적 연구”, 『국어연구』 134호, 국어연구회.

정호완(1982). “홍천지방말의 음운론적 고찰”, 『방언학 연구 논문집』, 강원도편4-1 홍문각.

趙順日(1999). “楊平 方言의 相對敬語法에 對한 社會言語學的 研究”, 仁荷大 석사학위논문.

최기호·김미형(1998). 『언어와 사회』, 한국문화사.

최명옥(1978). “동남방언의 세 음소”, 『국어학』 7, 국어학회.

최전승(1986). 『19세기 후기 전라방언의 음운현상과 그 역사성』, 한신문화사.

최전승 외(1999). 『국어학의 이해』, 태학사.

최현욱·이원국(1986). 『사회언어학』, 한신문화사.

한국정신문화연구원(1990). 『한국방언자료집-강원도편』, 성남, 한국정신문화연구원.

한길(1991). 『국어 종결어미연구』, 강원대출판부.

한영균(1991). “강원도 방언연구의 현황과 과제-방언구획과 음운론적 특징을 중심으로”, 『김영배 선생 회갑기념논총』.

함영세(1986). “영동방언의 활용어미에 대한 연구”, 경희대 석사학위논문.

허웅(1952). “‘에 애 외 익’의 音價”, 『국어국문학』 창간호, 국어국문학회.

허웅(1955). “방점연구”, 『동방학지』 2.

허웅(1975). 『우리옛말본』, 샘문화사.

허웅(1982). “19세기의 때매김법 연구”, 『한글』 177, 한글학회.

황보나영(1993). "현대국어 호칭의 사회언어학적 연구", 『국어연구』 112
　　호, 국어연구회.

황적륜(1975). "Role of Sociolinguistics in Foreign Language Education
　　with Reference to Korean and English Terms of Address and
　　Level of Deference", Ph.D. Dissertation, Univ. of Texas.

황적륜(1976). "한국어 대우법의 사회언어학적 기술-그 형식화의 가능
　　성", 『언어와 언어학』 4, 한국외국어대학교.

Bright, W.ed.(1964a). *Sociolinguistics: Proceedings of the UCLA Soci-
　　olinguistics Conference, 1964*. The Hague: Mouton

Bright, W.ed.(1964b). "Introduction: The Dimensions of Sociolinguistics."
　　Bright (1964a)

Collinge, N.E.(1990). *An Encyclopaedia of Language*. London: Longman.

Fasold, R.W.(1984). *The Sociolinguistics of Society*. Oxford: Blackwell

Fasold, R.W.(1990). *The Sociolinguistics of Language*. Oxford: Blackwell

Hymes, D.(1974). *Foundations in Sociolinguistics: An Ethnographic
　　Approach*. University of Pennsylvania press.

Labov, W.(1966). *The Social Stratification of English in New York City*.
　　Washington, D.C.: Center for Applied Linguistics(3rd ed. 1982).

Labov, W.(1972). *Sociolinguistics Patterns*. University of Pennsylvania Press.

Labov, W.(1980). *Locating Language in Time and Space*. New York:
　　Academic Press.

Lavendera, B.R.(1988a). "The study of Languagr in its Socio-Cultural
　　Context." in Newmeyer(1988).

Milroy, J. and L. Milroy.(1990). "Language in Society: Sociolinguistics."
　　in Collinge(1990).

Newmeyer, F.J.(1988). *Linguistics: The Cambridge Survey IV Language:
　　The Socio-Cultural Context*. Camgridge University Press.

Shuy, R. and R. Fasold eds.(1973). *Language Attitudes: Current Trends
　　and Prospects*. Georgetown University Press.

Trudgill, p.(1974). *The Social Differentiation of English in Norwich.* Cambridge Universty Press.

자료:
『강원도사』, 강원도, 1995.
『강원통계연보』 제41호, 강원도, 2002.
『내고향 강원도』, 강원도교육위원회, 1990.

社會方言調査質問紙

性　名:

年　齡:

職　業:

學　歷:
(學生:　學校　學年):

出　生　地:

其他事項:

음운항목용(1-1):

번 호	구 분	항목(발음)	응답형(1)	응답형(2)
1	∅(ㅚ)	∅kasčip		
2		∅namudari(橋)		
3		∅ ⇒ č'am∅bat'		
3-1		(보충) ∅u-da, ∅-ropda, ∅č'i-da		
4		t∅(쥐)		
5		s∅(金)		
6		∅ ⇒ səks∅(daris∅)		
7	∅(ㅚ)	∅sukmo		
8	we(ㅞ)	k'weda(실을)		
9	wɛ(ㅙ)	wɛnom		
10		k∅nari-봇짐		
10-1		(보충)(물이)k∅da		
11		kweč'ak		
12		kwɛŋi(농기구)		
13	y(ㅟ)	y(胃)		
14		yt-mom(일으키기)		
15		y ⇒ t'iysit'i(舞)		
15-1		(보충) yhajə(yhada), yrohada		
16		ky(耳)		
17		čy(鼠)		
18		y ⇒ kamaky		
18-1		(보충)(심장이 팔딱 팔딱) t'ynda		
19	I(ㅣ)	ki(氣)		
20	y(ㅟ)	kyt'urami(곤충, 보일러 이름)		
21	e(ㅔ)	enuri(깎다)		
22		e ⇒ nuegoč'i		
23		t'e(群)		

번 호	구 분	항목(발음)	응답형(1)	응답형(2)
24		ke(바닷게)		
25		seda(힘이)		
26		e ⇒ toŋnečʼənjə		
26−1		(보충)(벼를) peda, (등에 짐을) meda		

음운항목(1−2)

번 호	구 분	항목(발음)	응답형(1)	응답형(2)
27	ε(ㅐ)	εbəlre		
28		ε ⇒ čaε−ropda		
28−1		(보충) εčʼəropda, εsʼinda		
29		tʼε(時)		
30		kε(犬)		
31		(물이) sεda		
32		ε ⇒ (과거) hjənjε(미래)		
32−1		(보충)(작은 고추가) mεpda		
33	ɨ(ㅡ)	ɨaksε		
34		ɨmči		
35		ɨ ⇒ keirɨda		
36		kɨl(文)		
37		tʼɨl(機)		
37−1		(보충) tʼɨlni(齒)		
38		ɨ ⇒ hankɨl, petʼɨl		
38−1		(보충) pitʼɨlda, tɨlda		
39	ə(ㅓ)	ərɨn(老)		
40		əlda(어름이)		
41		ə ⇒ kwaŋ əh∅		
42		kəl(윷놀이)		

번 호	구 분	항목(발음)	응답형(1)	응답형(2)
43		t'əl(毛)		
44		ə ⇒ t'ok'it'əl		
44-1		(보충) t'əlda, təlda		
45	jɨ(ㅢ)	jɨ:l(쓸개)		
46		jɨ:dɨrɨm		
47		jɨ: ŋgam		
48	jə(ㅕ)	jə:nk'ot		
49		jə:l(數)(jəljə:sət)		
49-1		(보충) jətčaŋsu, hobakjət. jə:n(薑), paŋp'ejən		
50	jø(ㅚ)	jø		
51	ɨj(ㅢ)	ɨjsa(醫)		
52		ɨjgjən		
53		hanɨjsa(醫)		
54		hapɨj		
55		hɨjmaŋ		
56		nɨjriri		

음운 항목용 질문지 (1)에 대한 질문 내용:

질 문 문

1. 어머니의 고향집을 어떻게 부릅니까?

 *( )집에는 누가 살고 계십니까? ( )삼촌 ( )숙모 등등.

2. 옛말에 원수는 어떤 다리에서 만난다고 합니까?

3. (사진을 보여준다.) 이것이 무엇입니까?

 * 이것은 과일인데 노란색을 띠고 있으며 모과와 아주 비슷하게
   생겼습니다. 이것이 무엇입니까?

4. 쌀을 세는 단위는 한 가마, 한 말, 한 ( )?

 * 한 말은 큰 것으로 몇 정도가 들어갑니까?

 ** 차례로 세어 보세요. 한 ( ), 두 ( ), 한 ( ) 반, 두 ( ) 반

5. 자물통은 보통 무엇으로 만듭니까?

 * 이런 말 아세요. 한번(내친김에)에 일을 끝내라고 말할 때 '( )
   뽈도 단김에 빼라.'

6. 요즘에는 가스렌지에 고기를 굽지만 예전에는 화로(연탄불)에
   이것을 얹어 놓고 고기를 구웠습니다. 철사를 엮어서 만든 이
   것은 무엇입니까?

7. 어머니의 오빠 부인을 어떻게 부릅니까?

8. 결혼식 때 무엇이 울리면서 신부가 입장합니까?(딴딴딴－소리
   를 내 준다.)

 * 옷을 꿰매려고(*꼬매려고) 합니다. 바늘에 실을 어떻게 해야 합
   니까?

9. 우리가 일본 사람을 나쁜 뜻으로 말할 때 ( )놈이라고 합니다.

  * 소고기 좋아하세요? 꿀꿀꿀 하는 고기는 어떤 고기입니까? 좋아하세요?

10. 옛날에 선비가 과거보러 갈 때 필요한 물건을 헝겊으로 둘둘 말아 등에 지고(메고) 간 것을 무엇이라고 합니까?(무슨 봇짐이라고 하던데?)

11. 요즘에는 장롱에 옷을 넣어 두었지만 예전에는 여기에다 옷을 넣어 두었다고 합니다. 이것을 무엇이라고 합니까?

12. 땅을 팔 때에나 흙덩어리를 잘게 부술 때 쓰는 자루가 긴 농기구를 말합니다. 이것은 무엇입니까?

13. 밥을 먹으면 우리 몸속 어디에 저장이 됩니까?

  * (TV선전에 나오는) 겔포스는 어디가 아파서 먹는 약입니까?

14. 뱃살을 빼기 위한 운동 중 가장 효과적인 방법은 어떤 것이 있습니까?(동작을 보여준다.)

15. 요즘 가수 설운도가 부르는 유행가 중에서 '학창시절에……' 이 노래 제목은 무엇입니까? 여기서 어떤 춤을 춥니까?

16. (귀를 만지며) 이것이 무엇입니까?

17. 야옹 야옹하는 것은 고양이입니다. 찍찍찍 소리를 내며 다니는 작은 동물은 무엇입니까?( )

  * ( )도 종류가 꽤 여럿 되는데 다 알고 있습니까? 들( ), 생 ( ) 등.

18. 새인데 온몸이 검고 사람이 죽은 곳에 모이는 새는 어떤 새입니까?

  * 옛 시조에 이런 시조가 있습니다. ( ) 검다고 속조차 검을소냐?

19. 몸이 허약한 사람은 무엇이 빠져서 그렇다고 합니까?

  * (태극기 사진을 보여주면서) 이것은 무엇입니까?

20. 집에서 사용하는 보일러는 가스보일러입니까? 어디 제품입니까?

 * (노래를 불러준다)(   )고요한 밤에 (   ) 글을 읽는다. 가을이라……이 노래에 나오는 곤충은 어떤 곤충입니까?

21. 물건을 사면서 값을 깎을 때 쓰는 말입니다.

 * (노래를 불러준다) 시골 영감……이 세상에 (   )없는 장사가 어디 있어……

22. (사진을 보여준다) 이것이 무엇입니까?

 * ……무슨 고치인데…… 몸빛이 희고 뽕나무 잎을 먹고 사는 유충입니다.

23. 아이들이 셋 넷 무리를 지어 몰려다니면 (   ) 지어 몰려다닌다고 합니다.

24. 이것은 바다에서 나는 것입니다. 꼭 가재처럼 생겼습니다. 장이나 고추장에 담가두었다가 반찬을 해먹기도 합니다. 이것이 무엇입니까?

 * 영덕하면 유명한 것이 무엇입니까?

25. 씨름을 즐겨 보십니까? 천하장사는 힘이 어때야 합니까?

 * 부부 싸움은 칼로 물 (   )기

26. 이 노래를 아십니까? '앵두나무 우물가에……바람났네.' 여기서 누가 바람이 났습니까?

27. 곤충인데 알에게 막 깬 벌레를 무엇이라고 합니까?

28. 아랫사람에게 베푸는 도타운 사랑을 무엇이라고 합니까? 그런 사람을 (   )고 말합니다.

29. 시간을 잘 맞추어 오면 (   ) 맞추어 잘 왔다고 합니다.

 * 아침밥은 8시, 점심밥은 12시, 저녁밥은 6시에 딱딱 시간을 맞추어 밥을 먹으면 (   ) 맞추어 밥을 먹는다고 합니다.

 ** 활명수는 어디가 아프면 먹는 약입니까?

30. 보신탕 좋아하세요? 이것은 어떤 고기로 만듭니까?

  * 집에서 키우는 동물인데 멍멍 짖습니다.

31. 항아리에 구멍이 났습니다. 모르고 물을 부었습니다. 어떻게 되
  겠습니까?

32. 지나간 시간을 과거라고 합니다. 지금은 무엇이라고 합니까? 그리
  고 앞으로 다가올 시간은 무엇이라고 합니까? (과거 ( ) 미래)

33. (노래를 불러준다) '아아……( ) 슬피 우니, 가을인가요.' 무엇
  이 슬피 웁니까?

34. 노래를 아주 못 부르는 사람을 무엇이라고 합니까?

35. 일도 안 하고 잠만 자는 사람을 어떻다고 합니까?

36. 한석봉은 무엇을 잘 썼습니까?

  * 하늘 천 따지, …… 공자 왈 맹자 왈 하고 무엇을 읽습니까?

37. 베 짜는 기계를 무엇이라고 합니까?

38. 세종대왕이 만든 것이 무엇입니까?

  ** 베를 베어서 탈곡하는 기계이름을 무엇이라고 합니까?

39. 아이들은 ( )들한테 말대꾸하면 안 됩니다.

  * 나이에 관계없이 모두 나가라는 말을 할 때 '아이( ) 할 것
    없이 모두 나가라'라고 합니다.

40. 겨울에 날씨가 추우면 물이 어떻게 됩니까? 물이 ( ) 것을 무
  엇이라고 합니까?

41. 회를 좋아하십니까?(즐겨 먹습니까?) 회 중에 가자미하고 비슷
  하지만 가자미보다 더 큰 것으로 값이 아주 비싼 것은 어떤
  것입니까?

42. 윷놀이 할 때 도, 개 다음에 무엇입니까?(도, 개 ( ) 윷)

43. (다리나 손의 털을 가리키면서) 이것을 무엇이라고 합니까?

  * 목도리 중에는 동물의 ( )로 만든 것들이 많다고 합니다.

44. 눈이 빨갛고 귀가 크고 쫑긋합니다. 이 동물의 ( )도 목도리를 만든다고 합니다.

45. 사람이나 생선의 쓸개를 무엇이라 합니까?

46. 사춘기 학생들 얼굴에 나는 것으로 곪기도 하는 것은 무엇입니까?

47. 할머니가 할아버지를 어떻게 부릅니까?

48. 연못에 피어 있는 꽃은 어떤 꽃입니까?

  * 부처님이 특히 좋아하시는 꽃은 무엇일까요?

49. 하나 둘 수를 세어 보도록 한다.(20까지)

50. 아버지나 오빠(주로 남자)가 외출하여 식사 때가 되어도 돌아오지 않으면 밥 굶지 말라는 뜻에서 아랫목이나 부뚜막에 떠 놓았던 밥을 무엇이라고 부릅니까?

  * 나간 사람 ( )는 있어도 자는 사람 ( )는 없다고 합니다.

51. 병원에 가면 누구에게 진찰을 받습니까?

52. 서로서로 생각이 같으면 무엇이 일치한다고 합니까?

  * 한자(意見)를 써 주고 읽혀 본다.(단 청소년층과 경우와 장년층에게만)

53. 한방 병원에 가면 침을 맞습니다. 침을 놓아주는 사람은 누구입니까?

54. 두 사람(혹은 여럿이)이 생각을 맞추는 것을 무엇이라고 합니까?

  * 요즘 부부들이 서로 성격이 맞지 않는다고 이혼을 많이 합니다. 이때 무슨 이혼을 한다고 말합니까?

55. (노래를 부른다.) 배를 저어가자 험한 바닷물결-( )에 나라로.

56. (노래를 부른다.)(   )맘보. (닐리리)맘보.

음운항목(2)

우선 단어를 읽어보시고 그 단어가 들어가 있는 문장을 읽어 주십시오.(천천히 읽어 주십시오.)

번 호	단어읽기	문장읽기	발 음	기 타
1	외갓집	외갓집에 언제 가니.		
2	외나무다리	원수는 외나무다리에서 만난다.		
3	참외밭	참외밭에 참외는 없고 수박만 있더라.		
4	되(升)	쌀을 말로 사지 되로 사니.		
5	쇠(金)	요즘도 쇠를 달구는 대장간이 있나?		
6	석 쇠	석쇠도 대장간에서 만드니?		
7	외숙모	우리 외숙모는 참 이뻐요.		
8	웨	웬일이니? 정말 웃긴다.		
9	왜 놈	왜놈이 떼놈이니? 댄놈이니?		
10	괴나리	이 도령이 괴나리봇짐을 등에 지고 한양 간다.		
11	궤 짝	돈 궤짝에 돈이 꽉 차 있으면 정말 좋겠다.		
12	괭 이	괭이가 무엇이지? 괭이가 괭이지 뭐.		
13	위(胃)	위가 아프면 위장병이 틀림없다.		
14	윗 몸	뱃살을 뺄 때는 윗몸일으키기가 최고다.		
15	트위스트	상하이 상하이 트위스트 추면서.		
16	귀(耳)	씨끄러워서 귀가 멍멍하다.		
17	쥐(鼠)	쥐새끼 한 마리도 얼신하지 마라.		
18	까마귀	까마귀도 새니?		
19	기(氣)	공부 못한다고 기죽이지 마라.		
20	귀뚜라미	귀뚜라미 봤니?		

번 호	단어읽기	문장읽기	발 음	기 타
21	에누리	에누리 없는 장사가 어딨냐?		
22	누 에	누에고치도 곤충이라고 할까?		
23	떼(群)	떼거지로 몰려다니면서 소란을 떨면 곤란하다.		
24	게(바닷게)	게를 잡아 게장국을 끓여 먹자.		
25	세 다	천하장사는 힘이 세다.		
26	동 네	내가 예쁘다고 동네방네 소문이 났다.		

음운항목(2 - 1)

번 호	단어읽기	문장읽기	발 음	기 타
27	애벌레	벌거지 중에 벌거지는 애벌레다.		
28	자애롭다	자애로운 우리 어머니.		
29	때(時)	때때로 집을 비울 때는 문을 꼭 잠근다.		
30	개(犬)	우리집 개는 진돗개다.		
31	새다	집에서 새는 바가지 밖에서도 샌다.		
32	현재	과거 현재 미래 모두 행복한 날들.		
33	으악새	아아 으악새 슬피우니 가을인가요.		
34	음치	노래를 못 부르면 음치라고 한다.		
35	게으르다	게으른 사람은 밥 주지 마라.		
36	글(文)	선비가 걸상에 앉아서 글을 읽고 있다.		
37	틀(機)	베틀은 무엇을 하는 기계인가요?		
38	한글	한글은 세종대왕이 만들었다.		
39	어른(老)	어른 공경을 잘하면 복 받는다.		
40	얼다	어름이 얼면 눈썰매를 타러 가자.		
41	광어회	생선회 중에서 광어회가 제일 비싸다.		
42	걸(윷놀이)	도, 개, 걸 다음에 윷이다.		
43	털(毛)	털장갑을 끼고 눈사람을 만들자.		
44	토끼털	여우털은 토끼털보다 비싸다.		

번 호	단어읽기	문장읽기	발 음	기 타
45	을:(쓸개)	을: 빠진 사람이 있을까?		
46	으:드름	얼굴에 으:드름은 왜 생길까?		
47	옹:감	옹:감은 곶감을 좋아한다.		
48	연꽃	부처님은 연꽃을 좋아한다.		
49	열(十)	연꽃이 열 개, 열세 개, 아주 많다		
50	외	외는 무엇일까요?		
51	의사	아프면 의사한테 가서 주사를 맞는다.		
52	의견	우리 둘은 의견이 잘 맞는다.		
53	한의사	한의원에 가면 침을 맞는다.		
54	합의	우리 둘이 합의해서 해결하자.		
55	희망	아이들은 내일의 희망이다.		
56	늴리리	늴리리야, 늴리리, 늴리리 맘보.		

음운항목 3

다음 내용을 자연스럽게 읽어 주십시오.(천천히 읽어 주십시오.)

우리 외숙모는요. 쌀으 셀 때는 한 되 두 되 하구, 화쇠르 셀 때는 한 마리 두 마리 하더거 쥐르 셀 때는 꼭 한 놈 두 놈 한다니요. 왜서 그래는지 나는 모르지요 머.

그리구요. 우리 외숙모맨치루 쉬지 않고 일하는 사람도 데우 드물아요.

저울게 눈:이 눈 밑까지 싸였는데도 영세로 곶감 팔러 댕기고, 봄이 대마 귀똘이네랑 나셍이, 고들배기 뿌랭이 캐러 웬통 산 꼬드베기로 올래 댕기고, 여름에는 그 땡볕에 푸성기 팔러 장에 가구, 갈:게는 베농사 거:도 마뎅이 하구, 고뱅이 지름 마를 날 옰이 일만 해대요.

진 세월 내내 일으 해대도 그그르 옹:감이 알아주기르 하나, 자식

덜이 알아주기르 하나 응:악스럽지 몬해도 그렇지, 을:이 빠지지 않고서는 그래 몬하지요 머. 시얀하게두 그집 아:들은 즈: 어머이 그래는 기 아문치도 않는지, 날매둥 날매둥 주머이 빈 날 읊이 남대천 갱변으로 마시똘이만 댕기잖소. 치매 저고리 변변한 것 한 벌 몬해 입고, 따따한 밥 멕에 핵교르 마처 노:이 만고 먼 소용 있소.

엊 지냑에도 큰 아: 늦는다구 부뜨막 소두벵이 곁에 외르 떠놓고 지달리고 있잖소. 천치매름 사람이 우떠 그래 진생인지.

시어른 공경도 을:매나 잘하는지 몰래요. 얼굴에 으:드름이 콕콕 박힌 열아홉에 신랑 얼굴도 몬 보고 시집으 왔는데도, 시방까정 그: 시집살이르 마카 해내잖소. 오죽하면 저 아래 모탱이 퇴끼 키우는 게으름뱅이 연꽃네 응:감이 침이 마르도록 칭찬으 할라구요.

엊 지냑에는 돼지새끼 세 마리르 사와서 짚으로 새끼르 꽈 돼지우리르 맹글고, 돼지밥으 조야 한다고 나:르 보고 감재르 조:오라 하잖소.

내거 그 말으 듣소. 금으 준다해도 고마 구찮은데, 문지방 앞에 금으 딱 거: 놓고 꼼짝달싹도 안 했지요 머.

우리 외할머이맨치 '아이구 우리 손지 이쁜기' 하면서 돈이라도 손에 쥐케 주면 모를까……

사회 방언조사 설문지

성 명:

연 령:

직 업:

성 별:

학 력:
(제보자가 학생인 경우): _________(중·고등학교) 학년

출 생 지: 도 ______(시·군) _____(읍·면·동)

기타사항: (부모님의 고향을 적어 주세요)

1. 다음 내용들은 정답을 확인하거나 표준말을 확인하고자 하는
   것이 아닙니다. 다만 여러분의 실제 언어사용에서의 발음을 알
   아보고자 하는 것입니다. 예를 들어 담배를 많이 피우는 사람
   을 보고 '골초'라고 말한다면 본인의 경우 "저 사람은 담배 **골
   초다**"라고 말하는지, "저 사람은 담배 **꼴초다**"라고 하는지를
   알아보려는 것입니다. 주어진 내용을 자연스럽게 읽어보시고 본
   인이 **평상시 발음하는 것과 같은** 곳에 (0)하여 주십시오. 본인
   이 발음하는 것이 없으면 ≪ ≫에 그 발음을 써 주십시오.

1. 얼굴이 **곰보다**( )　　　　얼굴이 **꼼보다**( )
   얼굴이 ≪　　　≫다
2. 담배 **골초**( )다　　　　담배 **꼴초**( )다　　담배≪ ≫다.
3. 국에 **건데기가** 없다( )　　국에 **껀데기가** 없다( )
   국에 ≪　　　≫가 없다
4. 등이 **곱추다**( )　　　　등이 **꼽추다**( )
   등이 ≪　　≫다
5. 머리가 **곱슬머리다**( )　　머리가 **꼽슬머리다**( )
   머리가 ≪　　　≫다
6. 국문학과 **과대표**( )　　　국문학과 **꽈대표**( )
   국문학과 ≪　　≫
7. 자장면 **곱배기로** 주세요( )　자장면 **꼽빼기로** 주세요(　)
   자장면 ≪　　≫로 주세요
8. 밀가루 반죽이 **걸죽하다**( )　밀가루 반죽이 **껄쭉하다**( )
   밀가루 반죽이 ≪　　≫

9. **도랑물**이 넘친다( )　　　**또랑물**이 넘친다( )
　　≪　　　≫물이 넘친다

10. 말이 **다발총이다**( )　　　말이 **따발총이다**( )
　　말이 ≪　　　　≫이다

11. 파를 **다듬어라**( )　　　파를 **따듬어라**( )
　　파를 ≪　　　≫어라

12. 새끼줄을 **당겨라**( )　　　새끼줄을 **땅겨라**( )
　　새끼줄을 ≪　　≫

13. 이를 깨끗이 **닦아라**( )　　　이를 깨끗이 **딲아라**( )
　　이를 깨끗이 ≪　　≫

14. 과자 **부스러기**( )　　　과자 **뿌스러기**( )
　　과자 / 꽈자 ≪　　　≫

15. **번데기**장수( )　　　·　　　**뻔데기**장수( )
　　≪　　≫장수

16. 내가 **본때를** 보여주마(　　)　　내가 **뽄때를** 보여주마(　　)
　　내가 ≪　　≫를 보여주마

17. 기름에 **볶아라**( )　　　기름에 **뽂아라**( )
　　기름에 ≪　　≫아라

18. 물건을 마구 **부수어라**(　　)　　물건을 마구 **뿌수어라**(　　)
　　물건을 마구 ≪　　≫어라

19. **사나이** 울리는 辛라면( )　　　**싸나이** 울리는 辛라면( )
　　≪　　≫ 울리는 辛라면

20. 성질이 **사납다**( )　　　성질이 **싸납다**( )
　　성질이 ≪　　≫

21. **사랑**, **사랑**, 내**사랑**( )　　　**싸랑**, **싸랑**, 내**싸랑**( )
　　≪　　　　　　≫

22. <u>소나기가</u> 온다( )   <u>쏘나기가</u> 온다( )
    《   》가 온다

23. 시어머니 고무신( )   <u>씨어머니</u> 고무신( )
    《   》 고무신

24. 천하장사는 힘이 **세다**( )   천하장사는 힘이 **쎄다**( )
    천하장사는 힘이《   》

25. 분위기가 **살벌하다**( )   분위기가 **쌀벌하다**( )
    분위기가 《   》

26. **자장면**( )곱배기   **짜장면**( ) 곱배기
    《   》곱배기

27. 지게 **작대기**( )   지게 **짝대기**( )
    지게 《   》

28. 오이 **장아찌**( )   오이 **짱아찌**( )
    오이 《   》

29. <u>족제비</u> 같은 놈( )   <u>쪽제비</u> 같은 놈( )
    《   》 같은 놈

30. 털 뽑는 **족집개**( )   털 뽑는 **쪽집개**( )
    털 뽑는 《   》

31. **졸병도** 군인이다( )   **쫄병도** 군인이다( )
    《   》도 군인이다

32. **장돌로** 맞으면 아프다( )   **짱똘로** 맞으면 아프다( )
    《   》로 맞으면 아프다

33. 다리를 **절뚝절뚝거린다**( )   다리를 **쩔뚝쩔뚝거린다**( )
    다리를 《   》거린다

34. 노끈을 **자른다**( )   노끈을 **짜른다**( )
    노끈을 《   》

35. 돈을 달라고 **조른다**( )   돈을 달라고 **쪼른다**( )
    돈을 달라고 ≪   ≫

2. 다음 내용은 본인이 실제로 사용하는 말(단어)을 알아보고자 하
   는 것입니다. 이 지역에서는 '무릎'이라는 말을 '고뱅이'라는 말
   로도 사용하고 있습니다. 이 경우 본인이 실제로 사용하는 말
   이 '고뱅이'인지 '무릎'인지를 살펴보려는 것입니다. 또한 본인
   이 사용하는 말이 '고뱅이'일 경우 그 발음을 어떻게 하고 있
   는지도 함께 알아보고자 합니다. 예를 들어 질문(1)과 같은 경
   우 '무릎이 아프다'라고 한다면 본인의 경우 '무릎이 아프다'라
   고 하는지 '고뱅이가 아프다'라고 하는지 '고뱅이가 아프다'라
   고 한다면 '고뱅이'라고 발음을 하는지 '고배~이'라고 하는지
   를 살피려는 것입니다. 응답 방법은 본인이 실제로 사용하고
   있는 말에 0표를 하시면 됩니다.(여기서 ~표시는 콧소리를 내
   는 것을 표시한 것입니다.)

1. 무릎이 아프다.   **고뱅이가** 아프다( )
   고배~이가 아프다( )   기타( )
2. **생우가** 맛있다.   **새~우가** 맛있다( )
   생우가 맛있다( )   기타( )
3. 멍게(우렁쉥이)도 맛있다.   **머~우도** 맛있다( )
   멍우도 맛있다( )   기타( )
   해우도 맛있다( )   **행우도** 맛있다( )
4. **모기가** 물었다.   **모게~이가** 물었다( )
   모겡이가 물었다( )   기타( )
5. **호미**(농기구)로 땅 판다.   **호메~이로** 땅 판다( )

　　호멩이로 땅 판다( )　　　　　기타( )

6. 보리 **타작한다.**　　　　　　**마대~이** 한다( )

　　마댕이 한다( )　　　　　　기타( )

7. **삼촌이** 부른다.　　　　　　**삼추~이** 부른다( )

　　삼추니 부른다( )　　　　　기타( )

8. **손으로** 박박 긁어요.　　　　**소~이로** 박박 긁어요( )

　　소느로 박박 긁어요( )　　　기타( )

9. 나는 **돈이** 많다.　　　　　　나는 **도~이** 만타( )

　　나는 **도니** 만타( )　　　　　기타( )

10. **어머니라** 부르고 싶어요.　　**어머~이라** 부르고 싶어요( )

　　어머니라 부르고 싶어요( )

11. **할머니도** 부르고 싶어요.　　**할머~이도** 부르고 싶어요( )

　　할머니도 부르고 싶어요( )

12. **바지주머니.**　　　　　　　**바지주머~이**( )

　　바지주머니( )　　　　　　기타( )

3. 다음 내용을 읽어보시고 본인이 **평상시 쓰고 있는 말에** (０) 하여 주십시오. 본인이 쓰고 있는 말이 없다면 ≪　≫에 그 말을 써 주십시오.

가:

1. **겨울에는** 눈이 펑펑 내려요( )

　　저울에는 눈이 펑펑 내려요( )　　　기타( )

2. 바빠서 **경황이** 하나도 없어요( )

　　바빠서 **정황이** 하나도 없어요( )　　　기타( )

3. 기차는 길이가 **길다**( )

　　기차는 길이가 **질다**(　)　　　　　　기타(　)

4. 옥수수 **기름**(油)(　)

　　옥수수 **지름**(　)　　　　　　　　기타(　)

5. **겨드랑이가** 가렵다(　)

　　저드랑이가 가렵다(　)　　　　　기타(　)

6. 힘들어도 잘 참고 **견디자**(　)

　　힘들어도 잘 참고 **전디자**(　)　　　기타(　)

7. **키를** 쓰고 소금 얻어와라(　)

　　치를 쓰고 소금 얻어와라(　)　　　기타(　)

나:

1. (키가)**신랑이** 더 작다.　　　　　**실래이** 더 작다(　)

　　실랑이 더 작다(　)　　　　　　기타(　)

2. (키가)**할멈이** 더 커요.　　　　　**할메미** 더 커요(　)

　　할머미 더 커요(　)　　　　　　기타(　)

3. (키가)**영감이** 더 커요.　　　　　**영개미** 더 커요(　)

　　영가미 더 커요(　)　　　　　　기타(　)

4. **법**(法)이 무섭다.　　　　　　　**베비** 무섭다(　)

　　버비 무섭다(　)　　　　　　　기타(　)

5. **사람이** 많아요.　　　　　　　　**사래미** 많아요(　)

　　사라미 많아요(　)　　　　　　기타(　)

6. 별이 **하나이어요.**　　　　　　　별이 **하내기래요**(　)

　　별이 **하낙이어요**(　)　　　　　기타(　)

7. 밥을 **먹인다.**　　　　　　　　　밥을 **메긴다**(　)

　　밥을 **머긴다**(　)　　　　　　　기타(　)

8. 도둑이 **잡혔다.**　　　　　　　　도둑이 **재폈다**(　)

    도둑이 **자폈다**( )   기타( )

9. 거짓말로 **속인다.**   거짓말로 **쇠긴다**( )

    거짓말로 **소긴다**( )   기타( )

10. 기분이 **죽인다.**   기분이 **쥐긴다**( )

    기분이 **주긴다**( )   기타( )

11. **학교** 가자.   **해꾜** 가자( )

    하꾜 가자( )   기타( )

12. 다홍**치마**(저고리)   다홍**치매**( )

    다홍**초매**( )   다홍**치마**( )   기타( )

13. 홀쪽이와 **뚱뚱이.**   **뚱띵이**( )   **뚱땡이**( )

    뚱뚜이( )   기타( )

14. 다듬이돌.   **다디미똘**( )

    다드미똘( )   기타( )

15. **토끼**(와 거북이)   **퇴끼**( )

    토깨이( )   **토끼**( )   기타( )

4. 다음은 우리말의 존대어 사용에 대한 여러분의 실제 언어사용
   을 알아보고자 합니다. 응답 방법은 아래 주어진 내용들을 천
   천히 읽어보고 ( ) 속에 있는 여러 개의 응답 가능한 표현 중
   에서 가장 바람직하다고 생각되는 표현을 선택하여, 그 해당되
   는 것에 (0_ 나 V)표시를 하시면 됩니다.(여기서 **말하는 사람을
   본인으로** 가정하시면 됩니다.)

번호	말하는 사람	말 듣는 사람	대화 내용	본인이 다르게 쓰고 있다면 그 말을 써 주십시오
1	할머니	손자	알코 조:도 나는 몬 (**할끼야, 하겠어, 한다**)	
			어른들이 잘 몬 (**했는기야, 한 거다**)	
			아이구 (**이쁜기, 이뻐, 이쁘다**)	
2	이모	조카	니 동상이 (**이쁘나? 이쁘니? 이쁘냐?**)	
			영수 어데 (**인? 있니? 있나? 있냐?**)	
			여:가 (**어대재? 어대지? 어디니? 어디냐?**)	
3	이모	조카	밥으 마이 (**먹아, 먹어, 먹어라**)	
			새 돈으로 (**바꼬라, 바꾸어라, 바꿔라**)	
4	삼촌	조카	공으 같이 (**차자야, 차자**)	
5	장모 (60歲)	사위 (40歲)	우리 싸우 똑똑하게 잘 (**생겼네, 생겼네야, 생겼다, 생겼소**)	
	시어머니	친정 여동생 (30歲)	사돈 츠녀 이그르 나:르 주니 정말 (**고맙과, 고맙네, 고맙네야, 고맙소**)	
6	장모 (60歲)	사위 (40歲)	자네 밥으 하마 다 (**먹었는가? 먹었나?**)	
			밭으 다 (**매었는가? 매었나? 맨:가?**)	
7	장모 60歲	사위 40歲	우리 딸으 많이 이뻐해 (**주개, 주오, 줘요**)	
8	장모 60歲	사위 40歲	여보게 우리 여: (**앉새, 앉지**)	
9	여동생 (40歲)	오빠 (45歲)	여가 즈: (**집이래요, 집이어요, 집입니다**)	
			즈: 집이 너머 (**좁어요, 좁아요, 좁습니다**)	
10	여동생 (40歲)	오빠 (45歲)	이 집에 여:태까정 (**살았소? 살았어요? 살았습니까?**)	
11	남동생 (40歲)	누나 (45歲)	날 저문데 잘 살페 (**가시우, 가세요**)	

번호	말하는 사람	말 듣는 사람	대화 내용	본인이 다르게 쓰고 있다면 그 말을 써 주십시오
12	손자	할아버지	숙제르 마커 (했읍닌다, 했습니다, 했어요)	
13	조카	큰아버지	언제 (오셨습닝꺄? 오셨습니까? 오셨어요? 오셨니껴, 오셨어유)	
14	조카	큰아버지	안으로 (드시지오니꺄, 드십시오, 들어오세요, 드시지유)	
15	조카	큰아버지	저와 같이 (가시지오니갸, 가십시다, 가세요, 가시지유)	

5. 다음 글을 읽고 ( ) 속에 있는 말 중에서 평상시 본인이 사용하는 말에(0 나 ∨)표시를 하여 주십시오.

번호	내용	옆 내용과 다르게 쓰고 있다면 그 말을 써 주십시오
1	왜서 (개거, 개가) 그래 짓나?	
	(등때이가, 등이, 등이가) 가려우면 이래 손으로 긁지요 머.	
	(모이, 모가) 딱 지는 기. 【모 = 각(角)】	
	(코이, 코가) 크구 아주 이빠. 【예쁘다】	
2	(밭으, 밭을) 다 맨가?	
	우습다고 (배르, 배를) 잡고 둥굴지요 머.	
	그그르 (할머이르, 할머니를, 할머니에게) 드레.	
	그 (돈으, 돈을) 나르 줄라구.	

번호	내용	옆 내용과 다르게 쓰고 있다면 그 말을 써 주십시오
3	(남의, 남에, 남어, 남으) 집 고추밭으 다 밟고.	
	오! (나의 사랑, 나에 사랑, 나어 사랑, 나으사랑) 영자씨!	
	니거 (영철어, 영철이의, 영철으) 동상이재?	
4	(밭애더거, 밭에다가, 밭에) 콩을 싱궜더니.	
	그냥 (손에더거, 손에다가, 손에) 적어요.	
	(거:더, 거기에, 거기에다가) 놔요. 【놓아요】	

6. 다음 단어를 여러분이 사용하고 있는지를 알아보고자 합니다.
해당( )칸에 0표를 하여 주십시오.

1. <새:째>란 말은

　　1) 무슨 말인지 모르겠다( )

　　2) 나는 쓰지 않지만 무슨 뜻인지 안다( )

　　3) 나도 쓴다( )

　　4) 표준어로는 <　>이다

2. <건추>란 말은

　　1) 무슨 말인지 모르겠다( )

　　2) 나는 쓰지 않지만 무슨 뜻인지 안다( )

　　3) 나도 쓴다( )

　　4) 표준어로는 <　>이다.

3. <뺌짱우>란 말은

   1) 무슨 말인지 모르겠다( )

   2) 나는 쓰지 않지만 들은 적이 있다( )

   3) 나도 쓴다( )

   4) 표준어로는 <   >이다

4. <꽤>란 말은   【꽤(자두)＝과일】

   1) 무슨 말인지 모르겠다( )

   2) 나는 쓰지 않지만 무엇인지는 안다( )

   3) 나도 쓴다( )

   4) 표준어로는 <   >이다

5. <옹굴>란 말은

   1) 무슨 말인지 모르겠다( )

   2) 나는 쓰지 않지만 들은 적이 있다( )

   3) 나도 쓴다( )

   4) 표준어로는 <   >이다

6. <소금젱이>이란 말은

   1) 무슨 말인지 모르겠다( )

   2) 나는 쓰지 않지만 들은 적이 있다( )

   3) 나도 쓴다( )

   4) 표준어로는 <   >이다

7. <춘천이여>란 말은

   1) 무슨 말인지 모르겠다( )

  2) 나는 쓰지 않지만 들은 적이 있다( )

  3) 나도 쓴다( )

  4) 표준어로는 <   >이다

8. <불기>란 말은

  1) 무슨 말인지 모르겠다( )

  2) 나는 쓰지 않지만 무슨 뜻인지 안다( )

  3) 나도 쓴다( )

  4) 표준어로는 <   >이다

9. <또바리>란 말은?

  1) 무슨 말인지 모르겠다( )

  2) 나는 쓰지 않지만 들은 적이 있다( )

  3) 나도 쓴다( )

  4) 표준어로는 <   >이다

10. <풀미풀미>란 말은?

  1) 무슨 말인지 모르겠다( )

  2) 나는 쓰지 않지만 들은 적이 있다( )

  3) 나도 쓴다( )

  4) 표준어로는 <   >이다

11. <사마구>란 말은?

  1) 무슨 말인지 모르겠다( )

  2) 나는 쓰지 않지만 들은 적이 있다( )

  3) 나도 쓴다( )

    4) 표준어로는 <　　>이다

12. <아재>란 말은?

    1) 무슨 말인지 모르겠다(　)

    2) 나는 쓰지 않지만 들은 적이 있다(　)

    3) 나도 쓴다(　)

    4) 쓰고 있는 말을 써 주세요(　)

6-1. 다음 말들은 이곳 사투리로 무엇이라고 합니까?

(맞춤법은 생각지 마시고 소리나는 대로 적어주시기 바랍니다.)

  1. 누룽지

  2. 우렁쉥이(멍게)

  3. 간장

  4. 성냥

  5. 덫

  6. 노루

  7. 까치

  8. 모기

  9. 솔가리

10. 관솔

11. 청미래덩굴

12. 진달래 꽃

13. 수수

14. 사과

15. 복숭아

16. 오디

17. 도토리

18. 냉이

19. 기와집

20. 초가집

21. 옆 마당

22. 뒷마당

23. 안방

24. 사랑방

25. 화장실

26. 부엌

27. 선반

28. 낙숫물

6-2. 본인이 알고 있는 고향 사투리 두세 개만 써 주십시오.

7. 다음은 고향말(사투리)에 대해 여러분의 생각(의견)을 알아보고
   자 합니다. 평상시 고향말(사투리)에 대해 본인이 느꼈던 대로
   해당하는 칸에 (0)표를 해 주십시오.

1. 고향말(사투리)에 대해 어떻게 생각하십니까?

   <1>. 무뚝뚝하다고 생각한다.
         1) 매우 그렇다( )   2) 그렇다( )   3) 그저 그렇다( )

<2>. 촌스럽다고 생각한다

　　1) 매우 그렇다(　)　2) 그렇다(　)　3) 그저 그렇다(　)

<3>. 부드럽고 세련됐다고 생각한다

　　1) 매우 그렇다(　)　2) 그렇다(　)　3) 그저 그렇다(　)

2. 고향말(사투리)과 서울말(표준말) 가운데 어느 것이 더 듣기 좋습니까?

　1) 고향말(　)　　　　　　2) 서울말(표준말)(　)

　3) 둘 다 비슷하다(　)

2-1. 고향말(사투리) 또는 서울말(표준말)이 듣기 좋다면 무엇 때문에 듣기가 좋습니까?

　　1) 친근감이 있어서(　)　2) 세련되어서(　)

　　3) 상냥해서(　)　　　　4) 점잖아서(　)

　　5) 기타(　　　)

2-2. 사투리 또는 표준말 가운데 본인이 듣기 싫다고 생각하는 말은 무엇 때문에 그렇습니까?

　　1) 무뚝뚝해서(　)　　　2) 투박해서(　)

　　3) 간사해서(　)　　　　4) 너무 가벼워서(　)

　　5) 사투리여서(　)　　　6) 기타(　　)

3. 본인은 평상시 고향 사투리를 쓰고 있습니까?

　1) 전혀 안 쓴다(　)　2) 별로 안 쓴다　3) 조금 쓴다(　)

　4) 쓴다(　)　　　　　5) 많이 쓴다(　)　6) 기타(　　　)

3-1. 본인이 고향 사투리를 쓰고 있다면 왜 그렇습니까?

    1) 본래부터 써왔기 때문에( )   2) 표준말을 몰라서( )

    3) 고향말(사투리)이 친근감이 있어서( )

    4) 서울말(표준말)이 싫어서( )   5) 기타( )

3-2. 본인이 고향 사투리를 쓰지 않는다면 왜 그렇습니까?

    1) 표준말을 배워서( )

    2) 고향말(사투리)이 무뚝뚝하고 촌스러워서( )

    3) 사투리여서( )

    4) 다른 사람들이 쓰지 않기 때문에( )

4. 다른 사람들과 대화할 때 어떤 말을 쓰는지를 알아보고자 합니다. 해당란에 (0)표 해 주십시오.

4-1. 시내에서 표준어를 사용하는 서울 사람을 만났습니다. 우체국 가는 길을 물어보면서 이곳에서 하루 관광할 만한 곳을 물어봅니다. 이때 고향말(사투리)로 대답합니까? 표준말로 합니까?

    1) 고향말(사투리)로 한다( )   2) 표준말로 한다( )

    3) 고향말(사투리)도 하고 표준말도 한다( )

4-2. 우체국에 편지를 부치러 갔습니다. 앞집에 사는 친구가 서울에서 온 듯한 젊은 여자와 대화를 하고 있습니다. 친구에게 '누구냐'고 물어보려고 합니다. 이때 고향 사투리로 말합니까? 표준말로 합니까?

    1) 고향말(사투리)로 한다( )   2) 표준말로 한다( )

　　　3) 고향말(사투리)도 하고 표준말도 한다(　)

4-3. 월드컵 축구 경기를 보려고 서울로 갔습니다. 강남 고속터
　　　미널에 내렸는데 축구장까지 어떻게 가야 할지 알 수가 없
　　　습니다. 마침 옆에 젊은 여자가 있어서 가는 길을 물어보려
　　　고 합니다. 고향말(사투리)로 하겠습니까? 표준말로 하겠습
　　　니까?
　　　1) 고향말(사투리)로 한다(　)　　　2) 표준말로 한다(　)
　　　3) 고향말(사투리)도 하고 표준말도 한다(　)

4-4. 축구장에 가려고 시내버스를 탔다가 우연히 1년 전에 서울
　　　로 이사온 친구를 만났습니다. 그동안 어떻게 지냈는지 안
　　　부 인사를 주고받습니다. 이때 고향말(사투리)로 합니까?
　　　표준말로 합니까?
　　　1) 고향말(사투리)로 한다(　)　　　2) 표준말로 한다(　)
　　　3) 고향말(사투리)도 하고 표준말도 한다(　)

5. 다음은 공공기관에서의 사투리 사용에 대한 여러분의 생각을 알
　　아보고자 합니다. 본인의 생각과 같은 곳에 (0)표 해 주십시오.

5-1. TV에서 9시 뉴스 시간에 아나운서가 자신의 고향 사투리
　　　로 보도 진행을 한다면 어떻겠습니까?
　　　1) 매우 좋다(　)　　2) 약간 좋다(　)　　　3) 좋다(　)
　　　4) 좋지 않다(　)　　5) 매우 나쁘다(　)

5-2. 학교 교육에 사투리를 가르치는 시간을 배정하면 어떻겠습
  니까?
  1) 매우 찬성한다( )   2) 찬성하는 편이다( )
  3) 찬성한다( )   4) 반대하는 편이다( )
  5) 매우 반대한다( )

5-3. TV나 라디오 등 지방 채널에서 고향말(사투리)을 사용한다
  면 어떻겠습니까?
  1) 매우 찬성한다( )   2) 찬성하는 편이다( )
  3) 찬성한다( )   4) 반대하는 편이다( )
  5) 매우 반대한다( )

6. 본인이 생각하기에 ( )사투리는 어느 지점에서 어느 지점까지
  를 말합니까?

지금까지 바쁘신 시간에도 불구하고 설문지에 응답해 주셔서
대단히 고맙습니다.

지역별로 다르게 나타나는 語形을
참고하여 만든 질문지

1-양양(고성 포함)

1. 다음은 우리말의 존대어 사용에 대한 여러분의 실제 언어사용
   을 알아보고자 합니다. 응답 방법은 아래 주어진 내용들을 천
   천히 읽어보고 (   ) 속에 있는 여러 개의 응답 가능한 표현 중
   에서 가장 바람직하다고 생각되는 표현을 선택하여, 그 해당되
   는 것에 (0 나 ∨)표시를 하시면 됩니다.(여기서 **말하는 사람**을
   본인으로 가정하시면 됩니다.)

번호	말하는 사람	말 듣는 사람	대화 내용	본인이 다르게 쓰고 있다면 그 말을 써 주십시오
1	할머니	손자	알려 줘도 난 못 (**할끼야, 하겠어, 한다**)	
			어른들이 잘 못 (**했는기야, 한 거다**)	
			아이구 (**이쁜기, 이뻐, 이쁘다**)	
2	이모	조카	니 동상이 (**이쁘나? 이쁘니? 이쁘냐?**)	
			영수가 어디에 (**인? 있니? 있나? 있냐?**)	
			여기가 (**어대재? 어대지? 어디니? 어디냐?**)	
3	이모	조카	밥을 많이 (**먹아, 먹어, 먹어라**)	
			새 돈으로 (**바꼬라, 바꾸어라, 바꿔라**)	
4	삼촌	조카	공을 같이 (**차자야, 차자**)	
5	장모 (60歲)	사위 (40歲)	우리 사위 똑똑하게 잘 (**생겼네, 생겼네야, 생겼다, 생겼소**)	
	시어머니	친정여동생 (30歲)	사돈처녀 도와줘서 정말 (**고맙과, 고맙네, 고맙네야, 고맙소**)	
6	장모 (60歲)	사위 (40歲)	자네 밥을 벌써 다 (**먹었는가? 먹었나?**)	
			밭을 다 (**매었는가? 매었나? 맨:가?**)	
7	장모 60歲	사위 40歲	우리 딸을 많이 예뻐해 (**주개, 주오, 줘요**)	
8	장모 60歲	사위 40歲	여보게 우리 여기에 (**앉새, 앉지**)	
9	여동생 (40歲)	오빠 (45歲)	여기가 저의 (**집이래요, 집이어요, 집입니다**)	
			저의 집이 너무 (**좁어요, 좁아요, 좁습니다**)	
10	여동생 (40歲)	오빠 (45歲)	이 집에서 지금까지 (**살았소? 살았어요? 살았습니까?**)	

번호	말하는 사람	말 듣는 사람	대화 내용	본인이 다르게 쓰고 있다면 그 말을 써 주십시오
11	남동생 (40歲)	누나 (45歲)	어두운데 잘 살피어 (가시우, 가세요)	
12	손자	할아버지	숙제를 모두 다 (했읍닌다, 했습니다, 했어요)	
13	조카	큰아버지	언제 (오셨습닝꺄? 오셨습니까? 오셨어요? 오셨니껴, 오셨어유)	
14	조카	큰아버지	안으로 (드시지오니꺄, 드십시오, 들어오세요, 드시지유)	
15	조카	큰아버지	저와 같이 (가시지오니갸, 가십시다, 가세요, 가시지유)	

2. 다음 글을 읽고 ( ) 속에 있는 말 중에서 평상시 본인이 사용
하는 말에 (0 나 ∨)표시를 하여 주십시오.

번호	내용	옆 내용과 다르게 쓰고 있다면 그 말을 써 주십시오
1	왜 (개거, 개가) 그렇게 짓습니까?	
	(등때이가, 등이, 등이가) 가려우면 손으로 긁어요.	
	(모이, 모가) 딱 진다. 【모 = 각(角)】	
	(코이, 코가) 크고 아주 예쁘다. 【예쁘다】	
2	(밭으, 밭을) 다 매었어요?	
	우습다고 (배르, 배를) 잡고 뒹굴었어요.	
	그것을 (할머이르, 할머니를, 할머니에게) 드려라.	
	그 (돈으, 돈을) 나를 줄려고.	

번호	내용	옆 내용과 다르게 쓰고 있다면 그 말을 써 주십시오
3	(남의, 남에, 남어, 남으) 집 고추밭을 밟지 마세요.	
	(나의 사랑, 나에 사랑, 나어 사랑, 나으사랑) 영자씨!	
	(영철어, 영철이의, 영철으) 동생이니?	
4	(밭애더거, 밭에다가, 밭에) 콩을 심었어요.	
	그냥(손에더거, 손에다가, 손에) 적어요.	
	(거:더, 거기에, 거기에다가) 놓아요.	

음운항목 3

다음 내용을 자연스럽게 읽어 주십시오.(천천히 읽어 주세요.)

우리 외숙모는요. 쌀을 셀 때는 한 되 두 되 하고, 화쇠를 셀 때는 한 마리 두 마리 하다가, 쥐를 셀 때는 꼭 한 놈 두 놈이라고 해요. 왜 그렇게 말하는지 모르겠어요.

그리고 우리 외숙모만큼 쉬지 않고 일하는 사람도 정말 드물어요. 겨울에는 눈이 눈 아래까지 싸였는데도 영서로 곶감 팔러 댕기고, 봄이 대면 철수네랑 나셍이 뿌리 캐러 웬통 산꼭대기로 올라 댕기고, 여름에는 그 땡볕에 푸성귀 팔러 장에 가구, 가을에는 벼농사 거두어 마뎅이 하구, 고뱅이 지름 마를 날 없이 일만 해대요.

긴 세월 내내 일을 해대도, 그것을 응감이 알아주기를 하나, 자식들이 알아주기를 하나 응악스럽지 못해도 그렇지, 쓸개가 빠지지 않고서는 그래 못하지요 뭐. 이상하게도 그 집 아이들은 자기 어머니가 그러는 것이 아무렇지도 않은지, 날마다 날마다 주머니 빈 날 없이 놀러만 다녀요. 치매 저고리 변변한 것 한벌 못 해 입고, 따뜻한 밥 멕여 핵교를 보내 놓으니 무슨 소용이 있겠어요.

어제 저녁에도 큰아들 늦는다고, 부뜨막 소두뱅이 곁에 외르 떠놓고 기달리고 있더라고요. 바보처럼 사람이 어떻게 그런지……

시부모 공경도 얼마나 잘하는지 몰라요. 얼굴에 으드름이 콕콕 박힌 열 아홉 살에 신랑 얼굴도 못 보고 시집을 왔는데도, 오늘까지 그 시집살이를 다하고 있어요. 오죽하면 저 아래 모탱이 퇴끼 키우는 게으름뱅이 연꽃네 영감이, 침이 마르도록 칭찬을 할라고요.

어제는 돼지새끼 세 마리를 사와서 짚으로 새끼를 엮어, 돼지우리를 만들고, 돼지밥을 주어야 한다고, 나를 보고 감재를 주어 오라고 하잖아요.

내가 그 말을 듣나요. 금을 준다해도 귀찮은데, 문지방 앞에 금을 딱 그어놓고 꼼짝달싹도 안 했지요 뭐.

우리 외할머니처럼 '아이구 우리 손녀 이쁜기' 하면서 손에 돈이라도 쥐어 주면 모를까.

- -

2 - 삼척

1. 다음은 우리말의 존대어 사용에 대한 여러분의 실제 언어사용을 알아보고자 합니다. 응답 방법은 아래 주어진 내용들을 천천히 읽어보고 (   ) 속에 있는 여러 개의 응답 가능한 표현 중에서 가장 바람직하다고 생각되는 표현을 선택하여, 그 해당되는 것에 (0 나 V)표시를 하시면 됩니다.(여기서 **말하는 사람**을 **본인으로** 가정하시면 됩니다.)

번호	말하는 사람	말 듣는 사람	대화 내용	본인이 다르게 쓰고 있다면 그 말을 써 주십시오
1	할머니	손자	가르쳐 좌:도 나는 몬 (할끼야, 하겠어, 한다)	
			신랭이 잘 몬 (했는기야, 한 거다)	
			아이구 (이쁘기, 이뻐, 이쁘다)	
2	이모	조카	니 동상이가 (이쁘나? 이쁘니? 이쁘냐?)	
			영수 어데 (인? 있니? 있나? 있냐?)	
			여:가 (어대재? 어대지? 어디니? 어디냐?)	
3	이모	조카	밥으 많이 (먹아, 먹어, 먹어라)	
			새 돈으루 (바꼬라, 바꾸어라, 바꿔라)	
4	삼촌	조카	공으 같이 (차자야, 차자)	
5	장모 (60歲)	사위 (40歲)	우리 싸우 똑똑하게 잘 (생겼네, 생겼네야, 생겼다, 생겼소)	
	시어머니	친정 여동생 (30歲)	이그르 날 좌: 정말 (고맙과, 고맙네, 고맙네야, 고맙소)	
6	장모 (60歲)	사위 (40歲)	자네 밥으 벌써 다 (먹었는가? 먹었나?)	
			밭으 다 (매었는가? 매었나? 맨:가?)	
7	장모 60歲	사위 40歲	우리 딸으 많이 귀와 해 (주개, 주오, 줘요)	
8	장모 60歲	사위 40歲	여보게 우리 여: (앉새, 앉지)	
9	여동생 (40歲)	오빠 (45歲)	여가 우리 (집이래요, 집이어요, 집입니다)	
			집이 너머 (좁어요, 좁아요, 좁습니다)	
10	여동생 (40歲)	오빠 (45歲)	이 집에 이제껏 (살았소? 살았어요? 살았습니까?)	
11	남동생 (40歲)	누나 (45歲)	잘 살펴 (가시우, 가세요)	
12	손자	할아버지	숙제르 마커 (했읍닌다, 했습니다, 했어요)	
13	조카	큰아버지	언제 (오셨습닝꺄? 오셨습니까? 오셨어요? 오셨니껴, 오셨어유)	
14	조카	큰아버지	안으로 (드시지오니꺄, 드십시오, 들어오세요, 드시지유)	
15	조카	큰아버지	저와 같이 (가시지오니꺄, 가십시다, 가세요, 가시지유)	

2. 다음 글을 읽고 (   ) 속에 있는 말 중에서 평상시 본인이 사용하는 말에 (0 나 ∨)표시를 하여 주십시오.

번호	내용	옆 내용과 다르게 쓰고 있다면 그 말을 써 주십시오
1	누와 (개거, 개가) 그래 짓나?	
	늘근 사람으는 (등때이가, 등이, 등이가) 이리 굽지요 머.	
	(모이, 모가) 딱 지는 기. 【모＝각(角)】	
	(코이, 코가) 크구 아주 이빠요 【예쁘다】	
2	벌써 (밭으, 밭을) 다 맸당가?	
	가(배르, 배를) 보니까네.	
	그그르 (할머이르, 할머니를, 할머니 에게) 드리라.	
	그 (돈으, 돈을) 나:르 줄라구.	
3	(남의, 남에, 남어, 남으) 아:르 불러 노:니까네.	
	(나의 사랑, 나에 사랑, 나어 사랑, 나으 사랑) 영자씨!	
	(영철어, 영철이의, 영철으) 동상이재?	
4	(밭애더거, 밭에다가, 밭에) 콩을 싱가노니.	
	그냥 (손에더거, 손에다가, 손에) 써 좌요.	
	(거:더, 거기에, 거기에다가) 놔요. 【놓아요】	

음운항목 3

다음 내용을 자연스럽게 읽어 주십시오.(천천히 읽어 주세요.)

우리 외숙모는요. 쌀으 셀 때는 한 되 두 되 하구, 화쇠르 셀 때는 한 마리 두 마리 하다가 쥐르 셀 때는 꼭 한 놈 두 놈이래요.

그리구요. 우리 외숙모처럼 쉬지 않고 일하는 사람도 정말 드물어요.

저울게 눈이 눈 밑까지 쌓였는데도 영세로 곶감 팔러 댕기고, 봄이 대면 철수네랑 나셍이 뿌랭이 캐러 웬통 산꼭대기로 올라 댕기고, 여름에는 그 땡볕에 푸성기 팔러 장에 가구, 가을에는 베농사 거두어 마뎅이 하구, 고뱅이 지름 마를 날 없이 일만 해대요.

긴 세월 내내 일을 해대도 그그르 응:감이 알아주기를 하나, 자식들이 알아주기를 하나 응악스럽지 못해도 그렇지 을이 빠지지 않고서는 그래 못하지요 머. 이상하게도 그 집 아:들은 즈 어머이 그래는 거이 아무렇지도 않은지, 날마다 날마다 주머니 빈 날 없이 갱변으로 놀러만 댕기잖소. 치매 저고리 변변한 것 한 벌 몬 해 입고, 따뜻한 밥 멕여 핵교르 보내 노:니 먼 소용이 있소.

엊 저녁에도 큰아들 늦는다고 부뜨막 소두뱅이 곁에 외르 떠놓고 지달리고 있잖소. 천치처럼 사람이 어떻게 그렇게 바보 같은지……

시부모 공경도 얼마나 잘하는지 몰라요. 얼굴에 으드름이 콕콕 박힌 열 아홉에 신래이 얼굴도 못 보고 시집으 왔는데도, 오늘까지 그: 시집살이를 다 하잖소. 오죽하면 저 아래 모탱이 퇴끼 키우는 게으름뱅이 연꽃네 영감이, 침이 마르도록 칭찬으 할라구요.

어제는 돼지새끼 세 마리를 사와서 짚으로 새끼를 엮어, 돼지우리를 맨들고, 돼지밥으 조:야 한다고 나를 보고 감재르 조:오라 하잖소.

내가 그 말을 듣소. 금을 준다해도 구찮은데, 방문 앞에 금으 딱

거 노코 꼼짝달싹도 안 했지요 뭐.
    우리 외할머니처럼 '아이구 우리 손녀 이쁜기' 하면서 손에 돈이
라도 쥐케 주면 모를까.

간접 설문지 배포 시 해당
조사보조원(협조자)에게 보낸 편지

(1)—학교

＿＿＿＿선생님

안녕하세요.

한국외국어대학교에서 국어학(박사과정)을 공부하고 있는 전혜숙입니다.

한 번도 뵌 적이 없는 선생님께 불쑥 전화를 하여 이런저런 부탁을 드려 정말 죄송합니다. 어려운 부탁이었음에도 불구하고 마음 넉넉하게 응답을 해 주셔서 감사합니다.

사실은 찾아뵙고 말씀을 드려야 온당한 일인데, 여러 가지 여건상 무례한 일인 줄 알면서 전화로 대신하였습니다.

제가 공부하고 있는 것이 社會方言입니다. 하여서 오래 전부터 지역 토박이 어르신들을 모시고 방언에 관한 좋은 말씀을 많이 들었습니다.

하지만 청소년층에 해당하는 학생들과 한 가족을 이루고 있는 부모세대를 동시에 만나 보는 일은 그리 쉽지 않았습니다. 고심 끝에 각 지역의 고등학교 국어선생님께 부탁을 드리면 도움을 받을 수 있겠다는 생각이 들어서 선생님께 전화를 하였습니다.

많이 망설이다 한 전화였는데, 쉽게 허락을 주셔서 정말 감사합니다.

전화로 말씀드린 내용을 다시 한번 간단히 설명하겠습니다.

설문지 작성 방법에 관하여

1. 설문지 작성 대상자: ( ) 토박이 학생(5명) 선정된 학생의 조부모, 부모, 학생 본인

2. 설문지 작성 매수: 각 1매 ∋ 조부모: 할아버지, 할머니,

　　　　　　　　　　　　　부　모: 아버지, 어머니

　　　　　　　　　　　　　학　생: 본인

3. 설문지 작성 방법: 질문지 내용을 자연스럽게 읽고서 평소 본

인이 발음하는 곳에 0표를 하는 것입니다. 질문 내용은 표준어를 확인하려는 것이 아니고 자연스런 발음을 살펴보려는 것입니다. 사투리에 관한 다른 질문들은 본인이 생각한 대로 해당란에 0표를 하면 됩니다.

4. 기타: ① 눈이 어두워 글을 잘 못 읽으시거나, 한글을 잘 모르시는 조부모의 경우 학생이 대신 읽어주어도 괜찮습니다.

② 조부모의 경우 한 분만이 계시면 계신 분만 하면 됩니다.

③ 여기서 토박이는 3대 정도를 (   )에서 생활하고 있음을 말합니다.

④ 부모의 경우 통혼은 (   )이어야 합니다.

　④-1. 권: (   ), (   ), (   )

⑤ 질문지 겉표지의 <u>나이와 직업, 성별(남자 혹은 여자), 출생지는</u> 꼭 기록이 될 수 있도록 부탁을 드립니다.

설문지의 양이 다소 많은 듯싶어 더욱 송구스럽습니다.
선생님 새해 복 많이 받으세요.

2001년 12월 일
전혜숙 드림

(2) - 문화원

_____사무국장님

안녕하세요. 일전에 전화를 드렸던 전혜숙입니다.

한 번도 뵌 적이 없는 분께 불쑥 전화를 드려 이런저런 부탁을 드려 정말 죄송합니다. 사실은 찾아뵙고 말씀을 드려야 온당한 일인데, 여러 가지 여건상 무례한 일인 줄 알면서 전화로 대신하였습니다.

제가 배우고자 하는 것이 (   )의 사투리에 관한 것입니다. 하여서 얼마 전에 (   ) 토박이 몇 분 어르신들을 모시고 (   ) 사투리에 관하여 좋은 말씀을 많이 들었습니다. 하지만 장년층에 해당하는 분들을 뵙기가 그리 쉽지 않았습니다. 여러 가지 생각 끝에 문화원 사무국장님께 부탁을 하면 되지 않을까 하여 전화를 하게 되었습니다.

많이 망설이다 드린 전화였는데, 쉽게 허락을 주셔서 정말 감사합니다.

전화로 말씀을 하였지만 설문지 작성 방법을 다시 한번 설명하겠습니다.

1. 우선 설문지 작성방법에 대하여는:

해당 항목을 읽고서 본인이 생각하시는 말(답)이 있으면 그것에 O표를 하시면 됩니다. 여기서는 표준어나 정확한 발음에 대한 답을 알려고 하는 것이 아니라, 본인이 실제 사용하고 있는 말씨를 알아보려는 것입니다.

2. 설문지 작성 대상자는:

토박이 분으로서 3대 정도를 (   )에서 살고 계신 분이면 됩니다.

3. 연령은:

30대, 40대, 50대에 해당하는 분들이면 됩니다. 다만 女性과 男性
이 반반씩 조사되면 더욱 좋습니다.(부부가 함께하셔도 됩니다.)

4. 기타:

질문지 겉표지의 <u>나이와 직업, 성별(남자 혹은 여자), 출생지는</u> 꼭
기록이 될 수 있도록 부탁을 드립니다.

질문지의 양이 다소 많아서 더욱 송구스럽습니다.
다음에 꼭 한번 찾아뵙겠습니다.

2001년 12월 일
전혜숙 드림

(3)-읍 · 면사무소

_____총무담당 님

안녕하세요.

한국외국어대학교에서 국어학(박사과정)을 공부하고 있는 전혜숙입니다.

한 번도 뵌 적이 없는 분께 불쑥 전화를 하여 이런저런 부탁을 드려 정말 죄송합니다. 사실은 찾아뵙고 말씀을 드려야 온당한 일인데, 여러 가지 여건상 무례한 일인 줄 알면서 전화로 대신하였습니다.

제가 배우고자 하는 것이 (   )의 사투리에 관한 것입니다. 하여서 오래 전부터 (   ) 토박이 어르신들을 모시고 (   ) 사투리에 관하여 좋은 말씀을 많이 들었습니다. 하지만 장년층에 해당하는 분들을 뵙기가 그리 쉽지 않았습니다. 여러 가지 생각 끝에 (   ) 사무소 총무담당께 부탁을 하면 되지 않을까 하여 전화를 하게 되었습니다.

많이 망설이다 드린 전화였는데, 쉽게 허락을 주셔서 정말 감사합니다.

전화로 말씀을 드렸지만 설문지 작성 방법을 다시 한번 설명하겠습니다.

1. 설문지 작성 대상자:

토박이 이장님이시면 됩니다.

** 이장님께 설문지를 받기가 어려우시면 (   )사무소 직원 분이거나 그 가족 분이 작성하셔도 좋습니다. 나이, 성별 모두 관계없지만 토박이이신 것만 지켜주시면 됩니다.

2. 설문지 작성 방법:

설문지 내용을 자연스럽게 읽으시고 평소 본인이 발음하는 곳에 0표를 하는 것입니다. 질문 내용은 표준어를 확인하려는 것이 아니고 자연스런 발음을 살펴보려는 것입니다. 사투리에 관한 다른 질문들은 본인이 생각한 대로 해당란에 0표를 하시면 됩니다. 혹 잘 모르시겠다는 부분은 무시하셔도 됩니다.

3. 연령이나 직업:

연령은 30대 이상이면 관계없습니다. 직업은 농업이나 어업, 상업, 혹 무직이어도 괜찮습니다. 다만 교육을 아주 많이 받은 분은 제외해 주셨으면 합니다.

4. 기타: 여기서 토박이의 기준은 3대 정도를 (   )에서 생활하고 있는 경우를 말합니다.
질문지 겉표지의 나이와 직업, 성별(남자 혹은 여자), 출생지는 꼭 기록이 될 수 있도록 부탁을 드립니다.

질문지의 양이 다소 많아서 더욱 송구스럽습니다.
어려운 부탁을 드려 죄송합니다.
후일 꼭 한번 찾아뵙고 인사드리겠습니다.

전혜숙 드림

▌ 저자약력

전혜숙

1959년 강원도 양양군 현남면에서 태어났다.
대학과 대학원 석사과정은 관동대학교에서 마쳤고 한국외국어대학교 대학원 국어국문학과에서 박사학위를 취득하였다.
현재 베트남 하노이국립외국어대학교 한국어학과 객원교수로 재직하고 있다.

· 주요논저 ·
「강릉방언의 사회언어학적 연구」(1996)
「강릉방언의 선어말어미구조연구」(2002)
「강릉방언의 성격과 특징」(2002)
「강원도 동해안방언의 사회언어학적 연구」(2003)
「두주본 '주역대문'의 구결자에 대하여」(2005)
「경상북도 영덕군 영해면 괴시마을의 반촌언어에 대한 재고찰」(2005)
「반촌언어의 세대차에 따른 언어 변화 고찰」(2006) 외 다수

강원도 동해안
방언의 사회언어학적 연구

• 초판 인쇄　　2008년 5월 31일
• 초판 발행　　2008년 5월 31일

• 지 은 이　　전혜숙
• 펴 낸 이　　채종준
• 펴 낸 곳　　한국학술정보㈜
　　　　　　　경기도 파주시 교하읍 문발리 513-5
　　　　　　　파주출판문화정보산업단지
　　　　　　　전화　031) 908-3181(대표) · 팩스　031) 908-3189
　　　　　　　홈페이지　http://www.kstudy.com
　　　　　　　e-mail(출판사업부)　publish@kstudy.com
• 등　　록　　제일산-115호(2000. 6. 19)
• 가　　격　　37,000원

ISBN　　978-89-534-9305-6 93710 (Paper Book)
　　　　　978-89-534-9306-3 98710 (e-Book)